研究阐释党的十九届五中全会精神、国家社科基金重大项目"决胜全面建成小康社会的思想构筑、实践创新、辉煌成就与宝贵经验研究"（批准号：21ZDA003）成果

新时期

全面建设小康社会研究

黄蓉生 等 编著

中国社会科学出版社

图书在版编目（CIP）数据

新时期全面建设小康社会研究／黄蓉生等编著 . —北京：中国社会科学出版社，2023.7

ISBN 978 - 7 - 5227 - 2120 - 0

Ⅰ. ①新… Ⅱ. ①黄… Ⅲ. ①小康建设—研究—中国 Ⅳ. ①F124.7

中国国家版本馆 CIP 数据核字（2023）第 112750 号

出 版 人	赵剑英
责任编辑	田　文
特约编辑	金　泓
责任校对	王文华
责任印制	王　超

出　　版	中国社会科学出版社
社　　址	北京鼓楼西大街甲 158 号
邮　　编	100720
网　　址	http://www.csspw.cn
发 行 部	010 - 84083685
门 市 部	010 - 84029450
经　　销	新华书店及其他书店

印　　刷	北京君升印刷有限公司
装　　订	廊坊市广阳区广增装订厂
版　　次	2023 年 7 月第 1 版
印　　次	2023 年 7 月第 1 次印刷

开　　本	710×1000　1/16
印　　张	24
字　　数	394 千字
定　　价	128.00 元

编委会

目　　录

导　论

本书集中研究自改革开放新时期始至党的十八大全面建设小康社会的理论与实践问题。"民亦劳止，汔可小康。"① 小康是中华民族自古以来追求的理想状态。改革开放之初党中央提出了小康社会的战略构想，党的十六大确立了"全面建设小康社会"的奋斗目标，绘制了根据十五大提出的到 2010 年、建党一百年和新中国成立一百年的发展目标，要在 21 世纪头二十年，集中力量，全面建设惠及十几亿人口的更高水平的小康社会的我国现代化建设的宏伟蓝图。立足"两个一百年"历史交汇点，研究自改革开放新时期始至党的十八大全面建设小康社会的理论发展、历史跃迁、时代境遇、奋斗目标、总体布局、根本保证等，为全面建成小康社会、开启全面建成社会主义现代化强国第二个百年奋斗目标提供启示支撑，具有十分重要的理论意义和实践价值。

一　新时期全面建设小康社会的客观依据

1978 年 12 月召开的党的十一届三中全会，作出了把党和国家工作重心转移到经济建设上来、实行改革开放的重大历史性决策，实现了新中国成立以来党的历史上具有深远意义的伟大转折，进入了改革开放和社会主义现代化建设新时期。党的十六大提出全面建设小康社会，强调的不仅是"小康"，即发展水平，更重要的是"全面"，即发展的平衡性、协调性、可持续性。全面小康涉及的领域是"全面"的，要求经济更加发展、民主

① 《诗经》（下），杜若明注释，华夏出版社 1998 年版，第 537 页。

更加健全、科教更加进步、文化更加繁荣、社会更加和谐、人民生活更加殷实。说到底，全面小康覆盖的人口是"全面"的，是惠及全体人民的小康。建设这样的"全面小康"社会，标志着我国跨过了实现现代化建设第三步战略目标必经的承上启下的主要发展阶段。这是根据我国现代化建设的客观进程和社会经济发展阶段性变化的实际情况作出的，有着充分的客观依据。

1. 改革开放以来小康社会的建设成就

1979 年 12 月 6 日，邓小平在会见日本首相大平正芳时，根据我国经济发展的客观情况，第一次提出了"小康"概念以及"中国本世纪的目标是实现小康"的构想。他说："我们要实现的四个现代化，是中国式的四个现代化。我们的四个现代化的概念，不是像你们那样的现代化的概念，而是'小康之家'。到本世纪末，中国的四个现代化即使达到了某种目标，我们的国民生产总值人均水平也还是很低的。"[①] 在这之后，他又多次提出了这一构想。1982 年 9 月党的十二大正式引用了这一构想，"人民的物质文化生活可以达到小康水平"[②]，并把这作为 20 世纪末的战略目标。1997年 9 月党的十五大提出"使人民的小康生活更加宽裕"[③]。我国自 20 世纪 80 年代初提出小康社会的建设目标到 20 世纪末，历经了大约 20 年的时间，小康社会建设取得了重大进展和巨大成就，整个社会面貌发生了翻天覆地的变化，这为社会主义现代化建设奠定了坚实基础。

第一，国民经济持续快速增长。1979—2000 年，中国经济年均增长9.5%，按可比价格计算，2000 年国内生产总值是 1980 年的 6 倍以上，超过原定 20 年翻两番的目标。许多重要工农业产品产量跃居世界前列，长期困扰中国经济发展和人民生活的商品供应普遍短缺的状况得到根本改观。经济结构实现重大调整，高新技术产业和现代服务业迅速发展，传统产业得到提升。基础设施薄弱的状况得到明显改善。总体来讲，这一时期中国已经由工业化初期阶段进入中期阶段，经济增长方式逐步从粗放型转向集约型，经济总量的扩张伴随着增长质量的提高。在经济迅速增长的同时，教育、科学、文化事业以及人口、环境和其他各项社会事业，都取得了历

---

① 《邓小平文选》第 2 卷，人民出版社 1994 年版，第 237 页。
② 《十二大以来重要文献选编》（上），人民出版社 1986 年版，第 14 页。
③ 《江泽民文选》第 2 卷，人民出版社 2006 年版，第 4 页。

史性的成就，我国迈上可持续发展和社会全面进步的道路。

第二，改革开放取得突破性进展。党的十一届三中全会开创的新时期以改革开放为标志。改革是在实践中逐步探索前进的，从以计划经济为主、市场调节为辅，经过有计划的商品经济，到党的十四大确立社会主义市场经济体制的改革目标。通过十余年的艰苦努力，这种新的经济体制已经建立起来。对外开放也是改革，即把封闭半封闭的经济体制改革为开放型的经济体制。加入世贸组织标志着全方位对外开放进入新的阶段，也标志着经济体制改革进入新的阶段。同经济发展和改革开放相适应，其他领域的改革也取得明显进展，各方面的管理制度逐步建立和健全。这既是现代化建设顺利进行的保证，也是社会主义现代化事业全面推进的重要标志。

第三，人民生活实现两大历史性跨越。20世纪80年代，我国基本解决了温饱问题，20世纪90年代，人民生活由温饱达到小康。城乡恩格尔系数分别由57.5%和67.7%下降到39.2%和49.1%。群众消费由追求基本生活资料数量的满足发展到注重生活质量的提高，消费结构从以农产品消费为特点的温饱型转变为以工业品消费为特点的小康型。千百年来困扰着中国人的吃饭问题得到了根本解决，祖祖辈辈关于小康生活的梦想，终于成为现实。

2. 存在"低水平的不全面的发展很不平衡的小康"

2002年11月，党的十六大报告指出："十三年来，我们思想统一，目标明确，工作扎实，取得了重大的历史性成就。二○○一年，我国国内生产总值达到九万五千九百三十三亿元，比一九八九年增长近两倍，年均增长百分之九点三，经济总量已居世界第六位。人民生活总体上实现了由温饱到小康的历史性跨越。人们公认，这十三年是我国综合国力大幅度跃升、人民得到实惠最多的时期，是我国社会长期保持安定团结、政通人和的时期，是我国国际影响显著扩大、民族凝聚力极大增强的时期。"① 正是经过全党和全国各族人民的共同努力，我国社会主义现代化建设取得了辉煌成就，胜利实现了现代化建设"三步走"战略的第一步、第二步目标，人民生活总体上达到小康水平，为建设更高水平的全面小康社会奠定了坚

① 《江泽民文选》第3卷，人民出版社2006年版，第532页。

实的基础。但同时，"必须看到，我国正处于并将长期处于社会主义初级阶段，现在达到的小康还是低水平的、不全面的、发展很不平衡的小康，人民日益增长的物质文化需要同落后的社会生产之间的矛盾仍然是我国社会的主要矛盾。"① 所谓"低水平的、不全面的、发展很不平衡的小康"主要表现为：

第一，我国生产力和科技、教育还比较落后，实现工业化和现代化还有很长的路要走。比如，2000 年的中国人均国内生产总值只相当于同年日本人均国内生产值的 2.5%，整个国内生产值只有美国的 1/8。

第二，城乡二元经济结构没有改变。发达国家的农村人口在全国人口总数中只占百分之几，而中国农村人口在全国人口中的比重仍近 70%。城乡之间、东部与中西部之间差距扩大的趋势尚未扭转。我国西部 12 个省、市、自治区的面积占全国的 71%，人口占全国的 28%，而国内生产总值只占全国的 18.5%，贫困人口仍为数不少。

第三，人口总量继续增加，老龄人口比重上升。我国每年新增的适龄劳动人口不低于 1000 万，城市中的下岗职工和失业人数有 1400 万，农村中需要转移的剩余劳动力约 1.5 亿人。就业和社会保障压力增大，成为我国社会生活中的重大问题。

第四，生态环境、自然资源与经济社会发展的矛盾日益突出。耕地、水、矿产和森林等基本生存资源，我国的人均占有量都不及世界平均水平的一半。土地荒漠化和水资源不足的问题突出。

第五，我国仍面临发达国家在经济科技等方面占优势的巨大压力；经济体制和其他方面的管理体制还不够完善；民主法制建设和思想道德建设等方面仍存在一些不容忽视的问题，等等。

概括而言，所谓"低水平"，就是我国经济总量虽然已经达到一定规模，但人均水平还比较低，仅仅是进入小康社会的门槛。所谓"不全面"，就是目前已经达到的小康基本上还只是处于满足生存性消费的阶段，发展性消费还有待提高，社会保障还不健全，环境质量还存在诸多问题。所谓"不平衡"，就是地区之间、城乡之间、工农之间以及不同社会阶层之间，收入和生活水平还存在比较大的差距，在人民物质生活和精神生活的诸多

---

① 《江泽民文选》第 3 卷，人民出版社 2006 年版，第 542 页。

方面以及小康社会建设的各个领域，进展状况和达到的水平不平衡，农村还有几千万人口只是实现了低水平的不巩固的温饱，城镇还有不少人生活在国家最低社会保障水平线以下。这些严峻的现实警示我们：巩固和提高已经达到的小康、全面建设小康，还有很长的路要走、还需要接续奋斗，进而从根本上解决"低水平不全面不平衡"的问题。

二　中国特色社会主义的重要贡献

进入改革开放新时期，围绕探索"什么是社会主义、怎样建设社会主义"的问题，邓小平结合我国古代社会对美好生活的期盼、改革开放后现代化建设的客观要求，借鉴国际经验，创造性地提出建设小康社会和现代化建设"三步走"的战略构想，领导中国人民开展了宏阔的中国特色社会主义建设实践，形成了伟大的中国特色社会主义理论。党的十六大明确提出"当人类社会跨入二十一世纪的时候，我国进入全面建设小康社会、加快推进社会主义现代化的新的发展阶段"[1]。全面建设小康社会是中国特色社会主义建设的重要组成部分，既是对科学社会主义的认识升华，也将中国特色社会主义的实践推进到新的阶段，更把中国特色社会主义的理论发展到新的水平。

1. 自觉认识与实践科学社会主义

"小康"这一概念出自《礼记·礼运》，是中华民族自古以来追求的理想社会状态。运用"小康"这一概念来确立中国的发展目标，体现中国共产党人对科学社会主义的认识自觉和探索实践，同时更易于得到最广大人民群众的理解支持和积极参与。

科学社会主义诞生的标志性著作，是马克思恩格斯共同创立的《共产党宣言》，这是马克思恩格斯为世界上第一个无产阶级政党——"共产主义者同盟"制定的党纲。马克思恩格斯在《共产党宣言》里依据资本主义发展规律和无产阶级与资产阶级斗争的趋势，论证了资本主义灭亡和社会主义胜利的历史必然性，提出了"两个必然"的科学论断："资产阶级的

---

[1] 《江泽民文选》第3卷，人民出版社2006年版，第528页。

灭亡和无产阶级的胜利是同样不可避免的。"① 马克思恩格斯指出："代替那存在着阶级和阶级对立的资产阶级旧社会的，将是这样一个联合体，在那里，每个人的自由发展是一切人的自由发展的条件。"② 这一精辟论述，深刻揭示了未来共产主义社会的本质特征。然而，社会主义由理论变为现实的过程，并不像马克思恩格斯所预言的那样，首先发生在发达资本主义国家，而是发生在像俄国、中国这样的经济文化落后国家。马克思恩格斯对于社会主义的阐释更多是原则性的，并没有为落后国家如何实现社会主义提供具体而详尽的现成答案。这就使得共产党人在坚持科学社会主义基本原则的前提下，必须从各自国家的具体国情出发，探索社会主义建设的有效路径。

中国共产党人依据科学社会主义学说，既坚持实现共产主义远大理想的根本原则，又立足国情，把最终实现共产主义的远大理想置于本国社会发展的现实之中，分阶段、有步骤地推进共产主义事业的发展，提出各阶段的奋斗目标。全面建设小康社会，开创中国特色社会主义事业新局面，并在此基础上全面建成小康社会，基本实现现代化，再经过奋斗，把我国建成富强民主文明和谐美丽的社会主义现代化强国。这一探索实践过程就是中国共产党人自觉认识与实践科学社会主义的真实写照。

2. 准确判断我国仍处于并将长期处于社会主义初级阶段

中国特色社会主义是立足我国社会主义初级阶段的国情而形成的，也就是说，社会主义初级阶段的国情是中国特色社会主义的形成基础。党的十三大明确提出，处于社会主义初级阶段是我国的基本国情；党的十五大进一步提出我国处于并将长期处于社会主义初级阶段，并依据这一判断提出了我国社会主义建设在初级阶段的基本路线、方针、政策和发展策略等；党的十八大指出，建设中国特色社会主义，总依据是社会主义初级阶段；党的十九大强调"我国仍处于并将长期处于社会主义初级阶段的基本国情没有变。全党要牢牢把握社会主义初级阶段这个基本国情，牢牢立足社会主义初级阶段这个最大实际"③。依据社会主义初级阶段理论，建设中

① 《马克思恩格斯文集》第2卷，人民出版社2009年版，第43页。
② 《马克思恩格斯文集》第2卷，人民出版社2009年版，第53页。
③ 习近平：《决胜全面建成小康社会　夺取新时代中国特色社会主义伟大胜利——在中国共产党第十九次全国代表大会上的报告》，人民出版社2017年版，第12页。

国特色社会主义，实现社会主义现代化，要经历一个相当长的时期，邓小平说至少 100 年，即从 20 世纪 50 年代中期社会主义改造基本完成，到 21 世纪中叶社会主义现代化基本实现，都属于社会主义初级阶段的范畴。清醒认识到这一点，成为新时期全面建设小康社会的重要依据。

随着社会主义建设实践的深入推进，中国共产党对社会主义初级阶段理论作出了重大发展，即在邓小平提出的社会主义初级阶段"三步走"发展战略的基础上，对实现社会主义现代化的战略目标进行了细化，把原来的第三步（21 世纪头 50 年）划分为三步：头 10 年为第一步，实现社会主义市场经济体制初步定型，国内生产总值翻一番；第二个 10 年为第二步，即到建党 100 周年，国内生产总值再翻一番，全面建成小康；后 30 年为第三步，即到新中国成立 100 周年，基本实现现代化，把我国建成社会主义现代化国家。根据这一部署，江泽民指出："经过全党和全国各族人民的共同努力，我们胜利实现了现代化建设'三步走'战略的第一步、第二步目标，人民生活总体上达到小康水平。这是社会主义制度的伟大胜利，是中华民族发展史上一个新的里程碑。"[①]

综观全局，全面小康和总体小康同属小康范畴，但全面小康有更高的标准、更丰富的内容、更全面的要求，即：到建党一百年时建成经济更加发展、民主更加健全、科教更加进步、文化更加繁荣、社会更加和谐、人民生活更加殷实的小康社会。建成这样的小康社会，这是中华民族的伟大光荣，这是中国人民的伟大光荣，这是中国共产党的伟大光荣！然后再继续奋斗 30 年，到新中国成立 100 年时，基本实现现代化，把我国建设成社会主义现代化国家。从中不难看出，全面建设小康社会，实际上明确了我国社会主义初级阶段在 21 世纪头 20 年的发展要求，深化了全党和全国人民对社会主义初级阶段各具体阶段的建设任务和奋斗目标的认识，进一步丰富和发展了社会主义初级阶段理论。

3. 深刻回答中国特色社会主义本质问题

中国特色社会主义既坚持了科学社会主义基本原则，又根据时代条件赋予其鲜明的中国特色，以全新的视野深化了对共产党执政规律、社会主义建设规律、人类社会发展规律的认识，从理论和实践结合上系统

---

① 《江泽民文选》第 3 卷，人民出版社 2006 年版，第 542 页。

回答了在中国这样人口多底子薄的东方大国"什么是社会主义、怎样建设社会主义","坚持和发展什么样的中国特色社会主义、怎样坚持和发展中国特色社会主义"的根本问题,包括对中国特色社会主义的总目标、总任务、总体布局、战略布局和发展方向、发展方式、发展动力、战略步骤、外部条件、政治保证等问题的理论分析,形成了一系列新论断、新认识、新成果,是一个内涵深厚、逻辑严密、特色鲜明的理论体系,是当代中国发展进步的根本方向。全面建设小康社会就是对这一理论中"什么是社会主义""坚持和发展什么样的中国特色社会主义"的有力回应。

第一,回答"什么是社会主义"的问题。党的十六大指出"全面建设小康社会的目标,是中国特色社会主义经济、政治、文化全面发展的目标,是与加快推进现代化相统一的目标"。① 党的十七大提出了建设生态文明的新目标和新要求。党的十八大提出要在十六大、十七大确立的全面建设小康社会目标的基础上努力实现新的要求。党的十九大进一步提出在解决人民温饱问题、人民生活总体上达到小康水平这两个目标已提前实现的基础上,建成更加殷实的小康社会。

第二,回答"怎样建设社会主义""怎样坚持和发展中国特色社会主义"的问题。党的十六大指出"发展要有新思路,改革要有新突破,开放要有新局面,各项工作要有新举措"。② 党的十七大强调,要适应国内外形势的新变化,顺应各族人民过上更好生活的新期待,把握经济社会发展趋势和规律,坚持由中国特色社会主义经济建设、政治建设、文化建设、社会建设的基本目标和基本政策构成的基本纲领。党的十八大要求,必须以更大的政治勇气和智慧,不失时机深化重要领域改革:要加快完善社会主义市场经济体制,加快推进社会主义民主政治制度化、规范化、程序化,加快形成科学有效的社会管理体制,加快建立生态文明制度,等等。党的十九大明确,"要按照十六大、十七大、十八大提出的全面建成小康社会各项要求,紧扣我国社会主要矛盾变化,统筹推进经济建设、政治建设、文化建设、社会建设、生态文明建设","突出抓重点、补短板、强弱项,

---

① 《江泽民文选》第3卷,人民出版社2006年版,第544页。
② 《江泽民文选》第3卷,人民出版社2006年版,第544页。

使全面建成小康社会得到人民认可、经得起历史检验"①。

由此可见，全面建设小康社会理论与实践，深刻回答了如何在总体小康的基础上建设社会主义、推进中国特色社会主义发展的根本问题，既实现了社会主义建设理论的新超越和新发展，又体现了中国特色社会主义理论的新成就和新贡献。到2020年，我国国内生产总值超过100万亿元，人均国内生产总值超过1万美元；自2012年以来，8年间现行标准下9899万农村贫困人口全部脱贫，三大攻坚战取得决定性成就，城镇化率超过60%，中等收入群体超过4亿人，千百年来困扰中华民族的绝对贫困问题历史性地画上句号，展示出中国特色社会主义的磅礴伟力，中华民族伟大复兴向前迈出了新的一大步。

三　实现中华民族伟大复兴中国梦的关键一步

事实充分证明，全面建设小康社会是实现中华民族伟大复兴中国梦的关键一步。改革开放之初，邓小平首先用小康来诠释中国式现代化，明确提出到20世纪末"在中国建立一个小康社会"的奋斗目标。经过全党全国各族人民的共同努力，这个目标在20世纪末如期实现，人民生活总体上达到小康水平。党的十六大提出在21世纪头二十年全面建设更高水平的小康社会的奋斗目标。这是我国现阶段的战略目标，同时也是我国进行社会主义现代化建设、实现中华民族伟大复兴的一个重要的发展战略，表明自古以来中华民族孜孜以求的"小康"社会理想在当代中国变为现实，书写了中国特色社会主义现代化浓墨重彩的崭新篇章。

1. 为了中华民族伟大复兴而艰辛探索

中华民族是一个历史悠久、文化灿烂的民族，也是一个历尽沧桑、饱经磨难的民族。在几千年的中华文明史长河中，中华民族一直以勤劳、勇敢、智慧、善良著称于世，以先进的科学技术和优秀的民族文化屹立于世界民族之林，为人类文明进步作出了不可磨灭的贡献。但在近现代历史

---

① 习近平：《决胜全面建成小康社会　夺取新时代中国特色社会主义伟大胜利——在中国共产党第十九次全国代表大会上的报告》，人民出版社2017年版，第27—28页。

上，由于封建统治的昏庸腐朽以及西方列强的入侵，中华民族落后挨打、丧权辱国、饱经屈辱。

实现中华民族的伟大复兴一直是全体中华儿女共同的梦想与追求。从19世纪中期开始，特别是进入20世纪以后，中华民族为求得民族独立和人民解放，实现国家繁荣富强和人民共同富裕，进行了坚忍不拔的探索和艰苦卓绝的奋斗。孙中山领导的辛亥革命揭开了几代中华民族优秀儿女追求民族复兴的序幕，伟大的五四运动为中华民族实现伟大复兴开启了思想文化革新的先河，以毛泽东为代表的中国共产党领导人民历经28年的革命斗争，推翻了三座大山，完成了新中国成立和民族解放的历史伟业，走上了社会主义建设道路，开始了中华民族复兴的历史进程。中国共产党百年来团结带领中国人民进行的一切奋斗、一切牺牲、一切创造，归结起来就是一个主题：实现中华民族伟大复兴。

为了实现中华民族伟大复兴，中国共产党团结带领中国人民，浴血奋战、百折不挠，创造了新民主主义革命的伟大成就；自力更生、发愤图强，创造了社会主义革命和建设的伟大成就；解放思想、锐意进取，创造了改革开放和社会主义现代化建设的伟大成就；自信自强、守正创新，统揽伟大斗争、伟大工程、伟大事业、伟大梦想，创造了新时代中国特色社会主义的伟大成就。中国共产党和中国人民以英勇顽强的奋斗向世界庄严宣告，中华民族迎来了从站起来、富起来到强起来的伟大飞跃，中华民族进入了伟大复兴不可逆转的历史进程。

2. 为实现中华民族伟大复兴而持续奋斗

中国共产党一经诞生，就把为中国人民谋幸福、为中华民族谋复兴确立为自己的初心和使命。新中国成立前，党的七大在勾画党在全国胜利后的建设蓝图时，就提出了"使中国由农业国变为工业国"的宏伟目标。新中国成立后，党致力于把落后的农业大国建设成为社会主义工业化国家，探索适合中国国情的工业化和现代化道路；提出"四个现代化"奋斗目标，团结带领全国各族人民自力更生、发愤图强，建立了独立的比较完整的工业体系和国民经济体系，为进入改革开放新时期小康社会建设和社会主义现代化建设奠定了坚实物质基础、提供了宝贵经验。

1978年党的十一届三中全会开启了我国改革开放和社会主义现代化建设的历史新时期，党在深刻总结历史经验和科学分析国际国内形势的基础上，确立了"走自己的道路，建设有中国特色的社会主义"的前进方向，创造性地用"小康"这一充分吸收中华优秀传统文化精髓的概念来诠释"中国式现代化"。邓小平立足中国国情，具体地擘画了我国实现社会主义现代化的"三步走"发展战略，其中第二步就是要在 20 世纪末使国民生产总值在 1990 年的基础上翻一番，人民生活达到小康水平。从 20 世纪 90 年代中期开始，立足第一步战略目标的顺利实现，在实现建设小康社会的第二步战略目标的征程中，中国共产党对如何实施第三步战略部署进行了前瞻性的思考。早在 1995 年党的十四届五中全会提出关于国民经济和社会发展"九五"计划和 2010 年远景目标的建议时，党中央就宣布：原定到 2000 年国民生产总值比 1980 年翻两番的任务将于 1995 年提前完成。同时提出，到 2000 年，在我国人口将比 1980 年增长 3 亿左右的情况下，实现人均国民生产总值比 1980 年翻两番，基本消除贫困现象，人民生活达到小康水平。1997 年党的十五大提出从 21 世纪初开始"进入和建设小康社会"，并初步把第三步部署具体化为"使人民的小康生活更加宽裕"的目标。2002 年党的十六大，总结了改革开放以来，特别是党的十三届四中全会以来的经验，明确提出 21 世纪头二十年对我国来说是一个必须紧紧抓住并且可以大有作为的重要战略机遇期。要集中力量，全面建设惠及十几亿人口的更高水平的小康社会，使经济更加发展、民主更加健全、科教更加进步、文化更加繁荣、社会更加和谐、人民生活更加殷实，这是实现现代化建设第三步战略目标必经的承上启下的发展阶段。

2012 年党的十八大以来，中国特色社会主义进入新时代。以习近平同志为核心的党中央顺应我国经济社会发展新要求和广大人民群众新期待，提出要在党的十六大、十七大确立的全面建设小康社会目标的基础上，努力实现新的要求，确保到 2020 年实现全面建成小康社会宏伟目标。为此，党中央从坚持和发展中国特色社会主义全局出发，提出"四个全面"战略布局，并将全面建成小康社会置于引领地位，把全面深化改革、全面依法治国、全面从严治党作为确保实现全面建成小康社会战略目标的战略举措。2017 年党的十九大后，全面建成小康社会进入决胜期，党中央提出要统筹推进经济建设、政治建设、文化建设、社会建设、生态文明建设"五位一体"总体布局全面进步，突出抓重点、补短板、强弱项，将脱贫攻坚作为重中之重，采取许多具有原创性、独特性的重大举措，打赢了人类历史上规模最大、力度最强的脱贫攻坚战。中国 7.7 亿农村贫困人口摆脱贫困，减贫人口涵盖同期全球减贫人口 70% 以上，显著缩小了世界贫困人口的版图，创造了减贫治理的中国样本，为全面建成小康社会奠定坚实基础。

归结起来，从小康概念的提出到总体小康的实现，从全面建设小康社会到全面建成小康社会，充分体现了中国共产党始终坚持以人民为中心、"江山就是人民，人民就是江山"的发展思想，始终将人民利益摆在至高无上的地位，不断满足人民群众日益增长的美好生活需要。习近平总书记指出："全面建成小康社会，不是终点，而是新生活、新奋斗的起点。"[①]解决发展不平衡不充分问题、缩小城乡区域发展差距、实现人的全面发展和全体人民共同富裕仍然任重而道远。如今，在中华大地上已经全面建成小康社会，全面建设社会主义现代化国家新征程已经开启，向第二个百年奋斗目标进军的号角已经吹响，中国共产党正团结带领人民意气风发地踏上新的赶考之路，继续为实现中华民族伟大复兴而不懈奋斗。

---

① 习近平：《在基层代表座谈会上的讲话》，人民出版社 2020 年版，第 8 页。

第一章

全面建设小康社会的理论发展

小康社会体现了人民对于美好生活的无限憧憬，是对于未来理想社会的朴素表达。无数先哲和仁人志士从不同的境遇、不同的视角对小康社会进行了探索和阐述，提出了许多可贵的颇具价值的独特构思。中国共产党人正是在科学承继以往小康社会构思的历史积淀中与时俱进加以创新发展，从而实现了小康社会思想的重大突破与质的飞跃，激发和开启了中国人民脱贫致富的热情与智慧，为中国美好的明天勾画了一幅美丽的图景，成为我国全面建设小康社会实践的直接理论来源和行动指南。

一 历史进程中小康社会思想的多元阐释

小康社会，一个充满传统色彩的词汇，一种寄托美好未来的社会理想。小康社会思想形成于几千年历史文化的熏陶之中，寄托着无数人民对于美好生活的渴望与期盼，它在不同的时代和不同的视阈下具有不同的内涵。

（一）古希腊哲学家的小康社会思想萌芽

古希腊时期，涌现了许多伟大的哲学家，在他们关于未来社会的阐述中，虽然没有直接提到"小康社会"这一概念，但从其对所追求和向往的社会模式的论述中，已经折射出"小康社会"思想的智慧火花。恩格斯就曾对希腊哲学作过中肯的评价："我们在哲学中以及在其他许多领域中常常不得不回到这个小民族的成就方面来的原因之一，他们的无所不包的才能与活动，给他们保证了在人类发展史上为其他任何民族所不能企求的地位。而另外一个原因则是：在希腊哲学的多种多样的形式中，差不多可以找到以后各种观点的胚胎、萌芽。"①

1. 苏格拉底的"和谐城邦"

如何实现城邦的繁荣稳定，如何构建一个和谐的城邦秩序是贯穿于整个古希腊时期的一条主线。苏格拉底生活的年代，正值古希腊政治混乱时期：在政治上，统治者不具备管理城邦的能力；在军事上，雅典公民不遵守纪律不服从命令；在社会上，公民之间钩心斗角，传统道德败坏，整个社会呈现一片混乱。苏格拉底将这个危机四伏的时代归咎于道德精神的沦丧，提出建立理性主义的道德哲学，希望借助于道德建立一个公民守法、公民团结、智慧治国的和谐城邦以挽救雅典城邦的衰落。在这个和谐城邦中：一是公民守法，公民守法是和谐城邦最突出的特征，当公民同意成为某一城邦成员时就等于和城邦签订契约，因此，公民要无条件遵守城邦秩序和服从城邦法律。② 二是公民团结，苏格拉底特别强调公民团结，认为"在希腊到处都有要求公民立誓同心协力的律法……其所以这样做的原因……是为了使他们都遵守律法，因为凡人民遵守律法的城邦就最强大、最幸福，但如果没有同心协力，任何城邦也治理不好。"③ 三是智慧治国，苏格拉底主张用智慧治理城邦，认为城邦的统治权应该由懂得如何治理城邦的人掌管。好的统治者或者管理者不是那些掌握权柄、仗势欺人的人，不是那些由群众选举的人，而是那些懂得怎样实行管理的人。④ 由此可见，苏格拉底无论是主张公民守法、公民团结还是智慧治国都是为了形成良好的社会秩序，建立一个强大、幸福的和谐城邦，而这恰与中国古代儒家所提倡的有序、和平和人道的"小康"社会模式不谋而合。

2. 柏拉图的"理想国"

柏拉图认为："我们首要的任务乃是铸造出一个幸福国家的模型来，但不是支离破碎的铸造一个为少数人幸福的国家，而是铸造一个整体的幸

---

① 《马克思恩格斯全集》第 20 卷，人民出版社 2016 年版，第 385—386 页。
② 参见 ［苏］涅尔谢相茨《古希腊政治学说》，蔡拓译，商务印书馆 1991 年版，第 122 页。
③ ［古希腊］色诺芬：《回忆苏格拉底》，吴永泉译，商务印书馆 1986 年版，第 166 页。
④ 参见 ［古希腊］色诺芬《回忆苏格拉底》，吴永泉译，商务印书馆 1986 年版，第 118 页。

福国家。"① 他运用自己的智慧和知识，总结历史经验教训，对城邦制度和政治进行深刻反思，从什么是正义入手，致力于构建一个具有完满道德理性的、由哲学王治理的、每一个人都可以快乐生活的理想之国，而这一思想主要体现在《理想国》这部震古烁今的名著之中。在这里，一是社会规范有序。"鞋匠总是鞋匠，并不再做鞋匠以外，还做舵工；农夫总是农夫，并不在做农夫以外，还做法官；兵士只做兵士，并不再做兵士以外，还做商人……"② 生意人、辅助者和护国者这三种人都安于自己所从事的职业，各司其职、精益求精。二是取消私有制。柏拉图指出，人们之间的纠纷都是由于财产、儿女与亲属的私有造成的，只要取消了私有财产和家庭，一切都实行公有，就可以防止"把国家弄得四分五裂"。三是哲学家执政。当时的哲学家与城邦之间矛盾重重，在柏拉图看来，只有双方彻底改变，城邦不再不愿由哲学家来统治，而哲学家不再不愿统治城邦，即"除非哲学家变成了我们国家中的国王，或者我们叫做国王或统治者的那些人能够用严肃认真的态度去研究哲学，使得哲学和政治这两件事情能够结合起来，而把那些现在只搞政治而不研究哲学或者只研究哲学而不搞政治的人排斥出去，否则我们的国家就永远不会得到安宁，全人类也不会免于灾难。"③ 按照柏拉图的设想，"小康社会"是"二等理想国"，是可以实现的理想社会。

3. 亚里士多德的"优良政体"

亚里士多德生活的时代，正是希腊城邦危机四伏的时期，作为古希腊中产阶级的代表人物，亚里士多德在其名著《政治学》一书中对和谐而稳定的社会进行了诸多的论述。为了维护充满危机的古希腊城邦，亚里士多德提出构建以中产阶级为主体、以公平正义为原则、以法治为基础的"优良政体"。一是中间阶层。他认为"城邦中都有三个部分或者阶层，一部分是极富阶层，一部分是极穷阶层，还有介于两者之间的中间阶层。人们承认，适度或中庸是最优越的"④。亚里士多德这种主张以扩大中产阶级求

① ［古希腊］柏拉图：《理想国》，郭斌、张竹明译，商务印书馆 1986 年版，第 133 页。
② ［古希腊］柏拉图：《理想国》，郭斌、张竹明译，商务印书馆 1986 年版，第 102 页。
③ 北京大学哲学系外国哲学史教研室编译：《古希腊罗马哲学》，商务印书馆 1961 年版，第 231 页。
④ ［古希腊］亚里士多德：《政治学》，颜一、秦典华译，中国人民大学出版社 2003 年版，第 137 页。

社会稳定的观点，后来得到了强有力的事实印证，尤其是第二次世界大战以后，发达资本主义国家中产阶级的发展壮大对资本主义的稳定发展起到了不可替代的作用。二是公平正义。身处政治共同体中，良好的出身、自由人的身份、财产等等都是分配权力的重要因素，亚里士多德认为优良政体应该兼顾各个阶级的共同利益。三是实行法治。亚里士多德认为一个城邦要想实现公平正义就必须实行法治，"每一位在法律方面受过教育的统治者都能作出良好的判断，可以说用双目看、用双耳听、用双手和双足行动的一个人竟然优于拥有众多的耳目和手足的众人，那也未免太过荒唐。"① 法治优于一人之治。因此，亚里士多德的这种理论对于我国全面建设小康社会，落实分配政策、推进社会公平正义和社会主义法治建设具有借鉴意义。

（二）中国历史上的小康社会梦想

从文化发展的历史脉络来看，小康社会并非当今时下的新名词，相反，蕴含着中国历史文化的深厚底蕴。在中国历史上，"小康"作为一个完整的概念最早出现于《诗经·大雅·民劳》："民亦劳止，汔可小康。惠此中国，以绥四方。"其意是讲：民众劳苦太深，希望稍稍得到安康，体现了劳动人民对于富裕生活的向往。在这里，"小康"被描述为一种理想的生活状态。到了西汉，"小康"的内涵又有了新的发展。在《礼记·礼运》中，"小康"被描述为一种比"大同"差一点的理想社会。大同即"天下为公"的社会，没有阶级，没有剥削，社会文明，秩序稳定，保障健全。而小康则要低一个层次，是"天下为家"的社会，仍然存在私有制和等级制，"礼"是维系社会制度的重要手段和社会生活的行为准则。古往今来，"小康""小康之家""小康生活"等术语在民间广泛流传，并且逐步向人民的基本生活状态转移，被越来越多地解释为"略有资产、足以自给之境"，"谓经济比较宽裕"，"经济宽裕、可以不愁温饱"，等等。中国人的小康情结就这样琥珀般地凝结在历史进程中，成为对于未来美好生活的一种向往，并激励人民为这一理想而不断努力。

---

① ［古希腊］亚里士多德：《政治学》，颜一、秦典华译，中国人民大学出版社 2003 年版，第 112 页。

1. 儒家的"天下为家"

小康作为一种社会模式，最早在《礼记·礼运》中得到系统阐释，该篇记载了孔子所提到的两种理想社会模式。一是夏代以前的"大同"社会。在其中，人们"大道之行也，天下为公，选贤与能，讲信修睦，故人不独亲其亲，不独子其子，使老有所终，壮有所用，幼有所长，矜寡孤独废疾者，皆有所养。男有分，女有归。货恶其弃于地也，不必藏于己；力恶其不出于身也，不必为己。是故谋闭而不兴，盗窃乱贼而不作，故外户而不闭，是谓大同"。① 二是夏、商、周时期的"小康"社会。"今大道既隐，天下为家。各亲其亲，各子其子，货力为己。大人世及以为礼，城郭沟池以为固，礼义以为纪，以正君臣，以笃父子，以睦兄弟，以和夫妇，以设制度，以立田里，以贤勇知，以功为己。故谋用是作，而兵由此起。禹、汤、文、武、成王、周公，由此其选也。此六君子者，未有不谨于礼者也。以著其义，以考其信。著有过，刑仁讲让，示民有常。如有不由此者，在执者去，众以为殃。是谓小康。"② 可见，在中国古代的学理中，"小康"是相对于"大同"而言的一种社会形态。"大同"是一种"天下为公"的美好社会，先哲们认为它是曾经存在过的尧、舜时代，是令人望尘莫及的理想世界。现实社会则是一个"天下为家"的小康社会。

孔子崇尚那种"天下为公"的精神，如此建立的将是一个平均、安定、和谐的社会。他认为大同虽好但却难以企及，所以作为近期目标，人们应争取实现的是小康，小康虽然不是最理想的，却也是有序、和平和人道的社会。作为儒家学派的传人，孟子也在思考着那个变革时代的合理秩序。孟子设计出了一个比孔子更为完整的"仁政""王道"的小康社会。"无恒产而有恒心者，惟士为能。若民，则无恒产，因无恒心。苟无恒心，放辟邪侈，无不为已。及陷于罪，然后从而刑之，是罔民也。焉有仁人在位，罔民而可为也！是故明君制民之产，必使仰足以事父母，俯足以畜妻子，乐岁终身饱，凶年免于死亡；然后驱而之善，故民之从之也轻。今也制民之产，仰不足以事父母，俯不足以畜妻子，乐岁终身苦，凶年不免于死亡；此惟救死而恐不赡，奚暇治礼义哉！"③ 所以，孟子的仁政使小康这

---

① 《礼记译解》，王文锦译解，中华书局 2016 年版，第 258 页。
② 《礼记译解》，王文锦译解，中华书局 2016 年版，第 258 页。
③ 《孟子》，方勇译注，中华书局 2010 年版，第 13—14 页。

个概念，除了具有社会相对安定的含义之外，具有了更多的经济内涵。小康成为摆脱了贫困，虽然不算富裕，但也比较宽裕、可以安然度日的生活状况。荀子设计了一个"隆礼至法"的小康思想的社会模式，既强调礼，又注重法，使儒家小康社会理想进一步丰富。西汉董仲舒提出"罢黜百家，独尊儒术"之后，随着儒学获得了独尊的社会地位，小康社会也一跃成为中国古代影响最为深远的理想社会模式。

2. 道家的"小国寡民"

老子作为道家学派的创始人虽然没有直接叙述"小康"，但却描绘了另外一种"小康"社会景象："不尚贤，使民不争；不贵难得之货，使民不为盗；不见可欲，使民心不乱。是以圣人之治，虚其心，实其腹，弱其志，强其骨。常使民无知无欲，使夫智不敢为也。……小国寡民，使有什伯之器而不用；使民重死而不远徙。……使民复结绳而用之。……邻国相望，鸡犬之声相闻，民至老死，不相往来。"① 这幅景象对现代人来说肯定是难以接受的，但老子在春秋战国时代的动乱中悲观失望，希望退回简单安宁、清心寡欲的原始田园生活，这种心理应该是不难理解的。现实中一部分人对小康的一些贬义理解往往也就与此有关。

3. 康有为的"升平世"

到了近代，儒家"小康社会"思想的旗帜，被资产阶级改良派思想家康有为重新举了起来。康有为作为中国近代变法维新运动的领袖，为推行其维新变法主张，从传统的儒家学说中寻找或制造理论根据。康有为把《公羊春秋》的"三世说"和《礼记·礼运》的"小康""大同"思想糅合在一起，用庸俗进化论的观点，在《春秋董氏学》中指出："乱世者，文教未明也；升平者，渐有文教小康也；太平者，大同之世，远近大小如一，文教全备也。"② 将人类社会的历史发展进程推演为"据乱世""升平世"（小康）和"太平世"（大同）三个阶段。他把封建专制统治下的社会叫做"据乱世"，把变法维新所要争取的君主立宪制度称为"升平世"即"小康"社会，而把资产阶级民主共和制度称为"太平世"即"大同"社会。按照康有为的解释，人类社会未来的发展过程就是要从"据乱世"

---

① 《老子今注今译》，陈鼓应注译，商务印书馆2003年版，第86、345页。

② 康有为：《春秋董氏学》，中华书局1990年版，第29页。

经"升平世"（小康）再进化到"太平世"（大同）。戊戌变法失败后，康有为周游世界，受西方空想社会主义的影响，于1902年写了《大同书》。在《大同书》中，康有为所描述的大同社会实际已经是一个实行生产资料公有制的具有空想性质的社会主义社会。这样，在康有为关于社会发展阶段的理论里，既然"据乱世"是指两千年以来的封建专制制度，"大同"即"太平世"又是一个社会主义性质的社会，那么，他所说的"小康"即"升平世"就是介于二者之间的现代资本主义社会了。而他领导的变法维新运动，就是要争取当时的中国社会由封建专制的"据乱世"进入现代资本主义的"升平世"。康有为的"小康大同"理论认为社会发展的前景是日益美好的，在未来，人类社会必然要向前进入"小康"，并最后进入"大同"社会。

4. 孙中山的"天下为公"

孙中山先生的社会思想集中体现在他提出的"三民主义"中，而"三民主义"的核心是"民生主义"。他说："民生就是人民的生活——社会的生存，国家的生计，群众的生命便是。"① 故民生主义就是社会主义，又名共产主义，即大同主义。孙中山的民生主义学说，与中华民族的传统文化有着十分密切的继承关系。"天下为公""世界大同"是中国古代源远流长的一种政治思想，孙中山受此影响很深。"天下为公"是他经常题写的词句，而他对黄埔军校的训词就是"三民主义，吾党所宗，以建民国，以进大同"。他曾多次阐明，实行民生主义，就是要使人人有平等的地位去谋生活，使中国四万万人共享幸福。"社会主义之主张，实欲使世界人类同立于平等的地位，富则同富，乐则同乐，不宜与贫富苦乐之不同，而陷社会于竞争悲苦之境。"② 使中国全体国民"幼有所教，老有所养，分业操作，各得其所"③。人人平等，共享社会福祉，实现社会大同，是孙中山孜孜以求的理想境界，是民生主义的最终奋斗目标。可以说，孙中山先生继承了中国古代传统的大同思想，又借鉴了西方的社会伦理，形成了他的民生主义，既强调发展现代经济，又力求保障社会平等。这其中的"养民""济穷"思想与我们今天所讲的"小康"是一致的，是实现大同的手段。

---

① 《孙中山全集》第9卷，中华书局1986年版，第355页。
② 《孙中山全集》第2卷，中华书局1982年版，第517页。
③ 《孙中山全集》第2卷，中华书局1982年版，第523页。

（三）空想社会主义者的小康社会设想

15世纪末，新航路开辟，荷兰、葡萄牙、西班牙、英国等欧洲国家走上资本主义发展道路。殖民地经营、海上贸易带来的巨大财富和大规模兴起的圈地运动使欧洲社会结构发生了深刻变化，大批农民被迫与土地分离并逐渐沦为资本家的生产工具。以英国完成资产阶级革命、瓦特改良蒸汽机为代表的机器工业分别从制度层面和技术层面为资本主义的迅速发展创造了条件，而无产者越来越远离生产资料，并在此过程中形成一个新的阶级——无产阶级。空想社会主义就是在这种人与自然和阶级之间的冲突和对立过程中酝酿、产生和发展的。

1. 早期空想社会主义者的小康社会思想

16世纪，在西方诸国由封建主义社会向资本主义社会转向和迈进之际，许多耀眼的空想社会主义思想家在人类历史新旧交替的阵痛中孕育产生。托马斯·莫尔被称作"西方空想社会主义的奠基人"，他作为虔诚的天主教徒与学识渊博的人文主义者，目睹了16世纪英国人民在封建主义压榨下生活的困苦和资本主义原始积累给人民带来的新灾难，愤然写出《乌托邦》一书，书中虚构了一个废除私有制、财产共有的理想社会，以唤起人们对平等、自由、和谐生活的向往，对圈地运动给人民带来的灾难深表同情，把圈地运动和"血腥立法"比喻为"羊吃人"，他在指出私有制是罪恶的根源后，又描绘了一幅未来社会的理想画卷。17世纪，意大利的康帕内拉面对国内政治的扰攘不宁和外部西班牙的侵略，虚构出了财产共有、共同劳动、共同消费、民主选举、人人平等的理想城邦——太阳城，以表达对现实的失望和苦闷心情，他设想的"太阳城"是一个实行共产主义制度的国家，私有制被废除，实行普遍的义务劳动。

2. 空想平均社会主义者的小康社会思想

18世纪是资本主义手工工场的发展时期。西欧国家在英国的影响下，相继步入工业革命和快速发展的时代。摩莱里在《自然法典》中将原始社会称为"黄金时代"，预言人类终将会回到符合自然规律和人类理性的公有制的黄金时代去。马布利在《论公民的权利和义务》和《论法制或法律的原则》等著作中，用理性论证共产主义的必然性，认为理性、自由和幸福是人的本性，私有制违反了这种自然本性，因此人们应当拿起武器恢复这一本性。这时期的空想社会主义，在原先纯粹幻想的基础上，从文学的描绘逐渐转向实际，以法律条文的形式阐述理想社会的原则，被称作"直接共产主义的理论"，他们在著作里均主张消灭剥削，反对私有制和社会的不平等，彰显出追求社会和谐的思想。正如马克思所说："我们不应该否定这些社会主义的鼻祖，正如现代化学家不能否定他们的祖先炼金术士一样。"①

3.19 世纪初期三大空想社会主义者的小康社会思想

19 世纪是空想社会主义发展的最重要阶段，克劳德·昂利·圣西门、沙尔·傅立叶和罗伯特·欧文是这一时期空想社会主义者的杰出代表。他们在对资本主义进行全面批判的同时，也对未来的理想社会进行了天才的猜测和描绘，其中就包含了丰富的小康社会思想。

圣西门的思想以《一个日内瓦居民给当代人的信》《论实业制度》《新基督教》为代表，其中《新基督教》是其最成熟的一部著作。圣西门详细论述了未来的社会制度——"实业制度"，他把实业制度定义为使一切人得到最大限度的全体自由和个体自由、保证社会得到最大安宁的制度，使一切人得到最大福利的制度。他第一次提出所有制是社会的基础，第一次提出阶级划分的思想，第一次提出按照才能和贡献进行分配的原则。圣西门公开主张，在未来社会中，人们的权利是平等的；人民领袖应当由人民通过民主选举产生；妇女有权参加选举，也有权当选；人们应当吃得最好，穿得最漂亮，住得最舒适，到处都能得到生活必需品和高级享用品，能够到处旅游，等等。同时，圣西门认为实业制度是一种保存生产资料资本主义所有制的制度。这是实业制度先天的缺陷性。

傅立叶把自己的理想社会称为"和谐制度"。他在《全世界的和谐》一书中指出，现存的资本主义制度是不公正不合理的，必将被新的"和谐制度"所代替。傅立叶认为，和谐制度是以协作生产为特征的制度，是以自愿参加为原则的组合和协作社的总和，这种组合和协作社叫作法郎吉。在和谐制度下，旧的分工不复存在，人们可以自由选择职业。傅立叶还第一次明确提出了劳动权问题。但是，傅立叶反对平均主义，认为"在和谐

---

① 《马克思恩格斯文集》第 3 卷，人民出版社 2009 年版，第 341 页。

制度下，任何平均主义都是政治毒药"。① 在分配问题上，他提出了"按比例分配"的主原则。这种"按比例分配"就是按照资本收入、劳动收入、才能收入的比例不加区别地进行分配。对于未来社会的生产，傅立叶片面地重视农业，不了解现代大工业在国民经济中的作用。傅立叶还认为，在和谐制度下，儿童的养育和教育应完全由社会承担，妇女将从沉重的家务中完全解放出来，和男子一样参加集体的生产劳动，参加科学研究和艺术活动。另外，傅立叶对未来社会人们的物质生活和精神生活都作了宏伟的想象。

欧文把自己的理想社会称为"劳动公社"，并将自己进行实践尝试的社会模式称为"新和谐公社制度"。欧文认为在劳动公社中，应实行生产资料公有制的、消灭阶级的、以公社为基层组织的、按照需要分配的社会制度。生产资料公有制是欧文理想社会的基础，由于生产资料公有，新社会就不再存在占有生产资料的剥削阶级，生产力将无限发展，产品将迅速增加。公社的最高权力属于全体社会成员，公社的每个成员都有平等的权利和平等的义务，公社内部还有具体的社会职责分工。此外，欧文提出了消灭城乡对立、脑力劳动和体力劳动对立的思想，主张把城市和乡村结合起来、工业和农业结合起来、脑力劳动和体力劳动结合起来。欧文还提倡把教育和劳动结合起来以造就人的全面发展，并主张男女平等，婚姻自由。欧文不仅设想了未来的理想社会模式，而且还从行动上积极实践自己的理想，他在美国印第安纳州建立了"新和谐公社"进行试验，虽然这次试验失败了，但却反映了他对自己理想社会的坚定追求。

（四）科学社会主义的小康社会理想

马克思主义经典作家在创立科学社会主义理论的过程中，没有明确提出"小康"或者"小康社会"的概念，但他们在关于未来社会发展的理论中却不乏"小康社会"的思想，他们的相关论述中内含的"小康社会"思想为我国全面建成小康社会提供了有益启示。

1. 马克思恩格斯的"未来社会"理论

在未来社会发展阶段上，马克思在《哥达纲领批判》中将未来的共产

---

① 《傅立叶选集》第 3 卷，冀甫译，商务印书馆 1964 年版，第 154 页。

主义社会分为第一阶段和高级阶段，并对两个不同阶段的基本特征作了阐述。共产主义第一阶段"是刚刚从资本主义社会中产生出来的，因此它在各方面，在经济、道德和精神方面都还带着它脱胎出来的那个旧社会的痕迹。"①；而共产主义高级阶段"在迫使个人奴隶般地服从分工的情形已经消失，从而脑力劳动和体力劳动的对立也随之消失之后；在劳动已经不仅仅是谋生的手段，而且本身成了生活的第一需要之后；在随着个人的全面发展，他们的生产力也增长起来，而集体财富的一切源泉都充分涌流之后，——只有在那个时候，才能完全超出资产阶级权利的狭隘眼界，社会才能在自己的旗帜上写上：各尽所能，按需分配！"② 马克思的论述，特别是在对共产主义社会第一阶段的阐述中充满了全面小康的思想。共产主义第一阶段是刚刚从资本主义社会中产生出来的，由此决定了它在经济、道德和精神等方面还带有资本主义的痕迹，它同共产主义社会的高级阶段相比在发展程度上还有较大差距。

在未来社会发展规划上，恩格斯在《反杜林论》的"社会主义"篇中，对未来社会主义的发展从理论上作了轮廓的勾勒，大体上是：其一，实行生产资料公有制；其二，进行有计划的组织生产；其三，消灭了阶级和阶级差别；其四，实行按劳分配；其五，能保证人们有充裕的物质、精神生活。可见，恩格斯并没有给我们定模式，而只是对未来社会的发展趋势进行了一种科学的必然性的论证。在《反杜林论》完成之后，恩格斯并没有中止对未来社会发展问题的研究。对于未来社会的经济特征，恩格斯指出，新制度在有计划地利用和进一步发展现有的巨大生产力的同时，将像有计划地调整物质生产一样，必要时会毫不困难地对人的生产进行调整。恩格斯不但指明了实行全部生产资料公有制是社会主义制度同现存资本主义制度的具有决定意义的区别，而且还对这种所有制形式进行了种种设想。

在未来社会发展目标上，马克思恩格斯指出："代替那存在着阶级和阶级对立的资产阶级旧社会的，将是这样一个联合体，在那里，每个人的自由发展是一切人的自由发展的条件。"③ 这个未来的新社会是"以每个人

---

① 《马克思恩格斯文集》第3卷，人民出版社2009年版，第434页。
② 《马克思恩格斯文集》第3卷，人民出版社2009年版，第435—436页。
③ 《马克思恩格斯文集》第10卷，人民出版社2009年版，第666页。

的全面而自由的发展为基本原则的社会形式。"① 它"通过社会化生产，不仅可能保证一切社会成员有富足的和一天比一天充裕的物质生活，而且还可能保证他们的体力和智力获得充分的自由的发展和运用"。② 这表明，马克思恩格斯所设想的未来社会是一个生产充分发展、实现共同富裕、人与自然及社会和谐共生的理想社会，而这正与我们党提出的致力于实现人与社会的全面协调发展，物质文明、精神文明、政治文明、社会文明和生态文明共同提高的理论是相一致的。

2. 列宁、斯大林的"过渡阶段"理论

列宁在《国家与革命》中进一步阐明了共产主义两个阶段的差别和联系。他认为，共产主义社会的低级阶段和高级阶段虽然同属于一种社会制度，即共产主义社会制度，它们的生产资料都已成为公有财产，都已归整个社会所有，但是它们之间的差别是很明显的。在社会主义阶段，由于社会主义生产力的水平还没有发展到很高的程度，因而在消费品的分配方面还不得不保留着资产阶级权利。通过经验教训的总结，列宁认为，"为了作好向共产主义过渡的准备（通过多年的工作来准备），需要经过国家资本主义和社会主义这些过渡阶段。不能直接凭热情，而要借助于伟大革命所产生的热情，靠个人利益，靠同个人利益的结合，靠经济核算，在这个小农国家里先建立起牢固的桥梁，通过国家资本主义走向社会主义"。③ 列宁还特别重视电气化对创造社会主义物质基础的重大意义，他认为，只有当国家实现了电气化，为工业、农业和运输业打下了现代大工业的技术基础时，社会主义事业才能取得最后胜利。由此，他提出了"共产主义就是苏维埃政权加全国电气化"④ 的著名公式。在文化建设方面，十月革命后，列宁反复强调，共产主义是在资本主义的基础上成长起来的，只有充分利用资本主义遗留下来的东西，才能建成社会主义。针对俄国是一个落后的资本主义国家的特点，列宁强调指出，为了建设社会主义就必须吸收外国的科学技术成果和先进的管理经验。他把这个思想用公式作了如下的表述："乐于吸取外国的好东西：苏维埃政权＋普鲁士的铁路管理制度＋美

---

① 《十六大以来重要文献选编》（上），中央文献出版社 2005 年版，第 768 页。
② 《马克思恩格斯文集》第 9 卷，人民出版社 2009 年版，第 299 页。
③ 《列宁全集》第 42 卷，人民出版社 2017 年版，第 187 页。
④ 《列宁全集》第 40 卷，人民出版社 2017 年版，第 30 页。

国的技术和托拉斯组织 + 美国的国民教育等⋯⋯ = 社会主义。"① 另外，列宁在文化教育、共产主义教育、执政党建设方面都进行了论述。列宁的这些理论观点对于指导当前我国的小康社会建设是有积极意义的。

斯大林在《苏联社会主义经济问题》一书中对社会主义怎样具体过渡到共产主义进行了阐述，并指出，社会主义向共产主义过渡必须满足两个基本条件：首先，在生产资料优先增长的条件下，保证整个社会生产不断增长，以便获得满足社会需要的极丰富的产品。为此，社会必须经过一系列的经济改造和文化改造，必须大大提高劳动生产率。只有劳动生产率达到可以保证消费品十分丰裕的高度，社会才能按各成员的需要分配消费品。其次，必须把社会的文化发展到足以保证社会一切成员发展他们的体力和智力，使社会成员都能获得足以使他们成为社会发展中的积极活动分子的教育，都能自由选择职业的程度。斯大林关于科学社会主义的新思想，使苏联由落后的农业国变为先进的工业国，这是人类历史上第一次完成向社会主义的转变，因此对于科学社会主义的发展，具有重要的历史和现实意义。

二　社会主义建设时期中国共产党人 对小康社会的认识

在漫长的历史长河中，中华民族追求富强的脚步从未停息，但由于受社会历史条件及阶级的局限，先哲伟人们勾画的"大同""小康"社会图景并没有真正实现。真正把小康社会千年梦想付诸当代中国实践并使小康社会理想理论化、科学化的是中国共产党。十月革命给中国人民送来了马克思主义，探求救国道路的中国志士们开始学习并拿起这个已经被十月革命证明了可以指导他们进行长期斗争的武器，共产主义思想也因此唤起了中国人民对大同理想的向往。新中国成立以后，中国在马克思列宁主义的指导下，摸索着适合中国现实的社会主义建设道路。中国人民的探索虽然充满艰辛并历尽曲折，但强国富民却是不变的历史情结。中国共产党在科

---

① 《列宁文稿》第 3 卷，人民出版社 1978 年版，第 94 页。

学地承接了传统小康理想的同时，又与时俱进地对其加以创新与发展，从而实现了传统小康思想从理论到实践的重大突破与质的飞跃。正是这种飞跃，激发了中国人民脱贫致富的热情，开启了中国的现代化建设，为中国美好的明天勾画了一幅美丽的图景。

（一）毛泽东关于小康社会的主要观点

毛泽东虽然没有直接提出小康社会的概念，也没有明确提出小康社会建设的任务与要求，但在阐述社会主义建设理论的过程中内含着许多小康社会的思想意识，为我国的小康社会建设提供了丰富的理论源泉。毛泽东在《论人民民主专政》一文中提到："经过人民共和国到达社会主义和共产主义，到达阶级的消灭和世界的大同。康有为写了《大同书》，他没有也不可能找到一条到达大同的路……唯一的路是经过工人阶级领导的人民共和国。"[1] 在这段论述中，毛泽东把消灭阶级与"世界的大同"联系起来，说康有为写了《大同书》，但他没有找到一条到达"大同的路"，这至少给我们传达了一个意思，就是毛泽东谙熟中国传统文化中的小康思想。

新中国成立后，面对破败落后的社会经济状况，如何发展成为党和人民必须首先解决的一道难题。为了迅速改变中国人民贫穷落后的面貌，1953年12月在《关于党在过渡时期总路线的学习和宣传提纲》中，毛泽东提出了初步实现四个现代化的思想，这是党中央关于实现四个现代化思想的最早阐述。1954年9月，在第一届全国人民代表大会第一次会议上，周恩来代表党中央在《政府工作报告》中第一次明确提出了建设现代化的工业、农业、交通运输业和国防的要求。之后党的八大又将这一任务写入《中国共产党章程》。1957年，毛泽东在《关于正确处理人民内部矛盾的问题》一文中说，专政的目的是为了保卫全体人民进行和平劳动，将我国建设成为一个具有现代工业、现代农业和现代科学文化的社会主义国家。1960年，毛泽东又指出："建设社会主义，原来要求是工业现代化，农业现代化，科学文化现代化，现在要加上国防现代化。"[2] 在1964年召开的

---

[1]　《毛泽东选集》第4卷，人民出版社1991年版，第1471页。
[2]　《毛泽东文集》第8卷，人民出版社1999年版，第116页。

第三届全国人民代表大会上，周恩来在《政府工作报告》中正式提出建设"四个现代化"的号召。

毛泽东还曾对实现目标的时间和步骤进行了深入思考，通过总结社会主义建设的经验教训，他认为："中国的人口多、底子薄，经济落后，要使生产力很大地发展起来，要赶上和超过世界最先进的资本主义国家，没有一百多年的时间，我看是不行的。"① 正是基于以上的考虑，1963 年 9 月的中央工作会议提出了"两步走"的发展思路：第一步，用 15 年的时间，建立一个独立的、比较完整的工业体系和国民经济体系；第二步，在 20 世纪内，全面实现农业、工业、国防和科学技术的现代化，使我国经济走在世界前列。对此，毛泽东领导中国共产党人进行了一系列积极的实践和探索。在政治上，扩大社会主义民主，反对官僚主义，大力加强社会主义法制建设，坚持民主集中制，"造成一个又有集中又有民主，又有纪律又有自由，又有统一意志、又有个人心情舒畅、生动活泼，那样一种政治局面"②。在经济上，提出了要以实现工业化为主要任务，全面推进经济建设的方针，要改革和调整中国过于单一的经济结构和经济体制，制定了综合平衡、稳步前进的经济建设步骤，走出一条有别于苏联模式的中国工业化道路。在文化上，提出了繁荣社会主义文化艺术的"百花齐放、百家争鸣"的"双百"方针。在科学技术上，充分肯定了知识和知识分子在现代化建设中的地位和作用，同时提倡要全面学习外国的先进文化和科学技术。正如毛泽东所指出："我们一定要努力把党内党外、国内国外的一切积极的因素，直接的、间接的积极因素，全部调动起来，把我国建设成为一个强大的社会主义国家。"③

（二）刘少奇关于小康社会的主要观点

刘少奇是伟大的无产阶级革命家、理论家，是伟大的马克思主义者。作为党和国家的重要领导人之一，他对中国共产党的建设、对社会主义革命与建设作出了不可磨灭的贡献。他在 1948 年 9 月 8 日至 13 日中共中央政治局扩大会议的讲话中较早地提出了"小康之家"的概念。

---

① 《毛泽东文集》第 8 卷，人民出版社 1999 年版，第 302 页。
② 《建国以来毛泽东文稿》第 6 册，中央文献出版社 1992 年版，第 543 页。
③ 《毛泽东文集》第 7 卷，人民出版社 1999 年版，第 44 页。

刘少奇在 13 日的会上发表讲话，主要涉及两个方面的问题，一是对战争前途的估计，二是新民主主义经济建设问题。在讲到对战争前途的估计时，刘少奇充满信心地说："我们在战争中，还有带决战性的攻坚和大的会战这两个关没有过。过了这两关，问题就解决了。"① 这两三年内，可能有对我们有利的突然事变发生，要估计到这种最好的可能。在讲到全国土地会议时，他对全国土地会议作出了高度评价，认为这次会议在某种意义上相当于历史上的八七会议。这次会议结束了第二次国共合作以来的诸如和平幻想、右倾错误以及地主富农思想等等，土地会议确定的平分土地和整党两条基本方针是正确的。刘少奇的讲话着重阐述了新民主主义的经济建设问题。首先，他分析了整个国民经济的成分，认为国民经济包含着自然经济、小生产经济、资本主义经济、半社会主义经济、国家资本主义经济以及国营的社会主义经济等成分。随后，他将国民经济的总体叫作新民主主义经济，而新民主主义经济包含着以上所阐述的各种经济成分，并以国营的社会主义经济为领导成分。最后，他对资本主义（资本家和富农）与社会主义的矛盾即新民主主义经济中的基本矛盾进行了深度分析。刘少奇认为，在反帝反封建的革命胜利以后，资本主义（资本家和富农）与社会主义的矛盾就成了新社会的主要矛盾。因此，在解放区搞经济工作，除对外反国民党反帝国主义外，就要注意与私人资本家的斗争。斗争的方式是经济竞争，这种竞争是贯穿在各方面的，是和平的竞争。当然，这里有个"谁战胜谁"的问题：我们竞争赢了，革命就可以和平转变，即进行各方面的斗争而无须经过政权的推翻而完成一个革命。正是通过以上的分析，刘少奇认为，固然不能过早地采取社会主义政策，但要清醒地看见这种矛盾，要对无产阶级劳动人民与资产阶级的矛盾进行充分的评估和把握，因为"无产阶级与资产阶级的这种斗争，是社会主义与资本主义的两条道路的斗争。在这个斗争中，决定的东西是小生产者的向背，所以对小生产者必须采取最谨慎的政策。合作社是团结小生产者最有力的工具。合作社搞好了，就巩固了对小生产者的领导权。单是给小生产者以土地，只是建立了领导权，还须进一步使他们成为小康之家，否则，领

---

① 中共中央党史和文献研究院编：《刘少奇年谱（增订本）》第 2 卷，中央文献出版社 2018 年版，第 340 页。

导权仍不能巩固"。①

总而言之，"小康之家"是刘少奇关于新民主主义社会向社会主义社会过渡，尤其是关于新民主主义经济问题深入思考的重要成果。在其后的发展中，刘少奇关于小康社会的观点得到了不断丰富和发展。在 1949 年对苏联的秘密访问中，刘少奇关于过渡时期主要矛盾问题的思考得到了进一步深化。在提交给斯大林的书面报告中特别指出："有人说，'在推翻国民党政权之后，或者说在实行土地改革之后，中国无产阶级与资产阶级的矛盾，便立即成为主要矛盾，工人与资本家的斗争，便立即成为主要斗争'。这种说法，我们认为是不正确的；因为一个政权如果以主要的火力去反对资产阶级，那便是或开始变成无产阶级专政了。这将把目前尚能与我们合作的民族资产阶级赶到帝国主义那一边去。这在目前的中国实行起来，将是一种危险的冒险主义的政策。"② 除了过渡时期矛盾问题，刘少奇还特别重视合作社的发展。他认为，农村供销合作社的任务，"一方面，或者首先是，把农民当作生产者组织起来，为农民推销除自己消费以外的多余的生产品，供应农民所需要的生产工具和其他生产资料；另一方面，又把农民当作消费者组织起来，供应农民所需要的生活资料"③。

（三）周恩来关于小康社会的主要观点

周恩来作为我们国家的总理，组织领导国家各方面的长远而稳定的发展是他工作的主要任务。他曾明确提出我国发展的主要目标和任务就是要"实现农业现代化、工业现代化、国防现代化和科学技术现代化，把我们祖国建设成为一个社会主义强国"④。周恩来关于小康社会的主要观点集中体现在"四个现代化"思想和"两步走"战略之中。

周恩来是我国"四个现代化"建设的首创者，现代化建设的提出有其特殊的依据。在他看来，四个现代化是社会主义经济发展的客观需要和历史必然，蕴含着全国各族人民的美好期盼和无数斗争洗礼的经验总结，是

---

① 中共中央党史和文献研究院编：《刘少奇年谱（增订本）》第 2 卷，中央文献出版社 2018 年版，第 341 页。

② 《建国以来刘少奇文稿》第 1 册，中央文献出版社 2005 年版，第 7 页。

③ 中共中央文献研究室，中华全国供销合作社总社编：《刘少奇论合作社经济》，中国财政经济出版社 1987 年版，第 106 页。

④ 《周恩来选集》（下），人民出版社 1984 年版，第 412 页。

富国强民的极其重要的途径。为此，周恩来在第一届全国人民代表大会第一次会议上所作的《政府工作报告》中就指出："我国伟大的人民革命的根本目的，是从帝国主义、封建主义和官僚资本主义的压迫下面，最后也从资本主义的束缚和小生产的限制下面，解放我国的生产力，使我国国民经济能够沿着社会主义的道路得到有计划的迅速的发展，以便提高人民的物质生活和文化生活的水平，并且巩固我们国家的独立和安全。我国的经济原来是很落后的。如果我们不建设起强大的现代化的工业、现代化的农业、现代化的交通运输业和现代化的国防，我们就不能摆脱落后和贫困，我们的革命就不能达到目的。"[1] 这是四个现代化思想的首次提出。其后他在 1963 年上海市科学技术工作会议上所作《建成社会主义强国，关键在于实现科学技术现代化》的讲话中，提出了完整而成熟的四个现代化思想："我国过去的科学基础很差。我们要实现农业现代化、工业现代化、国防现代化和科学技术现代化，把我们祖国建设成为一个社会主义强国，关键在于实现科学技术的现代化。"[2] 周恩来非常重视处理四个现代化的内在关系，其中，农业现代化是基础，工业现代化是主导，科学技术现代化是关键，国防现代化是实现其他三个现代化的保证。周恩来十分敏锐地看到了世界上科技发展突飞猛进的趋势，认识到科学技术的极端重要性和它在四个现代化中的作用。为此，他在上海市科学技术工作会议上讲话时就把实现科学技术现代化放到把中国建设成为一个社会主义强国的关键地位。他强调实现科学技术现代化的主要要求是："实事求是、循序前进和相互促进、迎头赶上"[3]。实现科学技术现代化的有利条件是："我们有辩证唯物主义思想作指导"；"我们有广大的人力和丰富的资源做基础"；"我们有优越的社会主义制度做保证"；"我们已经有了一支比旧中国大许多倍的知识分子队伍和科学技术力量"；"我们现在有了工业化的初步基础"[4]。为了多快好省地实现科学技术现代化的要求，应该做到："一、加强科技界人士的主人翁责任感。""二、集中和加强科学技术力量。""三、改进各方面的关系。首先是党群关系、领导与被领导的关系。""还要正确处理理

---

① 《周恩来选集》（下），人民出版社 1984 年版，第 132 页。

② 《周恩来选集》（下），人民出版社 1984 年版，第 412 页。

③ 《周恩来选集》（下），人民出版社 1984 年版，第 413 页。

④ 《周恩来选集》（下），人民出版社 1984 年版，第 413—414 页。

论和实践、任务和学科的关系。""四、适当改善科学技术研究的工作条件和工作环境。"①

提出四个现代化思想后，必然要实现它。为此，周恩来在第三届全国人民代表大会第一次会议上所作的《政府工作报告》中就指出："今后发展国民经济的主要任务，总的说来，就是要在不太长的历史时期内，把我国建设成为一个具有现代农业、现代工业、现代国防和现代科学技术的社会主义强国，赶上和超过世界先进水平。为了实现这个伟大的历史任务，从第三个五年计划开始，我国的国民经济发展，可以按两步来考虑：第一步，建立一个独立的比较完整的工业体系和国民经济体系；第二步，全面实现农业、工业、国防和科学技术的现代化，使我国经济走在世界的前列。"② 11 年后第四届全国人民代表大会第一次会议在北京举行，周恩来代表国务院作《政府工作报告》。在报告中，他重申了 1964 年第三届人大会议的《政府工作报告》提出的"两步设想"，即："第一步，用十五年时间，即在一九八○年以前，建成一个独立的比较完整的工业体系和国民经济体系；第二步，在本世纪内，全面实现农业、工业、国防和科学技术的现代化，使我国国民经济走在世界的前列。"指出："我们要在一九七五年完成和超额完成第四个五年计划，这样就可以为在一九八○年以前实现上述的第一步设想打下更牢固的基础。从国内国际的形势看，今后的十年，是实现上述两步设想的关键的十年。在这个时期内，我们不仅要建成一个独立的比较完整的工业体系和国民经济体系，而且要向实现第二步设想的宏伟目标前进。"③

三　社会主义现代化建设新时期中国共产党人
　　对小康社会的论述

老一辈无产阶级革命家的毕生目标就是建设一个繁荣昌盛的社会主义现代化国家，由于缺乏相应的基础与借鉴，未能对社会主义现代化蓝

---

① 《周恩来选集》（下），人民出版社 1984 年版，第 414—415 页。
② 《周恩来选集》（下），人民出版社 1984 年版，第 439 页。
③ 《周恩来选集》（下），人民出版社 1984 年版，第 479 页。

图作出详细的部署，对于实现社会主义现代化的长期性和艰巨性的认识也就不足。但是他们对社会主义建设道路的探索，无论是成功的经验还是失败的教训，都为改革开放以来全面建设小康社会的伟大事业留下了极可宝贵的思想资源和经验积累。正是在充分总结正反两方面经验教训的理论基础、充分继承和发扬以往小康社会积淀的实践基础上，社会主义现代化建设新时期，中国共产党人将小康社会思想推向了新的发展高度。

（一） 邓小平关于小康社会的重要论述

党的十一届三中全会后，随着改革开放的不断推进，邓小平立足国情，在对我国实现四个现代化的目标进行现实思考的基础上，深刻体察到"小康社会"的群众基础和历史文化影响，赋予了"小康社会"这一概念以全新的科学内涵，并将其确立为中国式现代化的重要发展目标，同时把中国基本实现现代化的时间从 20 世纪末推迟到 21 世纪中叶。20 世纪 70 年代，邓小平访问美国、日本，亲眼目睹了发达国家的现代化水平，这促使他对我们党提出的在 20 世纪末实现四个现代化的目标进行再认识。1979 年 12 月 6 日，邓小平在会见日本首相大平正芳时第一次使用"小康"来描述中国式的现代化。他提到："我们的四个现代化的概念，不是像你们那样的现代化的概念，而是'小康之家'。到本世纪末，中国的四个现代化即使达到了某种目标，我们的国民生产总值人均水平也还是很低的。要达到第三世界中比较富裕一点的国家的水平，比如国民生产总值人均一千美元，也还得付出很大的努力。就算达到那样的水平，同西方来比，也还是落后的。所以，我只能说，中国到那时也还是一个小康的状态。"①

邓小平的"小康社会"目标，绝不仅仅是一个经济指标，而是包含物质文明建设与精神文明建设"两手抓""两手都要硬"的综合性概念。1983 年，邓小平在视察江苏，浙江、上海后，以苏州为例，描绘了物质文明与精神文明都极大提高的小康社会状况，他说："第一，人民的吃穿用问题解决了，基本生活有了保障；第二，住房问题解决了，人均达到二十平方米，因为土地不足，向空中发展，小城镇和农村盖二三层楼房的已经

---

① 《邓小平文选》第 2 卷，人民出版社 1994 年版，第 237 页。

不少；第三，就业问题解决了，城镇基本上没有待业劳动者了；第四，人不再外流了，农村的人总想往大城市跑的情况已经改变；第五，中小学教育普及了，教育、文化、体育和其他公共福利事业有能力自己安排了；第六，人们的精神面貌变化了，犯罪行为大大减少。"① 从邓小平的这一具体描述及其他许多讲话中可以看出，小康社会不仅意味着较高程度的物质文明，同时应包含教育、科技、卫生、体育及人们的道德水准在内的精神文明的较高程度的发展，邓小平多次强调，建设小康社会必须"两个文明一起抓"，"两手都要硬"，不能"一手硬、一手软"。因为，"不加强精神文明建设，物质文明的建设也要受到破坏"②，小康社会就难以实现；不重视精神文明建设，即使经济指标上去了，这样的小康也是不健全的，是不会持久的。不仅如此，在邓小平看来，精神文明建设不仅是小康社会的基本内容，更是中国特色社会主义的本质特征。虽然邓小平并没有在小康范畴中明确提出民主政治的含义，但他多次强调，"没有民主就没有社会主义，就没有社会主义的现代化"。③ 当然也就不可能有真正的小康社会。在邓小平看来，推进包括党和国家领导制度改革在内的民主政治建设，不仅是加强精神文明建设的需要，是加强物质文明建设的需要，是实现小康社会的需要，而且还是社会主义本质特征的必然要求。

　　总而言之，邓小平提出的小康概念具有小康生活和小康社会的双重内涵，即小康不仅仅是人民生活水平的概念或经济发展水平的概念，还是一个社会发展水平的概念。作为小康生活，它是指为中国广大群众所享有的介于温饱和富裕之间的比较殷实的生活状态；作为小康社会，它是指中国社会主义现代化建设中的一个社会发展阶段，从 2000 年底实现"三步走"战略第二步目标到基本实现现代化都是小康社会的历史阶段。小康生活、小康水平是小康社会的基本标志之一，社会经济全面发展是达到小康生活、小康水平的必备条件，没有社会经济的全面发展，人民就不可能过上小康生活。

---

① 《邓小平文选》第 3 卷，人民出版社 1993 年版，第 24—25 页。
② 《邓小平文选》第 3 卷，人民出版社 1993 年版，第 144 页。
③ 《邓小平文选》第 2 卷，人民出版社 1994 年版，第 168 页。

(二) 江泽民关于小康社会的重要论述

1995 年，党的十四届五中全会在《中共中央关于制定国民经济和社会发展"九五"计划和 2010 年远景目标的建议》中将"九五"国民经济和社会发展的主要奋斗目标确定为："全面完成现代化建设的第二步战略部署，二〇〇〇年，在我国人口将比一九八〇年增长三亿左右的情况下，实现人均国民生产总值比一九八〇年翻两番；基本消除贫困现象，人民生活达到小康水平。"① 新的"翻番"的设想，在这里已初步形成。经过全国人民的艰苦努力，我们已经于 1995 年底提前实现了邓小平"三步走"战略构想的前两步，国民生产总值比 1980 年翻了两番（人均国民生产总值翻两番目标在 1997 年底提前实现）。但我们必须清醒地看到，解决温饱问题和达到小康这样的阶段性变化，仍是整个社会主义初级阶段发展进程中所经历的阶段性变化。与发达国家和中等发达国家相比，我国的经济总量虽然居于前列，但人均并不高，经济文化落后的状况还没有根本改变。在党的十四届五中全会以后，以江泽民为核心的党的第三代中央领导集体依据我国即将实现小康的国情，准确判断小康思想在当代中国的深化与世纪之交的国际形势，在党的十五大上，将邓小平提出的"三步走"战略更具体地化为"分三步实现第三步战略目标"的新世纪发展战略，即 21 世纪"第一个十年实现国民生产总值比二〇〇〇年翻一番，使人民的小康生活更加宽裕，形成比较完善的社会主义市场经济体制；再经过十年的努力，到建党一百年时，使国民经济更加发展，各项制度更加完善；到世纪中叶建国一百年时，基本实现现代化，建成富强民主文明的社会主义国家"。②

与邓小平的小康社会包括物质文明建设与精神文明建设丰富内容的综合范畴一样，以江泽民为核心的党的第三代中央领导集体全面建设小康社会的思想，不仅进一步丰富了小康的内涵，而且在此基础上进行了科学的理论创新。党的十六大第一次明确提出了建设社会主义政治文明的观点，并将它与建设社会主义物质文明和精神文明一起，确立为全面建设小康社

---

① 《十四大以来重要文献选编》（中），人民出版社 1997 年版，第 1480 页。
② 《江泽民文选》第 2 卷，人民出版社 2006 年版，第 4 页。

会的三大基本目标。早在 1990 年，以江泽民为核心的党的第三代中央领导集体在制定国民经济和社会发展"八五"计划和十年规划时，就在邓小平小康社会思想的基础上，进一步拓展了小康的内涵。这个重要文献指出："我们所说的小康生活，是适应我国生产力发展水平，体现社会主义基本原则的。人民生活的提高，既包括物质生活的改善，也包括精神生活的充实；既包括居民个人消费水平的提高，也包括社会福利和劳动环境的改善。"① 这里已明确地把物质生活、精神生活和劳动环境的改善作为小康社会的基本内涵。此后，江泽民又多次强调，小康社会必须是经济、政治、文化等各方面协调发展的社会。到了党的十六大，江泽民更是明确指出，全面建设小康社会不仅包括经济水平和经济效益的极大提高、人民生活的更加富足，而且包括全民道德素质、科学文化素质和健康素质的明显提高。不仅如此，江泽民还首先把民主政治从精神文明范畴中突出出来，明确地将社会主义政治文明建设作为小康社会极其重要的内容。我们党在理论上提出社会主义物质文明建设和精神文明建设，强调要加强民主与法制建设，已经有许多年了，而明确提出政治文明建设则时间不久。江泽民首先提出这一科学概念。在 2001 年的全国宣传部长会议上，他指出："法治属于政治建设、属于政治文明，德治属于思想建设、属于精神文明。"② 2002 年 7 月，江泽民在视察中国社会科学院的讲话中又指出："建设有中国特色社会主义，应该是我国经济、政治、文化全面发展的进程，是我国社会主义物质文明、政治文明、精神文明全面建设的进程。"③ 在党的十六大报告中，江泽民进一步把社会主义物质文明、政治文明、精神文明建设一起确定为全面建设小康社会、实现社会主义现代化的三大基本目标，从而使中国特色社会主义理论和实践更加趋于成熟和完善。

总而言之，江泽民提出的全面建设小康社会的目标，是中国特色社会主义经济、政治、文化全面发展的目标，是与加快推进现代化相统一的目标，符合我国国情和现代化建设的实际，符合人民的愿望，对凝聚人心、鼓舞斗志，加快推进我国现代化建设产生了十分重要的作用。

---

① 《十三大以来重要文献选编》（下），人民出版社 1993 年版，第 1506—1507 页。
② 《江泽民文选》第 3 卷，人民出版社 2006 年版，第 200 页。
③ 《江泽民文选》第 3 卷，人民出版社 2006 年版，第 490—491 页。

（三）胡锦涛关于小康社会的重要论述

改革开放以来，我国的社会主义现代化建设取得了举世瞩目的成就，中国已经顺利完成了社会主义现代化建设"三步走"战略的前两步目标，开始了全面建设小康社会的历史进程。这不仅是社会主义制度的伟大胜利，是中华民族发展史上一个新的里程碑，而且是世界社会发展史上的"奇迹"。但是我们必须看到，我国正处于并将长期处于社会主义初级阶段，现在达到的小康还是低水平、不全面的、发展很不平衡的小康；同时，我国经济社会发展中还面临着一系列不利因素和重大挑战。为保障我国社会主义现代化建设的顺利进行，实现全面建设小康社会的宏伟目标，发展必须要有新突破，改革必须要有新思路，开放必须要有新局面，各项工作必须要有新举措，归结到一点，就是必须在发展观上进行一次革命性的变革。没有革命的理论就没有革命的行动，在全面建设小康社会的关键时刻，我们党提出了科学发展观，这一发展观的基本内涵是：第一要义是发展，核心是以人为本，基本要求是全面协调可持续，根本方法是统筹兼顾。科学发展观是全面建设小康社会、推进我国现代化建设事业的科学指导思想，标志着我们党对共产党执政规律、社会主义建设规律、人类社会发展规律尤其是中国特色社会主义现代化建设规律的认识达到了一个新的科学高度，它是在回答和解决这些高难度的历史性课题的过程中产生的创新性成果，是全面建设小康社会和实现社会主义现代化的重要保障和根本指针。

党的十六大以来，胡锦涛根据党和国家面临的新形势、新任务和新要求，强调要坚持以人为本，树立全面协调可持续的发展观，促进经济社会和人的全面发展，鲜明地提出了构建社会主义和谐社会这一重大任务。胡锦涛把马克思主义社会建设理论同我国社会建设的具体实践相结合，总结我国社会建设的实践经验，第一次系统阐述了构建社会主义和谐社会的重大意义，第一次明确概括了社会主义和谐社会是"民主法治、公平正义、诚信友爱、充满活力、安定有序、人与自然和谐相处的社会"① 的基本特征，第一次全面阐明了构建社会主义和谐社会的指导思想和重大方针，从

---

① 《胡锦涛文选》第 2 卷，人民出版社 2016 年版，第 470 页。

而使建设中国特色社会主义的总体布局，由经济建设、政治建设、文化建设三位一体，扩展为包括社会建设在内的四位一体。这表明我们党对物质文明、政治文明、精神文明、社会文明的关系的认识越来越深刻。我们必须以科学发展观统领经济社会发展全局，全面把握建设中国特色社会主义战略布局，坚持四大建设统筹部署，四大文明协调发展，促进经济社会和人的全面发展。党的十七大从实际出发，适应国内外形势发展的新变化，顺应人民过上美好生活的新期待，在十六大的基础上，又进一步提出了"实现全面建设小康社会奋斗目标的新要求"。这些要求主要包括增强发展协调性，扩大社会主义民主，加强文化建设，加快发展社会事业，建设生态文明等五个方面。这些要求是对党的十六大目标的补充和充实，总的来说目标提高了，要求更严了，但经科学测算，是符合实际能够实现的，充分体现了科学发展观的精神。

胡锦涛与时俱进地提出全面建设小康社会的新要求，将科学发展观贯彻落实到全面建设小康社会奋斗目标的各个方面，体现了我们党治国理政的新理念、新思路，体现了我们党理论创新和实践创新的有机统一。我们要在正确把握这些要求的基础上，统筹考虑发展思路，综合制定发展规划，协调推进各项工作，不断开创社会主义经济建设、政治建设、文化建设、社会建设的新局面。

纵观小康社会思想的历史发展和理论演变，从古希腊哲学家们的思维理念，到空想社会主义的批判性假设，从中国历史上先哲们的社会憧憬，到近现代思想家的社会追求，虽然从中能看到人类关于小康社会发展的思想轨迹，但并没有能将小康社会的愿景变为现实。只有中国共产党人对小康社会的思想探索和求是追求，才真正将小康社会的美好愿景变成生活现实，使中国人民迈上了小康社会的历史征程。新时期中国共产党人的小康社会思想和实践探索奠定了新时代全面建成小康社会的思想基础和实践基础。

第二章

全面建设小康社会的历史跃迁

　　小康社会是中华儿女的殷切期盼，也是中国共产党的庄严承诺。从中国共产党成立到党的十六大，经过艰辛探索和接力奋斗，在实现小康的征途中取得了举世瞩目的成就，实现了中华民族有史以来最为广泛而深刻的社会变革，实现了一穷二白、人口众多的东方大国大步迈进社会主义社会的伟大飞跃，为小康社会建设奠定了根本政治前提和制度基础，积累了重要物质基础，提供了强大精神支撑和安全保证。进入改革开放历史新时期，实现了人民生活从温饱不足到总体小康、奔向全面小康的历史性跨越。回顾近代以来的中国历史，正是有了中国共产党，改变了中国人民的命运，"小康"这一千年梦想终于变为现实。

一　从中国共产党成立到中华人民共和国建立

　　从中国共产党成立到中华人民共和国建立，这一时期处于新民主主义革命时期，中国共产党团结带领全国各族人民进行了艰苦卓绝的斗争，取得了新民主主义革命的胜利，为摆脱贫穷落后、建设小康社会扫清了障碍、创造了根本政治条件。

（一）党的初心使命

　　近代以来，中国逐步沦为半殖民地半封建社会。辛亥革命后，各种政治主张"你方唱罢我登场"，各种政治力量反复较量。中国共产党之所以能够在各种政治力量的反复较量中脱颖而出、赢得人民信任、取得重大成就，根本原因就在于党在坚持初心使命上矢志不渝、坚定如磐。为了实现初心和使命，中国共产党进行了不懈奋斗。只有理解了党的初心使命，才能懂得中国共产党为什么要为劳苦大众翻身解放而斗争，为什么要持之以恒地扶贫脱贫、为什么要锲而不舍地建设小康社会。

1. 初心使命的提出

中国共产党人的初心和使命，鲜明回答了中国共产党是什么样的党、要干什么样的事业的根本问题，是激励中国共产党人不断前进的根本动力。2015 年 7 月 1 日，习近平总书记在给国家测绘地理信息局第一大地测量队老队员老党员的回信中提出"不忘初心，方得始终"①。2015 年 12 月 11 日，习近平总书记在全国党校工作会议上提出"我们干事业不能忘本忘祖、忘记初心"②。2016 年春节前夕，习近平总书记赴江西看望干部群众时提出"行程万里，不忘初心"③。2016 年 7 月 1 日，习近平总书记在庆祝中国共产党成立 95 周年大会上提出"坚持不忘初心、继续前进"④。2017 年 10 月，习近平总书记在党的十九大上完整提出了"不忘初心、牢记使命"的重大提法。习近平总书记指出："中国共产党人的初心和使命，就是为中国人民谋幸福，为中华民族谋复兴。这个初心和使命是激励中国共产党人不断前进的根本动力。"⑤ 2022 年 10 月，在党的二十大上，习近平总书记把"不忘初心、牢记使命"纳入"三个务必"并置于第一位。

中国共产党的初心使命，既有来自马克思主义政党的理论规定性，又有契合中国实际的现实规定性。中国共产党诞生于民族危难之际，党的初心和使命也就与近代中国的发展状态紧密联系。中国是一个统一的多民族国家，历史悠久、文化灿烂。在波澜壮阔的历史进程中，中国人民依靠自己的勤劳、勇敢、智慧开发了祖国的大好河山，缔造了悠远浩博的中华文明，为人类文明增添了绚丽的光彩。即使到了乾隆末年，中国的经济水平依然领先世界。然而，随着文艺复兴的兴起，科学技术的突破，工业革命的推动，西方资本主义国家逐渐强大起来。而此时的清朝统治者却无视世

① 《在党爱党在党为党忠诚一辈子奉献一辈子》，《人民日报》2015 年 7 月 2 日第 1 版。
② 习近平：《论党对一切工作的领导》，中央文献出版社 2019 年版，第 110 页。
③ 国务院扶贫办：《中国脱贫攻坚：井冈山故事》，研究出版社 2020 年版，第 1 页。
④ 《习近平谈治国理政》第 2 卷，外文出版社 2017 年版，第 33 页。
⑤ 习近平：《决胜全面建成小康社会　夺取新时代中国特色社会主义伟大胜利——在中国共产党第十九次全国代表大会上的报告》，人民出版社 2017 年版，第 1 页。

界发展大势，闭关自守，固步自封，错失了发展机遇。在短短一百多年的时间里，中国逐渐地落后于世界。为了占有原料和市场，攫取暴利和特权，资本主义国家开始向外展开大规模的殖民主义扩张。近代以后，在封建腐朽统治和西方列强侵略下，中国日益沦为半殖民地半封建国家，国家蒙辱、人民蒙难、文明蒙尘，中华民族遭受了前所未有的劫难，中国人民陷入被压迫、被奴役的境地。实现中华民族伟大复兴，成为中华民族近代以来最伟大的梦想。

中国共产党一经诞生，就把为中国人民谋幸福、为中华民族谋复兴确立为自己的初心使命。中国共产党的先驱们在建党实践中，形成了坚持真理、坚守理想，践行初心、担当使命，不怕牺牲、英勇斗争，对党忠诚、不负人民的伟大建党精神。党成立后践行初心、担当使命，团结带领人民接续奋斗、艰苦奋斗、不懈奋斗，给灾难深重的中国人民带来光明和希望。

2. 在革命斗争中坚守初心使命

党的初心使命有着高度概括性，在不同历史时期坚守初心使命具有不同的时代要求。新民主主义革命时期，党践行初心、担当使命，就要改变劳苦大众受剥削受压迫的命运，就要扭转近代以后中华民族一度沉沦的态势。

近代以来，封建制度腐朽衰败，帝国主义列强先后入侵，人民倒悬、山河破碎、神州陆沉。中华民族的自豪感和凝聚力随着纷至沓来的军事侵略、懦弱妥协的政治统治以及积贫积弱的生存状态而不断下降。以工人农民的实际生存状态为例，1921 年 8 月，《中国劳动组合书记部宣言》对于工人的生存状态有过具体描述："他们把劳动力卖给资本剥夺者，换到极少的工钱。他们血汗换来的工钱，多半不能维持自己生活，受饥受冻的劳工，随处都可以发现。还有千万的小孩子们，不分日夜，到纺织等工厂里去作工，工作时间多半是每天十二个钟头起码。他们的健康是牺牲在这剥夺制度之下，他们定不能得受教育的机会。他们从极年幼的时候，就变成了本国或外国资本家的富源开发者并变成了资本家的新式奴隶。"[①] 对于农民的生存状态，从 1927 年《中国农民问题》发表的《全国农民运动概观》

---

① 《建党以来重要文献选编（1921—1949）》第 1 册，中央文献出版社 2011 年版，第 45 页。

中可具体感知。"我国农民外受帝国主义之经济侵略，内受军阀、官僚、土豪劣绅、大地主、买办阶级之剥削压迫，痛苦日甚"①，农民承受着来自田租、税捐、兵灾、天灾、剥削、土匪等各方面的痛苦。以田租为例，"田租极为苛重，在河南省有每石纳租一元至三元者，浙江每亩租银四元至八元，或四元至十二元不等；广东各地，则交租六成以上，其他各省竟有'倒三七'、'倒二八'的重租（七八成归田主），此外还有铁租、田信鸡、田信鸭种种苛例，皆大地主所藉以剥削农民者"②。

为了救亡图存，无数仁人志士苦苦求索，但都无法完成救亡图存的民族使命和反帝反封建的历史任务。中国共产党成立后肩负起民族独立、人民解放的重任。党的一大通过的《中国共产党第一个纲领》指出："承认无产阶级专政，直到阶级斗争结束，即直到消灭社会的阶级区分"，"消灭资本家私有制，没收机器、土地、厂房和半成品等生产资料，归社会公有"，"把工农劳动者和士兵组织起来，并承认党的根本政治目的是实行社会革命"③，这些内容旗帜鲜明地表达出中国共产党工农大众的立场和社会革命的主张。

党的二大针对半殖民地半封建社会的状况，明确提出反帝反封建的民主革命纲领，对劳苦大众特别是农民的生存状态有了更多认识。党的二大通过的《中国共产党第二次全国代表大会宣言》具体分析了"国际帝国主义宰制下之中国""中国政治经济现状与受压迫的劳苦群众""中国共产党的任务及其目前的奋斗"三个问题，指出："中国共产党是中国无产阶级政党。他的目的是要组织无产阶级，用阶级斗争的手段，建立劳农专政的政治，铲除私有财产制度，渐次达到一个共产主义的社会。中国共产党为工人和贫农的目前利益计，引导工人们帮助民主主义的革命运动，使工人和贫农与小资产阶级建立民主主义的联合战线。"④ 这些内容进一步明确了党的奋斗方向和价值取向。

党的三大专门通过《农民问题决议案》。该决议案指出"我党第三次

----

① 《第一次国内革命战争时期的农民运动资料》，人民出版社1983年版，第8页。

② 《第一次国内革命战争时期的农民运动资料》，人民出版社1983年版，第8页。

③ 《建党以来重要文献选编（1921—1949）》第1册，中央文献出版社2011年版，第1页。

④ 《建党以来重要文献选编（1921—1949）》第1册，中央文献出版社2011年版，第133页。

大会决议认为有结合小农佃户及雇工以反抗宰制中国的帝国主义者，打倒军阀及贪官污吏，反抗地痞劣绅，以保护农民之利益而促进国民革命运动之必要。"① 党的三大通过的《中国共产党第三次全国代表大会宣言》指出："中国共产党鉴于国际及中国之经济政治的状况，鉴于中国社会各阶级（工人农民工商业家）之苦痛及要求，都急需一个国民革命；同时拥护工人农民的自身利益，是我们不能一刻疏忽的；对于工人农民之宣传与组织，是我们特殊的责任；引导工人农民参加国民革命，更是我们的中心工作；我们的使命，是以国民革命来解放被压迫的中国民族，更进而加入世界革命，解放全世界的被压迫民族和被压迫的阶级。"②

党的三大后，进一步认识到工人农民的幸福问题。正如 1925 年 11 月《中国共产党告农民书》所指出的："工人农民自己的吃穿用却是很苦，完全为厂主地主做了牛马，这是世上第一不平的事。工人农民在全国人数中，差不多要占十分之九，若说人民应该享幸福，便不该把工人农民除外。"③ 在革命斗争中，中国共产党坚守初心使命，提出群众观点、坚持群众路线，形成了包括密切联系群众在内的三大优良作风，努力建设全国范围的、广大群众性的、思想上政治上组织上完全巩固的马克思主义政党。这些都是中国共产党在革命实践中坚守初心使命的具体体现，反映出中国共产党为广大被压迫劳苦大众翻身解放而作出的努力。

（二）党的不懈奋斗

中国共产党在不同历史时期有不同的奋斗目标和工作任务，但这些目标和任务总体上都服从服务于为中国人民谋幸福、为中华民族谋复兴。新民主主义革命时期，中国共产党逐步认识到农民问题和土地革命的重要性，为解决农民的土地问题，把土地革命作为民主革命的基本内容，根据不同时期的形势和任务制定土地改革的路线方针政策；为解决好群众生产生活的实际问题，发展农业生产、关心群众生活；为扫除贫困的制度障

---

① 《建党以来重要文献选编（1921—1949）》第 1 册，中央文献出版社 2011 年版，第 263 页。

② 《建党以来重要文献选编（1921—1949）》第 1 册，中央文献出版社 2011 年版，第 277 页。

③ 《第一次国内革命战争时期的农民运动资料》，人民出版社 1983 年版，第 24 页。

碍，根据中国革命对象和社会主要矛盾，反对帝国主义、封建主义、官僚资本主义。

1. 领导农村土地制度改革

土地与农民的生产生活息息相关。近代中国是以小农经济为主的农业大国，是否占有土地直接影响着家庭生活状况。在封建土地所有制下，土地集中在少部分地主、富农手中，而大部分农民只占有少部分土地。毛泽东在兴国的调查直观反映了这种封建土地关系的状况。毛泽东指出：“我在兴国调查中，知道地主占有土地达百分之四十，富农占有土地达百分之三十，地主、富农所共有的公堂土地为百分之十，总计地主与富农占有土地百分之八十，中农、贫农只占有百分之二十。但是，地主人口不过百分之一，富农人口不过百分之五，而贫农、中农人口则占百分之八十。一方面以百分之六的人口占有土地百分之八十，另方面以百分之八十的人口则仅占有土地百分之二十。”① 针对这种土地所有制，1925 年 10 月，《中国共产党告农民书》指出，“解除农民的困苦，根本是要实行‘耕地农有’的办法，就是谁耕种的田地归谁自己所有，不向地主缴纳租谷”②。特别是经历大革命后，中国共产党进一步认识到土地革命的重要性。1927 年 8 月 7 日，中共中央在汉口召开八七会议，确定了土地革命和武装反抗国民党反动派的总方针，由此实现由大革命失败到土地革命战争兴起的历史性转变。

大革命失败后，中国共产党从革命实际出发，探索出农村包围城市、武装夺取政权的革命新道路。这条道路的开辟使得解决土地问题变得更为具体和紧要。在建设农村革命根据地实践中，中国共产党旗帜鲜明地提出“打土豪、分田地”的口号，领导农民开展了轰轰烈烈的土地革命。井冈山根据地建立后，边界各县掀起了分田高潮。1928 年 12 月颁布的井冈山《土地法》，以法律的形式确认农民获得土地的权利。这部法律作为党的历史上第一部土地法，为土地革命的开展提供了基本依据，但是“没收一切土地归苏维埃政府所有”的规定使得在土地没收范围及所有权问题上存在不足。“没收一切土地”，引起一部分拥有自己土地的中农以及富农的不

---

① 《毛泽东文集》第 2 卷，人民出版社 1993 年版，第 383 页。
② 《第一次国内革命战争时期的农民运动资料》，人民出版社 1983 年版，第 27 页。

满，而"归苏维埃政府所有"，忽视了农民拥有土地的强烈愿望，难以充分调动农民的积极性。根据实践中的经验和问题，1929 年 4 月，毛泽东主持制定了兴国《土地法》，将井冈山《土地法》规定的"没收一切土地"改为"没收一切公共土地及地主阶级的土地"。到了 1931 初，农民对土地的私有权问题也得到了解决。"在三年多土地革命实践中，基本上形成一套比较切实可行的土地革命路线、政策和方法。主要是：依靠贫农、雇农，联合中农，限制富农，消灭地主阶级，变封建土地所有制为农民土地所有制；以乡为单位，按人口平均分配土地，在原耕地基础上，抽多补少，抽肥补瘦；等等。"①

土地革命对改善农民生活的效果是明显的。1930 年 10 月 7 日，中共赣西南特委向中央的报告中指出，土地革命后，农民"不还租，不还债，不完粮，不纳捐税，工人增加了工资，农民分得了土地，好像解下了一种枷锁，个个都喜形于色"②。毛泽东的长冈乡调查也能体现出人们生活出现的可喜变化，比如"吃肉，贫农增一倍，工人增二倍"，"鸡鸭多数自己吃，过去则多数卖出"，"生活好起来，柴火少出卖"，"衣增一倍"，"雇农的生活改良了"③ 等。埃德加·斯诺在《西行漫记》中也写道："我已经谈到过西北农民在旧政权下所承受的沉重负担。现在，红军不论到哪里，他们都毫无疑问地根本改变了佃农、贫农、中农以及所有'贫苦'成分的处境。"④

抗日战争时期，在抗日根据地，为了团结一切愿意抗日的力量，中国共产党对土地政策进行了必要的调整，将没收地主土地改为减租减息，实行"二五减租"。1937 年 2 月 10 日，中共中央致电国民党五届三中全会，提出"停止没收地主土地之政策，坚决执行抗日民族统一战线之共同纲领"⑤。同年 8 月，发布的《抗日救国十大纲领》明确提出"减租减息"

---

① 《中国共产党简史》编写组：《中国共产党简史》，人民出版社、中共党史出版社 2021 年版，第 50 页。

② 中共中央党史研究室：《中国共产党历史》第 1 卷，中共党史出版社 2011 年版，第 287 页。

③ 《毛泽东文集》第 1 卷，人民出版社 1993 年版，第 295—296 页。

④ ［美］埃德加·斯诺：《西行漫记》，董乐山译，东方出版社 2005 年版，第 223 页。

⑤ 《建党以来重要文献选编（1921—1949）》第 14 册，中央文献出版社 2011 年版，第 39 页。

的政策主张。据晋冀鲁豫边区太行山 12 个县 15 个村的调查，"通过减租减息，地租率明显下降，基本上降到占收获量的 37.5% 以下，很多地区在 10—30% 之间；地租中超经济的额外剥削和高利贷剥削消除了。佃户的收入增加，生产积极性提高。他们购置土地，添置农具，喂养耕畜，增施肥料，精耕细作，促进了农业的发展。"① 在抗日战争时期把土地政策调整为"减租减息"，适应了社会主要矛盾的新变化，既有利于减轻农民负担，改善生活，又有利于联合地主阶级，建立抗日民族统一战线。

抗日战争胜利后，封建主义同人民大众的矛盾再次成为社会主要矛盾，此时，地主阶级对国民党反动统治集团发动的反人民内战持支持态度。针对这种新变化，中国共产党对土地政策进行了调整。1946 年 5 月，中共中央发布《关于土地问题的指示》，将减租减息政策调整为没收地主土地。到 1947 年下半年，解放区 2/3 的地方已基本上实现了"耕者有其田"。为推动解放区土地改革运动，1947 年 10 月，中共中央颁布彻底反封建的土地革命纲领《中国土地法大纲》，规定"废除封建性及半封建性剥削的土地制度，实行耕者有其田的土地制度"②。1948 年 4 月，在晋绥干部会议上，毛泽东提出党在土地改革中的总路线和总政策，即"依靠贫雇农、团结中农、有步骤、有分别地消灭封建剥削制度，发展农业生产"。③ 通过土地改革，有着 1 亿人口的解放区废除了封建土地所有制，解放了农村的生产力，调动了农民的生产积极性，改善了生活。

2. 发展农业生产、关心群众生活

虽然此时忙于战争，但中国共产党并没有忽视改善人们生活的问题。毛泽东指出："我们的经济政策的原则，是进行一切可能的和必须的经济方面的建设，集中经济力量供给战争，同时极力改良民众的生活。"④ 农民要改善生活，需要土地，但是光有土地，不一定就能改善生活。中国共产党在探索革命新道路过程中，把土地革命、武装斗争、农村革命根据地建

---

① 中共中央党史研究室：《中国共产党历史》第 1 卷，中共党史出版社 2011 年版，第 596 页。

② 《建党以来重要文献选编（1921—1949）》第 24 册，中央文献出版社 2011 年版，第 417 页。

③ 李维汉：《中国新民主主义革命时期争取无产阶级领导权的斗争》，人民出版社 1962 年版，第 45 页。

④ 《毛泽东选集》第 1 卷，人民出版社 1991 年版，第 130 页。

设有机统一起来，强调"农业生产是我们经济建设工作的第一位"①，帮助农民解决劳动力问题、耕牛问题、肥料问题、种子问题、水利问题，发展农业生产。

粮食问题是农业生产最为重要的问题，除此之外，中国共产党还注意解决衣服、砂糖、纸张等日常用品的原料即棉、麻、蔗、竹等的供给问题，以及森林的培养，畜产的增殖等。在一系列措施推动下，根据地农业生产发生了可喜变化。毛泽东曾描述道："红色区域的农业，现在显然是在向前发展中。一九三三年的农产，在赣南闽西区域，比较一九三二年增加了百分之十五（一成半），而在闽浙赣边区则增加了百分之二十。川陕边区的农业收成良好。红色区域在建立的头一二年，农业生产往往是下降的。但是经过分配土地后确定了地权，加以我们提倡生产，农民群众的劳动热情增长了，生产便有恢复的形势了。现在有些地方不但恢复了而且超过了革命前的生产量。有些地方不但恢复了在革命起义过程中荒废了的土地，而且开发了新的土地。很多的地方组织了劳动互助社和耕田队，以调剂农村中的劳动力；组织了犁牛合作社，以解决耕牛缺乏的问题。同时，广大的妇女群众参加了生产工作。这种情形，在国民党时代是决然做不到的。"②

除了发展农业生产，中国共产党还关心群众的日常生活。在忙于战争背景下要不要开展经济建设、关心群众的生活？起初，不同人对这个问题是有不同看法的，有一种认识就是"革命战争已经忙不了，哪里还有闲工夫去做经济建设工作"。从实际情况来看，是否关心群众生活，不仅关系群众生活的改善，还关系动员群众参军的积极性。汀州市政府只管动员扩大红军，对群众没有柴烧、没有盐买、没有房子住、没有米吃等实际问题不理会、不讨论，最终动员效果并不理想。对于类似情形，张闻天曾有过具体描述，他写道："有些同志当他们不能动员群众时，常常骂群众不好以至把强迫命令捆绑当为对付群众的唯一办法，然而他始终没有去想一下，不能动员群众的基本原因在哪里，为在大大改善群众的生活上做了什么艰苦的工作。"③ 而在江西长冈乡、福建才溪乡，有贫困农民的房子被火

---

① 《毛泽东选集》第 1 卷，人民出版社 1991 年版，第 131 页。

② 《毛泽东选集》第 1 卷，人民出版社 1991 年版，第 131 页。

③ 《建党以来重要文献选编（1921—1949）》第 10 册，中央文献出版社 2011 年版，第 408 页。

烧了，乡政府就发动群众捐钱帮助他，有人没有饭吃，乡政府和互济会就捐米救济他，最终的动员效果是长冈乡青壮年参军比例达到80%，才溪乡接近90%。

1934年1月27日，在第二次全国工农兵代表大会上，毛泽东专门谈到"关心群众生活，注意工作方法"的问题。他列举了穿衣问题、吃饭问题、住房问题、柴米油盐问题、疾病卫生问题、婚姻问题等群众生产生活的实际问题，强调"一切群众的实际生活问题，都是我们应当注意的问题"。这篇讲话及时纠正了只注意革命的错误倾向，后来以《关心群众生活，注意工作方法》为题收入《毛泽东选集》，成为中国共产党关心群众、动员群众的光辉文献。

失业、疾病、灾荒、逃难等自然和社会因素也会导致生存困境。对于失业人员、灾民难民、老弱病残等群体，中国共产党采取了社会救济等措施。1931年11月通过的《中华苏维埃共和国土地法》就规定："老弱残废以及孤寡，不能自己劳动，而且没有家属可依靠的人，应由苏维埃政府实行社会救济，或分配土地后另行处理。"[1] 1937年8月25日，洛川会议通过的《抗日救国十大纲领》把"改良人民生活"作为纲领之一，列举了"改良工人农民职员教员及抗日军人的待遇。优待抗日军人的家属。废除苛捐什税。减租减息。救济失业。调节粮食。赈济灾荒"[2] 等措施。1945年4月24日，毛泽东在党的七大上作了题为《论联合政府》的政治报告，其中也提到若干救济要求，比如"要求救济难民和救济灾荒；要求设立大量的救济基金，在国土收复后，广泛地救济沦陷区的受难人民"，"要求改善工人生活，救济失业工人"[3]。从中可见，在新民主主义革命时期，中国共产党通过救济帮助贫困群众的主张是一以贯之的，其政策措施也是清晰的。

3. 取得新民主主义革命胜利

中国共产党认识到农民的致贫原因是多因素共同作用的结果，"农民

---

① 中国社会科学院经济研究所中国现代经济史组：《第一、二次国内革命战争时期土地斗争史料选编》，人民出版社1981年版，第616—617页。

② 《建党以来重要文献选编（1921—1949）》第14册，中央文献出版社2011年版，第477页。

③ 《毛泽东选集》第3卷，人民出版社1991年版，第1064页。

因为土地缺乏，人口稠密，天灾流行，战争和土匪的扰乱，军阀的额外征税和剥削，外国商品的压迫，生活程度的增高等原因，以致日趋穷困和痛苦"①。在半殖民半封建社会状态下，要解决这些致贫因素，唯一的途径只有革命。党的二大通过的《中国共产党第二次全国代表大会宣言》深刻指出："如果贫苦农民要除去穷困和痛苦的环境，那就非起来革命不可。"②针对近代中国所遭受的最大的压迫是来自帝国主义的民族压迫，帝国主义是近代中国贫困落后和一切灾祸的总根源，以及地主阶级用封建制度剥削和压迫农民阶级的基本状况，毛泽东从更为深层的制度层面分析认为，"由于帝国主义和封建主义的双重压迫，特别是由于日本帝国主义的大举进攻，中国的广大人民，尤其是农民，日益贫困化以至大批地破产，他们过着饥寒交迫的和毫无政治权利的生活。中国人民的贫困和不自由的程度，是世界所少见的"③。他指出："毫无疑义，主要地就是打击这两个敌人，就是对外推翻帝国主义压迫的民族革命和对内推翻封建地主压迫的民主革命，而最主要的任务是推翻帝国主义的民族革命。"④

经过 28 年浴血奋斗，党领导人民推翻了帝国主义、封建主义和官僚资本主义的反动统治，取得新民主主义革命胜利。1949 年 10 月 1 日中华人民共和国宣告成立，实现民族独立、人民解放，彻底结束了旧中国半殖民地半封建社会的历史，彻底结束了极少数剥削者统治广大劳动人民的历史，彻底结束了旧中国一盘散沙的局面，彻底废除了列强强加给中国的不平等条约和帝国主义在中国的一切特权，实现了中国从几千年封建专制政治向人民民主的伟大飞跃，为中国摆脱贫穷落后、实现繁荣富强扫清了障碍、创造了根本政治条件。

二　从普遍贫困到基本温饱

新中国成立后，面对民生凋敝、满目疮痍的局面，党领导人民进行了

---

① 《建党以来重要文献选编（1921—1949）》第 1 册，中央文献出版社 2011 年版，第 131 页。
② 《建党以来重要文献选编（1921—1949）》第 1 册，中央文献出版社 2011 年版，第 131 页。
③ 《毛泽东选集》第 2 卷，人民出版社 1991 年版，第 631 页。
④ 《毛泽东选集》第 2 卷，人民出版社 1991 年版，第 637 页。

艰辛的探索，为摆脱贫困、解决温饱开辟道路。从普遍贫困到基本温饱，时间是从 1949 年到 20 世纪 80 年代末。

（一）新中国成立后的艰辛探索

新中国的成立，从根本上改变了半殖民地半封建的社会状况，改变了军阀割据、战乱频仍的历史，实现了中国从几千年封建专制政治向人民民主的伟大飞跃。这一历史性变化为摆脱贫困奠定了坚实基础。新中国成立后，中国共产党在此基础上对摆脱贫困进行了艰辛的探索。

1. 新中国成立初期的探索

新中国成立后，为解决广大农村地区连片贫困、深度贫困问题，党推进废除封建土地制度的改革，在占全国人口一多半的新解放区实行了农民的土地所有制，农村生产力得到解放；通过添置耕畜及农具、兴修水利、提供技术指导等措施恢复和发展农业生产，为实现农民增收提供了可能。与此同时，教育、卫生等事业的改革有利于提高人们的文化知识和谋生技能，有助于提升人们的生活质量，在一定程度上解决知识贫困、因病返贫等问题。例如，在教育领域确立了"教育必须为生产建设服务，为工农服务，学校向工农开门"的教育方针，大力发展工农教育；在卫生领域确立了"面向工农兵""预防为主""团结中西医"的方针，建立起基层卫生组织，实施乡村合作医疗、赤脚医生等政策，着力解决缺医少药等问题。

针对小农经济增产能力有限、实行农业机械化条件有限的状况，为避免农村中出现贫富差距拉大的问题，1953 年 12 月党中央通过《关于发展农业生产合作社的决议》，提出逐步实行农业的社会主义改造，提倡个体农民"组织起来"，走共同富裕的社会主义道路。针对手工业生产条件差、抵御风险能力弱、生产经营散等问题，引导手工业劳动者走社会主义集体化的道路。据统计，1955 年夏，农业生产合作社 80% 以上实现增产增收，手工业合作社产值较 1953 年增长 1.2 倍。[①] 除了对农业、手工业进行社会主义改造外，还对资本主义工商业进行社会主义改造。到 1956 年底，社会主义改造基本完成，我国经济结构发生了根本性变化，这标志着长达数千

[①] 中共中央党史研究室：《中国共产党的九十年》，中共党史出版社、党建读物出版社 2016 年版，第 428—429 页。

年的阶级剥削制度的结束，也意味着社会主义基本制度的正式确立，对在全国范围内摆脱贫困、改善生活具有根本性意义。

2. 全面建设社会主义时期的探索

这一时期，党领导人民对适合中国国情的社会主义建设道路进行了艰辛探索。1956 年，毛泽东作了《论十大关系》的报告，初步总结了我国社会主义建设的经验，论述了经济、政治、思想文化等领域如何调动积极性的问题，由此明确了社会主义建设的基本方针。1957 年，毛泽东又作了《关于正确处理人民内部矛盾的问题》的报告，系统论述了社会主义社会矛盾的理论，科学揭示了社会主义社会发展的动力。在探索过程中，我国经济保持了较快的增长速度，初步建立起独立的比较完整的工业体系和国民经济体系，为解决贫困问题奠定了从无到有、不可或缺的物质基础。

新中国的成立，社会主义制度的建立，社会主义建设的探索为解决普遍深度贫困、提高人民生活水平创造了根本前提、提供了制度基础、增强了物质保障。据国家统计局统计，"到'一五'时期结束时，人民生活水平有了很大提高。城镇居民人均可支配收入从 1949 年的 99.5 元增加到 1957 年的 254 元，年均实际增长 9.1%；农村居民人均可支配收入由 1949 年的 44 元增加到 1957 年的 73 元，年均实际增长 3.5%。尽管受到特殊时期的干扰，人民生活水平仍缓慢提升。到 1978 年，城镇居民人均可支配收入 343 元，比 1957 年名义增长 35.4%，年均实际增长 0.8%；农村居民人均可支配收入 134 元，比 1957 年名义增长 83.1%，年均实际增长 2.3%。1978 年城镇居民人均消费支出 311 元，比 1957 年名义增长 40.2%，年均实际增长 1.0%；农村居民人均消费支出 116 元，比 1957 年名义增长 63.7%，年均实际增长 1.7%。直至改革开放前，城乡居民的生活水平虽然明显改善，但总体上仍然处于奋力争取温饱的阶段。1978 年城镇居民和农村居民的恩格尔系数分别为 57.5% 和 67.7%。按照 2010 年农村贫困标准，1978 年末我国农村贫困人口 7.7 亿人，农村贫困发生率高达 97.5%"[1]。

---

[1] 国家统计局：《人民生活实现历史性跨越　阔步迈向全面小康——新中国成立 70 周年经济社会发展成就系列报告之十四》，2019 年 8 月 9 日，http：//www. stats. gov. cn/tjsj/zxfb/201908/ t20190809_ 1690098. html。

（二）"四个现代化""两步走"的提出

新中国成立后，中国共产党逐步形成了"四个现代化"战略目标和"两步走"战略构想。1954 年 9 月，第一届全国人民代表大会第一次会议召开，周恩来在《政府工作报告》中提出："我国的经济原来是很落后的。如果我们不建设起强大的现代化的工业、现代化的农业、现代化的交通运输业和现代化的国防，我们就不能摆脱落后和贫困，我们的革命就不能达到目的。"① 这实际上提出了"四个现代化"的建设任务。

1964 年 12 月，第三届全国人民代表大会第一次会议在北京召开。根据毛泽东的提议，周恩来在《政府工作报告》中向全国人民宣告："今后发展国民经济的主要任务，总的说来，就是要在不太长的历史时期内，把我国建设成为一个具有现代农业、现代工业、现代国防和现代科学技术的社会主义强国，赶上和超过世界先进水平。为了实现这个伟大的历史任务，从第三个五年计划开始，我国的国民经济发展，可以按两步来考虑：第一步，建立一个独立的比较完整的工业体系和国民经济体系；第二步，全面实现农业、工业、国防和科学技术的现代化，使我国经济走在世界的前列。"② "四个现代化"战略目标和"两步走"战略构想的提出，极大地鼓舞了全国人民，成为凝聚人心的强大精神力量。

1975 年，在第四届全国人民代表大会第一次会议上，周恩来重申了分两步实现四个现代化的战略："遵照毛主席的指示，三届人大的政府工作报告曾经提出，从第三个五年计划开始，我国国民经济的发展，可以按两步来设想：第一步，用十五年时间，即在一九八〇年以前，建成一个独立的比较完整的工业体系和国民经济体系；第二步，在本世纪内，全面实现农业、工业、国防和科学技术的现代化，使我国国民经济走在世界的前列。"③

（三）"三步走"发展战略的擘画

进入改革开放历史新时期，随着工作重点转移到社会主义现代化建设

---

① 《周恩来选集》（下），人民出版社 2004 年版，第 132 页。
② 《周恩来选集》（下），人民出版社 2004 年版，第 439 页。
③ 《周恩来选集》（下），人民出版社 2004 年版，第 479 页。

上来，党对"四个现代化"战略目标的认识有了新发展，在此基础上提出了"三步走"发展战略。

1. 充分认识实现现代化内涵的丰富性

1979 年 9 月 29 日，在庆祝中华人民共和国成立 30 周年大会上，叶剑英就曾明确提出："我们所说的四个现代化，是实现现代化的四个主要方面，并不是说现代化事业只以这四个方面为限。我们要在改革和完善社会主义经济制度的同时，改革和完善社会主义政治制度，发展高度的社会主义民主和完备的社会主义法制。我们要在建设高度物质文明的同时，提高全民族的教育科学文化水平和健康水平，树立崇高的革命理想和革命道德风尚，发展高尚的丰富多彩的文化生活，建设高度的社会主义精神文明。这些都是我们社会主义现代化的重要目标，也是实现四个现代化的必要条件。"① 同年 12 月，邓小平在会见外宾时指出："所谓四个现代化，就是要改变中国贫穷落后的面貌，不但使人民生活水平逐步有所提高，也要使中国在国际事务中能够恢复符合自己情况的地位，对人类作出比较多一点的贡献。"② 从这两段论述可以看出，改革开放后党对"四个现代化"的理解并不限于四个方面，视野更为宏观、更为宽广。

2. 充分认识实现现代化目标的长期性

早在新中国成立初期，毛泽东在一次讲话中就指出："我们要建成一个伟大的社会主义国家，大概经过五十年即十个五年计划，就差不多了，就像个样子了，就同现在大不一样了。"③ 此后毛泽东继续思考建设时间的问题，基本估计至少需要 100 年，如"要使中国变成富强的国家，需要五十到一百年的时光"④。"至于建设强大的社会主义经济，在中国，五十年不行，会要一百年，或者更多的时间。"⑤ 改革开放后，在评估 20 世纪末实现"四个现代化"目标可行性时，邓小平认为："我们开了大口，本世纪末实现四个现代化。后来改了个口，叫中国式的现代化，就是把标准放低一点。特别是国民生产总值，按人口平均来说不会很高。"⑥ 1979 年 12

---

① 《三中全会以来重要文献选编》（上），人民出版社 1982 年版，第 233—234 页。
② 《邓小平文选》第 2 卷，人民出版社 1994 年版，第 237 页。
③ 《毛泽东文集》第 6 卷，人民出版社 1999 年版，第 329 页。
④ 《毛泽东文集》第 7 卷，人民出版社 1999 年版，第 124 页。
⑤ 《毛泽东文集》第 8 卷，人民出版社 1999 年版，第 301 页。
⑥ 《邓小平文选》第 2 卷，人民出版社 1994 年版，第 194 页。

月 6 日，邓小平在会见日本首相大平正芳时第一次提出"小康之家"的概念："我们要实现的四个现代化，是中国式的四个现代化。我们的四个现代化的概念，不是像你们那样的现代化的概念，而是'小康之家'。"① 邓小平创造性地把中国式的现代化与传统文化中的小康概念联系起来，用小康这一新概念形象地描述了未来发展目标。

1982 年党的十二大在确立从 1981 年到 20 世纪末这 20 年经济建设总的奋斗目标时把小康概念纳入其中：从数值上看，"在不断提高经济效益的前提下，力争使全国工农业的年总产值翻两番，即由一九八〇年的七千一百亿元增加到二〇〇〇年的二万八千亿元左右"②；从状态上看，"我国国民收入总额和主要工农业产品的产量将居于世界前列，整个国民经济的现代化过程将取得重大进展，城乡人民的收入将成倍增长，人民的物质文化生活可以达到小康水平"③。把小康水平作为 20 世纪末的奋斗目标，考虑了实现现代化的长期性和艰巨性，考虑了中国人口多、底子薄、生产力发展不平衡的现实国情。较之"四个现代化"战略目标，小康目标有利于解决长期存在的急于求成、急躁冒进的问题，是一个切实可行、符合实际的发展目标。但此时的部署也有两个不足：一是从 1981 年算起到 20 世纪末，这 20 年间能不能再分阶段，每个小阶段的目标是什么？二是进入 21 世纪后，发展目标又是什么，有没有时间跨度更长的中长期发展目标？这两个问题有待于在实践中进一步明确。

3. 充分认识实现现代化目标的阶段性

党的十二大之后，随着实践的发展，党对奋斗目标的时间跨度、具体步骤、阶段性要求又有了新的认识。1987 年 4 月 30 日，邓小平在会见西班牙客人时，阐述分"三步走"实现现代化的发展战略。他指出："我们原定的目标是，第一步在八十年代翻一番。以一九八〇年为基数，当时国民生产总值人均只有二百五十美元，翻一番，达到五百美元。第二步是到本世纪末再翻一番，人均达到一千美元。实现这个目标意味着我们进入小康社会，把贫困的中国变成小康的中国。那时国民生产总值超过一万亿美元，虽然人均数还很低，但是国家的力量有很大增加。我们制定的目标更

① 《邓小平文选》第 2 卷，人民出版社 1994 年版，第 237 页。
② 《十一届三中全会以来重要文献选读》（上），人民出版社 1987 年版，第 477 页。
③ 《十二大以来重要文献选编》（上），人民出版社 1986 年版，第 14 页。

重要的还是第三步，在下世纪用三十年到五十年再翻两番，大体上达到人均四千美元。做到这一步，中国就达到中等发达的水平。"①

根据邓小平的上述设想，党的十三大对现代化进行了谨慎思考和积极谋划，正式提出"三步走"发展战略："党的十一届三中全会以后，我国经济建设的战略部署大体分三步走。第一步，实现国民生产总值比一九八〇年翻一番，解决人民的温饱问题。这个任务已经基本实现。第二步，到本世纪末，使国民生产总值再增长一倍，人民生活达到小康水平。第三步，到下个世纪中叶，人均国民生产总值达到中等发达国家水平，人民生活比较富裕，基本实现现代化。"②"三步走"发展战略由此正式确立下来。党的十四大把这一发展战略纳入建设有中国特色社会主义理论的主要内容中。

（四）实现由贫困到温饱的跨越

进入改革开放历史新时期，我国从农村到城市、从沿海到内地，经济体制改革全面展开，国家经济实力显著增强，居民消费水平明显提高，出现了前所未有的蓬勃生机。1987 年，党的十三大在提出"三步走"发展战略时对第一步进行了评估，认为"这个任务已经基本实现"。1989 年，江泽民在党的十三届五中全会上的讲话中指出："现在第一步已经实现了"③。1991 年 3 月 25 日，第七届全国人民代表大会第四次会议对 1980 年至 1990 年的十年成就进行了全面梳理，以翔实的数据勾画出这十年的发展轨迹，全方位展现了实现从贫困到温饱跨越后国家的发展状态与人们的生活水平。

1. 农村经济全面发展

同 1980 年相比，1990 年农业总产值增长 84.6%，平均每年增长 6.3%。粮食总产量先后登上 3500 亿公斤和 4000 亿公斤两个台阶，1990 年达到 4350 亿公斤，棉花、油料、肉类、水产、水果等农副产品产量大幅增加，为解决人民温饱问题提供了物质保障。农、林、牧、副、渔各业都有很大发展，农村经济结构发生明显变化，非农产业占农村社会总产值的

---

① 《邓小平年谱（一九七五———一九九七）》（下），中央文献出版社 2004 年版，第 1183 页。
② 《十三大以来重要文献选编》（上），人民出版社 1991 年版，第 16 页。
③ 《十三大以来重要文献选编》（中），人民出版社 1991 年版，第 712 页。

比重由 1980 年的 31.1% 提高到 1990 年的 54.6%。① 乡镇企业异军突起，现在吸纳农村劳动力已达到 9000 多万人，促进了商品经济的发展，为逐步实现农业现代化开创了一条适合我国国情的道路。

2. 工业生产迅速增长

1990 年同 1980 年相比，工业总产值增长 2.3 倍，平均每年增长 12.6%。主要工业产品产量大幅增加。1980 年到 1990 年，原煤由 6.2 亿吨增加到 10.8 亿吨，原油由 1.06 亿吨增加到 1.38 亿吨，发电量由 3006 亿千瓦小时增加到 6180 亿千瓦小时，钢由 3712 万吨增加到 6604 万吨，水泥由 0.8 亿吨增加到 2.03 亿吨。② 消费品工业的产品更新换代加快，花色品种丰富多彩，市场供应充裕，改变了过去品种单调和供应紧张的状况。工业技术水平和科研开发能力明显提高，一些产品和产业步入世界先进行列。

3. 基本建设和更新改造步伐加快

1980 年至 1990 年，全社会固定资产投资完成 2.77 万亿元，超过前 30 年的总和。其中，全民所有制基本建设投资 1.08 万亿元，建成投产包括能源、原材料、交通运输、邮电通信等方面的大中型项目 1000 多个。投入更新改造资金 5470 亿元，完成技术改造项目 40.9 万项。③ 一大批基础工业和基础设施重点项目建成投产，经济的薄弱环节有所加强，产业结构和产品结构有所调整，城乡建设取得明显成就，为国民经济的持续发展增添了后续力量。

4. 对外经济技术交流取得突破性进展

1990 年同 1980 年相比，进出口总额由 381 亿美元增加到 1154 亿美元。其中，出口总额由 1980 年的 181 亿美元增加到 1990 年的 621 亿美元。出口商品结构有很大变化，工业制成品占出口总额的比重由 1980 年的 49.7% 上升到 1990 年的 74.5%。改革开放以来，实际吸收外商直接投资 189.8 亿美元，兴办外商投资企业 2 万多家。借用外国贷款 458.2 亿美元，

① 全国人民代表大会常务委员会办公厅编：《中华人民共和国第七届全国人民代表大会第四次会议文件汇编》，人民出版社 1991 年版，第 6 页。

② 全国人民代表大会常务委员会办公厅编：《中华人民共和国第七届全国人民代表大会第四次会议文件汇编》，人民出版社 1991 年版，第 6 页。

③ 全国人民代表大会常务委员会办公厅编：《中华人民共和国第七届全国人民代表大会第四次会议文件汇编》，人民出版社 1991 年版，第 6—7 页。

建设民用机场、铁路、公路、港口码头、油田、电力、化工等项目550个，补充了我国建设资金的不足。① 引进了一大批国外先进技术，促进了国内生产技术水平的提高。对外承包工程、劳务合作及国际旅游业，也得到很大发展。

5. 科技、教育、文化等各项社会事业都有较大发展

1980年至1990年，共取得重大科技成果11万多项，其中获国家奖励的近万项，一些领域已经达到或者接近世界先进水平。这期间共实施专利5万多项，推广了一大批重大科技成果，提高了传统产业的技术水平和经济效益。正负电子对撞机、重离子加速器、同步辐射实验室等大型科研项目相继投入使用，"银河"巨型计算机的研制成功，水下导弹、长征二号捆绑式运载火箭、"亚洲一号"通信卫星的成功发射等，表明我国在高能物理、计算机技术、运载火箭技术、卫星通信技术等方面有了新的突破。社会科学研究的许多领域也有不少进展。到1990年，已经有76%以上的县普及小学教育，多数城市普及了初中教育；中等职业技术教育、成人教育、技术培训迅速发展；高等教育初步形成多层次、多形式、学科门类比较齐全的体系。十年来普通高等学校共培养本专科毕业生435万人，研究生近20万人，成人高等教育共培养374万人，为现代化建设输送了大批人才。② 文化艺术、新闻出版、广播影视、体育卫生、计划生育、环境保护等各项事业都取得了新的成绩，促进了社会主义物质文明和精神文明建设。

6. 人民生活明显改善

全国绝大多数地区解决了温饱问题，开始向小康过渡；少数地区已经实现小康；温饱问题尚未完全解决的少数地区，人民生活也有不同程度的改善。这是一个伟大的历史性成就。1990年城镇居民人均生活费收入达到1387元，农民人均纯收入达到630元，剔除价格因素，分别比1980年增长68.1%和123.9%。1980年到1990年，城镇人均住房面积由3.9平方米增加到7.1平方米，农村人均住房面积由9.4平方米增加到17.8平方米。

---

① 全国人民代表大会常务委员会办公厅编：《中华人民共和国第七届全国人民代表大会第四次会议文件汇编》，人民出版社1991年版，第7页。

② 全国人民代表大会常务委员会办公厅编：《中华人民共和国第七届全国人民代表大会第四次会议文件汇编》，人民出版社1991年版，第7—8页。

城乡居民家庭拥有的电视机、电冰箱、洗衣机等耐用消费品显著增加。全国城乡居民人均储蓄存款余额 1980 年只有 40 元，1990 年达到 615 元。①

7. 国家经济实力大为增强

1990 年同 1980 年相比，国民生产总值由 4470 亿元增加到 17400 亿元，国民收入由 3688 亿元增加到 14300 亿元。生产门类更加齐全，资源开发能力明显提高。一些重要工农业产品产量跃居世界前列。钢、化学纤维由世界的第 5 位升至第 4 位，有色金属由第 7 位升至第 4 位，发电量由第 6 位升至第 4 位，煤炭、水泥由第 3 位升至第 1 位，乙烯由第 15 位升至第 8 位，粮食、棉花、肉类、布匹已居世界首位。由于我国人口众多，产品的人均占有量还比较低，但国家整体经济实力的增强是极为明显的。②

三　从基本温饱到总体小康

迈向总体小康，时间上主要在 20 世纪 90 年代。解决温饱问题后，我国开始迈向总体小康的新阶段。经过"八五"时期和"九五"时期的努力，20 世纪末如期实现第二步战略目标，人民生活总体上达到了小康水平。

（一）小康目标的丰富内涵

从"小康"概念提出以来，随着改革开放实践的发展和中国共产党对小康认识的深化，其内涵也经历了一个逐步丰富的过程。邓小平在不同场合多次阐释过"小康"的内涵，特别是从国民生产总值、富裕程度来评判小康标准。

1. 从国民生产总值来衡量

在邓小平看来，人均 800 美元是衡量小康水平的指标。他多次谈道："翻两番，国民生产总值人均达到八百美元，就是到本世纪末在中国建立

---

① 全国人民代表大会常务委员会办公厅编：《中华人民共和国第七届全国人民代表大会第四次会议文件汇编》，人民出版社 1991 年版，第 8 页。

② 《十三大以来重要文献选编》（下），人民出版社 1993 年版，第 1482 页。

一个小康社会"①，"所谓小康，从国民生产总值来说，就是年人均达到八百美元"②。当然，人均 800 美元并不是绝对值。1979 年 12 月 29 日，邓小平在会见新加坡政府代表团时提出："所谓四个现代化，只能搞个'小康之家'，比如说国民生产总值人均一千美元。虽然是'小康之家'，肯定日子比较好过，社会存在的问题能比较顺利地解决。"③ 1980 年 1 月 16 日，邓小平在谈到目前的形势和任务时指出："到本世纪末，争取国民生产总值每人平均达到一千美元，算个小康水平。这个回答当然不准确，但也不是随意说的。"④ 除人均指标外，邓小平也会折合成国家总量来谈小康标准。他说："国民生产总值按人口平均不算多，叫做小康水平；但是就总量来说，国民生产总值是一万亿美元哪！国家的力量大了。翻两番包含这两个方面的含义。"⑤

2. 从富裕程度来衡量

1985 年 3 月 7 日，邓小平在全国科技工作会议上指出："本世纪末，达到小康水平，就是不穷不富，日子比较好过的水平。"⑥ 1986 年 6 月，邓小平在一次谈话中也提出："我们的国家是有希望的。我们的目标，第一步是到二〇〇〇年建立一个小康社会。雄心壮志太大了不行，要实事求是。所谓小康社会，就是虽不富裕，但日子好过。我们是社会主义国家，国民收入分配要使所有的人都得益，没有太富的人，也没有太穷的人，所以日子普遍好过。"⑦

3. 从国家实力来衡量

1984 年 10 月，邓小平在中央顾问委员会第三次全体会议上的讲话中指出："翻两番的意义很大。这意味着到本世纪末，年国民生产总值达到一万亿美元。这一万亿美元，反映到人民生活上，我们就叫小康水平；反映到国力上，就是较强的国家。"⑧

---

① 《邓小平文选》第 3 卷，人民出版社 1993 年版，第 54 页。
② 《邓小平文选》第 3 卷，人民出版社 1993 年版，第 64 页。
③ 《邓小平年谱（一九七五——一九九七）》（上），中央文献出版社 2004 年版，第 586 页。
④ 《邓小平文选》第 2 卷，人民出版社 1994 年版，第 259 页。
⑤ 《邓小平文选》第 3 卷，人民出版社 1993 年版，第 98 页。
⑥ 《邓小平文选》第 3 卷，人民出版社 1993 年版，第 109 页。
⑦ 《邓小平文选》第 3 卷，人民出版社 1993 年版，第 161—162 页。
⑧ 《邓小平文选》第 3 卷，人民出版社 1993 年版，第 88 页。

小康社会是一个综合性指标，集中反映经济、政治、文化等多个领域的发展状态。人均 800 美元是一个经济指标，但达到人均 800 美元并不等于就实现了小康。1983 年 3 月，邓小平视察江苏等地回北京后的讲话中就提到这一点："现在，苏州市工农业总产值人均接近八百美元。我问江苏的，达到这样的水平，社会上是一个什么面貌？发展前景是什么样子？他们说，在这样的水平上，下面这些问题都解决了：第一，人民的吃穿用问题解决了，基本生活有了保障；第二，住房问题解决了，人均达到二十平方米，因为土地不足，向空中发展，小城镇和农村盖二三层楼房的已经不少；第三，就业问题解决了，城镇基本上没有待业劳动者了；第四，人不再外流了，农村的人总想往大城市跑的情况已经改变；第五，中小学教育普及了，教育、文化、体育和其他公共福利事业有能力自己安排了；第六，人们的精神面貌变化了，犯罪行为大大减少。"①

在研究部署第二步战略目标过程中，相关重要会议对"小康"的内涵也作过阐释。例如，1987 年，党的十三大对实现第二步目标进行展望时指出："实现了第二步任务，我国现代化建设将取得新的巨大进展；社会经济效益、劳动生产率和产品质量明显提高，国民生产总值和主要工农业产品产量大幅度增长，人均国民生产总值在世界上所占位次明显上升。工业主要领域在技术方面大体接近经济发达国家七十年代或八十年代初的水平，农业和其他产业部门的技术水平也将有较大提高。城镇和绝大部分农村普及初中教育，大城市基本普及高中和相当于高中的职业技术教育。人民群众将能过上比较殷实的小康生活。在我们这样一个人口众多而又基础落后的国家，人民普遍丰衣足食，安居乐业，无疑是一项宏伟壮丽而又十分艰巨的事业。"② 这实际上是对第二步小康目标的具体化，初步概括了小康的内涵。

1990 年 12 月，十三届七中全会在部署第二步战略目标时对小康内涵进行了界定："人民生活逐步达到小康水平，是九十年代经济发展的重要目标。所谓小康水平，是指在温饱的基础上，生活质量进一步提高，达到丰衣足食。这个要求既包括物质生活的改善，也包括精神生活的充实；既

---

① 《邓小平文选》第 3 卷，人民出版社 1993 年版，第 24—25 页。
② 《十三大以来重要文献选编》（上），人民出版社 1991 年版，第 16—17 页。

包括居民个人消费水平的提高，也包括社会福利和劳动环境的改善。"①
1991 年 3 月 25 日，第七届全国人民代表大会第四次会议对"小康"内涵
作了进一步阐释："我们所说的小康生活，是适应我国生产力发展水平，
体现社会主义基本原则的。人民生活的提高，既包括物质生活的改善，也
包括精神生活的充实；既包括居民个人消费水平的提高，也包括社会福利
和劳动环境的改善。在物质生活方面，消费结构和消费方式要符合我国的
特点和民族传统。要及时调整产业结构和产品结构，使之适应人民生活从
温饱到小康过程中生活质量的提高和消费结构的变化；同时要积极引导消
费，建立适合中国国情的合理的消费结构和健康有益的消费方式。"②

（二）　实现小康的战略规划

在完成第一步战略目标后，党中央开始着手部署第二步发展目标。
1990 年 12 月，党的十三届七中全会召开，审议并通过了《关于制定国民
经济和社会发展十年规划和"八五"计划的建议》。全会指出从 1991 年到
2000 年，要实现现代化建设的第二步战略目标，把国民经济的整体素质提
高到一个新水平。为此，全会明确了今后十年实现第二步战略目标的基本
要求。第一，在大力提高经济效益和优化经济结构的基础上，使国民生产
总值按不变价格计算，到 20 世纪末比 1980 年翻两番。实现上述目标，要
求今后十年国民生产总值平均每年增长 6% 左右，这在世界范围内将是比
较高的增长速度。第二，人民生活从温饱达到小康，生活资料更加丰裕，
消费结构趋于合理，居住条件明显改善，文化生活进一步丰富，健康水平
继续提高，社会服务设施不断完善。第三，发展教育事业，推动科技进
步，改善经济管理，调整经济结构，加强重点建设，为 21 世纪初叶我国经
济和社会的持续发展奠定物质技术基础。第四，初步建立适应以公有制为
基础的社会主义有计划商品经济发展的、计划经济和市场调节相结合的经
济体制与运行机制。第五，社会主义精神文明建设达到新的水平，社会主
义民主和法制建设进一步健全。

1992 年初，邓小平视察南方发表重要谈话，强调思想更解放一点，改

---

① 《十三大以来重要文献选编》（中），人民出版社 1991 年版，第 1401 页。
② 《十三大以来重要文献选编》（下），人民出版社 1993 年版，第 1506—1507 页。

革开放的胆子更大一点，建设的步子更快一点，千万不可丧失时机。为此，党中央和国务院作出关于加快改革开放和经济发展的一系列决定。同年召开的党的十四大分析认为 20 世纪 90 年代我国经济的发展速度原定为国民生产总值平均每年增长 6%，现在从国际国内形势的发展情况来看，可以更快一些，指出要紧紧抓住有利时机加快发展，建议国务院对"八五"计划作出必要的调整，并着手研究制订"九五"计划。按照党的十四大的精神，国务院经过认真研究，对"八五"期间的经济增长速度、产业结构、利用外资、进出口贸易、投资规模等指标提出了调整意见。中央政治局经过讨论同意这些意见，建议按此调整"八五"计划。1993 年 3 月 7 日，党的十四届三中全会通过《关于调整"八五"计划若干指标的建议》，明确调整的重点为：一是把经济增长速度由原来 6% 提高到 8%—9%；二是优化产业结构，解决产业结构不合理问题。

　　1995 年 9 月，十四届五中全会通过了《中共中央关于制定国民经济和社会发展"九五"计划和 2010 年远景目标的建议》。全会考虑到原定到 2000 年国民生产总值比 1980 年翻两番的任务将于 1995 年提前完成，建议将"九五"国民经济和社会发展的主要奋斗目标确定为："全面完成现代化建设的第二步战略部署，到 2000 年，人口控制在 13 亿以内，实现人均国民生产总值比 1980 年翻两番；基本消除贫困现象，人民生活达到小康水平；加快现代企业制度建设，初步建立社会主义市场经济体制。为下世纪初开始实施第三步战略部署奠定更好的物质技术基础和经济体制基础。"① 1996 年 3 月 17 日，第八届全国人民代表大会第四次会议通过《中华人民共和国国民经济和社会发展"九五"计划和 2010 年远景目标纲要》。

（三）人民生活总体达到小康水平

　　20 世纪 90 年代，我国经受住东欧剧变、苏联解体的压力，经受住亚洲金融危机对我国经济增长带来的较大冲击，经受住发展社会主义市场经济的考验，妥善处理改革、发展、稳定的关系，在各个领域取得了巨大成就，人们的生活水平实现了由温饱到小康的跨越。

---

　　① 《中华人民共和国第八届全国人民代表大会第四次会议文件汇编》，人民出版社 1996 年版，第 55 页。

1. 提前实现国民生产总值目标

1995 年，国内生产总值达到 57733 亿元，提前 5 年实现了第二步"使国民生产总值再增长一倍"的目标。针对这种情况，1996 年 3 月，第八届全国人民代表大会第四次会议通过的《中华人民共和国国民经济和社会发展"九五"计划和 2010 年远景目标纲要》提出：到 2000 年实现人均国民生产总值比 1980 年翻两番的目标。这一目标在 1997 年提前 3 年实现。2000 年，国内生产总值达到 8.94 万亿元，按可比价格计算，相当于 1978 年的 7.4 倍。按当年汇率计算，突破 1 万亿美元，总量位居世界第六位。按现行汇率计算的人均国民生产总值和国内生产总值均超过了 800 美元。作为衡量小康水平的核心指标——城乡居民的恩格尔系数分别由 1978 年的 57.5% 和 67.7% 下降到 2000 年的 39.2% 和 49.1%。贫困人口由 1978 年的 2.5 亿减少到 3000 万。全国城镇居民人均可支配收入 6280 元，农民人均现金纯收入 1640 元。普及九年义务教育人口覆盖率达到 85%，青壮年文盲率下降到 5% 以下。[①]

值得一提的是，这期间，我国主要工农业产品产量位居世界前列，商品短缺状况基本结束。粮食等主要农产品生产能力明显提高，实现了农产品供给由长期短缺到总量基本平衡、丰年有余的历史性转变。[②] 例如，谷物、肉类、棉花、钢、煤、水泥、化肥和电视机等产量均居世界首位，原油、发电量分别由 1978 年占世界第八位和第七位上升到第五位和第二位，其他主要产品产量的位次也明显前移。[③] 总体来看，长期以来困扰中国人民的"吃饭"问题得到了根本解决，商品供应不足、短缺经济的局面也得到了改变。

2. 全国人民总体水平跨进小康

为了更加精确评估小康建设进程，20 年代 90 年代中期，国家统计局会同国家计划委员会（现为国家发展和改革委员会）和农业部（现为农业农村部）制定了测算小康水平的综合性指标。测量结果显示，20 世纪 90

---

① 本书编写组编著：《党的十六大报告学习辅导百问》，党建读物出版社、人民出版社 2002 年版，第 69、70 页；《中华人民共和国 2000 年国民经济和社会发展统计公报》，《中国统计》2001 年第 3 期。

② 《十五大以来重要文献选编》（中），人民出版社 2001 年版，第 1677 页。

③ 本书编写组编著：《党的十六大报告学习辅导百问》，党建读物出版社、人民出版社 2002 年版，第 70 页。

年代末，全国小康的实现程度已达到 95.6%，全国人民总体生活水平跨进小康社会。基于多方统计数据，2000 年 10 月，党的十五届五中全会指出："我们已经实现了现代化建设的前两步战略目标，经济和社会全面发展，人民生活总体上达到了小康水平，开始实施第三步战略部署。这是中华民族发展史上一个新的里程碑。"[①]

当然，应该看到，此时的小康状况是就全国总体情况而言的，不同区域、不同领域、不同群体的小康水平差异亦十分明显。例如，据统计，到 2000 年底，在全国除市辖区以外的 2000 多个县级单位中，未达温饱线的占 22.8%，居温饱线和小康线之间的占 63.2%，居小康线和比较富裕线之间的占 13.7%，达到比较富裕线的只占 0.3%。从人口看，2000 年全国基本达到小康水平的只占 74.84%，接近小康水平的占 12.82%，还有 12.34% 的人口未达温饱和小康。[②] 如果再从小康的实现层次、小康的内容、小康的系统来细分，情况就更不容乐观了[③]。因此，在总体达到小康水平的基础上还需着力解决低水平、不全面、发展很不平衡的问题，向更高水平、更加宽裕的小康生活迈进。

---

① 《十五大以来重要文献选编》（中），人民出版社 2001 年版，第 1369 页。

② 李新泰、孙占元：《"三个代表"重要思想基本问题读本》，人民出版社 2003 年版，第 293 页。

③ 本书编写组编著：《党的十六大报告学习辅导百问》，党建读物出版社、人民出版社 2002 年版，第 72 页。

第三章

全面建设小康社会的时代境遇

在深刻分析和把握国内外形势的基础上，党和国家提出全面建设小康社会的宏伟目标。党的十六大到党的十八大期间的十年，是全面建设小康社会的十年，也为下一步全面建成小康社会奠定了坚实的基础。这十年间，在党的领导下，中国人民抓住新机遇、迎接新挑战，从经济持续快速发展、民主政治建设不断推进、社会主义文化繁荣发展、民生事业不断改善等方面对全面建设小康社会提出了新要求，并在积极落实过程中，不断推进全面建设小康社会的步伐。

一 全面建设小康社会的新机遇

党的十六大至十八大期间，在全面建设小康社会的发展进程中，从世界局势来看，整个世界总体平稳，和平与发展仍然是时代主题，这为全面建设小康社会营造了稳定的国际环境；从我国发展实际看，我国经济社会各个方面稳步发展，改革开放取得丰硕成果，这为全面建设小康社会奠定了坚实的基础；从指导思想看，党始终直面时代变化，不断推进马克思主义中国化的理论进程，在坚持马克思列宁主义、毛泽东思想的基础上，形成了"三个代表"重要思想、科学发展观，为全面建设小康社会提供了最新的理论指导。

（一）和平与发展仍是时代主题

党的十六大至十八大期间的十年，世界处于大变革大调整中，但和平

与发展仍然是时代主题，求和平、谋合作、促发展依然是不可阻挡的时代
潮流。这十年间世界多极化和经济全球化深入推进，虽然不公正不合理的
国际政治经济新秩序依旧存在，世界仍处于新旧秩序转变重塑期，但区域
合作方兴未艾，国家关系日益紧密，国际力量对比趋于均衡化，国际形势
总体稳定。和平与发展依然是时代的主题，这一时代主题为全面建设小康
社会提供了新的机遇。

1. 大国关系稳中有进

良好的大国关系一直以来都是国际环境稳定的重要保障。总体而言，
这十年间，中美、中俄、中日、中欧关系稳定发展，中国与主要大国、周
边国家双边、多边关系发展态势良好，这为我国全面建设小康社会营造了
和平稳定的国际环境。

中美关系总体趋好。2003 年时任国务院总理温家宝访美提出了确保中
美经贸关系健康发展的五项原则，为中美经贸关系发展提供原则遵循；
2005 年中美在北京举行首次中美战略对话，扩大了利益交汇点、管控了分
歧，维护了中美关系总体上稳定发展的势头；2009 年中美建立中美战略与
经济对话机制，促进了两国的沟通了解、扩大了共识和增进了友谊，推动
了中美关系的进一步发展，中美之间经贸交流也日益频繁。中俄关系日益
密切。2004 年 10 月中俄签订协定正式解决了两国的边界问题，为两国关
系的进一步发展奠定了基础；2003 年时任国家主席胡锦涛访俄期间，在莫
斯科国际关系学院演讲中指出："我们解决了历史遗留的边界问题，把漫
长的边界变成了两国人民友好合作的纽带。"[1] 2011 年中俄双方宣布进一
步进入到建设全面战略协作伙伴关系阶段，中俄关系进入新阶段。中日关
系虽有波动但总体稳定。历史问题一直是影响战后中日关系发展的重要因
素，时任日本首相小泉纯一郎在其任内六次参拜靖国神社，致使中日关系
陷入僵局，直到 2007 年日本后任首相安倍晋三访华，提出构建基于共同战
略利益的互惠关系开始，中日关系开始破冰回暖。尽管这一时期中日关系
陷入僵局但是经贸关系仍有较大发展；中欧之间总体向好。2003 年中国欧
盟领导人第六次会晤在北京举行，双方决定发展中欧全面战略伙伴关系，
2005 年中欧之间启动了副外长级定期战略对话机制，此后又成立了副总理

① 《十六大以来重要文献选编》（上），中央文献出版社 2005 年版，第 306—307 页。

级中欧经贸对话机制等一系列对话交流机制，并将战略对话机制级别上调，为中欧关系的稳定发展提供了机制保证，为我国加强与欧盟交流合作，促进我国发展提供了机遇。

2. 区域合作迈出新步伐

区域合作是维持安全稳定区域环境的重要举措。上海合作组织是我国发起创立的重要区域合作组织，开创了区域合作新模式，增强了成员国的政治互信和各领域的交流合作。上海合作组织有力维护了地区和平、安全和稳定，已成为和平发展的新旗帜①。自"中国—东盟自由贸易区"建设正式启动以来，我国针对双方共同关切的南海问题提出"搁置争议，共同开发"的方案，我国与东盟关系发展迈入快车道，这为我国发展营造了良好环境。此外我国还同印度签订《关于解决中印边界问题政治指导原则的协定》，并建立战略合作伙伴关系，积极参与推动朝核问题六方会谈和推动半岛无核化等，这在总体上为我国发展创造了较好的周边环境。

3. 主动作为抓住机遇

尽管和平与发展是时代的主题，但国际形势依然面临危机与挑战，主动担当作为是营造良好国际环境、实现自身发展的重要手段。2003 年伊拉克战争爆发后，我国强烈批评与谴责美国对别国发动战争的行径。2008 年金融危机后，我国积极倡导国际金融体系改革，向国际货币基金组织提供融资帮助发展中国家重振经济。2010 年甲型流感蔓延，我国在应对国内疫病的基础上为国际社会提供力所能及的帮助，协助国际社会共同应对流感。此外，我国积极参与全球性问题的解决，针对气候变化、恐怖主义、局部冲突和大规模杀伤性武器扩散，我国提出构建"和谐世界"的倡议，倡导变革不合理的国际政治经济旧秩序，推动公正合理的国际新秩序的建立，赢得了国际社会广泛赞誉，展现了负责任的大国形象。我国全方位外交取得了重大进展，进一步为我国发展争取良好国际环境创造了条件。

机遇前所未有，机遇大于挑战。胡锦涛在党的十八大报告中指出："当今世界正在发生深刻复杂变化，和平与发展仍然是时代主题。世界多极化、经济全球化深入发展，文化多样化、社会信息化持续推进，科技革命孕育新突破，全球合作向多层次全方位拓展，新兴市场国家和发展中国

---

① 《十七大以来重要文献选编》（下），中央文献出版社 2013 年版，第 968—969 页。

家整体实力增强，国际力量对比朝着有利于维护世界和平方向发展，保持国际形势总体稳定具备更多有利条件。"① 国际形势总体向好的发展态势，为我国全面建设小康社会营造了有利的国际环境，使我们能够做到"聚精会神搞建设，一心一意谋发展"，全面推进了小康社会建设。

（二）改革开放取得丰硕成果

党的十六大强调，21 世纪的头二十年是一个必须紧紧抓住并且可以大有作为的重要战略机遇期，我们要集中力量，全面建设惠及十几亿人口的更高水平的小康社会，使经济更加发展、民主更加健全、科教更加进步、文化更加繁荣、社会更加和谐、人民生活更加殷实。从党的十六大到党的十八大这十年，是改革开放和全面小康社会建设取得了一系列历史性成就的十年，各项工作稳中有进，综合国力稳步提升，为全面建成小康社会打下了坚实的基础。

1. 经济实现又好又快发展

党的十六大到党的十八大期间的十年，改革开放持续推进，我国经济实现又好又快发展，这为全面建设小康社会奠定了坚实的物质基础。

国民经济保持平稳较快增长。从十六大以来，中国经济总体保持平稳较快发展态势，国内生产总值增速保持在较高水平。2003 年"非典"疫情后，我国经济迅速恢复并快速发展，并于 2010 年超过日本跃居且稳居世界第二位。2002 年至 2012 年，我国国内生产总值从 121717.4 亿元增长至538580 亿元，人均国内生产总值自 9506 元增长至 39771 元，居民人均可支配收入从 4532 元增至 16510 元，居民消费水平从 4270 元增至 14074 元，恩格尔系数从 39.2% 降至 33%。② 发展的巨大成就使我国综合国力有了显著的提升，为各项事业的发展提供了经济支持。

转变经济发展方式，优化产业结构。胡锦涛在党的十七大报告中指出，要"实现未来经济发展目标，关键要在转变经济发展方式、完善社会主义市场经济体制方面取得重大进展"③。中央出台了一系列产业政策和专项计划，使得粗放型经济发展方式得到有效改观，制造业规模跃居世界首

① 《十八大以来重要文献选编》（上），中央文献出版社 2014 年版，第 36 页。
② 国家统计局年度数据（http：//www.stats.gov.cn/）。
③ 《十七大以来重要文献选编》（上），中央文献出版社 2009 年版，第 17 页。

位，战略性新兴产业迅速发展，新型工业化建设取得良好成效。同时，党制定了中长期科学和技术发展规划纲要，发展高新技术产业，将科技创新作为经济发展的主要动力源和国际竞争的主要优势，经济竞争力和可持续性明显增强。经济发展方式的转变和产业结构的优化升级增强了我国经济发展的质量与效益，为有效应对各种风险挑战打下了基础。

区域协调发展稳步推进。我国区域发展不够协调，东、中、西部以及城乡发展都出现一定差距，制约着整个国民经济的持续与平衡发展。为此，党中央贯彻全国一盘棋思想与区域发展总体战略，制定一系列区域发展战略，颁布实施全国主体功能区规划，推动东中西部地区形成各具特色、良性互动的区域发展格局。为了打破城乡二元结构，中央把"三农"工作作为首要任务来抓，按照统筹城乡和布局合理的原则推进城镇化建设。2011 年我国城镇化率首次超过 50%，城乡结构发生历史性变革，形成新的经济增长极。区域协调发展和城乡一体化建设的不断推进，使我国协调发展明显增强。

2. 民主法治建设稳步推进

民主法治建设是全面建设小康社会的重要目标，为经济社会各方面的稳定发展和人自由而全面的发展提供了重要保障。回顾改革开放以来的民主法治建设历程可以清楚地看到，从 1978 年党的十一届三中全会确立社会主义法制建设的目标，到 1997 年党的十五大提出"依法治国"方略，再到党的十八大以来"全面推进依法治国"的不断推进，社会主义民主法治建设在实践中不断推进和完善。

依法治国、建设社会主义法治国家。党的十一届三中全会是伟大的历史转折点，邓小平深刻总结了历史经验教训，作出了以经济建设为中心的历史决策，开启了中国特色社会主义民主法制建设新篇章。江泽民在党的十五大提出了"依法治国、建设社会主义法治国家"的历史任务，同时阐释了依法治国的概念，"广大人民群众在党的领导下，依照宪法和法律规定，逐步实现社会主义民主的制度化、法律化，使这种制度和法律不因领导人的改变而改变，不因领导人看法和注意力的改变而改变。"[1] "依法治国"基本方略的提出实现了由"法制"到"法治"的重大转变，保证了

----

① 《十五大以来重要文献选编》（上），人民出版社 2000 年版，第 30—31 页。

国家依法治理各项事务，体现了中国共产党对法治的认识到达新的高度。

党的领导、人民当家作主和依法治国的有机统一。江泽民高度重视民主法治建设，他明确指出"发展社会主义民主政治，最根本的是要把坚持党的领导、人民当家作主和依法治国有机统一起来"①，并进一步阐释了三者之间的关系。只有坚持党的领导，人民当家作主的地位才不会动摇，才能真正实行依法治国的法治国家。坚持和完善人民代表大会制度，保证广大人民群众在党的领导下，把依法治国贯穿在国家治理的各个方面，三者的有机统一是中国共产党带领中国人民推进民主法治建设的必然要求，实现了民主法治与党的领导和人民当家作主的新结合。

人民民主是社会主义的生命。党的十七大深刻阐述了发展社会主义民主政治的重要性，提出了"人民民主是社会主义的生命"②的重要论断。人民代表大会直接选举的范围不断扩大，基层群众自治更加完善，广大人民群众在管理自己的事情上当家作主。在党的领导下依照宪法和法律赋予的职权，各级人大及其常委会为社会各阶层的人民发声，在立法、监督、重大事项决定、民主法治建设等方面开展工作，推进改革创新。随着经济社会的快速发展，人民群众的民主政治意识也在不断增强。党不断满足人民群众对公平正义的期盼，在十七大报告中提出："加强公民意识教育，树立社会主义民主法治、自由平等、公平正义理念"③，实现民主法治观念深入人心。

3. 社会主义文化发展繁荣

改革开放以后，随着经济社会的发展，人们的价值观念也更加多样化。坚持以社会主义核心价值体系引领文化建设，是发挥以文化人积极作用的有效途径。

着眼于中国特色社会主义事业的总体布局，党的十六大开启全面建设小康社会的新阶段，在继承改革开放以来党对于文化建设实践经验的基础上，提出把"大力发展社会主义文化"作为全面建设小康社会的基本目标之一，强调以社会主义理想价值引领文化建设。党的十七大报告首次提出，"推动社会主义文化大发展大繁荣"的文化建设新目标，强调推进文

---

① 《十六大以来重要文献选编》（上），中央文献出版社 2005 年版，第 24 页。
② 《十七大以来重要文献选编》（上），中央文献出版社 2009 年版，第 22 页。
③ 《十七大以来重要文献选编》（上），中央文献出版社 2009 年版，第 910 页。

化繁荣发展必须"建设社会主义核心价值体系，增强社会主义意识形态的吸引力和凝聚力"。①

全国各族人民不断增强辨别各种错误思潮的能力，积极主动吸收一切先进文化，从而创造社会主义文化的大繁荣。在全面建成小康社会的决定性阶段，胡锦涛在党的十八大报告中指出文化的重要功能是"引领文化风尚、教育人民、增强文化整体实力和竞争力"。②党的十八大明确提出"扎实推进文化强国建设"的目标。文化强国的战略目标是中国共产党在总结以往文化建设经验的基础上，明确未来文化建设的新方位，为实现全面建成小康社会助力。党的十八大首次凝炼"社会主义核心价值观"的具体内容，强调以核心价值观引领新时代文化强国梦，明确提出24字社会主义核心价值观，即富强、民主、文明、和谐、自由、平等、公正、法治、爱国、敬业、诚信、友善。社会主义核心价值观从国家层面、社会层面和公民个人层面指引着我国社会发展，是我们党立足社会主义核心价值体系建设实践作出的重大理论创新。

4. 社会主义和谐社会成效显著

社会主义和谐社会的构建是全面建设小康社会的具体奋斗目标之一，在党的十六大至党的十八大期间，胡锦涛根据国内外形势变化，深刻阐述了构建社会主义和谐社会的重大意义、科学内涵、主要任务等，党和国家紧扣战略任务，在社会建设的各个方面取得了斐然成绩。

人民生活明显改善，社会保障水平明显提高。十年间，我国居民收入大幅度增加，人民的衣、食、住、行、用等各方面的条件显著改善。据《中华人民共和国2012年国民经济和社会发展统计公报》显示，我国居民收入大幅度增加，人民各方面生活条件显著改善。十年间，我国社会保障体系不断健全，基本公共服务均等化推进取得突出成就。

就业形势积极向好，收入分配关系优化调整。就业是民生之本，也是社会主义和谐社会建设的重要内容，就业情况关系到国计民生。根据2013年《中国劳动统计年鉴》的数据，全国就业人员从2002年末的73280万人增长到2012年末的76704万人，其中城镇就业人员从25159万人增加到

---

① 《十七大以来重要文献选编》（上），中央文献出版社2009年版，第176页。
② 《十八大以来重要文献选编》（上），中央文献出版社2014年版，第26页。

37102 万人。① 十年间，全国就业人员显著增加。国家积极调整收入分配关系，扩大中等收入人群，不断缩小收入差距。农村扶贫标准大幅提升，将更多农村低收入人口纳入扶贫范围，农村贫困人口逐年减少，扶贫工作也取得了较大成绩，这是社会的巨大进步。

教育事业迅速发展，教育公平取得明显进步。十年间，国家财政在教育经费的支出逐年增加，到 2012 年占国内生产总值的比例达到了 4%。在地区、城乡、学段等不同方面保障教育公平，重点加大对农村、偏远贫困地区的教育资源投入，全面实现了城乡九年制免费义务教育。实施惠及三千多万农村义务教育阶段学生营养改善计划，完成了中小学校舍安全工程，加快了职业教育基础能力和特殊教育基础设施建设。义务教育学校实施绩效工资，在教育部直属师范大学实行师范生免费教育，加强了农村教师队伍建设。全面提高教育质量和水平，高等教育毛入学率提高到 30%。

深化医药卫生体制改革，人民健康水平进一步提高。抗击"非典"疫情的重大胜利，推进了公共卫生体系和基本医疗服务的不断健全。我国建立了新型农村合作医疗制度和城镇居民基本医疗保险制度，全民医保基本实现。各级财政对城镇居民医保和新农合的补助标准由每人每年一百二十元提高到二百元。国家基本药物制度在政府基层医疗卫生机构实现全覆盖，基本药物安全性提高、价格下降。此外，医药卫生领域各项改革工作稳步推进，如公立医院改革试点有序进行，基层医疗卫生服务体系基本建成，基本公共卫生服务均等化取得新进展。②

不断加强和创新社会管理，保持社会和谐稳定。有学者指出，在 2003 年以前，政府对于应对突发事件，基本处于被动应对的状态，对善后事宜考虑得多一些，在预防机制的认识上大体处于头疼医头、脚疼医脚的水平。③ 随着对社会矛盾认识的不断深入，政府坚持以人为本、服务为先，加强和创新社会管理，着力排查化解各类社会矛盾，依法打击违法犯罪活动，着力防范法轮功等邪教组织、治理社会治安问题、处理边疆暴力事件等等，有效维护了社会的和谐稳定。

---

① 《中国劳动统计年鉴（2012）》，中国统计出版社 2013 年版，第 8 页。

② 《十七大以来重要文献选编》（下），中央文献出版社 2013 年版，第 852 页。

③ 参见程美东《突发事件的应对与和谐社会的构建》，《马克思主义研究》2008 年第 3 期。

5. 持续发展彰显生态关怀

党的十六大以来，党中央、国务院提出一系列涉及生态建设的新思想、新举措。比如：要树立和落实科学发展观、提高构建社会主义和谐社会的能力、着力建设资源节约型环境友好型社会、让江河湖泊休养生息、推进环境保护历史性转变、环境保护是重大民生问题、探索环境保护新路等，我国生态环境保护迈向新阶段。

稳健推动节能减排和生态环境保护。"十一五"规划纲要确定了制约节能减排的降耗指标。为此，党和国家提出了一系列节能减排的工作方案，如降低主要污染物排放量、加大环境污染治理投资力度、加紧治理自然生态等。据2012年《中国环境统计年鉴》的数据统计，2011上半年全国二氧化硫排放量降至1083.8万吨，2011年我国环境污染治理投资总额增加到7114亿元，截至2011年，我国自然保护区达到2640个，其中国家级自然保护区335个。① 十年间，节能减排和生态环境保护从理论到实践都发生了重要转变。在全社会培育节约意识，形成合理消费的社会风尚，倡导绿色生活方式，倡导节约用水、节约用电、绿色出行。有效增强全民的环境意识，营造爱护环境的良好社会风气，增强了全民族的环境保护意识。

资源循环利用体系初步建立。节约资源是建设资源节约型和环境友好型社会的重点工作。1997年全国人大通过、2007年修订的《中华人民共和国节约能源法》规定，节约资源是我国的基本国策。国家实施节约与开发并举，把节约放在首位的能源发展战略。十年间，政府采取各种有效措施保护土地资源和水资源，尽可能推进节约能源、节约用水、节约原材料、节约用地，加快发展循环经济，实现经济、环境和社会效益相统一。资源循环利用技术的发明、科学合理能源资源利用体系的建立等都提高了能源资源利用效率。经过发展，循环经济形成较大规模，可再生能源比重显著上升。

（三）党的指导思想与时俱进

党的十六大到十八大这段历史时期，在全面建设小康社会的道路上，党始终坚持马克思列宁主义、毛泽东思想、邓小平理论，形成了"三个代

---

① 《中国环境统计年鉴（2012）》，中国统计出版社2012年版，第80、280、131页。

表"重要思想、科学发展观等马克思主义中国化的理论成果，在这些科学理论的指导下，全面建设小康社会的实践不断向前推进。

1. "三个代表"重要思想指导全面建设小康社会不断推进

"三个代表"重要思想，是指中国共产党始终代表中国先进生产力的发展要求，始终代表中国先进文化的前进方向，始终代表中国最广大人民的根本利益。① 江泽民是"三个代表"重要思想的主要创立者。党的十六大将这一重要思想确立为党的指导思想并写入党章。这一重要思想是马克思主义中国化的重大理论成果，是中国特色社会主义理论体系的重要组成部分。党的十六大报告中指出："三个代表"重要思想是对马克思列宁主义、毛泽东思想和邓小平理论的继承和发展，反映了当代世界和中国的发展变化对党和国家工作的新要求，是加强和改进党的建设、推进我国社会主义自我完善和发展的强大理论武器，是全党集体智慧的结晶，是党必须长期坚持的指导思想。②

"三个代表"重要思想有着十分丰富的内涵，为我国全面建设小康社会提供了科学的理论指导和行动指南。"三个代表"重要思想提出我们要全面建设惠及十几亿人口的更高水平的小康社会，要使经济、民主、文化、社会、民生等方面达到更高层次、更高水平的发展。"三个代表"重要思想强调创新是一个民族、一个国家进步和发展的灵魂和动力，全面建设小康社会的奋斗目标的实现离不开理论创新、体制创新、科技创新等方面的创新，其中理论创新是社会变革和发展的先导。"三个代表"重要思想指出发展是党执政兴国的第一要务，要时刻紧扣发展这个第一要务，落实好发展先进生产力和先进文化，实现最广大人民的根本利益的要求，进而推动社会进步和实现人的全面发展。"三个代表"重要思想强调在全面建设小康社会的过程中要妥善处理好各方面的利益关系，最关键的是要维护好最广大人民的根本利益。"三个代表"重要思想强调不断推进党的建设是全面建设小康社会的重要保障，指出了我们党要以改革的精神不断加强和完善自己，总结经验教训，改进自身不足，永葆生机活力，始终成为带领人民团结奋进建设全面小康的坚强领导核心。

---

① 参见《江泽民文选》第3卷，人民出版社2006年版，第2页。
② 参见《十六大以来重要文献选编》（上），中央文献出版社2005年版，第8—9页。

"三个代表"重要思想对全面建设小康社会的目标要求、重要任务、领导力量和依靠力量等方面作出了全面指导，在这一思想的指引下，全面建设小康社会的奋斗目标取得了显著的进步和成就。

2. 科学发展观推进全面建设小康社会步伐

科学发展观，第一要义是发展，核心是以人为本，基本要求是全面协调可持续，根本方法是统筹兼顾。① 胡锦涛是科学发展观的主要创立者。党的十七大将科学发展观写入了党章，强调深入贯彻落实科学发展观。党的十八大把科学发展观确立为党必须长期坚持的指导思想。科学发展观是对马克思列宁主义、毛泽东思想、邓小平理论、"三个代表"重要思想的继承和发展，是马克思主义中国化的又一新的理论成果，丰富和发展了中国特色社会主义理论体系的内容。科学发展观成为我国新阶段经济社会发展的重要指针，是推进全面建设小康社会，推动社会主义现代化建设的重大战略思想。

在坚持邓小平理论、"三个代表"重要思想的基础上，要深入贯彻落实科学发展观，将全面建设小康社会继续推向前进，实现全面建设小康社会奋斗目标的新要求。科学发展观指出在发展中要坚持以经济建设为中心，大力实施科教兴国、人才强国以及可持续发展战略，破除发展障碍，解决发展难题，实现科学发展、和谐发展、和平发展。科学发展观强调以人为本的发展观，坚持全心全意为人民服务的根本宗旨，一切工作、一切奋斗都是为了广大人民群众。科学发展观指出全面建设小康社会要注重各方面的协调发展，做到经济建设、政治建设、文化建设、社会建设"四位一体"相协调，促进生产力和生产关系、经济基础和上层建筑相协调，实现速度和质量相协调，经济发展和环境保护相协调，达到全面、协调、可持续的发展目标。科学发展观指出要统筹好中国特色社会主义事业中的重大关系，妥善处理好城乡、区域、经济社会、人与自然、国内和国外以及中央和地方之间的关系，同时还要兼顾好个人利益与集体利益、局部利益和整体利益、当前利益和长远利益这三对利益关系。此外，科学发展观也提出了加强党的建设对实现全面建设小康社会奋斗目标起着重要的保障作用。科学发展观作为党的指导思想，为全面建设小康社会作出重要理论指

---

① 参见《十七大以来重要文献选编》（上），中央文献出版社 2009 年版，第 11—12 页。

导，这种指导的具体内容不只是局限于前面所述的那些方面，其指导意义深远而广泛。

总之，实践是理论产生的基础和源泉，理论又对实践的进一步发展提供指导。党在全面建设小康社会的伟大实践中，推动了"三个代表"重要思想和科学发展观的形成和发展，党执政理念的与时俱进，又推动着党和国家事业不断取得新的伟大成就，推动着全面建设小康社会的奋斗目标的胜利实现。

二　全面建设小康社会的新挑战

跨入 21 世纪，我国也迈进了全面建设小康社会、推进社会主义现代化建设的新的发展阶段。国际局势跌宕起伏、复杂多变，世界多极化和经济全球化在曲折中发展，我国的发展机遇与挑战并存。纵观党的十六大到十八大间的十年，世情、国情、党情都发生了深刻的变化，我国在全面建设小康社会的进程中，既面临着诸多国际挑战，也承载了国内发展的艰巨任务，只有不惧挑战、迎难而上，才能确保全面建设小康社会的奋斗目标胜利完成。

（一）世界多极化和经济全球化在曲折中发展

全面建设小康社会的十年间，世界发生了广泛而深刻的变化，中国面临的国际挑战前所未有。世界多极化和经济全球化在曲折中深入发展，霸权主义和强权政治依然存在，局部冲突和热点问题此起彼伏，全球经济失衡加剧，南北差距不断拉大，传统安全威胁和非传统安全威胁相互交织，世界和平与发展依旧面临诸多难题和挑战。

1. 世界经济不确定不稳定因素增加

国际经济环境的不确定性、不稳定性给我国全面建设小康社会带来了外部风险。随着经济全球化的迅猛发展，世界各国之间的经济联系日益紧密，相互依赖的程度不断提高，形成了全球范围内的有机经济整体。正是在全球化的背景下，金融风险的波及范围不断扩大。因此，世界经济的不确定性、不稳定性因素的增加，在一定程度上给我国全面小康社会的建设带来了不可忽视的外部风险。

江泽民曾指出:"随着对外开放的不断扩大,特别是在加入世界贸易组织后,我国经济发展受到的国际影响还会增加,竞争会更加激烈,保持我国经济发展的良好势头、维护国家经济利益和安全,任务将更为艰巨。"[①] 2008 年,由美国次贷危机引发的国际金融危机,从局部迅速发展至全球,不仅给发达国家造成了巨大冲击,也给广大发展中国家带来了严重影响。在这样的情况下,为了维持自身的发展,美国利用其经济实力和军事实力制造事端来转嫁危机。经济全球化在带来机遇的同时,也在一定程度上增加了我国遭受外部冲击的风险和挑战。国际经济环境的不确定性、不稳定性,世界经济出现波动或是低迷,都会给中国的经济增长造成深刻影响。

2. 经济全球化带来贫富差距扩大化

贫富差距的扩大化,给世界造成更深层、更复杂的矛盾。在经济全球化的背景下,不平等的国际政治经济旧秩序依然存在,以美国为首的西方发达资本主义国家始终占据着主导地位,尽享经济全球化带来的丰硕成果。相反,发展中国家总体上实力弱于发达国家,处于不利发展地位。长此以往,贫富差距愈发扩大,就会给世界造成更深层、更复杂的矛盾。

江泽民在联合国千年首脑会议上的讲话中指出:"许多发展中国家的发展至今仍举步维艰,南北发展差距和贫富悬殊越来越大。一边是北方发达国家财富不断积累,一边是南方发展中国家贫困不断加剧。富者愈富,贫者愈贫。"[②] 此外,恐怖主义、分裂主义、极端主义不断出现,特别是恐怖主义的蔓延,对我国在全面建设小康社会的进程中构成了不容忽视的威胁和挑战。如"9·11"事件,使美国遭受到了最为严重的一次恐怖袭击,但这一事件并不只是关乎对美国的影响,而是关乎国际形势的复杂多变,也给世界经济带来了巨大的冲击。江泽民曾指出:"世界经济发展态势及九一一事件对我国经济发展的影响不可低估,最直接的影响就是外贸出口。"[③] 因此,经济全球化带来的发展不平衡加剧,进而导致恐怖主义抬头,对我国的进一步发展有着不可小觑的影响。

---

① 《江泽民文选》第 3 卷,人民出版社 2006 年版,第 9 页。
② 《江泽民文选》第 3 卷,人民出版社 2006 年版,第 109 页。
③ 《江泽民文选》第 3 卷,人民出版社 2006 年版,第 369 页。

3. 霸权主义、强权政治依然盛行

霸权主义和强权政治依然存在并盛行。世界正处在向多极化发展的趋势之中，单极和多极的斗争十分激烈，多极格局的最终形成将经历一个曲折漫长的过程。[①] 20 世纪 80 年代末 90 年代初，伴随着东欧剧变、苏联解体，国际局势发生了深刻的变化。虽然和平与发展仍然是当今世界的两大主题，但是霸权主义和强权政治依然存在并盛行。

世界多极化深入发展，中国对外开放成效显著，然而美国并不愿意看到多极格局，企图一直维持其超级大国的地位。中国作为世界上最大的发展中国家，成为了国际敌对势力的重点攻击对象。虽然两极格局已经崩溃瓦解，但是美国仍然用冷战思维对待中国和世界。奥巴马时期美国提出的"重返亚太"战略，就是其针对中国、试图遏制中国发展的手段之一。面对中国的崛起和迅速发展，西方国家千方百计地想要打压中国，甚至扬言要将搞垮中国的希望寄托在中国的第三代、第四代人身上，利用现代信息技术、互联网等手段推行其"和平演变"战略。西方国家极力宣扬资本主义的价值观和意识形态，从未停止对我国实施的"西化""分化"的政治战略，以"人权""民主"等为借口，频繁干涉中国内政。此外，西方国家凭借其强大的经济实力和军事实力，进行侵略行动，对中国及周边国家和地区的安全构成了严重威胁。

（二）我国广泛而深刻的变革持续深化

自提出建立小康社会的战略构想到实现总体小康的二十年里，中国在经济、社会、文化等方面都取得了较大的发展。伴随着各方面的发展，在总体小康的背景下，中国正在发生广泛而深刻的变革。我国正处于改革发展的关键时期，同时，我国的经济体制、社会结构都发生了深刻的变革和变动，我国的利益格局也进入深刻的调整时期，国民思想观念发生了深刻变化。只有准确把握这些变革，才能科学应对变革带来的新挑战，在稳定有序中全面建设小康社会。

1. 经济体制深刻变革

我国经济体制发生根本性变革，对我国社会发展产生了重大影响。我

[①] 《江泽民文选》第 3 卷，人民出版社 2006 年版，第 7 页。

国由高度集中的计划经济到社会主义市场经济的经济体制改革，是一个前所未有的伟大创举，同时也是一项复杂深刻的系统工程，涉及经济基础和上层建筑多领域的根本变革。这种多领域、根本性的变革意味着社会生活的巨大变化，必然会对社会发展产生一系列影响。

其一，随着社会主义市场经济体制的初步建立，我国的生产力得到了巨大的发展。但影响发展的体制机制障碍仍然存在，并且有着向深层次发展的趋势，经济体制变革的任务依旧艰巨。其二，随着我国公有制为主体、多种所有制经济共同发展以及按劳分配为主体、多种分配方式并存的局面基本形成，我国的经济结构发生着重大变化。但我国长期积累的结构性矛盾和粗放型经济增长方式还需深度调整，能源、资源、环境、技术的瓶颈问题日益突出，实现可持续发展遇到的压力增大。其三，随着我国工业化与城镇化的进程加快，我国经济社会发展取得显著成绩。但农业基础薄弱的状况还没有根本转变，城乡、区域发展不平衡现象依然存在，解决"三农"问题以及促进经济社会协调发展的任务艰巨。此外，经济体制的变革伴随着政治、文化等其他领域的变革。但各个领域的变革尚未协调，相互制约的问题突显，协调变革各个领域的任务依旧繁重。

2. 社会结构深刻变动

我国社会结构的深刻变动使我国社会发展面临更多、更复杂的问题与矛盾。经济体制的变革导致经济结构发生重大变化，必然会进一步导致社会结构的深刻变动。而社会结构关涉社会发展的多方面，社会结构的深刻变动意味着我国社会发展将面临更多、更复杂的问题与矛盾，也正是这些问题与矛盾对我们推进社会建设和管理提出了新的挑战。因此，加强对社会结构变化的研究，深入分析阶层结构、城乡结构、区域结构、人口结构、就业结构、社会组织结构等方面情况的发展变化趋势，才能更好地推进我国的社会建设和管理。

具体而言，改革开放以来，我国社会阶层分化现象迅猛发展，阶层结构趋向多元化，出现了私营企业主阶层、经理人员阶层、个体工商户阶层、专业技术人员阶层等新兴阶层。而不同社会阶层有着不同的阶层意识，所代表的阶层利益也有所不同，在参与社会发展的过程中也会有不同的利益主张与诉求，如新兴阶层与弱势阶层要求社会保障机制的更新与完善等。多元化的社会阶层也必然导致阶层间的矛盾复杂化、激烈化。与此同时，城乡结构、区域结构发展不平衡以及人口空间分布不合理等问题不仅在经济方面造成发展障碍，也在政治、文化方面造成发展障碍，如城镇居民与农村居民的政治参与、科教文化条件存在巨大差异等，如何在社会结构的深刻变动中促进社会公平发展成为我国社会建设的重要问题。此外，大量新经济组织和新社会组织兴起，而以"单位"为政治组织形式的功能弱化，社会成员对单位的依附性减弱，我国的社会管理与整合难度也在不断升级。

3. 利益格局深刻调整

利益格局问题关乎我国政治稳定与社会和谐，利益格局的失衡将会造成社会阶层之间的隔阂，甚至会造成严重的社会冲突。改革开放以来，我国社会利益关系发生着深刻变化，社会利益格局也发生着深刻调整：一是随着利益群体的分化，利益主体趋向多元化，社会利益关系更为复杂；二是各利益主体之间的发展不平衡，不同群体的收入差异还较大。在此背景下，我国的利益协调机制需要进一步发挥作用，利益公平问题日益成为我国社会和谐发展的制约因素。

我国是工人阶级领导的、以工农联盟为基础的人民民主专政的社会主义国家，工人和农民为我国的革命与建设作出了巨大的贡献，是国家的主人。但在利益群体的分化、利益格局的调整中，工人和农民的利益还需要进一步关照。部分工人和农民面临着较大的生活保障和就业压力，不可避免地会产生挫败感和失落感，对社会改革的认同度与期望值降低，降低了投身社会主义建设的积极性。与此同时，由于我国利益分配体制和社会保障制度的改革还在不断深化，伴随着"允许一部分人、一部分地区先富起来，先富带后富，最终达到共同富裕"① 政策的实施，我国城乡之间、地区之间、社会阶层之间的发展不平衡性依然存在并且差异较大，群众性突发事件偶有发生，这对我国经济社会的进一步发展提出了更高要求。

4. 思想观念深刻变化

国民思想观念的深刻变化，给我国意识形态领域的建设带来了严峻挑战。随着改革开放进入关键发展期，我国社会发生了深刻的变革，人们的思想观念也发生了深刻的变化：人们思想活动的独立性、多变性、差异性

---

① 《十四大以来重要文献选编》（下），人民出版社 1999 年版，第 2348 页。

明显增强；人们的思想观念、道德意识、价值取向日趋多样化、复杂化。在这一系列变化中既有积极进步思想观念的创新发展、蓬勃迸发，也夹杂着落后、消极甚至错误思想观念的萌生、侵入和传播。这些不良思想观念威胁着我国意识形态领域的健康发展，给我国社会主义社会建设带来了严峻的挑战。

其一，随着改革开放以来的思想大解放，人们的主体意识不断增强。这主要体现在人们的参政意识、民主意识、法制意识、维权意识、监督意识明显增强，以实现人的发展和幸福为中心的观念也逐步树立，但同时在人们的思想观念的变化中也出现了集体观念淡薄、公德意识弱化、极端个人主义思想抬头等问题。其二，随着社会主义市场经济的持续发展，开放、竞争、效益等观念深入人心，但同时在社会中一味追求物质利益，精致利己主义等现象也明显增多。其三，随着对外开放程度的不断扩大，东西方的思想互动不断增强，人们的思想空前活跃，科学、文明、创新等理念日益成为社会主流思想和价值尺度，但同时西方敌对势力的思想渗透致使人们在一些重要问题上界限模糊，崇洋媚外、追求西化等思潮也随之泛滥。这一系列思想观念层面的问题都表明我国社会意识形态建设工作仍旧艰巨，社会管理难度不断增大。

（三）党的建设面临"水平和能力"的历史性课题

在新的历史条件下，作为中国特色社会主义事业的领导核心，党只有着力提高"水平"与"能力"，才能继续巩固执政地位，实现初心使命。由此，提高党的领导水平和执政水平、提高拒腐防变和抵御风险的能力成为亟待解决的历史性课题。面对"水平"与"能力"两大历史性课题的考验，党要坚持以改革的精神研究和解决党的建设面临的重大理论和现实问题，要进一步解决好提高党的领导水平和执政水平、提高拒腐防变和抵御风险的能力这两大历史性课题。

1. 党需要不断提升执政水平

党自执政以来一直重视提高自身的领导水平和执政水平。新中国成立前夕，毛泽东把执政比作"进京赶考"，告诫党作为执政党要具备领导新中国的资格和能力，进而巩固执政地位。改革开放以来，邓小平、江泽民、胡锦涛紧密联系改革开放和社会主义现代化建设的任务，注重从政治体制、领导制度和干部队伍建设等方面解决党的执政能力和领导水平问题，全面推进中国特色社会主义伟大事业。步入新时期，党的执政条件和社会环境有了新变化，对党的领导水平和执政水平也提出了新的挑战。

第一，计划经济体制向社会主义市场经济体制的转变对党的领导水平和执政水平提出了新的挑战。胡锦涛指出："随着我国工业化、城镇化和经济结构调整加速，随着我国经济成分、组织形式、就业方式、分配方式多样化，发展不平衡的矛盾日益凸显，社会利益关系日趋多样化，当前和今后相当长一段时间内我国经济社会发展面临的矛盾和问题可能更复杂、更突出。"① 在经济体制的转变中，党执政的物质基础、基层组织结构发生了相应的变化，由此导致党执政所面临的矛盾和问题也发生了相应的变化。在经济层面，市场经济的运行要求党不断提高社会组织能力与资源整合能力；在政治层面，社会利益关系的多样化要求党进一步完善领导形式与领导方式；在文化层面，社会思想观念的多样化发展要求党加强其在文化建设中的引领作用。

第二，社会组织形式和群众生产生活方式的变化对党的领导水平和执政水平提出了新的挑战。在计划经济体制下，政企合一的"单位"是构成社会管理的基本特点，党主要通过各单位党组织领导社会发展。而随着社会主义市场经济的不断发展，原先由政府和企业承担的社会职能回归社会，越来越多的人从"单位人"变为"社会人"。江泽民指出："市场经济的发展，使人们在就业和生产经营活动方面的流动性比过去大大增强。在这种情况下，完全依靠过去的方式实施党的领导，显然是不够的。"② 可见，原先领导社会发展的方式已无法适应社会发展的新情况和新特点，党对社会的领导与影响方式需要进一步的变革。

2. 党需要不断提升自我建设能力

能否解决好党面临的"能力"这一历史性课题，关系着党和国家的兴衰成败、生死存亡。在我国发展社会主义市场经济尤其是在加入世贸组织的背景下，面对错综复杂的世界局势，尤其需要党提高拒腐防变和抵御风险的能力。

---

① 《胡锦涛文选》第 2 卷，人民出版社 2016 年版，第 362 页。
② 《江泽民文选》第 3 卷，人民出版社 2006 年版，第 16 页。

改革开放以后，在我国社会的深刻变革中腐败现象有所蔓延，呈现新情况、新特点。正如胡锦涛指出："一些基层党组织软弱涣散；少数党员干部作风不正，形式主义、官僚主义问题比较突出，奢侈浪费、消极腐败现象仍然比较严重。"① 面对这一境况，党中央及时作出加大反腐败工作力度的重大决策，以遏制在一些领域频发的腐败现象。进入改革开放新时期，党仍面临着在发展市场经济条件下对外开放和拒腐防变的严峻考验。就国内而言，我国的体制机制改革还未完成，各项政策法规仍未健全，不够周密，让腐败行为有机可乘。就国际而言，随着对外开放的深化，资本主义的腐朽也使我们党面临前所未有的拒腐防变的考验。这些变化使执政党的成员特别是党员领导干部面临着大量的诱惑和陷阱，这对执政党拒腐防变能力提出了更高要求。

伴随着世界多极化和经济全球化的发展，世界各国间综合国力的竞争越发激烈。江泽民指出："我们要清醒地认识到，国际上不可测的因素很多，发生可以预料和难以预料的种种风险不足为怪。关键在于我们自身是否具有足够的承受和抵御风险的能力。"② 我国作为发展中国家，处于经济弱势，在参与国际竞争过程中将面临更多风险与挑战。一是伴随着经济全球化的深入发展，世界经济联系日益紧密，资本主义经济危机对我国的冲击越发严重。二是一些西方发达国家奉行意识形态霸权，对我国千方百计地进行意识形态渗透，企图遏制我国发展，颠覆中国共产党政权。三是非传统安全威胁成为全球性问题，如资源安全、恐怖主义、武器扩散、病毒蔓延、非法移民、洗钱等非传统安全问题已经对我国国家安全造成了不良影响。这些潜在的风险因素都对党抵御风险的能力提出了新的考验。

三　全面建设小康社会的新要求

党的十五大以来，随着改革开放的深入推进，我国社会各个领域都取得了巨大成就，但同时也清醒地认识到，改革进入到了深水区，在经济、

---

① 《胡锦涛文选》第 2 卷，人民出版社 2016 年版，第 616 页。
② 《江泽民文选》第 2 卷，人民出版社 2006 年版，第 105 页。

政治、文化以及社会方面都出现了新的变化，对我国发展提出了新的要求，亟须党和国家制定新的目标和发展手段。2002 年 11 月，党的十六大报告中明确提出全面建设小康社会的奋斗目标，即 "要在本世纪头二十年，集中力量，全面建设惠及十几亿人口的更高水平的小康社会，使经济更加发展、民主更加健全、科教更加进步、文化更加繁荣、社会更加和谐、人民生活更加殷实。"① "十一五" 时期是全面建设小康社会的关键时期，党和国家对社会主义经济、政治、文化、社会各方面建设作出总体部署，朝着全面建设小康社会的新要求迈进。在此基础上，党的十七大对国家发展提出了更高的目标要求。

（一）保持国民经济持续快速健康发展

坚持以经济建设为中心是全面建设小康社会的核心动力。改革开放以来，我国经济发展成效显著，但也存在生产力不够发达、经济结构不合理和经济增长方式粗放、市场经济秩序不够规范等矛盾和问题。因此，要实现和保持国民经济持续快速健康发展，为全面建设小康社会打下坚实的经济基础，就必须采取积极有效的措施解决经济领域的各项矛盾和问题，寻求合理的经济增长方式，促进我国经济兴旺发达。

1. 转变经济发展方式，优化升级产业结构

要推动经济的持续健康发展，必须从根本上改变不合理的经济结构和粗放型增长方式。党的十六大报告中首次提出要走新型工业化道路，即 "科技含量高、经济效益好、资源消耗低、环境污染少、人力资源优势得到充分发挥的新型工业化路子。"② 转变经济发展方式与走新型工业化道路密不可分，是关系国民经济全局的紧迫而重大的任务，也是全面建设小康社会的重要要求。因此，要优化升级产业结构，协调各类型产业发展，构建合理的产业格局。

党的十七大报告中再次强调，走中国特色新型工业化道路，要 "促进经济增长由主要依靠投资、出口拉动向依靠消费、投资、出口协调拉动转变，由主要依靠第二产业带动向依靠第一、第二、第三产业协同带动转

① 《十六大以来重要文献选编》（上），中央文献出版社 2005 年版，第 14 页。
② 《十六大以来重要文献选编》（上），中央文献出版社 2005 年版，第 16 页。

变，由主要依靠增加物质资源消耗向主要依靠科技进步、劳动者素质提高、管理创新转变"。① 传统工业化高耗能、高污染的发展方式，给环境带来巨大危害时还会致使国民经济难以持续健康发展。因此，转变经济发展方式需要采取措施推动科技进步、深化体制改革、加强科学管理，以提高资源利用效率、降低物质消耗、保护生态环境，实现国民经济的可持续发展。

2. 推动城乡、区域协调发展

党的十六大报告指出："统筹城乡经济社会发展，建设现代农业，发展农村经济，增加农民收入，是全面建设小康社会的重大任务。"② 实现全面建设小康社会的难点和关键点在农村，农业、农村、农民问题事关全面建设小康社会的大局，因而要求大力推动农村的全面发展，实现城乡发展平衡。

关于统筹城乡发展，推进社会主义新农村建设，党的十七大报告强调："要加强农业基础地位，走中国特色农业现代化道路，建立以工促农、以城带乡长效机制，形成城乡经济社会发展一体化新格局。"③ 即要发展现代化农业、提高农村经济水平、促进农民增收、提高扶贫水平、深化农村改革、培育新型农民，推动建设新农村。促进区域协调发展，是全面建设小康社会和加快现代化建设的总体性战略部署。针对西部地区、东北地区等老工业基地、中部地区、东部地区的社会环境和发展特点，应采取不同的发展举措，推动构建合理的区域发展格局。推动全区域协调互助，形成健全的体制机制，大力支持中西部地区和欠发达地区的发展，推动革命老区、民族地区、边疆地区及贫苦地区的经济社会建设。走中国特色城镇化道路，遵循统筹城乡、布局合理等原则，推动城镇协调发展。

3. 坚持和完善基本经济制度，健全现代市场体系

基本经济制度是社会经济在生产关系中最根本的规定，我国的社会主义性质决定了生产资料公有制的经济基础，实现全面建设小康社会也必须对此不断坚持和完善。党的十六大和十七大报告都强调要根据解放

---

① 《十七大以来重要文献选编》（上），中央文献出版社 2009 年版，第 17—18 页。
② 《十六大以来重要文献选编》（上），中央文献出版社 2005 年版，第 17 页。
③ 《十七大以来重要文献选编》（上），中央文献出版社 2009 年版，第 18 页。

和发展生产力的要求，坚持和完善公有制为主体、多种所有制经济共同发展的基本经济制度。要"毫不动摇地巩固和发展公有制经济，毫不动摇地鼓励、支持、引导非公有制经济发展，坚持平等保护物权，形成各种所有制经济平等竞争、相互促进新格局。"① 强调深化经济体制改革，分别对深化改革国有企业公司股份制、垄断行业、集体企业等各行各类企业作出要求。

全面建设小康社会，需要有完善的市场体系助力，因此要加快健全统一开放竞争有序的现代市场体系。具体要求如下：推动资本市场的改革开放和稳定；发展各类要素市场；完善与市场、资源、环境等相关的生产要素，健全价格形成机制；规范市场经济秩序，坚决打击制假售假、商业欺诈、偷逃骗税和侵犯知识产权行为；规范发展行业协会和市场中介组织，健全社会信用体系。

4. 提高开放型经济水平

改革开放是强国之路，是决定当代中国命运的关键一招，必须一以贯之地改革开放才能实现全面建设小康社会的目标。党的十六大指出："坚持'引进来'和'走出去'相结合，全面提高对外开放水平。"② 在经济全球化的时代背景下，要积极参与国际经济技术合作竞争，不断扩大合作竞争的范围和领域，提高合作层次。要充分利用国内市场和国际市场，优化资源配置，拓宽发展空间，用开放促进改革和发展。要进一步扩大商品和服务贸易，进一步吸引外商直接投资，提高利用外资的质量和水平。"十一五"规划要求：要加快转变对外贸易增长方式，积极发展对外贸易，继续发展加工贸易，大力发展服务贸易，积极参与多边贸易谈判等等，提高对外贸易水平。此外，实施互利共赢的开放战略，深化涉外经济体制改革，继续积极有效利用外资、开放服务市场，支持有条件的企业"走出去"，积极发展与周边国家的经济技术合作，等等。既要不断扩大对外开放，又要切实维护国家经济安全。

党的十七大报告强调："拓展对外开放广度和深度，提高开放型经济水平。"③ 要坚持对外开放的基本国策，更好地将"引进来"和"走出去"

---

① 《十七大以来重要文献选编》（上），中央文献出版社 2009 年版，第 20 页。
② 《十六大以来重要文献选编》（上），中央文献出版社 2005 年版，第 22 页。
③ 《十七大以来重要文献选编》（上），中央文献出版社 2009 年版，第 21 页。

相结合，拓展开放的领域范围，推动开放结构优化升级，提升开放质量，促进开放型经济体系的健全和完善，推动我国形成参与国际经济合作竞争的新优势。其中，根据沿海、内地、沿边不同地区的特点，不同程度上强化开放，使得对内对外开放相互促进；创新利用外资方式、对外投资和合作方式；积极开展国际互利合作，加强双边多边经贸合作。

（二）发展社会主义民主政治

党的十六大报告指出："发展社会主义民主政治，建设社会主义政治文明，是全面建设小康社会的重要目标。"① 这是我们党首次明确部署建设社会主义政治文明，适应了我国改革开放和社会主义现代化建设的发展要求。报告同时指出："发展社会主义民主政治，最根本的是要把坚持党的领导、人民当家作主和依法治国有机统一起来。党的领导是人民当家作主和依法治国的根本保证，人民当家作主是社会主义民主政治的本质要求，依法治国是党领导人民治理国家的基本方略。"② 积极落实建设社会主义政治文明，发展社会主义民主政治的战略部署，为全面推进小康社会建设奠定了政治基础。

1. 改革和完善党的领导方式和执政方式

中国共产党是中国特色社会主义事业的领导核心，改革和完善党的领导方式和执政方式对于推进社会主义民主政治建设具有全局性作用。"共产党执政就是领导、支持、保证人民当家作主，最广泛地动员和组织人民群众依法管理国家事务，管理经济和文化事业，管理社会事务，实现好、维护好、发展好最广大人民的根本利益。"③ 党的十六大报告对党的领导和执政作如下要求：党对国家和社会的领导方式主要包括制定大政方针、提出立法建议、开展思想宣传、坚持依法执政等，实施政治、思想和组织领导。按照党总揽全局、协调各方的原则，规范党委与人大、政府、政协以及人民团体的关系。党要集中力量办大事，加强对人民团体的领导，支持各方依照法律独立而又统一地开展工作。要改革和健全党的工作机构和工作机制。

---

① 《十六大以来重要文献选编》（上），中央文献出版社 2005 年版，第 24 页。
② 《十六大以来重要文献选编》（上），中央文献出版社 2005 年版，第 24 页。
③ 《十六大以来重要文献选编》（中），中央文献出版社 2006 年版，第 267 页。

2. 扩大人民民主，发展基层民主

胡锦涛指出："人民当家作主是社会主义民主政治的本质和核心。"①
要发展社会主义民主政治，就要切实保障人民当家作主。一方面，要健全
民主制度，保障人民权利。要不断丰富民主形式，拓宽民主渠道，依法实
行民主选举、民主决策、民主管理、民主监督，保障人民的知情权、参与
权、表达权、监督权。坚持和完善人民代表大会制度，支持人民代表大会
依法履行职能，保障人大代表依法行使职权；坚持和完善共产党领导的多
党合作和政治协商制度，支持人民政协围绕团结和民主两大主题履行职
能，加强人民政协建设；坚持和完善民族区域自治制度，推进各民族团结
平等，保证民族自治地方依法行使自治权。另一方面，发展扩大基层民
主，保障人民享有更多更切实的民主权利。健全党组织领导的基层群众自
治机制，完善村民自治与城市居民自治，把城乡社区建设成为管理有序、
服务完善、文明祥和的社会生活共同体；健全企事业单位民主管理制度，
保障工人阶级的合法权益；发挥社会组织的积极作用，坚持扩大群众参
与、反映群众诉求，不断增强社会的自治功能。

3. 全面推进依法治国

依法治国是社会主义民主政治的基本要求，也是构建法治社会、全面
建设小康社会的必然要求。党的十七大报告指出："要坚持科学民主立法，
完善中国特色社会主义法律体系。加强宪法和法律实施，确保公民在法律
面前一律平等，维护社会公平正义，维护社会主义法制的统一、尊严和权
威。促进司法体制改革推向深入，优化司法职权配置，规范司法行为，构
建公正、高效、权威的社会主义司法体系，保障审判机关和检察机关依法
独立、不失公正地行使审判权和检察权。加强法制宣传教育，推进法治建
设，营造认真学习、遵守、运用法律的社会氛围。尊重和保护人权，确保
社会所有成员依法平等参与和发展的权利。各级党组织和全体党员必须自
觉在宪法和法律的范围内行动，带头维护宪法和法律的权威。"②

2011 年 3 月，胡锦涛在十七届中央政治局第二十七次集体学习时强
调，要全面推进依法行政，弘扬社会主义法治精神。要更加注重制度建

---

① 《十七大以来重要文献选编》（上），中央文献出版社 2009 年版，第 22 页。
② 《十七大以来重要文献选编》（上），中央文献出版社 2009 年版，第 24 页。

设，通过完善立法加强和改进制度建设，坚持科学立法、民主立法，坚持社会主义法制统一，力求法律法规体现规律要求、适应时代需要、符合人民意愿、解决实际问题。要更加注重行政执法，依照法定权限和程序行使权力、履行职责，严格规范行政权力运行，完善行政执法体制机制。要依法化解社会矛盾纠纷，努力维护社会和谐稳定。①

4. 加快行政管理体制改革

行政管理体制改革是深化改革的重要环节。党的十六大报告、"十一五"规划以及党的十七大报告，都分别强调了要加快行政管理体制改革，可见其对于深化改革、全面建设小康社会的重要意义。其中，党的十七大报告对加快行政管理体制改革，建设服务型政府的要求更加成熟，报告要求，要加紧对行政管理体制改革进行总体部署，针对转变职能、理顺关系、优化结构、提高效能发力，促进形成科学合理民主的行政管理体制。要完善政府职责体系，推动公共服务体系不断健全，推进电子政务的实行，加强社会管理和公共服务水平。

加速推进政府的职能与企业的职能分开、政府的公共经营管理职能与国有资产出资人职能分开、行政单位与事业单位分开、政府与市场中介组织分开，规范行政行为，加强行政执法部门建设，简化和规范行政审批，减少政府对微观经济运行的干预。规范垂直管理部门和地方政府的关系。加强对机构的整合，探索实施职能有机统一的大部门体制，完善部门之间协调配合的机制。精简和规范各类议事协调机构及其办事机构，减少行政层次，降低行政成本，重点解决机构和职责重复冗杂等问题。统一规划党委、政府和人大、政协的机构设置，精简领导岗位，严格控制编制。

5. 加强对权力的制约和监督

权力运行需要有一定的原则，要加强对权力的制约和监督，让权力在阳光下运行。党的十六大报告提出，"加强对权力的制约和监督。建立结构合理、配置科学、程序严密、制约有效的权力运行机制，从决策和执行等环节加强对权力的监督，保证把人民赋予的权力真正用来为人民谋利益"。②

---

① 《十七大以来重要文献选编》（下），中央文献出版社 2013 年版，第 288—290 页。
② 《十六大以来重要文献选编》（上），中央文献出版社 2005 年版，第 28 页。

2007 年 10 月，中共中央纪律检查委员会在向党的第十七次全国代表大会所作的工作报告中，就加强对权力运行的制约和监督问题作了具体要求：要加强对领导干部特别是主要领导干部的监督，加强对人财物管理使用、关键岗位的监督，重大问题必须经集体讨论决定；要认真落实党内监督条例，加强对民主生活会的指导和监督，进一步加强和改进巡视工作，制定巡视工作条例，扩大巡视工作范围，提高巡视工作水平；完善纪检监察机关派驻机构统一管理，落实和完善党风廉政建设责任制；把党内监督与人大监督、政府专门机关监督、政协民主监督、司法监督、群众监督和舆论监督等结合起来，拓宽监督渠道，增强监督合力。

（三）推动社会主义文化大发展大繁荣

在推进经济、政治发展的同时，党和国家坚持"两手抓"，坚信文化建设是中国特色社会主义事业总体布局的重要组成部分，文化繁荣发展是全面建设小康社会的重要目标。始终强调文化建设在发展中国特色社会主义事业中的重要地位，凸显文化建设对全面建设小康社会的举足轻重的作用。因此，在全面建设小康社会的进程中必须统筹兼顾，建设好中国特色社会主义文化。

1. 建设社会主义核心价值体系，筑牢共同思想基础

社会主义核心价值体系是团结全民族奋发向上的精神纽带。在改革开放不断深化和国际交流不断深入的时代背景下，思想文化领域出现了不少新问题。面对思想文化领域的这些新问题，如果不能及时应对处理，必将削弱党执政的思想基础，阻滞全面建设小康进程。胡锦涛强调，必须"把建设社会主义核心价值体系作为长期的战略任务和现实的紧迫工作切实抓紧抓好"，[①] 同时还要将其融入精神文明创建活动与国民教育中，从而使其转化为全体人民的自觉追求，筑牢全面建设小康社会的思想基础。

社会主义核心价值体系是社会主义意识形态的本质体现。社会主义核心价值体系彰显了社会主义意识形态的本质属性，是我们在错综复杂的意识形态斗争中开展工作的重要依托，要营造全面建设小康社会的良好意识形态环境就需要用社会主义核心价值体系凝魂聚气。因而，要"积极探索

---

① 《胡锦涛文选》第 3 卷，人民出版社 2016 年版，第 62 页。

用社会主义核心价值体系引领社会思潮的有效途径"①，以便在全社会营造积极向上的思想文化氛围，不断增强社会主义意识形态的吸引力和凝聚力。

2. 大力推进精神文明建设活动，塑造昂扬向上的精神风貌

加强公民思想道德建设，提升全民族素质，是全面建设小康社会的重要内容，也是发展中国特色社会主义的必然要求②。因此，开展广泛的精神文明创建活动，提高整个社会思想道德素质，为全面建设小康社会提供精神支持是这一时期贯穿始终的任务。建设符合时代要求的思想道德体系、深入实施公民道德建设工程、以社会主义荣辱观引领风尚，"在全社会形成积极向上的精神追求和健康文明的生活方式"③ 是新时期精神文明建设的重要任务。

培育民族精神和时代精神，创造中华民族共有精神家园。党的十六大报告强调："面对世界范围内各种思想文化的相互激荡，必须把弘扬和培育民族精神作为文化建设极为重要的任务。"④ 民族精神是一个民族赖以生存和发展的精神纽带，时代精神是开拓创新、锐意进取的精神保障，全面建设小康社会需要培育民族精神与时代精神。广泛开展民族精神教育，弘扬爱国主义、集体主义和社会主义思想，保持开拓创新、与时俱进的精神状态，激励中华儿女把爱国心转化为强国行，从而在全社会培育良好精神风貌。

3. 坚持以人为本，大力发展社会主义文化事业产业

大力发展公益性文化事业，保障人民群众基本文化权益。文化事业作为一项公益性事业，事关人民群众基本文化权益，离不开政府的支持与引导。胡锦涛十分重视文化事业的发展，他多次强调要扶持公益性文化事业的发展。党的十六大、十七大、"十二五"规划建议和十七届六中全会也都在不同层面对发展文化事业作出了要求。概而言之，新时期需要积极推动基本公共文化服务体系建设以保障人民群众基本文化权益、抓好文化惠民工程建设以及基本文化设施建设，特别是要大力推动农村和基层文化事

---

① 《十七大以来重要文献选编》（上），中央文献出版社 2009 年版，第 27 页。
② 《胡锦涛文选》第 3 卷，人民出版社 2016 年版，第 65 页。
③ 《十七大以来重要文献选编》（下），中央文献出版社 2013 年版，第 448 页。
④ 《十六大以来重要文献选编》（上），中央文献出版社 2005 年版，第 30 页。

业发展，切实满足人民基本文化需要。

大力发展文化产业，满足人民群众多样化文化需要。伴随着人民群众文化需求的日益旺盛，我国文化消费潜力巨大，市场广阔，这就要求我们在大力发展文化事业的同时还需要繁荣发展文化产业，以满足人民群众多样化、多方面、多层次的文化需要。加紧推进重大文化产业项目带动战略、繁荣社会主义文化市场、使文化产业占国民经济比重明显提高，以满足人民群众文化需求，同时坚持"始终把社会效益放在首位，做到经济效益与社会效益相统一"①，这是文化产业发展的新要求。

4. 不断推进文化体制改革，建设社会主义文化强国

解放和发展文化生产力的关键是推进文化体制改革。"深化文化体制改革，是解放和发展文化生产力，增强文化发展活力，推动文化创新的根本途径。"② 在人民群众精神文化需求日益增长的背景下，旧的文化管理体制同文化生产力的发展出现了不适应、不匹配，为满足人民群众不断增长的精神文化需求就需要变革已不适应文化发展要求的文化管理体制，扫除文化生产力发展的体制机制束缚，释放文化发展活力。与此同时，我国文化发展的整体水平还不够高，文化发展的体制机制还不够健全，迫切需要建立新的能够进一步促进我国文化发展的体制机制，增强我国文化事业和文化产业的整体实力。

走中国特色社会主义文化发展道路，建设社会主义文化强国。党的十七届六中全会全面总结了党的十六大以来我国文化建设的成就和经验，提出了走中国特色社会主义文化发展道路，建设社会主义文化强国的重要战略目标。当今世界正处于大变革大调整时期，无论从国际来看，还是从国内来看，文化的作用比以往任何时期都更加广泛而深刻。这就要求我们在新的历史起点上，必须坚定走中国特色社会主义文化发展道路，推动我国建设事业文化大发展大繁荣，为实现全面建设小康社会提供更为深厚的支撑与保障。

（四）推进以改善民生为重点的社会建设

进入新时期，全面建设小康社会对保障和改善民生提出了更高要求，

---

① 《十七大以来重要文献选编》（上），中央文献出版社 2009 年版，第 28 页。
② 《十六大以来重要文选选编》（中），中央文献出版社 2006 年版，第 498 页。

社会建设被摆在了突出地位。党的十七大报告专辟"社会建设"一章以论述全面建设小康社会对社会建设提出的新要求。党和国家深刻认识到，保障和改善民生、促进社会和谐，是实现全面建设小康社会宏伟目标的必然要求。因此，作为全面建设小康社会不可分割的重要组成部分，必须大力推进以改善民生为重点的社会建设。

1. 建设社会主义和谐社会，保障人民群众安居乐业

建设社会主义和谐社会是全面建设小康社会的新内容。尽管党的历次代表大会关于建设小康社会的要求不止一次涉及社会建设，但自党的十六届四中全会提出建设社会主义和谐社会以来，社会建设被提到了新的高度。胡锦涛指出："构建社会主义和谐社会，是我们抓住和用好重要战略机遇期、实现全面建设小康社会宏伟目标的必然要求。"① 为此，在党的十六届四中全会提出建设和谐社会的基础上，党的十六届六中全会就推进和谐社会建设进行了专题研究讨论，就如何推进社会主义和谐社会建设提出了原则性和操作性的具体要求。胡锦涛也在不同场合对和谐社会建设提出了一系列要求。

坚定不移维护社会稳定为群众营造安居乐业良好环境。社会安定团结是改革发展的基础，是人民的愿望心声。因为市场经济条件下利益的多元化和对外开放不断深入，人民内部矛盾和敌我矛盾都出现了新情况，新形势下的社会稳定面临新的挑战。妥善处理新形势下各种社会矛盾，化解各种不稳定不安定因素，确保社会安定团结是这一时期的重要任务。具体而言，要掌握新形势下人民内部矛盾的特点，探索解决人民内部矛盾的有效新方法，努力避免决策不当和工作不当引起的社会矛盾，加强矛盾纠纷排查，抓好社会综合治理，严厉打击违法犯罪活动，为人民群众安居乐业营造良好的社会氛围。

2. 完善社会保障体系，保障人民群众基本生活水平

完善社会保障体系是全面建设小康社会的必然要求。发展经济的根本目的就是改善全体人民的生活水平与生活质量。由于社会经济以及自然历史的原因，部分群众还未过上小康生活，为改善这一局面大力发展经济是一方面，建立健全完善的社会保障体系是另一方面。因此胡锦涛指出：

---

① 《胡锦涛文选》第 2 卷，人民出版社 2016 年版，第 274 页。

"建立健全同经济发展水平相适应的社会保障体系，是保障群众生活的现实需要，也是推进改革发展、保持社会和谐稳定的重要保障。"① 由此可见，全面建设小康社会需要建立健全社会保障体系，维护社会公平正义，使全体人民都能够迅速过上小康生活。

保障广大人民群众基本生活水平需要社会保障体系。社会基本保障体系关系人民群众衣食住行，是保障人民群众特别是困难群众最基本生活的"压舱石"。党的十六大以来，党和政府就建立完善社会保障体系提出了一系列新要求以满足广大人民群众基本衣食住行需求。具体而言，包括要建立覆盖全体居民的医疗保障体系以保障全体人民群众的医疗卫生需要；建立城乡居民最低生活保障制度以保障城乡低收入者最低生活水平；建立城乡居民社会养老保险制度以解决老年群众的后顾之忧；建立社会救济和福利事业；建立健全城市住房制度等。这些保障和改善居民基本生活的要求对社会保障体系的建立健全提出了新的更高的要求。

3. 理顺收入分配秩序，扭转收入差距扩大趋势

合理的收入分配秩序是全面建设小康社会的内在要求。为了迅速改变旧中国积贫积弱的面貌，过去一段时间实际上奉行着高积累低消费的策略，国民经济很大一部分为政府和企业所占据以用于发展生产。在当时的历史条件下，这种策略有其历史合理性，但在社会经济条件已极大改善和人民对改善生活的向往日益强烈的今天，就需要对这种策略作出调整，理顺收入分配秩序。因而党的十六大强调："理顺分配关系，事关广大群众的切身利益和积极性的发挥。调整和规范国家、企业和个人的分配关系"② 其目的正是理顺收入分配秩序，增加居民收入在国民经济中的比重，让更多的改革发展成果惠及广大人民群众。

缩小收入差距实现共同富裕是小康社会的目标。全面建设小康社会的初衷是使全体人民的生活得到改善，因而必须要防止改革发展过程中出现的收入差距不断扩大的趋势。因此，党和政府十分强调缩小收入分配差距，抑制贫富分化等问题。党的十六大提出"以共同富裕为目标，扩大中等收入者比重，提高低收入者收入水平。"③ "十一五"规划提出要调节过高收入，增

---

① 《十六大以来重要文献选编》（下），中央文献出版社 2008 年版，第 688 页。
② 《十六大以来重要文献选编》（上），中央文献出版社 2005 年版，第 21 页。
③ 《十六大以来重要文献选编》（上），中央文献出版社 2005 年版，第 22 页。

强对收入分配的调节力度，并特别强调要注意机会和过程公平。党的十七大进一步提出，不仅再分配要注重公平，初次分配也要注重公平，再分配要更加注重公平，而且要调节过高收入。这些措施都是为在全面建设小康社会进程中逐步缩小收入分配差距并逐渐实现共同富裕。

4. 大力发展教育与扩大就业，改善人民群众就业环境

大力发展教育筑牢民族振兴的基石。教育是社会公平的重要基础，是化我国人口压力为人力资源优势的途径。推动全面小康社会建设，维护社会公平需要大力发展教育事业。胡锦涛提出"坚持把教育摆在优先发展的战略地位"[1] 以推动教育事业发展。党的十六大提出建设现代国民教育体系、普及高中阶段教育、建设学习型社会，促进人的全面发展的要求。"十一五"规划提出了全面实施素质教育的要求。党的十七大进一步作出优先发展教育事业，建设人力资源强国的战略部署。由此可见，教育在全面建设小康社会中的基础性地位越来越重要，全面建设小康社会对教育的发展要求越来越高。

千方百计扩大就业以改善人民生活水平。就业是民生之本，是改善民生的基础。党的十六大提出了"各级党委和政府必须把改善创业环境和增加就业岗位作为重要职责"[2] 的要求，并提出要实现经济发展与就业的良性互动。"十一五"规划进一步提出把就业摆在经济社会发展更加突出位置，并要求建立扩大就业的有效机制。党的十七大强调要建立统一规范的劳动力市场和完善就业援助制度和规范协调劳动关系等。由此可见，自十六大以来，党和政府对促进就业和改善就业环境，改善人民生活水平提出了新的更高要求。

党的十六大到十八大的十年间，是我国推进小康社会建设的重要阶段，在深入推进改革开放的过程中，全面建设小康社会面临新的机遇和挑战，也需要着力回应时代要求实现更好的发展。在党中央的领导下，在与时俱进的理论指导下，在全国人民的团结奋斗中，我国抓住机遇、迎接挑战，对照新要求，实现新发展，为党的十八大以后全面建成小康社会，实现党的第一个百年奋斗目标奠定了坚实的基础。

---

[1] 《十六大以来重要文献选编》（下），中央文献出版社2008年版，第615页。

[2] 《十六大以来重要文献选编》（上），中央文献出版社2005年版，第23页。

第四章

全面建设小康社会的奋斗目标

全面建设小康社会的奋斗目标是依据我国仍处于并将长期处于社会主义初级阶段的基本国情，低水平的不全面的发展很不平衡的小康的现实状况，以及基于我国社会主要矛盾依然是人民日益增长的物质文化需要同落后的社会生产之间的矛盾尚未改变的实际情况提出来的。全面建设小康社会的奋斗目标是中国特色社会主义经济、政治、文化全面发展的目标，也是与加快推进社会主义现代化建设相统一的目标。这一奋斗目标具体体现为综合国力和国际竞争力显著增强，社会主义民主更加完善，全民族的素质明显提高，可持续发展能力不断提升。实现全面建设小康社会的奋斗目标，能实现从总体小康到全面小康的历史性跨越，丰富中国共产党小康社会理论，开启全面建成小康社会新的伟大实践。

一 全面建设小康社会奋斗目标的提出依据

科学定位我国所处发展阶段是建设中国特色社会主义的重要认识基础。我国仍处于并将长期处于社会主义初级阶段是从我国步入社会主义伊始就逐步形成的关于我国社会主义发展阶段的科学论断，是中国最大的基本国情，也是制定和落实全面建设小康社会奋斗目标的基本依据。全面建设小康社会正是基于这一最大基本国情，结合我国总体小康的发展实际和社会主要矛盾未改变的现实状况而提出的宏伟奋斗目标。

（一）我国仍处于并将长期处于社会主义初级阶段

在新中国成立的基础上，我国胜利完成社会主义"三大改造"，步入社会主义发展阶段。此时，如何认识我国社会主义所处的历史方位成为一项重大的现实课题，毛泽东对此作出了有益的探索，为社会主义初级阶段理论的形成奠定了重要的认识基础。党的十一届三中全会以来，在重新确立实事求是思想路线的基础上，我们深化了对社会主义发展规律的认识，明确提出了社会主义初级阶段理论。社会主义初级阶段理论是在总结我国社会主义建设实践经验的基础上得出的科学结论，也是制定全面建设小康社会奋斗目标的重要理论依据。

1. 社会主义初级阶段论断的提出

社会主义初级阶段的提出是由我国生产力的历史和现实状况决定的。我国是从一个落后的半殖民地半封建国家进入到社会主义初级阶段的。虽然经过几十年的发展，我国社会生产力、国家综合国力、人民生活水平都有了很大提高，但总的来说仍然处于比较落后的状态。这些历史和现实情况都决定我国将要经历一个相当长的社会主义初级阶段。同时，社会主义初级阶段论断的提出是由生产关系和上层建筑的性质决定的。我国已经确立起社会主义的生产资料公有制和按劳分配的分配方式，这就从根本上确立起我国的社会主义经济性质。此外，社会主义初级阶段论断的提出也是总结社会主义建设历史经验的结果。在中国这样落后的东方大国中建设社会主义，是马克思主义发展史上的新课题。我们面对的情况，既不是马克思主义创始人设想的在资本主义高度发展的基础上建设社会主义，与其他社会主义国家也不完全相同。照抄书本不行，照搬外国也不行，必须从国情出发，把马克思主义基本原理同中国实际结合起来，在实践中开拓有中国特色的社会主义道路。在这个问题上，我们党作过有益探索，取得过重要成就，也经历过多次曲折，付出了巨大代价。党的十一届三中全会之后，我们总结了建设社会主义的经验和教训，清醒地认识到必须经历一个适合我国国情的社会主义初级阶段。

正确认识我国社会主义所处的发展阶段，才能制定出正确的社会主义建设的路线方针和政策。毛泽东早在新民主主义革命时期就指出："认清中国的国情，乃是认清一切革命问题的基本的根据。"① 国情是在不断发展变化的，这就要求我们要适时作出科学的判断。新中国成立之后，如何在中国这样一个人口众多、经济文化比较落后的大国建设和发展社会主义，是以毛泽东为核心的中国共产党第一代领导集体面临的崭新课题。毛泽东曾客观地提出我国社会主义社会发展阶段的问题，要求中国必须走适合中国国情的社会主义建设道路。早在 1957 年，毛泽东就曾提出我国的社会主义才"建立"，还没有"建成"的基本思想，认为我国的社会主义在生产关系和上层建筑方面还有许多"不完善"的问题和环节。1959 年 12 月至1960 年 2 月，他在读苏联《政治经济学教科书》时，又明确提出："社会主义这个阶段，又可能分为两个阶段，第一个阶段是不发达的社会主义，第二个阶段是比较发达的社会主义。后一阶段可能比前一阶段需要更长的时间。经过后一阶段，到了物质产品、精神财富都极为丰富和人们的共产主义觉悟极大提高的时候，就可以进入共产主义社会了。……在我们这样的国家，完成社会主义建设是一个艰巨任务，建成社会主义不要讲得过早了。"② 在社会主义建设之初，这样的重要论断对于我们科学把握我国社会主义所处发展阶段，正确认识我国发展的历史方位和基本国情具有重要的指导意义。然而，这一时期由于我国缺少社会主义建设经验，对中国具体国情缺乏深刻把握，导致我们对马克思主义关于社会主义的基本原理理解还不够透彻，没有从根本上搞清楚什么是社会主义、怎样建设社会主义，在实践中采取了脱离实际、超越发展阶段的做法。这也充分证明，深刻理解马克思主义基本原理，科学判断社会主义发展阶段，深刻认识社会主义建设的艰巨性、长期性和复杂性，事关社会主义事业能否沿着正确的方向前进。

　　社会主义初级阶段论断是中国共产党根据马克思主义基本原理和分析方法，坚持以其为指导并与我国改革开放实际相结合，在认真总结国内外社会主义运动实践经验的基础上，概括提出的重大理论创新论断。改革开放之初，邓小平提出搞建设，要适合中国国情。党的十三大前夕，他指出："我们党的十三大要阐述中国社会主义是处在一个什么阶段，就是处

---

① 《毛泽东选集》第 2 卷，人民出版社 1991 年版，第 633 页。
② 《毛泽东文集》第 8 卷，人民出版社 1999 年版，第 116 页。

在初级阶段，是初级阶段的社会主义。社会主义本身是共产主义的初级阶段，而我们中国又处在社会主义的初级阶段，就是不发达的阶段。一切都要从这个实际出发，根据这个实际来制订规划"①。1987 年 10 月，党的十三大以社会主义初级阶段作为报告立论的基础，正式阐明并系统阐述了社会主义初级阶段的理论。报告指出，社会主义初级阶段"不是泛指任何国家进入社会主义都会经历的起始阶段，而是特指我国在生产力落后、商品经济不发达条件下建设社会主义必然要经历的特定阶段"②。报告还明确提出了"一个中心、两个基本点"的基本路线。经过改革开放 20 多年的发展，人民生活水平从温饱不足迈向总体小康。党的十六大立足新世纪的新起点，再次强调社会主义初级阶段论断，指出："必须看到，我国正处于并将长期处于社会主义初级阶段，现在达到的小康还是低水平的、不全面的、发展很不平衡的小康，人民日益增长的物质文化需要同落后的社会生产之间的矛盾仍然是我国社会的主要矛盾……巩固和提高目前达到的小康水平，还需要进行长时期的艰苦奋斗。"③ 报告据此提出了全面建设小康社会的奋斗目标，"我们要在本世纪头二十年，集中力量，全面建设惠及十几亿人口的更高水平的小康社会，使经济更加发展、民主更加健全、科教更加进步、文化更加繁荣、社会更加和谐、人民生活更加殷实"④。此时，我国在社会主义初级阶段的发展周期中，也已经进入全面建设小康社会、加快推进社会主义现代化建设的新的发展阶段。

2. 社会主义初级阶段的内涵特征

社会主义初级阶段理论是中国特色社会主义建设和推进社会主义现代化的重要理论指导，是一个具有特定内涵的科学概念。只有准确把握社会主义初级阶段的科学内涵，科学认识其基本特征，才能结合我国不同发展时期的实际，有步骤有计划地推进小康社会建设。

第一，社会主义初级阶段的科学内涵。党的十三大明确指出，社会主义初级阶段的论断包括两层含义："第一，我国社会已经是社会主义社会。我们必须坚持而不能离开社会主义。第二，我国的社会主义社会还处在初

---

①　《邓小平文选》第 3 卷，人民出版社 1993 年版，第 252 页。

②　《十三大以来重要文献选编》（上），人民出版社 1991 年版，第 12 页。

③　《十六大以来重要文献选编》（上），中央文献出版社 2005 年版，第 14 页。

④　《江泽民文选》第 3 卷，人民出版社 2006 年版，第 542 页。

级阶段。我们必须从这个实际出发，而不能超越这个阶段"①。这两层含义之间既相互区别，又紧密联系，是社会主义社会性质与发展程度的辩证统一。

就我国现阶段的社会性质来说，我国已经是社会主义社会，社会主义制度在我国已经确立并逐步得到巩固和发展，主要体现在社会主义经济制度、政治制度、文化制度等层面。不论是从经济基础来看，还是从上层建筑来看，我国所处的发展阶段都已经是社会主义社会，它既不是过去的新民主主义发展阶段，也从根本上区别于资本主义发展阶段。坚持走社会主义道路，是全国绝大多数人民的利益和愿望，也是新民主主义革命的必然前途。中国人民在中国共产党的领导下，经过28年的浴血奋战，终于推翻了压在旧中国的三座大山，建立了中华人民共和国，开辟出一条通往社会主义的新道路。新民主主义革命取得胜利后，我们建立起以工人阶级为领导的人民民主专政的国家政权，完成了对生产资料私有制的社会主义改造，开展了全面的大规模的社会主义建设，在社会主义建设初步探索的过程中经受住了种种挫折和考验，克服了重重困难，取得了社会主义事业建设前所未有的进步。特别是党的十一届三中全会以来，我们认真总结国内外建设社会主义的经验教训，把党的工作重心转移到经济建设上来，实行改革开放，使社会主义取得了举世瞩目的伟大成就，极大地提高了人民生活水平。"只有社会主义才能救中国"②，这是中国人民深思熟虑的结果，是中国人民经过艰难困苦的实践得出的历史结论，更是中国人民的郑重选择。无论何时何地，我们都不能抛开社会主义这个根本，这也是社会主义初级阶段理论的质的规定性。

就社会发展程度来看，我国已经进入的社会主义社会还处于不发达和不完善的阶段，我国的社会主义社会还没有发展成熟。这就决定我们必须也只能从社会主义初级阶段这个最大的实际出发来确定路线、方针、政策，而不能离开和超越这个实际。由于我国的社会主义不是资本主义高度发展的产物，而是脱胎于半殖民地半封建的社会。从有利条件来看，我国已经具备建设社会主义的物质基础和阶级力量；从不利条件来看，这种物

---

① 《十三大以来重要文献选编》（上），人民出版社1991年版，第9页。
② 江泽民：《在毛泽东同志诞辰一百周年纪念大会上的讲话》，人民出版社1993年版，第26页。

质技术基础还很薄弱，经济文化还远远落后于发达资本主义国家。我国要在这样的基础上建立起相应的社会主义社会，就必然和马克思所设想的在成熟了的资本主义基础上建立起来的社会主义社会有很大区别。我们仍然需要大力发展社会主义社会的生产力，以创造出更多的物质财富，奠定起社会主义雄厚的物质基础。尽管我国在社会主义建设和改革开放时期相继取得了辉煌的发展成就，但是，由于我国人口多、底子薄、基础差，经济发展仍然受到各种因素的制约。要科学把握我国社会主义发展所处阶段，就必须要准确把握我国社会主义社会的发展程度，这是社会主义初级阶段理论在量的层面的体现。我们对社会主义初级阶段的认识，必须坚持而不能离开社会主义，同时必须更清醒地认识到我国的社会主义社会还处在初级阶段。只有坚持两者的统一，才能完整准确地把握其内涵，也才能在实践中更科学精准地把握我国国情，更加主动地推动经济社会发展。

第一，社会主义初级阶段的基本特征。社会主义初级阶段作为我国社会主义发展的一个特定历史阶段，它既具有长期性，也具有阶段性，是长期性和阶段性的统一。科学把握社会主义初级阶段的基本特征，才能深刻认识全面建设小康社会的战略意义，把眼前发展和长远发展相结合，更好地落实阶段性发展战略。

社会主义初级阶段的长期性。从我国社会主义三大改造的胜利完成，到21世纪中叶全面建成社会主义现代化强国，社会主义初级阶段至少需要近一个世纪的时间。这是社会主义初级阶段长期性的具体体现，这种长期性不以我们建设社会主义的良好愿望和主观意志为转移，而是结合我国进入社会主义的历史前提和现实状况作出的科学判断。从历史前提而言，我国长期处于社会主义初级阶段，是由我国进入社会主义的历史逻辑所决定的。我国的社会主义不是发端于发达的资本主义社会，而是脱胎于半殖民地半封建社会。我国也没有经历充分的资本主义的发展阶段。旧中国也没有给我们奠定社会主义建设必需的工业化和生产的社会化、市场化、现代化的物质基础，这就决定了我们必须经历很长的时间去发展生产力，实现工业化、社会化和现代化，奠定起社会主义强大的物质基础。从现实状况来看，我国长期处于社会主义初级阶段是由我国建设社会主义的实践逻辑所决定的。经过几十年的社会主义建设，我国已经建立起社会主义的经济制度、政治制度、文化制度、社会制度等，我国经济实力和综合国力有了大幅提升，社会主义文化也有了相当程度的发展。然而，我们也必须认识到，长期以来我国生产力比较落后的状况并没有根本改变，人口多、底子薄、地区发展很不平衡，科技教育文化落后，人民生活水平较低，生产力不发达的状况没有根本改变。我国的社会主义制度还不完善，社会主义经济体制还不成熟，社会主义民主法制还不够健全，等等。这都需要时间来发展，需要下大力气加以建设，以稳步推进社会主义事业发展。从外部环境来看，我国长期处于社会主义初级阶段还是由我国社会主义现代化建设所处的时空境遇所决定的。我们要实现的现代化是中国式的现代化，具有中国特色、中国风格、中国气派，既具有世界各国现代化的共性特征，更具有典型的中国特征。我们要在世界体系中去实现我国的社会主义现代化，这就要求必须密切关注世界发展大势。当今世界国与国之间的竞争异常激烈，发达国家长期以来在经济科技等领域占据优势，世界范围的科技革命迅猛发展，这些外部环境和条件都决定我国需要一个比较长的时期来实现社会主义现代化，以走出社会主义初级阶段。对此，邓小平曾指出："我们搞社会主义才几十年，还处在初级阶段。巩固和发展社会主义制度，还需要一个很长的历史阶段，需要我们几代人、十几代人，甚至几十代人坚持不懈地努力奋斗，决不能掉以轻心。"①。江泽民也强调："这样的历史进程，至少需要一百年时间。至于巩固和发展社会主义制度，那还需要更长得多的时间，需要几代人、十几代人，甚至几十代人坚持不懈地努力奋斗。"② 为此，"我们要在本世纪头二十年，集中力量，全面建设惠及十几亿人口的更高水平的小康社会，使经济更加发展、民主更加健全、科教更加进步、文化更加繁荣、社会更加和谐、人民生活更加殷实"③。

　　社会主义初级阶段的阶段性。在社会主义初级阶段的发展过程中，必然要经历若干具体的发展阶段，是一个不断由量变引起部分质变、在新的基础上再由新的量的积累引起新的部分质变的过程。对社会主义初级阶段的阶段性特征，党的十三大、十五大、十七大都曾作出科学判断。党的十

---

① 《十三大以来重要文献选编》（下），人民出版社 1993 年版，第 1861 页。
② 《江泽民文选》第 2 卷，人民出版社 2006 年版，第 15 页。
③ 《十六大以来重要文献选编》（上），中央文献出版社 2005 年版，第 14 页。

三大报告曾作出分析，我国社会主义的初级阶段，是特指我国在生产力落后、商品经济不发达条件下建设社会主义必然要经历的特定阶段。我国从20世纪50年代生产资料私有制的社会主义改造基本完成，到社会主义现代化的基本实现，至少需要上百年时间，都属于社会主义初级阶段。根据党的十三大报告的分析，我国社会主义初级阶段，是逐步摆脱贫穷、摆脱落后的阶段；是由农业人口占多数的手工劳动为基础的农业国，逐步变为非农产业人口占多数的现代化的工业国的阶段；是由自然经济半自然经济占很大比重，变为商品经济高度发达的阶段；是通过改革和探索，建立和发展充满活力的社会主义经济、政治、文化体制的阶段；是全民奋起，艰苦创业，实现中华民族伟大复兴的阶段。

经过十年的快速发展，党的十五大提出我国社会主义初级阶段新的阶段性特征，指出社会主义是共产主义的初级阶段，而中国又处于社会主义的初级阶段，就是不发达的阶段。党的十五大报告将社会主义初级阶段的特征概括为九个方面，即逐步摆脱不发达状态，基本实现社会主义现代化的历史阶段；由农业人口占很大比重、主要依靠手工劳动的农业国，逐步转变为非农业人口占多数、包含现代农业和现代服务业的工业化国家的历史阶段；由自然经济半自然经济占很大比重，逐步转变为经济市场化程度较高的历史阶段；由文盲半文盲人口占很大比重、科技教育文化落后，逐步转变为科技教育文化比较发达的历史阶段；由贫困人口占很大比重、人民生活水平比较低，逐步转变为全体人民比较富裕的历史阶段；由地区经济文化很不平衡，通过有先有后的发展，逐步缩小差距的历史阶段；通过改革和探索，建立和完善比较成熟的充满活力的社会主义市场经济体制、社会主义民主政治体制和其他方面体制的历史阶段；广大人民牢固树立建设有中国特色社会主义共同理想，自强不息，锐意进取，艰苦奋斗，勤俭建国，在建设物质文明的同时努力建设精神文明的历史阶段；逐步缩小同世界先进水平的差距，在社会主义基础上实现中华民族伟大复兴的历史阶段。从党的十三大提出的五个基本特征，到党的十五大提出的九个基本特征，为我们科学把握社会主义初级阶段的阶段性特征提供了重要的认识论基础。

2007年，党的十七大又对现阶段新的阶段性特征作出了新的概括，指出了社会主义初级阶段所体现出的八个方面的新特点，"强调认清社会主义初级阶段基本国情，不是要妄自菲薄、自甘落后，也不是要脱离实际、急于求成，而是要坚持把它作为推进改革、谋划发展的根本依据"①。社会主义初级阶段是一个量变与质变相统一的漫长的历史阶段，对其把握既要坚持系统观念、整体思维、全局视野，也要注重具体问题具体分析，统合把握其长期性和阶段性的特征。全面建设小康社会奋斗目标的提出，正是基于对社会主义初级阶段特征的科学分析。

（二）低水平的不全面的发展很不平衡的小康

经过全党全国各族人民的共同努力，我们在 2000 年胜利实现了三步走战略的前两步，人民生活总体达到了小康水平。然而，总体小康还是低水平的、不全面的、发展很不平衡的小康，巩固和提高已经达到的小康水平，还需要付出更多更长时间的努力。为此，党的十六大基于我国发展现实提出了全面建设小康社会的奋斗目标。

1. 低水平的不全面的发展很不平衡的小康社会的特点

改革开放以来，党团结和带领全国各族人民，在小康建设之路上不断奋进，使人民在短短的几年内跨越了物资匮乏的年代，使人民生活从贫困走向温饱，由温饱迈向小康，人民生活水平不断提高。党的十六大指出，经过全党和全国各族人民的共同努力，我们胜利实现了现代化建设"三步走"战略的第一步、第二步目标，人民生活总体上达到小康水平。这是社会主义制度的伟大胜利，也是中华民族发展史上一个新的里程碑。然而，此时"我国生产力和科技、教育还比较落后，实现工业化和现代化还有很长的路要走；城乡二元经济结构还没有改变，地区差距扩大的趋势尚未扭转，贫困人口还为数不少；人口总量继续增加，老龄人口比重上升，就业和社会保障压力增大；生态环境、自然资源和经济社会发展的矛盾日益突出；我们仍然面临发达国家在经济科技等方面占优势的压力；经济体制和其他方面的管理体制还不完善；民主法制建设和思想道德建设等方面还存在一些不容忽视的问题"②。这些问题的客观存在，都反映出我国已经进入的总体小康社会带有低水平、不全面、发展很不平衡的主要

---

① 《十七大以来重要文献选编》（上），中央文献出版社 2009 年版，第 11 页。

② 《十六大以来重要文献选编》（上），中央文献出版社 2005 年版，第 14 页。

特点。

第一，所谓"低水平"的小康。所谓"低水平"的小康就是说我国总体上已经进入小康社会，但经济和文化发展水平还不高，就人均国民生产总值来说，还属于世界中下等国家水平。改革开放以来，我国经济总量一直呈现出稳定快速增长的发展势头。2000 年，国内生产总值首次突破 1 万亿美元，国民经济发展跃上新的台阶；2001 年，国内生产总值已经达到95933.3 亿元，经济总量跃居世界第六。① 这的确是个了不起的发展成就。然而，与同期发达国家相比较，还存在很大的差距。另据测算，1998 年人均 GDP 为 828 美元，2000 年人均 GDP 为 959 美元，2001 年人均 GDP 刚达到 1053 美元，在世界范围内仍属于中低收入国家水平。② 同时，中国大多数农产品人均产量基本达到世界平均水平，但与发达国家的差距仍然较大。一些工业产品，如钢、煤、水泥和化肥等人均产量也基本达到世界平均水平，但发电量、原油和汽车等人均产量，与世界平均水平相比还有较大差距。从这些方面都不难看出，我国的总体小康仍然是低水平的小康，我国发展还面临着十分艰巨的任务，从"总体小康"迈向"全面小康"依然任重而道远。

第二，所谓"不全面"的小康。所谓"不全面"的小康指的是总体达到的小康标准主要是从经济方面看，过于侧重于物质文明，对政治文明、精神文明、社会文明和生态文明的关注不够。同时，在人民的消费中，生存性消费比重大，教育文化、卫生等发展性消费还没有得到有效的满足。总体小康侧重于生产发展和生活水平的提高，而全面建设小康社会追求的是经济、政治、文化、社会和生态文明的共同发展。此时，我国仍然面临发达国家在经济、科技等方面占优势的压力，生态环境、自然资源和经济社会发展的矛盾日益突出，经济体制和其他方面的管理体制还不完善，民主法制建设和思想道德建设还存在一些不容忽视的问题，等等。从居民消费水平来看，总体小康比较偏重于基本消费和生存消费的小康，发展型和享受型消费在人们消费中还远未达到发达国家应有的水平；在生态环境方

---

① 参见今日中国《13 年间，中国经济总量跃居世界第六》，http://www.chinatoday.com.cn/china/0211/16da/c0919/b2.htm，2002 年 11 月。

② 参见快易数据《中国历年人均 GDP 数据》，https：//www.kylc.com/stats/global/yearly_per_country/g_gdp_per_capita/chn.html，2023 年 4 月 5 日。

面，存在森林资源总量不足、水资源严重匮乏、海洋环境恶化、草原大面积退化、大气污染严重以及土壤的沙漠化和水土流失等一系列严重的问题；在社会保障领域，我国的社会保障体制也还存在诸多不健全的方面；在精神文明建设方面，还需要大力弘扬和培育民族精神，充分展现全国各族人民昂扬向上的精神风貌。这些问题的客观存在，也要求我们必须看到全面建设小康社会还需要付出更大的努力。

第三，所谓"发展很不平衡"的小康。所谓"发展很不平衡"的小康主要是指地区之间、工农之间、城乡之间，以及不同的收入群体之间存在着较大的差距。我国是一个幅员辽阔的大国，不同省市之间、地区之间、城乡之间自然、人文等各方面条件存在着差别，经济发展水平存在着差别，小康实现程度也不平衡。截至2008年，根据各地区全面小康实现程度综合指数，各地区综合实现程度差距显著。6个省市实现程度在85%及以上，3个省市实现程度在80%—85%之间，14个省市实现程度在70%—80%之间，8个省市实现程度在70%以下。[①] 根据国家统计局2000年11月的《中国小康进程综合分析报告》，全国有74.84%的人口达到了小康水平，有12.82%的人口接近小康水平，有12.34%的人口离小康水平还有较大差距。[②] 认清总体小康的这些基本情况十分重要，这既是我们全面建设小康社会的现实基础，也为全面建设小康社会指明了方向。

2. 解决低水平的不全面的发展很不平衡的小康社会问题的要求

20世纪末，我国进入总体小康，是一个了不起的成就，也是一个很大的进步，但这只是在总体上实现了小康，小康水平还比较低，特别是发展还很不平衡、不全面。基于总体小康的基本特点和我国发展的现实状况，党的十六大从经济、政治、文化等多方面进行了部署，提出了全面建设小康社会的历史任务。"综观全局，二十一世纪头二十年，对我国来说，是一个必须紧紧抓住并且可以大有作为的重要战略机遇期。根据十五大提出的到二〇一〇年、建党一百年和新中国成立一百年的发展目标，我们要在本世纪头二十年，集中力量，全面建设惠及十几亿人口的更高水平的小康社会，使经济更加发展、民主更加健全、科教更加进步、文化更加繁荣、

---

① 参见宋林飞《中国小康社会指标体系及其评估》，《南京社会科学》2010年第1期。
② 参见宋林飞《中国小康社会指标体系及其评估》，《南京社会科学》2010年第1期。

社会更加和谐、人民生活更加殷实。这是实现现代化建设第三步战略目标必经的承上启下的发展阶段，也是完善社会主义市场经济体制和扩大对外开放的关键阶段。经过这个阶段的建设，再继续奋斗几十年，到本世纪中叶基本实现现代化，把我国建成富强民主文明的社会主义国家。"① 全面建设小康社会，就是要把我们已经达到的低水平、不全面、不平衡的小康社会建设成为"更高水平""更全面"和"更平衡"的小康社会。

具体而言，要实现由"总体小康"到"全面小康"的历史性跨越，要从经济、政治、文化、社会、生态文明建设等方面共同发力。经济建设领域，要优化经济结构、提高经济效益、做大经济总量，使综合国力和国际竞争力显著增强。要基本实现工业化，建成完善的社会主义市场经济体制和更具活力、更加开放的经济体系。大幅提高城镇人口比重，扭转工农差别、城乡差别和地区差别扩大的发展趋势。健全社会保障体系，充分实现社会就业，使家庭财产普遍增加，人民过上更加富足的生活。政治建设领域，要使社会主义民主更加完善，社会主义法制更加完备，依法治国基本方略得到全面落实，切实尊重和保障人民的政治权益，健全和完善基层民主，构建良好社会秩序，使人民生活安居乐业。文化建设领域，要使全民族的思想道德素质、科学文化素质和健康素质明显提高，形成较为完善的现代国民教育体系、科技和文化创新体系、全民健身和医疗卫生体系。构建学习型社会，促进人的全面发展。在生态文明建设方面，要使我国的可持续发展能力不断增强，生态环境得到明显改善，资源利用效率显著提升，促进人与自然的和谐，推动整个社会走上生产发展、生活富裕、生态良好的文明发展道路。总之，全面建设小康社会就是要从根本上改变总体小康低水平、不全面、发展很不平衡的现状，实现整个社会物质文明、精神文明、政治文明、社会文明、生态文明共同发展，进而构建起更高水平、更加全面、发展更加平衡的小康社会。

（三）我国社会的主要矛盾未改变

对我国社会主要矛盾的科学判断，是制定党的路线方针政策的基本依据，也是提出全面建设小康社会奋斗目标的重要依据。党的十一届三中全

---

① 《十六大以来重要文献选编》（上），中央文献出版社 2005 年版，第 14—15 页。

会之后，邓小平结合中国特色社会主义建设的实践，拨乱反正，使党的工作重心重新回到以经济建设为中心的轨道上来，创新和发展了社会主义社会基本矛盾理论，正确认识和把握了社会主义社会的主要矛盾问题，为实现从温饱到总体小康、从总体小康到全面建设小康社会的历史跨越，提供了重要的理论依据。

1. 我国社会主要矛盾的科学判断

社会主义社会本身存在着矛盾是毫无疑问的，但社会主义社会的矛盾究竟是什么样，又具有何种性质，这需要不断地加以认识和把握。早在1956 年，党的八大就指出："我们国内的主要矛盾，已经是人民对于建立先进的工业国的要求同落后的农业国的现实之间的矛盾，已经是人民对于经济文化迅速发展的需要同当前经济文化不能满足人民需要的状况之间的矛盾。"① 在这样的主要矛盾中，生产力的落后是主要矛盾的主要方面，这就决定了在社会主义基本制度初步确立的基础上，必须集中力量促进生产力的发展。经过 20 多年的社会主义建设，我国一方面积累了丰富的实践经验，另一方面也加深了对社会主义发展规律性的认识。1981 年，党的十一届六中全会通过的《关于建国以来党的若干历史问题的决议》，对社会主要矛盾作出新的概括，指出："社会主义改造基本完成以后，我国所要解决的主要矛盾，是人民日益增长的物质文化需要同落后的社会生产之间的矛盾。"② 到党的十三大，在论述建设有中国特色社会主义理论时，党中央再次重申社会主义社会的主要矛盾是人民群众日益增长的物质文化需要同落后的社会生产之间的矛盾。党的十四大正式把现阶段社会主要矛盾的论断写入党章，成为党的指导思想。1997 年，党的十五大报告再次强调，我国社会主义社会仍处在初级阶段。社会主义初级阶段"社会的主要矛盾是人民日益增长的物质文化需要同落后的社会生产之间的矛盾，这个主要矛盾贯穿我国社会主义初级阶段的整个过程和社会生活的各个方面"。③ 正是基于对社会主要矛盾的科学把握，党制定了正确的基本路线，不断地促进生产力的发展，实现了人民生活从温饱不足到总体小康，再到全面建设小康社会的历史性跨越。

---

① 《建国以来重要文献选编》第 9 册，中央文献出版社 1994 年版，第 341 页。
② 《改革开放三十年重要文献选编》（上），中央文献出版社 2008 年版，第 212 页。
③ 《十五大以来重要文献选编》（上），人民出版社 2000 年版，第 17 页。

进入 21 世纪，党的十六大、十七大、十八大一直沿用了关于社会主义社会主要矛盾的这一科学论断，为党和国家事业发展指明了正确方向。2002 年，党的十六大报告指出："人民日益增长的物质文化需要同落后的社会生产之间的矛盾仍然是我国社会的主要矛盾"①，并明确提出"全面建设小康社会，最根本的是坚持以经济建设为中心，不断解放和发展社会生产力"②。2007 年，党的十七大报告指出："我国仍处于并将长期处于社会主义初级阶段的基本国情没有变，人民日益增长的物质文化需要同落后的社会生产之间的矛盾这一社会主要矛盾没有变"③，并提出："今后五年是全面建设小康社会的关键时期。我们要坚定信心，埋头苦干，为全面建成惠及十几亿人口的更高水平的小康社会打下更加牢固的基础。"④ 2012 年，党的十八大报告再次强调："我们必须清醒认识到，我国仍处于并将长期处于社会主义初级阶段的基本国情没有变，人民日益增长的物质文化需要同落后的社会生产之间的矛盾这一社会主要矛盾没有变，我国是世界最大发展中国家的国际地位没有变。"⑤ 由此可见，我国关于社会主义初级阶段社会主要矛盾的论断，为改革开放以来党的历次全国代表大会所肯定和坚持，并不断被赋予新的内涵，成为提出全面建设小康社会奋斗目标的重要理论依据。

2. 我国社会主要矛盾的实践要求

关于我国社会主要矛盾的科学论断，既是对我国发展新阶段国情本质的揭示，也对全面建设小康社会提出了新的实践要求。全面建设小康社会，要深刻把握社会主要矛盾的科学内涵，始终坚持好"一个中心、两个基本点"的基本路线，不断满足人民群众的新要求新期待。

从总体上而言，此时我国社会的主要矛盾是人民群众日益增长的物质文化需要同落后的社会生产之间的矛盾。这就决定了不断发展生产力，推进社会主义现代化建设是党的中心任务。也只有不断解放和发展生产力，才能创造日益增多的物质文化成果，以满足人民日益增长的需求。具体而言，一方面要注意准确把握"落后的社会生产"的实践要求。这里不仅仅

① 《十六大以来重要文献选编》（上），中央文献出版社 2005 年版，第 14 页。
② 《十六大以来重要文献选编》（上），中央文献出版社 2005 年版，第 16 页。
③ 《十七大以来重要文献选编》（上），中央文献出版社 2009 年版，第 11 页。
④ 《十七大以来重要文献选编》（上），中央文献出版社 2009 年版，第 16 页。
⑤ 《十八大以来重要文献选编》（上），中央文献出版社 2014 年版，第 12—13 页。

是落后的社会生产力。社会生产是生产力与生产关系的统一，这就要求在全面建设小康社会的过程中，既要注重大力解放和发展生产力，同时还要改革社会生产过程中落后的劳动方式、经营方式、管理方式等生产关系方面的问题。既要通过发展生产力，改变长期以来我国物质文化生活匮乏、科学技术落后、国家实力虚弱的现状，也要通过改革开放，学习国外现代化的技术与管理经验、管理制度来改变生产关系方面的落后之处。另一方面要注意改变落后的社会生产是为了满足"人民群众日益增长的物质文化需要"，就是要坚持好改革开放和社会主义现代化建设的价值取向，始终坚持发展为了人民、发展依靠人民、发展成果由人民共享。这就要求在社会主义现代化建设的全过程中，都必须牢牢坚持社会主义的发展方向、坚持好四项基本原则，始终以人民的利益与需求为根本立足点，坚持方向不偏、道路不移、志向不改。全面建设小康社会奋斗目标的提出，既是基于对社会主要矛盾的科学判断，也是解决社会主要矛盾的重大举措。全面建设小康社会就是为了不断解放和发展生产力，改变落后的社会生产状况，以更好地满足人民群众日益增长的物质文化需要。

社会主要矛盾的科学判断也要求必须坚持和贯彻好党的基本路线。这一基本路线，是党为一个相当长的历史阶段制定的指导各方面工作的基本准则。1987 年，党的十三大对基本路线作出了正式的概括，党在社会主义初级阶段的基本路线是："领导和团结全国各族人民，以经济建设为中心，坚持四项基本原则，坚持改革开放，自力更生，艰苦创业，为把我国建设成为富强、民主、文明的社会主义现代化国家而奋斗。"[①] 这一基本路线，主要包括四个方面的内容：一是从事业发展的领导力量和依靠力量来看，中国共产党是领导全国各族人民的核心力量，全国各族人民是贯彻执行党的基本路线的依靠力量；二是从我国社会主义现代化建设的关键点来看，就是要坚持好以经济建设为中心，坚持改革开放，坚持四项基本原则，这构成了基本路线的核心内容；三是从社会主义现代化建设的方针来看，必须要贯彻自力更生、艰苦创业的方针；四是从奋斗目标的角度来看，要把我国建设成为富强、民主、文明、和谐的社会主义现代化国家。概括起来说，基本路线的主要内容就是"一个中心、两个基本点"，即以经济建设

---

① 《十三大以来重要文献选编》（上），人民出版社 1991 年版，第 211 页。

为中心，坚持四项基本原则，坚持改革开放。党的基本路线指明了我国社会主义发展的领导力量和依靠力量、根本任务、发展动力、政治保证、建设方针、奋斗目标，深入回答了"建设什么样的社会主义、怎样建设社会主义"的问题，为全面建设小康社会提供了重要的实践遵循。

二　全面建设小康社会奋斗目标的主要内容

经过全党和全国各族人民的共同努力，胜利实现了现代化建设"三步走"发展战略的第一步、第二步目标，人民生活由温饱不足迈向了总体小康，取得了社会主义制度的伟大胜利。但总体小康还是低水平、不全面、发展很不平衡的小康。进入 21 世纪，党的十六大高举邓小平理论伟大旗帜，全面贯彻"三个代表"重要思想，科学分析我国发展面临的战略机遇，制定出全面建设小康社会的宏伟纲领，明确提出全面建设小康社会的奋斗目标，要求我国综合国力和国际竞争力显著增强，社会主义民主更加完善，全民族的素质明显提高，可持续发展能力不断提升。

（一）综合国力和国际竞争力显著增强

综合国力和国际竞争力显著增强，主要是从中国特色社会主义经济建设和经济体制改革等维度对全面建设小康社会进行目标定位，全面建设小康社会最根本的就是坚持以经济建设为中心，不断解放和发展生产力。为此，需要通过完善社会主义市场经济体制，推动经济结构战略性调整，走中国特色新型工业化道路以及不断提高人民生活水平等来实现这一奋斗目标。

1. 完善社会主义市场经济体制

第一，要坚持和完善以公有制为主体、多种所有制经济共同发展的基本经济制度。必须毫不动摇地巩固和发展公有制经济。发展壮大国有经济，国有经济控制国民经济命脉，对于发挥社会主义制度的优越性，增强我国的经济实力和综合国力具有关键性作用，集体经济是公有制经济的重要组成部分，对实现共同富裕具有重要作用。必须毫不动摇地鼓励、支持和引导非公有制经济发展。个体、私营等各种形式的非公有制经济是社会主义市场经济的重要组成部分，对充分调动社会各方面的积极性、加快生产力发展具有重要作用。要坚持公有制为主体，促进非公有制经济发展，将两者统一于社会主义现代化建设的发展进程，充分发挥各自的优势，相互促进、共同发展。

第二，要深入探索公有制的多种有效实现形式，大力推进企业的体制、技术和管理创新。积极推行股份制，发展混合所有制经济，按照现代企业制度的要求，实现规范的公司制改革，完善法人治理结构。深化集体企业改革，继续支持和帮助多种形式的集体经济的发展。要充分发挥个体、私营等非公有制经济在促进经济增长、扩大就业和活跃市场等方面的重要作用。放宽国内民间资本的市场准入领域，依法加强监督和管理，实现公平竞争，促进非公有制经济健康发展。

第三，要健全现代市场体系，加强和完善宏观调控。完善政府的经济调节、市场监管、社会管理和公共服务职能，减少和规范行政审批。把促进经济增长，增加就业，稳定物价，保持国际收支平衡作为宏观调控的主要目标。完善国家计划和财政政策、货币政策等相互配合的宏观调控体系，发挥经济杠杆的调节作用。整顿和规范市场经济秩序，健全现代市场经济的社会信用体系，打破行业垄断和地区封锁，促进商品和生产要素在全国市场自由流动。此外，要深化收入分配制度改革，健全社会保障体系。要调整和规范国家、企业和个人的分配关系，确立生产要素按贡献参与分配的原则，完善按劳分配为主体、多种分配方式并存的分配制度。坚持效率优先、兼顾公平，初次分配注意效率，再分配注重公平。规范分配秩序，以共同富裕为目标，扩大中等收入者比重，提高低收入者收入水平。根据实际情况合理确定社会保障的标准和水平，建立健全同经济发展水平相适应的社会保障体系。

2. 推动经济结构战略性调整

第一，要积极推进西部大开发，促进区域经济协调发展。国家要加大对西部地区的支持，逐步建立长期稳定的开发资金渠道，西部地区要解放思想，增强自我发展能力，在改革开放中走出一条加快发展的新路。中部地区要加大结构调整力度，推进农业产业化，改造传统产业，培育新的经济增长点，加快工业化和城镇化进程。东部地区要加快产业结构升级，发展现代农业，发展高新技术产业和高附加值加工制造业。要支持东北地区等老工业基地加快调整和改造，支持革命老区和少数民族地区加快发展。加强东、中、西部经济交流和合作，实现优势互补和共同发展。

第二，要全面发展农村经济，加快城镇化进程。加强农业基础地位，推进农业和农村经济结构调整，保护和提高农业综合生产能力，健全农产品质量安全体系，增强农业的市场竞争力。逐步提高城镇化水平，坚持大中小城市和小城镇协调发展，走中国特色的城镇化道路。要坚持党在农村的基本政策，长期稳定并不断完善以家庭承包经营为基础、统分结合的双层经营体制。加大对农业的投入和支持，加快农业科技进步和农村基础设施建设。

第三，要适应经济全球化和加入世贸组织的新形势，全面提高对外开放水平。深化对外经贸体制改革，推进外贸主体多元化，改善投资环境，吸引外商直接投资，在更大范围、更广领域和更高层次上参与国际经济技术合作和竞争，充分利用国际国内两个市场，优化资源配置，拓展发展空间，以开放促改革促发展。

3. 走中国特色新型工业化道路

第一，要大力实施科教兴国战略和可持续发展战略。坚持以信息化带动工业化，以工业化促进信息化，走出一条科技含量高、经济效益好、资源消耗低、环境污染少、人力资源优势得到充分发挥的新型工业化道路。

第二，要推进产业结构优化升级，形成以高新技术产业为先导、基础产业和制造业为支撑、服务业全面发展的产业格局。优先发展信息产业，在经济和社会领域广泛应用信息技术。积极发展对经济增长有突破性重大带动作用的高新技术产业。加快发展现代服务业，提高第三产业在国民经济中的比重。

第三，要充分发挥科学技术作为第一生产力的重要作用，注重依靠科技进步和提高劳动者素质，改善经济增长质量和效益。要深化科技和教育体制改革，加强科技教育同经济的结合，完善科技服务体系，加速科技成果向现实生产力转化。加强基础研究和高技术研究，推进关键技术创新和系统集成，实现技术跨越式发展。要推进国家创新体系建设，完善知识产权保护制度，形成促进科技创新的人才汇集机制。

4. 不断提高人民生活水平

发展经济的根本目的是提高全国人民的生活水平和质量，全面建设小康社会的最终目标也是满足人民不断增长的物质文化生活需求。为此，要把就业视为民生之本，不断扩大就业，改善人民生活。国家实行促进就业的长期战略，各级党委和政府必须把改善创业环境和增加就业岗位作为重要职责。广开就业门路，积极发展劳动密集型产业，对提供新就业岗位和吸纳下岗失业人员再就业的企业给予政策支持。引导全社会转变就业观念，推行灵活多样的就业形式，鼓励自谋职业和自主创业。完善就业培训和服务体系，提高劳动者就业技能，保障劳动者合法权益。要伴随经济发展不断增加城乡居民收入，拓宽消费领域，优化消费结构，满足人们多样化的物质文化需求。加强公共服务设施建设，改善生活环境，发展社区服务，方便群众生活。提高城乡居民的医疗保健水平，发展残疾人事业。继续大力推进扶贫开发，巩固扶贫成果，尽快使尚未脱贫的农村人口解决温饱问题，并逐步过上小康生活。

（二）社会主义民主更加完善

社会主义民主更加完善，主要是从中国特色社会主义政治建设和政治体制改革等维度对全面建设小康社会进行目标定位。全面建设小康社会，要大力发展社会主义民主政治，建设社会主义政治文明。为此，需要通过健全民主制度、加强法制建设、完善执政方式等实现这一奋斗目标。

1. 健全民主制度

坚持和完善社会主义民主制度，丰富民主形式，扩大公民有序的政治参与，保证人民依法实行民主选举、民主决策、民主管理和民主监督，享有广泛的权利和自由，尊重和保障人权。坚持和完善人民代表大会制度，保证人民代表大会及其常委会依法履行职能，保证立法和决策更好地体现人民的意志。坚持和完善中国共产党领导的多党合作和政治协商制度，坚持"长期共存、互相监督、肝胆相照、荣辱与共"的方针，加强同民主党派合作共事，更好地发挥我国社会主义政党制度的特点和优势。保证人民政协发挥政治协商、民主监督和参政议政的作用。巩固和发展最广泛的爱国统一战线。全面贯彻党的民族政策，坚持和完善民族区域自治制度，巩固和发展平等团结互助的社会主义民族关系，促进各民族共同繁荣进步。全面贯彻党的宗教信仰自由政策，依法管理宗教事务，积极引导宗教与社会主义社会相适应，坚持独立自主自办的原则。认真贯彻党的侨务政策。

健全基层自治组织和民主管理制度，完善公开办事制度，保证人民群众依法直接行使民主权利，管理基层公共事务和公益事业，对干部实行民主监督。完善村民自治，健全村党组织领导的充满活力的村民自治机制。完善城市居民自治，建设管理有序、文明祥和的新型社区。坚持和完善职工代表大会和其他形式的企事业民主管理制度，保障职工的合法权益。

2. 加强法制建设

坚持"有法可依、有法必依、执法必严、违法必究"的法制工作方针。适应社会主义市场经济发展、社会全面进步和加入世贸组织的新形势，加强立法工作，提高立法质量，形成中国特色社会主义法律体系。坚持法律面前人人平等。加强对执法活动的监督，推进依法行政，维护司法公正，提高执法水平，确保法律的严格实施。维护法制的统一和尊严，防止和克服地方和部门的保护主义。拓展和规范法律服务，积极开展法律援助。加强法制宣传教育，提高全民法律素质。推进司法体制改革，按照公正司法和严格执法的要求，完善司法机关的机构设置、职权划分和管理制度，健全权责明确、相互配合、相互制约、高效运行的司法体制。完善诉讼程序，保障公民和法人的合法权益，切实解决执行难问题。改革司法机关的工作机制和人财物管理体制，逐步实现司法审判和检察同司法行政事务相分离。加强对司法工作的监督，惩治司法领域中的腐败。建设一支政治坚定、业务精通、作风优良、执法公正的司法队伍。

3. 完善执政方式

改进和完善党的领导方式和执政方式，发挥党委领导核心作用，集中精力抓好大事，支持各方独立负责、步调一致地开展工作。改革和完善党的工作机构和工作机制。按照党总揽全局、协调各方的原则，规范党委与人大、政府、政协以及人民团体的关系，支持人大依法履行国家权力机关的职能，经过法定程序，使党的主张成为国家意志，使党组织推荐的人选成为国家政权机关的领导人员，并对他们进行监督；支持政府履行法定职能，依法行政；支持政协围绕团结和民主两大主题履行职能。加强对工会、共青团和妇联等人民团体的领导，支持他们依照法律和各自章程开展工作，更好地成为党联系广大人民群众的桥梁和纽带。改革和完善决策机制，深入了解民情、充分反映民意、广泛集中民智、切实珍惜民力，推进决策科学化民主化，建立社情民意反映制度，建立与群众利益密切相关的重大事项社会公示制度和社会听证制度。转变政府职能，改进管理方式，推行电子政务，提高行政效率，降低行政成本，形成行为规范、运转协调、公正透明、廉洁高效的行政管理体制。深化干部人事制度改革，努力形成广纳群贤、人尽其才、能上能下、充满活力的用人机制，把优秀人才集聚到党和国家的各项事业中来。扩大党员和群众对干部选拔任用的知情权、参与权、选择权和监督权。加强对权力的制约和监督，建立结构合理、配置科学、程序严密、制约有效的权力运行机制，从决策和执行等环节加强对权力的监督，保证把人民赋予的权力真正用来为人民谋利益。

（三）全民族的素质明显提高

全民族的素质明显提高，主要是从中国特色社会主义文化建设和文化体制改革等维度对全面建设小康社会进行目标定位。全面建设小康社会，必须大力发展社会主义文化，建设社会主义精神文明。为此，要通过大力发展先进文化，切实加强道德建设，积极发展文化教育等实现这一奋斗目标。

1. 大力发展先进文化

全面建设小康社会，要牢牢把握社会主义先进文化的前进方向，大力发展面向现代化、面向世界、面向未来的，民族的科学的大众的社会主义文化，不断丰富人们的精神世界，不断增强人们的精神力量。具体而言，要始终坚持马克思列宁主义、毛泽东思想和邓小平理论在意识形态领域的指导地位，用"三个代表"重要思想统领社会主义文化建设。坚持社会主义文化"为人民服务、为社会主义服务"的发展方向和"百花齐放、百家争鸣"的文化方针，弘扬主旋律、提倡正能量。要始终坚持以科学的理论武装人，以正确的舆论引导人，以高尚的精神塑造人，以优秀的作品鼓舞人。大力发展先进文化，支持健康有益文化，努力改造落后文化，坚决抵制腐朽文化。文艺工作者要深入群众、深入生活，为人民奉献更多无愧于时代的作品。新闻出版和广播影视必须坚持正确导向，互联网要成为传播先进文化的重要阵地。要立足改革开放和社会主义现代化建设的实践，着眼于世界文化发展的前沿，发扬民族文化的优秀传统，汲取世界各民族的长处，在文化建设的内容和形式上积极创新，不断增强中国特色社会主义文化的吸引力和感召力。

2. 切实加强道德建设

要建立与社会主义市场经济相适应、与社会主义法律规范相协调、与中华民族传统美德相承接的社会主义思想道德体系，切实加强社会主义思想道德建设。要深入进行党的基本理论、基本路线、基本纲领和"三个代表"重要思想的宣传教育，引导人们树立中国特色社会主义共同理想，树立正确的世界观、人生观和价值观。认真贯彻公民道德建设实施纲要，大力弘扬爱国主义精神，以为人民服务为核心、以集体主义为原则、以诚实守信为重点，切实加强社会公德、职业道德和家庭美德教育，特别是要加强青少年的思想道德建设。加强和改进思想政治工作，广泛开展群众性精神文明创建活动。将依法治国基本方略和以德治国相结合，促进人们思想道德素质的稳步提升。要结合时代和社会发展要求，不断丰富和发展中华民族的民族精神，把培育和弘扬民族精神作为文化建设极为重要的任务，纳入国民教育全过程，纳入精神文明建设全过程，使全体人民始终保持昂扬向上的精神状态，让以爱国主义为核心的团结统一、爱好和平、勤劳勇敢、自强不息的伟大民族精神在新时期得到更好的传承与创新。

3. 积极发展文化教育

全面贯彻党的教育方针，坚持教育为社会主义现代化建设服务，为人民服务，与生产劳动和社会实践相结合，培养德智体美全面发展的社会主义建设者和接班人。坚持教育创新，深化教育改革，优化教育结构，合理配置教育资源，提高教育质量和管理水平，全面推进素质教育，造就数以亿计的高素质劳动者、数千万计的专门人才和一大批拔尖创新人才。加强教师队伍建设，提高教师的师德和业务能力。继续普及九年义务教育。加强职业教育和培训，发展继续教育，构建终身教育体系。加大对教育的投入和对农村教育的支持，鼓励社会力量办学。根据社会主义精神文明建设的特点和规律，适应社会主义市场经济发展的要求，推进文化体制改革，积极发展文化事业和文化产业。理顺政府和文化企事业单位的关系，深化文化企事业单位内部改革，逐步建立起有利于调动文化工作者积极性，推动文化创新，多出精品、多出人才的文化管理体制和运行机制。加强文化基础设施建设，发展各类群众性文化活动。积极推进卫生体育事业的改革和发展，开展全民健身运动，提高全民健康水平。

（四）可持续发展能力不断提升

可持续发展能力不断提升，主要是从中国特色社会主义建设的环境和条件维度对全面建设小康社会进行目标定位。全面建设小康社会，必须坚持走文明发展道路，促进人与自然的和谐，创造更高水平的社会文明。为此，需要通过改善生态环境、提高资源利用效率、走好文明发展道路等实现这一奋斗目标。

1. 生态环境得到改善

全面建设小康社会，要切实保护好生态环境，改变不合理的生产生活方式，推动人与自然关系的和谐。要坚持保护优先、有序开发，以控制不合理的资源开发活动为重点，强化对水源、土地、森林、草原、海洋等自然资源的生态保护。继续推进天然林保护、退耕还林、退牧还草、水土流失治理、湿地保护和土地荒漠化治理等生态工程，加强自然保护区、重要生态功能区的生态保护与管理，有效保护生物多样性，促进自然生态恢复。要坚持预防为主、综合治理，强化从源头防治污染和保护生态，坚决改变先污染后治理、边治理边污染的状况。全国各地要把生态环境保护作为一项重大任务抓紧抓好，采取严格有力的举措，降低污染物排放问题，切实解决影响经济社会发展特别是严重危害人民健康的突出问题。尽快改善重点流域、重点区域的环境质量，加大水污染防治力度，加强工业污染防治，妥善处理生活垃圾和危险废物。提高环境监管能力，加大环保执法力度，大力发展环保产业，落实可持续发展战略。要坚持系统治理，使环境质量得到明显改善。控制和治理工业污染，重视农村污染治理，加快推广清洁生产技术，加强环境保护关键技术和工艺设备的研究开发。完善生态建设和环境保护的法律法规，加强执法和监督。开展环保教育，提高全民环保意识，全民参与环境保护，努力使生态环境得到明显改善。

2. 资源利用效率得到提高

全面建设小康社会要合理使用、节约和保护资源，提高资源利用率。要结合我国自然资源的现实状况，依法保护和有序开发自然资源。加强资源勘探，建立健全资源有偿使用制度，完善国家战略资源储备制度，推进资源的深加工和综合利用。要发挥我国资源优势，优化能源结构。调整煤炭生产结构，发展洁净煤技术，提高优质煤和洁净煤比重，淘汰落后生产能力。加快石油天然气勘探、开发和利用，大力发展清洁能源。大力发展新能源和可再生能源，推广能源节约和综合利用技术。大力发展循环经济，坚持开发节约并重、节约优先，按照减量化、再利用、资源化的原则，大力推进节能节水节地节材，加强资源综合利用，完善再生资源回收利用体系，全面推行清洁生产，形成低投入、低消耗、低排放和高效率的节约型增长方式。积极开发和推广资源节约、替代和循环利用技术，加快企业节能降耗技术改造，强制性淘汰能源消耗高、污染重、技术落后的生产工艺和产品，实现有利于资源节约的价格和财税政策。在全社会强化节约意识，鼓励生产和使用节能节水产品，发展节能省地型建筑，推动形成健康文明、节约资源的消费模式。

3. 文明发展道路越走越好

全面建设小康社会要坚持科学发展，走好生产发展、生活富裕、生态良好的文明发展道路。生产发展是全面建设小康社会的重要物质技术条件，离开了生产发展难以全面建设小康社会。生产发展本身也不是单纯的生产力发展，而是从社会发展和人的发展的角度来定义生产，也就是要处理好生产发展、社会发展、人的发展之间的关系。在生产发展过程中，既要注重社会物质财富的增加和人们生活水平的提高，更要注重社会的可持续发展和人与自然的和谐相处，生产发展的同时能源资源要能得到合理而集约的利用、生态环境要得到保护和优化。生活富裕也不仅仅只是指现实的个人物质财富的持续增加和积累，更主要的是包括人的精神世界的富足，包含自然生态系统的丰富多样。要使人们的生活能够富裕，就必须要保护好生态系统中的各个组成部分，就必须保护生态系统的多样性。经济发展要在节约资源和保护环境的前提下实现较快发展，促进人与自然的和谐相处，提高人民群众的生活水平和生活质量。生态良好是保证生产发展、生活富裕的基本前提，是经济社会发展过程中人与自然关系和谐的基本样态。全面建设小康社会要建立在尊重自然的基础之上，要在自然规律指导下，寻求人类社会发展的科学道路。生态良好也不是要回归原始的人与自然的和谐，而是要辩证地、动态地看待人与自然的关系，在经济社会发展实践中不断调节和优化人与自然的关系，达成科学发展的目的。总之，"只有坚持走生产发展、生活富裕、生态良好的文明发展道路，加快建设资源节约型、环境友好型社会，实现速度和结构质量效益相统一、经济发展与人口资源环境相协调，才能实现经济社会永续发展"①。

三　实现全面建设小康社会奋斗目标的重大价值

党的十六大提出全面建设小康社会的奋斗目标，是依据我国社会主义现代化建设的客观进程和经济社会发展的阶段性实际，提出的重大战略任务，体现出鲜明的中国特色和时代精神，符合我国基本国情和现代化建设实际，符合广大人民群众的利益需求和发展期待。实现全面建设小康社会奋斗目标具有重大而深远的历史意义、理论意义、实践意义，将推动实现我国从总体小康到全面小康的历史性跨越，丰富中国共产党小康社会理论，开启全面建成小康社会的伟大实践。

（一）实现从总体小康到全面小康

"小康"既是中国人几千年来的梦想和追求，也是中国共产党的百年奋斗方向。中国共产党对"小康"发展战略的谋划是分步骤、分阶段加以推进的。从 20 世纪末实现的总体小康到党的十六大提出的全面建设小康社会，是"小康"发展战略的关键一步，实现这一步的奋斗目标，具有重大而深远的影响。

1. 从总体小康到全面小康是一项重大的历史任务

从党的十一届三中全会到党的十六大，经过 20 多年的快速发展，我国小康社会建设取得了长足进步，综合国力显著增强，人民生活水平明显改善。许多重要的工农业产品产量位居世界前列，长期困扰我国经济社会发展和人民生活的商品供应短缺的状况得到根本改变。我国经济结构实现重大调整，高新技术产业和现代服务业迅速发展，农业在国民经济中的比重下降、质量提升，传统产业得到升级改造，我国已经由工业化初期阶段进入中期阶段。经济增长方式也逐步由粗放型向集约型转化，经济总量的扩张伴随着增长质量的提高，教、科、文、卫事业也取得了历史性成就。党的十六大报告指出，经过全党和全国各族人民的共同努力，我们胜利实现

---

① 《十七大以来重要文献选编》（中），中央文献出版社 2011 年版，第 956 页。

了现代化建设"三步走"战略的第一步、第二步目标，人民生活总体上达到小康水平。然而，"总体小康"只能说是刚刚迈过小康的门槛，与全面小康还存在着相当一段距离。总体小康是低水平、不全面、发展很不平衡的小康，而全面小康是一个较高标准的小康，人民生活将更加殷实、更为宽裕。全面小康，除了注重人们物质生活提高之外，还特别注意精神生活、政治权利、环境改善等方面的提升。全面小康，也意味着局部贫困的消除和全社会的共同富裕，地区、城乡、阶层之间的发展差距缩小。可见，从总体小康到全面小康，是一项艰巨的历史任务。这是一个继续消除局部贫困的阶段，是逐步提高小康水平和富裕程度的阶段，也是由片面发展逐步转向全面发展的阶段。党的十六大在提出全面建设小康社会奋斗目标的同时，也对全面建设小康社会作了一系列重大部署。"这次大会确立的全面建设小康社会的目标，是中国特色社会主义经济、政治、文化全面发展的目标，是与加快推进现代化相统一的目标，符合我国国情和现代化建设的实际，符合人民的愿望，意义十分重大。

为完成党在新世纪新阶段的这个奋斗目标，发展要有新思路，改革要有新突破，开放要有新局面，各项工作要有新举措。各地各部门都要从实际出发，采取切实有效的措施，努力实现这个目标。有条件的地方可以发展得更快一些，在全面建设小康社会的基础上，率先基本实现现代化。"[①]为实现全面建设小康社会这一奋斗目标，大会还从经济建设和经济体制改革、政治建设和政治体制改革、文化建设和文化体制改革、国防和军队建设、"一国两制"和实现祖国的完全统一、国际形势和对外工作、加强和改进党的建设等方面提出了一系列重大举措。

2. 从总体小康到全面小康是影响深远的历史跨越

经过从党的十六大到十七大的五年的建设和发展，全面建设小康社会取得重大进展，我国经济实力大幅提升，改革开放取得重大突破，人民生活显著改善，民主法制建设取得新进步，文化建设开创新局面，社会建设全面展开，国防和军队建设取得历史性成就，港澳工作和对台工作进一步加强，全方位外交取得重大进展，党的建设新的伟大工程扎实推进。"总起来说，这五年，是改革开放和全面建设小康社会取得重大进展的五年，

---

① 《十六大以来重要文献选编》（上），中央文献出版社 2005 年版，第 15—16 页。

是我国综合国力大幅提升和人民得到更多实惠的五年，是我国国际地位和影响显著提高的五年，是党的创造力、凝聚力、战斗力明显增强和全党全国各族人民团结更加紧密的五年。"① 在此基础上，党的十七大对全面建设小康社会提出新的更高要求，要增强发展协调性，努力实现经济又好又快发展，扩大社会主义民主，更好保障人民权益和社会公平正义，加强文化建设，显著提高全民族文明素质，加快发展社会事业，全面改善人民生活，建设生态文明，基本形成节约能源资源和保护生态环境的产业结构、增长方式、消费模式，并从中国特色社会主义经济建设、政治建设、文化建设、社会建设等方面提出一系列重大举措，对实现全面建设小康社会目标作出了理论描述。"到二〇二〇年全面建设小康社会目标实现之时，我们这个历史悠久的文明古国和发展中社会主义大国，将成为工业化基本实现、综合国力显著增强、国内市场总体规模位居世界前列的国家，成为人民富裕程度普遍提高、生活质量明显改善、生态环境良好的国家，成为人民享有更加充分民主权利、具有更高文明素质和精神追求的国家，成为各方面制度更加完善、社会更加充满活力而又安定团结的国家，成为对外更加开放、更加具有亲和力、为人类文明作出更大贡献的国家。"②

从党的十七大到党的十八大的五年，是我们在中国特色社会主义道路上奋勇前进的五年，是我们经受住各种困难和风险考验、夺取全面建设小康社会新胜利的五年。这五年里，我国经济平稳较快发展，改革开放取得重大进展，人民生活水平显著提高，民主法制建设迈出新步伐，文化建设迈上新台阶，社会建设取得新进步，军队建设开创新局面，港澳台工作进一步加强，外交工作取得新成就，党的建设全面加强。这五年的工作，也是党的十六大以来全面建设小康社会十年实践的重要组成部分，有力推动了我国从总体小康迈向全面小康的宏伟进程。从党的十六大到党的十八大，我国经济总量从世界第六位跃升到第二位，社会生产力、经济实力、科技实力迈上一个大台阶，人民生活水平、居民收入水平、社会保障水平迈上一个大台阶，综合国力、国际竞争力、国际影响力迈上一个大台阶，国家面貌发生新的历史性变化。这一系列新的历史性成就，有力推动了我

① 《十七大以来重要文献选编》（上），中央文献出版社 2009 年版，第 5 页。
② 《十七大以来重要文献选编》（上），中央文献出版社 2009 年版，第 16 页。

国从总体小康迈向全面小康，为全面建成小康社会打下了坚实基础。

（二）丰富中国共产党小康社会理论

"小康"是中国传统文化语境中的一个重要概念，是中国普通百姓千百年来不断追求的美好社会理想。小康社会是建立在人民小康生活之上的一种社会发展和社会关系形态，也是中国共产党所追求的一个国家富裕、人民富足的社会建设目标。党的十一届三中全会之后，邓小平结合我国社会主义现代化建设实践，赋予了"小康"这一传统概念以新的时代内涵，将其定位为我国现代化发展战略的目标导向，形成了比较系统的小康社会理论。党的十三届四中全会以来，江泽民在新的历史条件下，继承发展了邓小平的小康社会思想，着眼于我国社会主义现代化建设新的实践，在世纪之交提出了建设小康社会，进而又提出全面建设小康社会的新设想，丰富和发展了中国共产党小康社会理论，丰富和发展了马克思列宁主义、毛泽东思想、邓小平理论关于社会主义现代化建设的基本理论，是马克思主义中国化理论创新的重要成果。

1. 丰富了小康社会建设的理论内容

实现全面建设小康社会的奋斗目标，深化了对社会主义社会发展规律的认识，丰富了中国共产党关于小康社会建设的理论内容。在社会主义建设史上，如何解放和发展生产力，使国家繁荣富强、人民安居乐业是所有社会主义国家必须解决的一个重大问题。从国际范围内社会主义建设实践来看，社会主义政权建立初期大都显示出优于资本主义的发展速度，之后又逐渐暴露出体制的弊端，严重束缚了生产力的发展。20 世纪 90 年代，在整个国际社会主义运动处于低潮的形势下，中国开始进入总体小康，并逐步提出全面建设小康社会新的奋斗目标，这充分证明了马克思列宁主义、毛泽东思想、邓小平理论和"三个代表"重要思想的科学性，从社会主义发展的道路和实现方式等方面丰富和发展了马克思主义基本理论。同时，基于"总体小康"提出"全面建设小康社会"新的奋斗目标，也反映出中国共产党对社会主义社会建设的长期性和阶段性特征的统一性认识。人类历史上任何一种社会形态的发展都表现为连续性与阶段性的统一，社会主义也不例外。中国特色社会主义事业的发展，也有一个循序渐进的阶段性历史进程。分阶段实现社会主义现代化，也是中国共产党的一个重要战略思想。邓小平从我国国情出发，提出了分"三步走"基本实现社会主义现代化的发展战略。经过 20 多年的不懈努力，我国实现了"总体小康"。在此基础上，党中央作出新的战略部署，提出"全面建设小康社会"新的奋斗目标，要求在 21 世纪的头二十年，将从已经进入小康社会发展到全面建成惠及十几亿人口的更高水平的小康社会。这一新的奋斗目标的提出，符合社会主义建设规律，适应广大人民群众期待，充分反映出党对社会主义社会发展规律的科学把握，对分阶段实现社会主义现代化的科学认识。

2. 拓宽了小康社会建设的理论内涵

实现全面建设小康社会的奋斗目标，拓宽了小康社会建设的理论内涵，为小康社会建设提供了目标引领。根据马克思主义基本原理，社会发展并非是某种孤立存在的社会要素的提升，而是社会各种文明要素相互作用建立起来的完整体系。小康社会建设以经济发展和生产力水平的提高为重要内涵，但并非单一的经济建设。在建设小康社会进程中，应当全面推进经济、政治、文化、社会和生态文明建设。"建设有中国特色社会主义，应该是我国经济、政治、文化全面发展的进程，是我国社会主义物质文明、政治文明、精神文明全面建设的进程。"① 党的十六大提出全面建设小康社会的奋斗目标，既带有强烈的问题意识，也具有全面发展的现实指向。江泽民指出："全面建设小康社会，开创中国特色社会主义事业新局面，就是要在中国共产党的坚强领导下，发展社会主义市场经济、社会主义民主政治和社会主义先进文化，不断促进社会主义物质文明、政治文明和精神文明的协调发展，推进中华民族的伟大复兴。"② 这既充分强调了坚持以经济建设为中心、不断解放和发展生产力的重要意义，也突出强调了发展社会主义民主政治，建设社会主义政治文明，以及大力发展社会主义文化，建设社会主义精神文明的重要作用。具体而言，全面建设小康社会还要正确处理好改革、发展、稳定的关系，处理好工农之间、城乡之间的关系，处理好东、中、西部不同地区之间的关系，处理好先富与后富之间的关系，等等。全面建设小康社会的目标要求，既为实现中国特色社会主

---

① 《江泽民文选》第 3 卷，人民出版社 2006 年版，第 490—491 页。
② 《十六大以来重要文献选编》（上），中央文献出版社 2005 年版，第 43 页。

义全面发展作了目标设定，也明确了全面建设小康社会应当完成的历史任务，有力拓展了中国共产党小康社会的理论内涵。

3. 升华了小康社会理论的价值追求

实现全面建设小康社会的奋斗目标，明确了人的全面发展的价值取向，升华了中国共产党小康社会理论的价值追求。在马克思主义的理论语境中，"人的全面发展"是一个随着社会的发展进步而不断完善、永无止境的价值理想。中国共产党以全心全意为人民服务为宗旨，始终将人的全面发展置于经济社会发展的突出位置，不断建设更高水平的小康社会，以更好地满足人民群众的利益需求。实现全面建设小康社会的奋斗目标，明确了提高全国人民的生活水平和质量的实践追求。党的十六大报告通篇贯穿"人民"这一关键概念，处处体现代表最广大人民群众根本利益这一价值取向，提出："发展经济的根本目的是提高全国人民的生活水平和质量。要随着经济发展不断增加城乡居民收入，拓宽消费领域，优化消费结构，满足人们多样化的物质文化需求。加强公共服务设施建设，改善生活环境，发展社区服务，方便群众生活。建立适应新形势要求的卫生服务体系和医疗保健体系，着力改善农村医疗卫生状况，提高城乡居民的医疗保健水平。发展残疾人事业。继续大力推进扶贫开发，巩固扶贫成果，尽快使尚未脱贫的农村人口解决温饱问题，并逐步过上小康生活。"① 实现全面建设小康社会的奋斗目标，就是不断健全和完善社会保障体系、国民教育体系、医疗卫生体系，切实尊重和保障人民的政治、经济、文化等各方面权益，使人民的物质生活、精神生活、政治权利、生存环境得到全面改善，保证人民群众能够安居乐业，促进人的全面发展。实现这样的奋斗目标，既能够充分展示中国特色社会主义制度的强大优越性，也能够彰显中国共产党小康社会理论的崇高价值性。

(三) 开启全面建成小康社会实践

从"总体小康"到"全面建设小康社会"反映出中国共产党对建设小康社会的认识进入了新阶段。在此基础上，党的十八大根据经济社会发展的实际进程，从中国特色社会主义总体布局出发，将大会主题定为"为全

---

① 《十六大以来重要文献选编》（上），中央文献出版社 2005 年版，第 23 页。

面建成小康社会而奋斗"，提出了 2020 年全面建成小康社会的新要求和新愿景，形成了全面、系统、完善的小康社会建设理论。从"全面建设小康社会"到"全面建成小康社会"，虽仅有一字之差，但却标志着我国"小康社会"建设进入最后的关键阶段，也体现出全面建设小康社会与全面建成小康社会的高度关联性和前后相承性。

1. 为开启全面建成小康社会实践奠定坚实基础

回首我国推进小康社会建设的历史进程，不难看出"全面建设小康社会"是实现从"总体小康"到"全面建成小康社会"历史性跨越的关键性环节，全面建设小康社会承启前后，为全面建成小康社会奠定了重要的实践基础。经过 21 世纪头十年的快速发展，我国全面建设小康社会取得了重要进展。

从经济建设来看，我国经济总量持续增加，2000 年我国国内生产总值 9.9 万亿元，2011 年我国国内生产总值就达到 47.3 万亿元，2001—2012 年国内生产总值平均增长速度达到 10.1%。① 我国经济总量的世界位次稳步提升，2008 年国内生产总值超过德国，居世界第三。2010 年超过日本，位居世界第二，成为仅次于美国的世界第二大经济体。农业综合生产能力提高，粮食连年增产。产业结构调整取得新进展，基础设施全面加强。城镇化水平明显提高，城乡区域发展协调性增强。创新型国家建设成效显著，一系列重大科技项目实现重大突破。从政治建设来看，我国政治体制改革继续推进，基层民主不断发展，中国特色社会主义法律体系形成，社会主义法治国家建设成绩显著，爱国统一战线巩固壮大，行政体制改革深化，司法体制和工作机制改革取得新进展。从文化建设来看，社会主义核心价值体系建设深入开展，文化体制改革全面推进，公共文化服务体系建设取得重大进展，文化产业快速发展，文化创造生产更加繁荣，人民精神文化生活更加丰富多彩。从社会建设来看，基本公共服务水平和均等化程度明显提高，教育事业迅速发展，城乡免费义务教育全面实现，社会保障体系建设成效显著，城乡基本养老保险制度全面建立，新型社会救助体系基本形成，全民医保基本实现，城乡基本医疗卫生制度初步建立，保障性

---

① 参见中华人民共和国统计局编《中国统计年鉴（2013）》，中国统计出版社、北京数通电子出版社 2013 年版。

住房建设加快推进，人民生活水平显著提高。2000 年我国人均国内生产总值为 7858 元，2012 年我国人均国内生产总值就达到 38420 元。从人均社会消费品零售额来看，就由 2000 年人均 3097 元达到 2012 年人均 15570元。① 此外，我国生态文明建设扎实开展，资源节约和环境保护全面推进，经济发展的协调性显著增强，实现了经济又好又快发展。全面建设小康社会所取得的一系列历史性成就，为全面建成小康社会打下了坚实基础。基于此，党的十八大指出："综观国际国内大势，我国发展仍处于可以大有作为的重要战略机遇期。我们要准确判断重要战略机遇内涵和条件的变化，全面把握机遇，沉着应对挑战，赢得主动，赢得优势，赢得未来，确保到二〇二〇年实现全面建成小康社会宏伟目标。"②

2. 为开启全面建成小康社会实践提供强大精神力量

我国开启全面建设小康社会之际，人类社会正步入 21 世纪。世纪转换，使人类社会发展呈现出不同于以往的诸多新特点，社会更加复杂，世界变化更快，各国之间相互依赖加深，相互竞争加剧，发展的不确定性也在增大，全面建设小康社会面临着机遇与挑战并存的时代背景。党的十六大报告要求我们"紧紧抓住"这一"可以大有作为"的战略机遇期。实现全面建设小康社会的奋斗目标，也就是在不断克服困难、解决矛盾的实践中前进的。

从国际环境来看，这一阶段国际金融危机给世界经济造成深度冲击，世界经济增长速度放缓，各种形式的保护主义抬头，气候变化、能源资源安全、公共卫生安全等全球性问题更加突出，国际和地区热点问题此起彼伏，国际敌对势力对我国西化、分化的战略图谋没有改变。从国内环境来看，我国发展中不平衡、不协调、不可持续的问题依然突出，保障和改善民生工作压力较大，社会矛盾凸显。我国在前进中还面临不少困难和问题，经济增长的资源环境代价过大，城乡、区域、经济社会发展仍然不平衡，农业稳定发展和农民持续增收难度加大，诸多关系群众切身利益的问题仍然较多，思想道德建设有待加强等。从党的建设来看，党的执政能力同新形势新任务不完全适应，对改革发展稳定一些重大实际问题的调查研

---

① 参见中华人民共和国统计局编《中国统计年鉴（2013）》，中国统计出版社、北京数通电子出版社 2013 年版。

② 《十八大以来重要文献选编》（上），中央文献出版社 2014 年版，第 13 页。

究不够深入，一些基层党组织软弱涣散，少数党员干部作风不正，形式主义、官僚主义问题比较突出等。面对这些新的挑战，在党的坚强领导下，全国各族人民振奋精神、齐心协力、发奋图强，增强忧患意识、居安思危，清醒认识前进道路上的风险和挑战，采取一系列重大举措，克服诸多艰难险阻，保持经济社会平衡发展，使全面建设小康社会扎实推进。"在十分复杂的国内外形势下，党和人民经受住严峻考验，巩固和发展了改革开放和社会主义现代化建设大局，提高了我国国际地位，彰显了中国特色社会主义的巨大优越性和强大生命力，增强了中国人民和中华民族的自豪感和凝聚力。"[1] 在全面建设小康社会过程中，正是因为我们牢固树立实事求是的观念，大力弘扬艰苦奋斗的精神，不断强化居安思危的意识，才如期实现了我们的奋斗目标，为开启全面建成小康社会新的伟大实践提供了强大的精神力量。"如期全面建成小康社会任务十分艰巨，全党一定要埋头苦干、顽强拼搏。"[2]

---

① 《十八大以来重要文献选编》（上），中央文献出版社 2014 年版，第 5 页。
② 《十八大以来重要文献选编》（上），中央文献出版社 2014 年版，第 15 页。

第五章

全面建设小康社会的战略部署

全面建设小康社会是宏伟壮阔的系统工程。科学谋划和系统部署是推进全面建设小康社会的重要前提。党的十六大确定了全面建设小康社会目标。在此基础上，党的十七大深刻分析了国际国内发展形势，顺应各族人民过上更好生活的新期待，依据经济社会发展趋势和规律，从中国特色社会主义经济建设、政治建设、文化建设、社会建设、生态文明建设等方面作出全面部署，蕴含了全面建设小康社会的基本理念、总体布局、战略举措等方面，形成了系统、完整、重大的战略部署。这些战略部署集中体现了科学发展观的本质要求和基本精神，为夺取全面建设小康社会新胜利提供了遵循。

一　全面建设小康社会战略部署的提出依据

党的十七大报告指出："我们必须适应国内外形势的新变化，顺应各族人民过上更好生活的新期待，把握经济社会发展趋势和规律，坚持中国特色社会主义经济建设、政治建设、文化建设、社会建设的基本目标和基本政策构成的基本纲领，在十六大确立的全面建设小康社会目标的基础上对我国发展提出新的更高要求。"[①] 这一论断深刻阐述了全面建设小康社会战略部署的提出依据。

---

① 胡锦涛：《高举中国特色社会主义伟大旗帜　为夺取全面建设小康社会新胜利而奋斗——在中国共产党第十七次全国代表大会上的报告》，人民出版社2007年版，第19页。

（一）适应国内外形势发展的新变化

党的十七大报告深刻分析了国内外形势，系统回答了国内外关注的关系我国经济社会发展全局的重大问题，指出："当今世界正在发生广泛而深刻的变化，当代中国正在发生广泛而深刻的变革。机遇前所未有，挑战也前所未有，机遇大于挑战。"①

1. 适应国内形势发展的新变化

我们党团结带领人民在全面建设小康社会的伟大实践中，紧紧把握和用好发展的重要战略机遇期，坚持用发展和改革的方法解决发展中的各种问题，有力推动经济、政治、文化、社会、生态等领域实现新突破，同时也面临发展的新制约。经济建设取得新发展。党的十六大后，我国经济始终保持中高速平稳增长。我国国内生产总值的增长速度在 2002 年为 9.1%，2003 年为 10%，2004 年为 10.1%，2005 年为 9.9%，② 2006 年为 12.7%，2007 年为 14.2%，2008 年为 9.6%，2009 年为 9.2%，2010 年为 10.4%，2011 年为 9.2%，③ 十年连续经济增长速度处于9%以上。2008 年以后，国际金融危机使我国发展遭遇严重困难，党中央科学判断、果断决策，采取一系列重大举措，在全球率先实现经济企稳回升，积累了有效应对外部经济风险冲击、保持经济平稳较快发展的重要经验。我国成功举办北京奥运会、残奥会和上海世博会，夺取抗击汶川特大地震等严重自然灾害和灾后恢复重建重大胜利，妥善处置一系列重大突发事件。④ 这也表明，在外部内部风险挑战明显增多的复杂局面下，我国坚持贯彻党的十六大、十七大精神，深化经济体制改革，确保经济保持平稳增长，显示出强大韧性和经济实力，为全面建成小康社会奠定了良好基础。

政治建设取得新成效。党中央坚持中国特色社会主义政治发展道路，

---

① 胡锦涛：《高举中国特色社会主义伟大旗帜　为夺取全面建设小康社会新胜利而奋斗——在中国共产党第十七次全国代表大会上的报告》，人民出版社 2007 年版，第 1—2 页。

② 国家统计局：《中华人民共和国 2005 年国民经济和社会发展统计公报》，2006 年 2 月 28 日，http：//www.stats.gov.cn/tjsj/tjgb/ndtjgb/qgndtjgb/200602/t20060227_30019.html。

③ 国家统计局：《中华人民共和国 2011 年国民经济和社会发展统计公报》，2012 年 2 月 22 日，http：//www.stats.gov.cn/tjsj/tjgb/ndtjgb/qgndtjgb/201202/t20120222_30026.html。

④ 参见胡锦涛《坚定不移沿着中国特色社会主义道路前进　为全面建成小康社会而奋斗——在中国共产党第十八次全国代表大会上的报告》，人民出版社 2012 年版，第 5—7 页。

坚持党的领导、人民当家作主、依法治国有机统一，推动政治建设展现新成效。一是政治体制改革稳步推进。党的十七大报告指出，政治体制改革"必须随着经济社会发展而不断深化，与人民政治参与积极性不断提高相适应。"① 相较于党的十五大所提出的"积极稳妥地推进政治体制改革""深化政治体制改革"反映出在中国特色社会主义实践中，社会主义民主政治建设的生命力更加顽强、旺盛。二是基层民主建设不断发展。基层民主是人民群众直接行使民主权利、依法进行自我管理、自我服务和自我发展的主要形式，是中国特色社会主义民主最广泛的实践。党的十七大报告指出："发展基层民主，保障人民享有更多更切实的民主权利。"② 发展基层直接民主，保障人民依法直接行使民主权利，是中国特色社会主义民主政治制度的重要组成部分。三是社会主义法治国家建设成效显著。党的十五大报告正式将"依法治国"确立为党领导人民治理国家的基本方略。党的十六大报告则从发展社会主义民主政治的高度，要求将"坚持党的领导、人民当家作主和依法治国有机统一起来"。③ 党的十七大报告以科学发展观为统领，将深入落实依法治国基本方略列入实现全面建设小康社会奋斗目标的新要求。这一系列政策和措施表明，党依法执政的能力和水平不断提高。

　　社会建设展现新面貌。2006 年 10 月，党的十六届六中全会通过的《关于构建社会主义和谐社会若干重大问题的决定》指出，社会和谐是中国特色社会主义的本质属性，强调要按照民主法治、公平正义、诚信友爱、充满活力、安定有序、人与自然和谐相处的总要求，构建社会主义和谐社会，推动社会建设与经济建设、政治建设、文化建设协调发展。新时期，党和国家加快推进以民生为重点的社会建设，始终将人民利益高高举在头顶、放在心底，大刀阔斧地推进民生领域各项改革，民生事业发展取得历史性成就，大幅提升广大人民群众的获得感、幸福感、安全感。

　　文化建设迈向新台阶。文化是一个国家、一个民族展现生命力、凝聚

---

① 胡锦涛：《高举中国特色社会主义伟大旗帜　为夺取全面建设小康社会新胜利而奋斗——在中国共产党第十七次全国代表大会上的报告》，人民出版社 2007 年版，第 28 页。

② 胡锦涛：《高举中国特色社会主义伟大旗帜　为夺取全面建设小康社会新胜利而奋斗——在中国共产党第十七次全国代表大会上的报告》，人民出版社 2007 年版，第 30 页。

③ 《十六大以来重要文献选编》（上），中央文献出版社 2005 年版，第 24 页。

力和创造力的重要载体。党的十六大后，中国共产党以高度的文化自觉、文化自信，确立文化发展新目标、谋划文化发展新战略、提出文化发展新举措，始终与真理同行，与时代同步，走出了一条中国特色社会主义文化发展的光明道路。"党中央、国务院坚持走中国特色社会主义文化发展道路，坚持为人民服务、为社会主义服务的方向，坚持百花齐放、百家争鸣的方针，坚持贴近实际、贴近生活、贴近群众的原则，大力推进社会主义文化建设，文化事业得到长足发展，初步形成了覆盖全国的公共文化服务体系。"① 社会主义文化建设成效显著，成果斐然，并朝着更高阶段迈进。

生态文明建设呈现新气象。进入新世纪新阶段，在中国共产党的领导下，我国更加注重生态文明建设。2002 年，党的十六大将"可持续发展能力不断增强，生态环境得到改善，资源利用效率显著提高，促进人与自然的和谐"② 作为全面建设小康社会的四大目标之一。党的十六届三中全会明确提出坚持科学发展观，强调统筹人与自然和谐发展；十六届四中全会提出建设和谐社会，强调人与自然的和谐；十六届五中全会提出建设资源节约型、环境友好型社会。随后，党的十七大首次将"生态文明"写入党代会报告，并将推进现代化与建设生态文明有机结合起来，形成了与物质文明、精神文明、政治文明并列的"第四文明"建设。这一进步顺应了文明转型的要求，顺应了时代发展的要求，是我们党对全球日益严峻的环境问题主动承担大国责任的庄严承诺。

我国经济社会发展取得辉煌成就的同时，也面临发展的新制约。党的十七大报告指出，突出的问题是经济增长的资源环境代价过大；城乡、区域经济社会发展仍然不平衡；农业稳定发展和农民持续增收难度加大；劳动就业、社会保障、收入分配、教育卫生、居民住房、安全生产、司法和社会治安等方面关系群众切身利益的问题仍然较多，部分低收入群众生活比较困难；思想道德建设有待加强；党的执政能力同新形势新任务不完全适应，对改革发展稳定一些重大实际问题的调查研究不够深入。③

---

① 《改革开放铸辉煌　经济发展谱新篇——1978 年以来我国经济社会发展的巨大变化》，《人民日报》2013 年 11 月 6 日第 10 版。

② 《改革开放三十年重要文献选编》（下），中央文献出版社 2008 年版，第 1250 页。

③ 参见胡锦涛《高举中国特色社会主义伟大旗帜　为夺取全面建设小康社会新胜利而奋斗——在中国共产党第十七次全国代表大会上的报告》，人民出版社 2007 年版，第 5 页。

2. 适应国际形势发展的新变化

随着改革开放不断深入，我国与世界相互依赖的程度日益加深。国际环境发展变化也对我国全面建设小康社会产生了深刻影响。党的十七大报告指出："当今世界正处在大变革大调整之中。和平与发展仍然是时代主题，求和平、谋发展、促合作已经成为不可阻挡的时代潮流。世界多极化不可逆转，经济全球化深入发展，科技革命加速推进，全球和区域合作方兴未艾，国与国相互依存日益紧密，国际力量对比朝着有利于维护世界和平方向发展，国际形势总体稳定。"[①] "同时，世界仍然很不安宁。霸权主义和强权政治依然存在，局部冲突和热点问题此起彼伏，全球经济失衡加剧，南北差距拉大，传统安全威胁和非传统安全威胁相互交织，世界和平与发展面临诸多难题和挑战。"[②] 这些论述点明了当今世界的时代潮流，揭示了其向好发展的总体态势，同时也揭示了世界发展面临不容忽视的困境与挑战。

具体而言，在经济全球化和科技革命的推动下，加深了各国的相互依存，推动世界经济格局加速变革，世界范围内生产力、生产方式、生活方式和经济社会发展观发生了前所未有的深刻变革，也引起全球生产要素流动和产业转移加快，经济格局、利益格局和安全格局发生了前所未有的重大变化。这为各国发展提供了新机遇。但由于发达国家仍主导经济全球化和科技创新，使得世界经济失衡和重组的速度明显加快，发达国家与发展中国家的差距继续扩大，新兴国家发展对世界既得利益格局形成新的挑战，经济问题政治化和贸易保护主义抬头。特别是 2008 年先爆发于美国，后延伸至全球的金融危机，出现世界性的经济衰退，引起各国经济、政治及社会持续动荡，贸易保护主义及其他形式的保护主义明显抬头。这严重影响了我国的对外贸易，也加大了我国经济风险。冷战结束以后，世界多极化不可逆转，世界局势基本稳定。但是霸权主义和强权政治依然存在，传统安全威胁和非传统安全威胁相互交织，局部冲突和热点问题此起彼伏，恐怖主义蔓延趋势仍未找到有效的遏制手段，环境污染、传染病等各

---

① 胡锦涛：《高举中国特色社会主义伟大旗帜　为夺取全面建设小康社会新胜利而奋斗——在中国共产党第十七次全国代表大会上的报告》，人民出版社 2007 年版，第 46 页。

② 胡锦涛：《高举中国特色社会主义伟大旗帜　为夺取全面建设小康社会新胜利而奋斗——在中国共产党第十七次全国代表大会上的报告》，人民出版社 2007 年版，第 46 页。

种自然或人为的灾害仍然威胁着人类的共同安全。特别是一些国家依然奉行冷战思维，企图通过加大军事投入、强化军事同盟来谋求单方面地缘优势和绝对安全，也给我国发展带来不小的挑战。

（二）顺应各族人民过上更好生活的新期待

党的一切奋斗和工作都是为了造福人民，为人民服务是党的根本宗旨，始终把实现好、维护好、发展好最广大人民的根本利益作为党和国家一切工作的出发点和落脚点，做到发展为了人民，发展依靠人民，发展的成果为人民共享。这正是以人为本这一科学发展观的核心所在。全面建设小康社会的最终目的就是让人民过上更好的生活。随着我国经济社会发展进入新的阶段，人民对更好生活的期待涵盖经济、政治、文化等多层次、多维度、多方面。人民过上更好生活有了更为丰富的新期待。

1. 人民对共同富裕的新期待

党的十六大以来，我国经济快速发展，人均收入水平不断提高，到2006年我国人均国内生产总值已达2040美元，居民消费结构稳步升级，恩格尔系数逐步下降。2002年，全国城镇居民人均可支配收入7703元，考虑物价下降因素，比上年实际增长13.4%；农村居民人均纯收入2476元，实际增长4.8%。[1] 2011年，全年城镇居民人均可支配收入21810元，比上年增长14.1%，扣除价格因素，实际增长8.4%；农村居民人均纯收入6977元，比上年增长17.9%，扣除价格因素，实际增长11.4%。[2] 持续增长的城乡居民收入和普遍增多的家庭财产为人民生活水平的提高打下了坚实的基础。但同时，收入分配不公的问题仍然存在且日益突出，城乡居民收入、城乡区域公共服务水平差距进一步影响着人民的生活水平。人民期望在经济增长的同时收入同步增长，人人都能分享改革发展带来的丰硕成果，人人渴望安居乐业、衣食无忧，过上比较宽裕乃至较为富足的生活。

---

[1] 国家统计局：《中华人民共和国2002年国民经济和社会发展统计公报》，2003年2月28日，http://www.stats.gov.cn/tjsj/tjgb/ndtjgb/qgndtjgb/200302/t20030228_30016.html。

[2] 国家统计局：《中华人民共和国2011年国民经济和社会发展统计公报》，2012年2月22日，http://www.stats.gov.cn/tjsj/tjgb/ndtjgb/qgndtjgb/201202/t20120222_30026.html。

2. 人民公平正义的新期待

人民在经济需求上由原来的基本生活满足型转向综合发展型和富裕提升型，更希望在民主、法治、社会参与等方面获得更能保障公平正义的公共服务，更加渴望人人获得权利公平、机会公平、规则公平，更希望共同享有人生出彩的机会，共同享有梦想成真的机会，共同享有同祖国和时代一起成长与进步的机会。公平正义是人类追求更好生活的一个永恒主题。人们在物质生活极大丰富后，必然对公平正义有着更高层面的需求。

3. 人民对丰富文化的新期待

随着经济社会的发展，人们对提高社会道德水平和丰富精神文化产品提出了新愿望。党的十七大报告指出，"当今时代，文化越来越成为民族凝聚力和创造力的重要源泉、越来越成为综合国力竞争的重要因素，丰富精神文化生活越来越成为我国人民的热切愿望"，① "使人民基本文化权益得到更好保障"②。可以说，文化领域要顺应各族人民过上更好生活的新期待，就需要关注百姓不同层次的需求，包括基本权益保障和丰富生活、欣赏精品等各个层面。顺应不同的需求层次，需要开展不同层面的创造与创新的工作。

4. 人民对幸福安康的新期待

随着经济发展水平的提高，人民群众的需求会逐步从追求量转向追求质。人民不仅对物质文化生活持有更高的期待，而且对基础教育、基本医疗和公共卫生、公共就业服务、基本社会保障、基本住房保障等方面的公共需求在快速增长。人民群众希望有更优质的教育、更稳定的工作、更满意的收入、更完善的社会保障、更可靠的食品安全、更高水平的医疗卫生服务、更舒适的居住条件、更优美的环境，未成年人能成长得更好，各行各业的从业者能工作得更好，城乡广大人民群众都能生活得更加幸福。但由于我国的基本公共服务供给能力没有相应跟上，公共服务产品供给跟不上人民的需要。从我国的现实情况看，我国基本公共服务领域的供给问题，又主要表现在基本公共服务的非均等化上。比如，城市居民的基本公

---

① 胡锦涛：《高举中国特色社会主义伟大旗帜 为夺取全面建设小康社会新胜利而奋斗——在中国共产党第十七次全国代表大会上的报告》，人民出版社 2007 年版，第 33 页。

② 胡锦涛：《高举中国特色社会主义伟大旗帜 为夺取全面建设小康社会新胜利而奋斗——在中国共产党第十七次全国代表大会上的报告》，人民出版社 2007 年版，第 33 页。

共服务体系相对完善, 但农村基本公共服务体系相当不健全。再比如, 发达地区的基本公共服务, 不仅比较健全, 而且供给水平比较高, 但落后地区的基本公共服务相对来说, 不但体系欠缺, 而且供给水平也较低。因此, 解决基本公共服务领域的问题, 主要的矛盾在于基本公共服务均等化。党的十七大报告明确表述: "努力使全体人民学有所教、劳有所得、病有所医、老有所养、住有所居, 推动建设和谐社会。"① 这个具体目标反映了人民群众的新期待。

(三) 遵循经济社会发展趋势和规律

自觉遵循经济社会发展的内在规律, 是党进行社会主义建设的重要经验。全面建设小康社会是在准确把握经济社会发展规律的基础上, 依据客观条件和主观条件作出的战略选择。而揭示这一规律, 则需要全面把握我国经济社会发展的主要矛盾, 从推动我国生产力和生产关系、经济基础和上层建筑的辩证运动中进行深刻把握。

1. 着力把握发展规律

根据生产关系必须与一定的生产力发展状况相适应, 经济基础决定着上层建筑, 上层建筑必须与经济基础相适应的原理。经济发展是基础, 政治发展、文化发展和社会发展又反过来给经济发展以巨大影响。胡锦涛强调: "要坚持从我国国情出发, 坚持以宽广的眼界观察世界, 科学分析和判断我国社会主义社会的主要矛盾, 全面把握我国经济、政治、文化和社会发展的基本特征, 努力从推动我国生产关系同生产力、上层建筑同经济基础相适应的实践中深化对社会主义建设规律的认识。"② 新时期, 我国正处于改革的攻坚阶段和社会矛盾的 "突发期", 面临着一系列发展难题, 如不破解这些难题, 将阻碍我们进一步前进。党的十七大报告指出, 要 "着力把握发展规律、创新发展理念、转变发展方式、破解发展难题, 提高发展质量和效益, 实现又好又快发展"③。"着力把握发展规

---

① 胡锦涛:《高举中国特色社会主义伟大旗帜 为夺取全面建设小康社会新胜利而奋斗——在中国共产党第十七次全国代表大会上的报告》, 人民出版社 2007 年版, 第 37 页。

② 《胡锦涛在中共中央政治局第十七次集体学习时强调 学习和运用建设社会主义的成功经验坚持好发展好中国特色社会主义道路》,《人民日报》2004 年 12 月 3 日第 1 版。

③ 胡锦涛:《高举中国特色社会主义伟大旗帜 为夺取全面建设小康社会新胜利而奋斗——在中国共产党第十七次全国代表大会上的报告》, 人民出版社 2007 年版, 第 15 页。

律"说明掌握发展规律对实现国民经济又好又快发展的重要性。全面建设小康社会必须遵循社会全面协调发展的规律。注重"协调发展，就是要统筹城乡发展、统筹区域发展、统筹经济社会发展、统筹人与自然和谐发展、统筹国内发展和对外开放，推进生产力和生产关系、经济基础和上层建筑相协调，推进经济、政治、文化建设的各个环节、各个方面相协调"。①

2. 遵循社会发展与人的发展相互促进的规律

全面建设小康社会必须遵循社会发展与人的发展相互促进的规律。人的全面发展与社会的全面发展是相辅相成的，社会的发展成果最终要体现在人的全面发展上。党的十六大报告提出促进人的全面发展是建设社会主义新社会的本质要求，认为人的全面发展是同经济、政治、文化的发展互为前提、互为基础，相互促进、共同协调的发展。党的十六届三中全会强调坚持以人为本，树立全面、协调、可持续的发展观，促进经济社会和人的全面发展。社会发展的根本目的，是要满足人的全面发展需要。坚持以人为本，就是要以实现人的全面发展为目标，从人民群众的根本利益出发谋发展、促发展，不断满足人民群众日益增长的物质文化需要，切实保障人民群众的经济、政治和文化权益，不断提高人们的思想道德和科学文化素质，努力创造人人平等发展、充分发挥聪明才智的社会环境，让发展成果惠及全体人民。这就表明，只有社会全面进步，经济、政治和文化得到全面发展，人的全面发展才能成为现实。同样，只有促进人的全面发展，全面提高个人能力和素质，才能促进社会的全面进步。

3. 遵循社会和谐稳定的规律

全面建设小康社会必须遵循社会和谐稳定的规律。这就要求全面小康社会建设必须平衡社会各阶层利益关系，妥善处理人民利益矛盾，保持社会和谐稳定。党的十六大报告把"坚持稳定压倒一切的方针，正确处理改革发展稳定的关系"②，概括为改革开放以来、特别是最近十三年来我们党所积累的基本经验之一。"稳定是改革和发展的前提。要把改革的力度、

---

① 《十六大以来重要文献选编》（上），中央文献出版社 2005 年版，第 850 页。
② 《十六大以来重要文献选编》（上），中央文献出版社 2005 年版，第 7 页。

发展的速度和社会可承受的程度统一起来，把不断改善人民生活作为处理改革发展稳定关系的重要结合点，在社会稳定中推进改革发展，通过改革发展促进社会稳定。"① 胡锦涛指出，保持社会稳定，"是推进改革开放和社会主义现代化建设的基本前提，是全面建设小康社会的重要保证，也是构建社会主义和谐社会的必然要求。"② "我们要抓住和用好重要战略机遇期、实现全面建设小康社会的宏伟目标，就必须正确应对这些矛盾和问题，花更大气力妥善协调各方面的利益关系，正确处理各种社会矛盾，大力促进社会和谐。这既是全面建设小康社会的重要内容，也是实现全面建设小康社会宏伟目标的重要前提。"③

二　全面建设小康社会战略部署的主要构成

全面建设小康社会是我国社会主义现代化建设的关键步骤和重要战略任务。党的十六大报告全面剖析了全面建设小康社会的内容与目标。党的十七大报告立足于十六大报告确立的全面建设小康社会目标的具体方略，提出新的更高要求，明确指出要统筹发展中国特色社会主义经济建设、政治建设、文化建设、社会建设，第一次将生态文明建设列入决策部署中，并进一步强调经济建设、政治建设、文化建设、社会建设、生态文明建设五个方面协同联动、逐步推进的战略布局，从整体上确立了新时期坚持和发展中国特色社会主义的基本理念、战略目标和战略举措，体现了全面建设小康的理念、思路和发展路径。

（一）全面建设小康社会的根本理念

全面建设小康社会的战略部署是对科学发展观的贯彻落实。科学发展观蕴含的发展理念是全面建设小康社会的根本遵循。党的十七大报告指出："在新的发展阶段继续全面建设小康社会、发展中国特色社会主义，必须坚持以邓小平理论和'三个代表'重要思想为指导，深入贯彻落实科

---

① 《十六大以来重要文献选编》（上），中央文献出版社 2005 年版，第 7 页。
② 《十六大以来重要文献选编》（下），中央文献出版社 2008 年版，第 436—437 页。
③ 《十六大以来重要文献选编》（中），中央文献出版社 2006 年版，第 697 页。

学发展观。"① 科学发展观，第一要义是发展，核心是以人为本，基本要求是全面协调可持续，根本方法是统筹兼顾。科学发展观继承了中国共产党关于社会发展的思想论述，并对其进行创造性地转化和发展，是马克思主义理论中关于发展的世界观和方法论的具体体现，是同马克思列宁主义、毛泽东思想、邓小平理论和"三个代表"重要思想既一以贯之又顺应时代发展的科学理论，是发展中国特色社会主义必须贯彻落实的重大战略思想。

1. 坚持以人为本

发展为了谁、依靠谁、发展成果如何分配，这是任何一种发展观都必须解决的首要前提问题。党的十七大报告强调："全心全意为人民服务是党的根本宗旨，党的一切奋斗和工作都是为了造福人民。要始终把实现好、维护好、发展好最广大人民的根本利益作为党和国家一切工作的出发点和落脚点。尊重人民主体地位，发挥人民首创精神，保障人民各项权益，走共同富裕道路，促进人的全面发展，做到发展为了人民、发展依靠人民、发展成果由人民共享。"② 这一重要论断，明确了全面建设小康社会的根本价值立场。首先，全面建设小康社会的战略部署坚持发展为了人民，就是要实现好、维护好、发展好最广大人民的根本利益，把发展的目的真正体现在人民需要得以满足、广大人民利益得以实现、人民生活水平得以提高上。其次，全面建设小康社会坚持发展依靠人民，就是人民主体地位受到切实尊重，人民首创精神能够有效发挥，与群众取得密切联系，始终信任群众，牢牢依靠群众，人民群众的积极性得到最充分地调动、人民群众的主动性得到最充分地彰显、人民群众的创造性得到最充分地诠释，能够最大限度地体现并集中人民的聪明才智，把最广泛人民群众动员起来并进行有效组织，全身心投入中国特色社会主义现代化事业中。其三，关于发展成果分配的问题，要坚持发展成果由全体人民共同享有，就是要走共同富裕道路，把改革发展取得的各方面成就，体现在人民的生活质量得到不断改善以及人民健康水平得到不断提高上，体现在人民的思想道德素质和科学文化素质得到不断提升上，体现在人民享有的经济权益、

① 胡锦涛：《高举中国特色社会主义伟大旗帜　为夺取全面建设小康社会新胜利而奋斗——在中国共产党第十七次全国代表大会上的报告》，人民出版社 2007 年版，第 12 页。

② 胡锦涛：《高举中国特色社会主义伟大旗帜　为夺取全面建设小康社会新胜利而奋斗——在中国共产党第十七次全国代表大会上的报告》，人民出版社 2007 年版，第 15 页。

政治权益、文化权益、社会权益等各方面权益得以充分保障上，让广大人民群众切实感受到发展成果的益处。

2. 坚持全面协调可持续发展

科学发展的根本要求是协调可持续发展。全面协调可持续作为一个有机整体，内部要素之间是密切联系、互相制约、协调共进的，彰显了社会主义物质文明、政治文明、精神文明和社会建设的辩证统一，凸显了经济社会发展与人口、资源、环境的辩证统一，展现了昔日发展、当今发展和将来发展的辩证统一。所谓全面发展就是我国经济社会发展的每个环节、每个方面都必须发展。党的十六大以来，我们党进一步指出中国特色社会主义经济建设、政治建设、文化建设、社会建设四位一体的总体布局。党的十七大强调要按照中国特色社会主义事业总体布局，以经济建设为中心，全面推进中国特色社会主义经济、政治、文化、社会建设。这四个方面是相互联系、彼此影响的。其中，经济建设是各项建设的基础，发展要把经济建设作为中心，着力繁荣社会主义社会的生产力，为政治、文化、社会建设提供稳定的物质基础；政治建设能够提供强有力政治保证，促进经济、文化、社会的有序建设；文化作为经济、政治、社会的主观反映，可以提供强大的精神支撑，保障经济、政治、社会和谐发展；社会建设是经济建设、政治建设、文化建设在社会领域的综合体现，构建社会主义和谐社会，能够提供稳定的社会环境，推动经济、政治、文化的良性发展。所谓协调发展，是指每个方面的发展建设要彼此适应，就是要统筹城乡发展、统筹区域发展、统筹经济社会发展、统筹人与自然和谐发展、统筹国内发展和对外开放，促进中国特色社会主义现代化建设各个环节、各个方面相互协调，推动生产关系与生产力、上层建筑与经济基础彼此协调。可持续发展是指社会发展进程要保持持久性、连续性。要求一定要充分研究资源和环境的承受极限，既要高度重视我国经济社会增长指标，又要关注环境资源指标；必须统筹考量目前发展和今后发展，既要努力满足人民群众实际的物质和精神需要，又为子孙后代储备充沛的发展条件、预留发展空间。

3. 坚持统筹兼顾

科学的理念体现了科学的方法，科学的方法为科学的理念提供支撑。统筹兼顾注重坚持正确认识和妥善处理全面建设小康社会的重大关系。党的十六届三中全会提出了"五个统筹"的思想，即统筹城乡发展、统筹区域发展、统筹经济社会发展、统筹人与自然和谐发展、统筹国内发展和对外开放。党的十七大报告在"五个统筹"的基础上，进一步提出要统筹中央和地方关系，统筹个人利益和集体利益、局部利益和整体利益、当前利益和长远利益，统筹国内国际两个大局。这些方面的统筹，丰富了统筹兼顾方针的具体内涵、指明了统筹兼顾方针的对象、明确了统筹兼顾方针的范围，彰显了我们党不断深化对社会主义建设规律的认识，从而为全面建设小康社会找到了根本突破口，为社会主义现代化建设提供了现实途径。

第一，统筹城乡发展，要坚定不移地贯彻落实工业反哺农业、城市支持农村发展的政策方针，逐步转变城乡二元经济结构，社会主义新农村建设稳步推进，把"三农"问题切实处理好，让城乡发展差距不断缩小，不断统筹农村经济社会全面发展，构建城乡经济社会一体化崭新格局。

第二，统筹区域发展，就要落实区域发展总体战略持续实施，纵深推进西部大开发战略，促进东北地区等老工业基地全面振兴，着力推动中部地区经济社会崛起，积极鼓励东部地区率先发展，逐步摆脱区域社会发展差距拉大的发展态势，构成东部中部西部彼此促进、互补优势、资源共享、共同繁荣的新局面。

第三，统筹经济社会发展，就要在大力促进经济发展的同时，更加关注社会其他方面的发展，进一步加快文化、卫生、体育、社会保障、科技、教育、社会管理等社会事业发展，不断满足人民群众的需求特别是精神文化、健康和安全等方面，提高人的各项素质、提升人力资源能力，逐步实现经济发展与社会进步的有机统一。

第四，统筹人与自然和谐发展，要高度关注资源利用和生态环境保护问题，协调好经济建设、人口增长与资源利用、生态环境保护的关系，提升可持续发展的技术水平，助推我国社会步入生产发展、生活富裕、生态良好的文明发展道路。

第五，统筹国内发展和对外开放，就要统筹处理国内经济社会发展和国际社会环境之间的联系，既充分发掘利用好外部的良好条件，又利用好我国自身的竞争优势，开发利用国际国内两个市场、整合两种资源，立足于扩大国内需求，把扩大内部需求与扩大外部需求、开发利用国内资源与利用外部资源紧密结合起来，逐步实现国内发展与对外开放协调统一。

第六，统筹中央和地方关系，就要实现尊重基层和人民群众的首创精神，正确处理中央和地方的关系，均衡界定经济社会事务管理的权限和职责，匹配事权与财权的平衡、做到权力与责任相统一，既坚决拥护党中央的统一领导，又更好地凸显地方积极主动性。

第七，统筹集体利益与个人利益、整体利益与局部利益、长远利益与当前利益，就要坚持着眼于全体人民的切身利益，统筹协调整体利益、长远利益和根本利益，做到个人利益遵循集体利益、局部利益遵照整体利益、当前利益遵从长远利益，既切实保障好最广大人民的切身利益，又着力处理好人民最关心、最直接、最现实的利益问题。

第八，统筹国内国际两个大局，就要深刻认识国内发展与国际环境、内政与外交之间的联系，善于观察国际形势以及国际社会的发展变化，并从中把握我国发展方向、发挥发展机遇、缔造发展条件、把握发展全局，做到谋定而动、顺应时势、标本兼顾、趋利避害，为我国发展创造优越的国际环境。

（二）全面建设小康社会的总体布局

全面建设小康社会总体布局是一个有机整体，五个部分之间相互影响、相互促进，是系统与要素、局部与整体的关系，必须统筹兼顾，全面推进。其中，经济建设是根本，政治建设是保证，文化建设是灵魂，社会建设是条件，生态文明建设是基础。把握好全面建设小康社会总体布局及其各组成部分之间的内在关系，有助于我们更好地进行社会主义现代化建设。

1. 以经济建设为中心

党的十七大明确指出：“深入贯彻落实科学发展观，要求我们始终坚持‘一个中心、两个基本点’的基本路线”[1]，“以经济建设为中心是兴国之要，是我们党、我们国家兴旺发达和长治久安的根本要求”[2]，“要牢牢

---

[1]　胡锦涛：《高举中国特色社会主义伟大旗帜　为夺取全面建设小康社会新胜利而奋斗——在中国共产党第十七次全国代表大会上的报告》，人民出版社 2007 年版，第 16 页。

[2]　胡锦涛：《在纪念党的十一届三中全会召开 30 周年大会上的讲话》，人民出版社 2008 年版，第 16 页。

扭住经济建设这个中心，坚持聚精会神搞建设、一心一意谋发展，不断解放和发展社会生产力"。① 这说明，贯彻落实科学发展观、实现统筹协调发展仍然要坚定不移地"以经济建设为中心"，而不能搞"多中心"。以经济建设为中心是党的十一届三中全会以来明确而又一贯的战略思想，是党对历史经验教训的总结。这是由我国社会的主要矛盾和主要任务决定的，也是由国际和国内形势决定的。改革开放多年的实践证明，我国的发展进步之快必须归功于坚持以经济建设为中心的发展战略。以经济建设为中心既要求各项工作服从和服务于这个中心，又要统筹兼顾各方面的工作。改革开放以来，我国经济实现快速发展，取得了举世瞩目的伟大成就。党的十六大以来，我国经济进入新的上升期，综合国力和国际影响力大幅度提升，人民生活水平显著提高。同时，我们需要清醒认识到，经济建设也面临很多新矛盾和新挑战，主要是：经济发展不平衡、不协调的问题突出；城乡二元结构明显，区域发展差距较大；经济增长方式粗放，自主创新能力较低，增长付出的资源环境代价过高，具有不可持续性；经济发展的结构性矛盾比较突出，增长过于依赖投资和出口拉动，消费在国内生产总值中的比重下降；在实现科学发展方面的体制机制存在明显障碍，改革攻坚任务繁重。针对这些矛盾和问题，为了更好引导我国经济发展，以经济建设为中心推动经济持续健康发展，才能筑牢国家富强、人民幸福、社会稳定的物质基础。

2. 以政治建设为保障

我国是人民民主专政的社会主义国家，国家性质决定了党和国家是为人民服务的，实现最广大人民群众的根本利益是党和国家所有工作的出发点和落脚点。建设中国特色社会主义民主政治为我国社会主义现代化建设提供了坚实的政治保障。党的十七大报告明确了人民民主是社会主义的生命。发展社会主义民主政治是我们党始终不渝的奋斗目标。"要坚持中国特色社会主义政治发展道路，坚持党的领导、人民当家作主、依法治国有机统一，坚持和完善人民代表大会制度、中国共产党领导的多党合作和政治协商制度、民族区域自治制度以及基层群众自治制度，不断推进社会主

---

① 胡锦涛：《高举中国特色社会主义伟大旗帜　为夺取全面建设小康社会新胜利而奋斗——在中国共产党第十七次全国代表大会上的报告》，人民出版社 2007 年版，第 15 页。

义政治制度自我完善和发展。"① 政治建设是全面建设小康社会总体布局的重要组成部分，没有政治体制改革的成功，经济体制改革就不可能进行到底，已经取得的改革和建设成果有不稳定甚至丧失的风险。因此，我们要继续深化政治体制改革，加快推进社会主义民主政治的制度化、规范化、程序化，建设社会主义法治国家，发展更加广泛、更加充分、更加全面的人民民主制度，继续推进中国特色社会主义民主政治建设。

3. 以文化建设为灵魂

文化是民族的血脉，是人民的精神家园，它可以渗透到经济实力、政治发展、社会生活中去，成为决定这些要素的关键性因素，是协调推进其他各方面建设的灵魂所在，文化"软实力"建设也是当前衡量一个国家综合国力的重要尺度，为中国特色社会主义事业提供思想保证、精神动力和智力支持。"当今时代，文化越来越成为民族凝聚力和创造力的重要源泉、越来越成为综合国力竞争的重要因素，丰富精神文化生活越来越成为我国人民的热切愿望。要坚持社会主义先进文化前进方向，兴起社会主义文化建设新高潮，激发全民族文化创造活力，提高国家文化软实力，使人民基本文化权益得到更好保障，使社会文化生活更加丰富多彩，使人民精神风貌更加昂扬向上。"② 当前，文化建设被摆在更加突出的位置，正是因为国内呈现出文化不自信的状态。中国已经跻身世界第二大经济体，在硬实力显著提升的同时，我们更应该加强文化建设，提高文化软实力，丰富人民的精神家园，以更好地促进经济社会发展。中华优秀传统文化是中华民族巨大的精神财富，更是中国特色社会主义现代化建设的重要精神源泉。我们应当立足传统文化，将民族精神与时代精神相结合，以马克思主义为指导，以社会主义核心价值体系为引领，努力建设社会主义现代化国家。

4. 以社会建设为支撑

社会作为一个大熔炉，是一切社会关系集聚的舞台，只有通过加强社会建设，才能够调动各方面的积极性，妥善协调各方面的利益关系，创造良好的社会环境，为中国特色社会主义事业提供有利的外部条件。党的十

---

① 胡锦涛：《高举中国特色社会主义伟大旗帜　为夺取全面建设小康社会新胜利而奋斗——在中国共产党第十七次全国代表大会上的报告》，人民出版社 2007 年版，第 28 页。

② 胡锦涛：《高举中国特色社会主义伟大旗帜　为夺取全面建设小康社会新胜利而奋斗——在中国共产党第十七次全国代表大会上的报告》，人民出版社 2007 年版，第 33—34 页。

七大报告指出："社会建设与人民幸福安康息息相关。必须在经济发展的基础上，更加注重社会建设，着力保障和改善民生，推进社会体制改革，扩大公共服务，完善社会管理，促进社会公平正义，努力使全体人民学有所教、劳有所得、病有所医、老有所养、住有所居，推动建设和谐社会。"① 在当代中国，社会建设就是要建设社会主义和谐社会。和谐社会自古以来就是人类共同追求的美好愿望，也是马克思主义所追求的共产主义社会的最初形态。古今中外很多思想家都有过关于社会和谐的思想和论述。改革开放以来，随着我国经济的高速发展，社会建设却显得相对滞后，公共服务体系不健全、社会福利制度不完善、人口老龄化问题突出等等，都要求我们采取必要措施，加强社会建设，构建社会主义和谐社会。一方面，要继续推动经济社会又好又快发展，创造更多更丰富的物质成果，提供更好更全面更均等的公共服务，解决好生存型、发展型、保障型、权益型等民生问题，进一步提高人民的物质文化生活水平。另一方面，要加快推进社会体制改革和社会组织建设，创新社会管理理念和方法，努力解决影响我国社会和谐稳定的新矛盾新问题，尤其是要充分发挥政府在宏观调控和维护社会公平正义方面的关键作用，实现成果分配的"更公平"，保障好全体人民尤其是弱势群体的根本权益，避免两极分化格局。

5. 以生态文明建设为基础

从党的十二大到党的十五大，党始终强调建设社会主义物质文明、精神文明；十六大在此基础上提出了社会主义政治文明。十七大报告首次提出了"建设生态文明，基本形成节约资源和保护生态环境的产业结构、增长方式、消费模式"，"生态文明观念在全社会牢固树立"②。同时，还首次提出了坚持生产发展、生活富裕、生态良好的"文明发展道路"。"生态文明""文明发展道路"新理念，说明了我国有条件进入更高一个层次的生产和消费阶段，显示了我们党对我国发展方式实行根本性转变的坚强决心和信心。这是我们党首次将生态文明建设纳入中国特色社会主义事业总体

---

① 胡锦涛：《高举中国特色社会主义伟大旗帜 为夺取全面建设小康社会新胜利而奋斗——在中国共产党第十七次全国代表大会上的报告》，人民出版社 2007 年版，第 37 页。

② 胡锦涛：《高举中国特色社会主义伟大旗帜 为夺取全面建设小康社会新胜利而奋斗——在中国共产党第十七次全国代表大会上的报告》，人民出版社 2007 年版，第 20 页。

布局，强调加强能源资源节约和生态环境保护，增强可持续发展能力。"坚持节约资源和保护环境的基本国策，关系人民群众切身利益和中华民族生存发展。必须把建设资源节约型、环境友好型社会放在工业化、现代化发展战略的突出位置，落实到每个单位、每个家庭。要完善有利于节约能源资源和保护生态环境的法律和政策，加快形成可持续发展体制机制。"① 在资源高度紧缺、环境严重恶化的情况下，经济发展、民主建设、先进文化、和谐社会都将遭到破坏，发展更是无从谈起。生态文明的核心是正确处理人与自然的关系，在利用和改造自然的过程中，要尊重自然、顺应自然、保护自然，实现人与自然和谐相处。

（三）全面建设小康社会战略举措

全面建设小康社会战略部署，从总体上强调经济建设、政治建设、文化建设、社会建设、生态文明建设这五个组成部分的全面推进，并明确了这五个方面全面推进的具体策略。

1. 增强协调性，促进国民经济又好又快发展

党的十七大报告提出增强发展协调性，努力实现经济又好又快发展，并强调实现未来经济发展目标，关键要在加快转变经济发展方式、完善社会主义市场经济体制方面取得重大进展。在战略举措上主要包括创新型国家建设、转变经济增长方式、完善基本经济制度、统筹协调城乡、区域经济发展等。

第一，建设创新型国家。党的十七大报告明确要求坚持走中国特色自主创新道路，加快建设国家创新体系，深化科技管理体制改革，优化科技资源配置，完善鼓励技术创新和科技成果产业化的法制保障、政策体系、激励机制、市场环境。实施知识产权战略，产学研相结合的技术创新体系构建增强自主创新能力，使全社会创新智慧竞相迸发、各方面创新人才大量涌现，到 2020 年进入创新型国家行列。

加快转变经济发展方式。党的十七大报告提出要坚持走中国特色新型工业化道路，坚持扩大国内需求特别是消费需求，促进经济增长由主要依

---

① 胡锦涛：《高举中国特色社会主义伟大旗帜　为夺取全面建设小康社会新胜利而奋斗——在中国共产党第十七次全国代表大会上的报告》，人民出版社 2007 年版，第 36 页。

靠投资、出口拉动向依靠消费、投资、出口协调拉动转变，由主要依靠第二产业带动向依靠第一、第二、第三产业协同带动转变，由主要依靠增加物质资源消耗向主要依靠科技进步、劳动者素质提高、管理创新转变。发展现代产业体系，大力推进信息化与工业化融合，促进工业由大变强，振兴装备制造业，淘汰落后生产能力；提升高新技术产业，发展信息、生物、新材料、航空航天、海洋等产业；发展现代服务业，提高服务业比重和水平；加强基础产业基础设施建设，加快发展现代能源产业和综合运输体系。确保产品质量和安全。鼓励发展具有国际竞争力的大企业集团。

第二，完善基本经济制度。坚持和完善基本经济制度，正式地完整地提出于 1997 年党的十五大。十七大报告再次重申了"坚持和完善公有制为主体，多种所有制经济共同发展的基本经济制度"①。其重要性不言而喻。坚持公有制主体地位，不断增强国有经济活力、控制力、影响力。国有企业是推进国家现代化、保障人民共同利益的重要力量。新形势下为更好体现和坚持公有制主体地位发挥国有经济主导作用，既离不开健全有效的国有资产管理体制，也要进一步推动国有企业完善现代企业制度，积极转方式、调结构、强管理、促改革。鼓励支持引导非公有制经济发展，激发非公有制经济活力和创造力。非公有制经济是我国社会主义市场经济的重要组成部分，对满足人们多样化需要、增加就业、促进国民经济发展有重要作用。多年来，党和国家在态度上鼓励、政策上支持、方向上引导，极大地激发了非公有制经济的活力和创造力，使之成为经济社会发展的重要基础。十七大在"两个毫不动摇"的基础上首次提出"两个平等"，即"坚持平等保护物权，形成各种所有制经济平等竞争、相互促进新格局"。②

第三，统筹城乡、区域协调发展。统筹城乡发展，形成城乡经济社会发展一体化新格局，是全面建设小康社会的必然要求。党的十七大明确提出统筹城乡发展，推进社会主义新农村建设。缩小城乡差距，既要靠农业、农村自身的发展，也要靠工业、城市的带动，推进社会主义新农村建

---

① 胡锦涛：《高举中国特色社会主义伟大旗帜 为夺取全面建设小康社会新胜利而奋斗——在中国共产党第十七次全国代表大会上的报告》，人民出版社 2007 年版，第 25 页。

② 胡锦涛：《高举中国特色社会主义伟大旗帜 为夺取全面建设小康社会新胜利而奋斗——在中国共产党第十七次全国代表大会上的报告》，人民出版社 2007 年版，第 25 页。

设和城镇化建设应同时并举、协同推进。将城市优质资源下沉农村，提升农村发展水平，而农业、农村的发展又将反过来促进城市和工业发展质量的提升，切实优化城乡二元结构，真正实现城市与农村双向互动的发展模式。在区域经济社会发展上，由于各个地区经济发展条件的不同，改革开放以来，东中西地区发展差距不断扩大，为了促进地区经济协调发展，党的十七大报告提出："继续实施区域发展总体战略，深入推进西部大开发，全面振兴东北地区等老工业基地，大力促进中部地区崛起，积极支持东部地区率先发展。"① 加快形成有利于生产要素在地区间合理流动的市场机制，形成发达地区与欠发达地区之间的协作、帮扶、互助机制，完善中央财政转移支付制度，努力实现公共服务均等化目标。

2. 扩大社会主义民主，更好保障人民权益和社会公平正义

我们党将发展社会主义民主政治作为始终不渝的奋斗目标。人民民主是社会主义的关键所在、生命所系。社会主义民主政治集中体现了社会主义政治文明的巨大优势。党的十六大以来，我们党不断完善和发展中国特色社会主义政治发展道路，坚持党的领导、人民当家作主、依法治国有机统一，确保政治体制改革积极稳妥推进，基础民主建设不断发展，社会主义法治国家建设成效显著。

第一，深化政治体制改革。政治体制改革作为全面改革的重要组成部分，是中国特色社会主义民主政治建设的有力举措和有效途径，关涉社会主义民主政治的生命力。党的十七大报告指出，政治体制改革"必须随着经济社会发展而不断深化，与人民政治参与积极性不断提高相适应。"② 其中，"深化政治体制改革"相较于党的十五大所提出的"积极稳妥地推进政治体制改革"，反映出在中国特色社会主义实践中，政治体制改革的原则不断完善。正是在这一原则的正确指导下，进入新时期以来，我国政治体制改革不断激活民主发展动力，激发人民政治参与热情，使得社会主义民主政治建设的生命力更加顽强、旺盛。

第二，扩大人民民主，保证人民当家作主。一是健全民主制度。把制

① 胡锦涛：《高举中国特色社会主义伟大旗帜　为夺取全面建设小康社会新胜利而奋斗——在中国共产党第十七次全国代表大会上的报告》，人民出版社 2007 年版，第 24—25 页。

② 胡锦涛：《高举中国特色社会主义伟大旗帜　为夺取全面建设小康社会新胜利而奋斗——在中国共产党第十七次全国代表大会上的报告》，人民出版社 2007 年版，第 28 页。

度建设摆在突出位置，把坚持和完善根本政治制度、基本政治制度同具体制度的改革有机结合起来，把国家层面民主制度同基层民主制度有机结合起来，构建系统完备、科学规范、运行有效的制度体系，就能不断激发社会主义民主政治的旺盛活力。二是丰富民主形式。"选举＋协商"的民主形式符合社会主义民主政治的本质要求，是我国社会主义民主建设的一个重要成果。在中国共产党的领导下，人民政协在立法决策前协商，而人大在协商后表决和作出决策，二者各司其职，互为补充，相辅相成。三是畅通民主渠道。党的十六大以来，随着我国社会主义民主政治的持续推进，民主渠道有效地将人民当家作主具体地、现实地体现在党治国理政的政策措施上，将党的意志和人民群众密切联系起来，不断拓展公民民主参与渠道。

第三，发展基层民主，保障人民享有更多更切实的民主权利。基层民主是人民群众直接行使民主权利、依法进行自我管理、自我服务和自我发展的主要形式，是中国特色社会主义民主最广泛的实践。实行基层群众自治，发展基层直接民主，保障人民依法直接行使民主权利，是中国特色社会主义民主政治制度的重要组成部分。不断完善基层群众自治制度，确保我国基层群众的自治制度有序，不断健全基层选举、议事、公开、述职、问责等机制。党的十七大首次将基层群众自治制度纳入中国特色社会主义政治制度的基本范畴，作为发展社会主义民主政治的基础性工程加以推进。基层群众自治制度的核心要义在于坚持群众自己的事情自己管、自己办，依法实行自我管理、自我服务、自我教育、自我监督。基层群众自治组织管理有序。党的十六大以来，我国基层群众自治组织管理有序，逐步建立起以农村村民委员会、城市居民委员会和企业职工代表大会等为主要形式的基层民主自治体系，保证人民群众自主管理自己的事务。

第四，全面落实依法治国基本方略，加强建设社会主义法治国家。法治兴则国家兴，法治衰则国家乱。党的十七大报告以科学发展观为统领，将深入落实依法治国基本方略列入实现全面建设小康社会奋斗目标的新要求。进入新时期以来，我国法治建设取得中国特色社会主义法律体系正式形成、依法治国基本方略有效贯彻实施的可喜成绩，提高了党的依法执政能力和水平。2007 年党的十七大报告宣告，"中国特色社会主义法律体系基本形成"①；2011 年 3 月 14 日，第十一届全国人民代表大会第四次会议批准的全国人大常委会工作报告宣布：以宪法为统帅，以宪法相关法、民法商法等多个法律部门的法律为主干，由法律、行政法规、地方性法规等多个层次的法律规范构成的中国特色社会主义法律体系已经形成，国家经济建设、政治建设、文化建设、社会建设与生态文明建设的各个方面实现有法可依。

3. 加强文化建设，明显提高全民族文明素质

随着中国综合国力的增强和国际地位的提升，文化作为国家软实力的重要组成部分，越来越受到党和国家的重视。党的十七大确定的 2020 年之前我国文化建设的目标是"加强文化建设，明显提高全民族文明素质"。②为实现这一建设目标，首当其冲的是要加强建设社会主义核心价值体系，持续增强社会主义意识形态的吸引力和凝聚力。社会主义核心价值体系自 2006 年 10 月在党的十六届六中全会通过的《中共中央关于构建社会主义和谐社会若干重大问题的决定》中首次明确提出以来，在党和国家的高度重视下，在全体人民的积极发扬下，从党和国家的重大命题和战略任务日渐转化为人民日用而不觉的日常遵循。社会主义核心价值体系作为社会主义意识形态的本质体现，积极推动社会主义核心价值体系深入人心，既有助于弘扬良好的思想道德风尚，更有助于巩固马克思主义的指导地位。其中，巩固马克思主义的指导地位最为重要。一是拓展社会主义核心价值体系引领社会思潮的有效路径。如切实推动社会主义核心价值体系融入国民教育和精神文明建设的全过程，从娃娃抓起，以日常为重点，坚持不懈用党的创新理论武装全党、教育人民、凝聚力量。二是积极推动社会的公共文化服务体系的覆盖面。社会公共文化体系的覆盖面对于构建社会主义和谐社会具有极为重要的意义，能在日常生活中丰富人们的精神文化生活，在潜移默化中将马克思主义的指导思想印刻在人们的头脑中，造就一批又一批的马克思主义工作者。

第一，建设和谐文化，培育文明风尚。建设和谐文化，是构建社会主

---

① 胡锦涛：《高举中国特色社会主义伟大旗帜　为夺取全面建设小康社会新胜利而奋斗——在中国共产党第十七次全国代表大会上的报告》，人民出版社 2007 年版，第 3 页。

② 胡锦涛：《高举中国特色社会主义伟大旗帜　为夺取全面建设小康社会新胜利而奋斗——在中国共产党第十七次全国代表大会上的报告》，人民出版社 2007 年版，第 20 页。

义和谐文化的重要组成部分，更是构建社会主义和谐社会的关键举措，对实现全体人民的团结进步具有思想导向、凝聚升华的重要作用。社会主义和谐文化建设要在党和国家的科学指导下，在全体人民的积极参与中，以社会主义核心价值体系为主导，以物质文化建设、精神文化建设和制度文化建设为主要内容，营造和谐的社会舆论氛围，着力弘扬社会正气。物质文化建设是社会主义和谐文化建设的重要基础和前提条件。物质文化建设要加强文化的物质载体的建设与整合，如公共场所文化空间的建设。精神文化建设是社会主义和谐文化建设的灵魂所在。需以人民为中心，大力发展文学艺术事业。制度文化建设是社会主义和谐文化建设的重要保证。需在国家的监管下，加强和谐文化建设，积极营造有序有规的和谐文化。物质文化、精神文化与制度文化这三者相辅相成、有机统一，共同构成社会主义和谐文化建设的全方位、多领域的内容。必须要注意的是，由于城乡差距、区域差距等限制，和谐文化的建设要统筹兼顾，加强重点地区文化建设的规划与重视。

第二，弘扬中华文化，建设中华民族共有精神家园。博大精深、源远流长的中华文化深深地滋养着一代代中华儿女，凝结成中华民族生生不息、团结奋斗、勇往直前的磅礴伟力。中华文化作为构建中华民族共有精神家园的主要来源，需取其精华，去其糟粕，积极推动中华文化与时俱进、举世瞩目，确保能够在各国文化激荡中兼具民族性与时代性。这就需要我们既加强对中华民族文化典籍的整理与保护工作，也要加强对外来文化的吸收与借鉴工作，使中华文化与外来文化相伴相生、互相滋养。

第三，推进文化创新，增强文化发展活力。党的十七大报告对文化创新作出了进一步部署，指出："在时代的高起点上推动文化内容形式、体制机制、传播手段创新，解放和发展文化生产力，是繁荣文化的必由之路。"[①] 文化创新在社会主义和谐文化的建设中，发挥着不可忽视的重要作用。一是要完善文化创新机制。文化创新机制为文化创新发挥着保驾护航的关键作用，是文化保持创新力与创造力的关键举措。应坚持"为人民服务、为社会主义服务"的方针，通过深化文化体制改革，搭建多元文化交

---

① 胡锦涛：《高举中国特色社会主义伟大旗帜 为夺取全面建设小康社会新胜利而奋斗——在中国共产党第十七次全国代表大会上的报告》，人民出版社 2007 年版，第 36 页。

流互鉴机制、全民学习机制等方式，推动文化创新创造。二是要焕发文化创新激情。全体人民的文化创新激情是社会主义核心文化建设的主观动力。可通过鼓励文化创新的政策的推广应用，保障人民的文化利益，使文化创新能够贴近实际、贴近生活和贴近群众。三是要鼓励文化创新实践。理论是实践的指导，实践是理论的检验。繁荣社会主义和谐社会的文化市场，必须要大力发展文化产业，加快高新技术对文化创新的赋能增效作用，以积极培育新的文化业态。

4. 加快发展社会事业，确保人民幸福安康

2006 年 10 月，党的十六届六中全会通过的《关于构建社会主义和谐社会若干重大问题的决定》指出，社会和谐是中国特色社会主义的本质属性，强调要按照民主法治、公平正义、诚信友爱、充满活力、安定有序、人与自然和谐相处的总要求，构建社会主义和谐社会，推动社会建设与经济建设、政治建设、文化建设协调发展。进入新时期以来，党和国家加快推进以民生为重点的社会建设，始终将人民利益高高举在头顶、放在心底，大刀阔斧地推进民生领域各项改革，民生事业发展取得历史性成就，大幅提升广大人民群众的获得感、幸福感、安全感。

第一，优先发展教育，建设人力资源强国。"教育是民族振兴的基石，教育公平是社会公平的基础"①，"大力发展教育事业，是全面建设小康社会、加快推进社会主义现代化、实现中华民族伟大复兴的必由之路。"② 党的十六大以来，在党中央的坚强领导下，各级党委政府大力支持，全社会共同努力，教育优先发展战略地位进一步落实，科教兴国战略和人才强国战略深入实施，人才资源是第一资源的科学论断有效贯彻，我国教育系统奋发进取，教育事业步入科学发展的新阶段，教育改革稳步推进。一是持续提升教育普及程度。在义务教育普及、高中阶段教育、高等教育规模等方面都在不断提升，教育普及程度已达到世界平均水平，为中国特色社会主义建设输送大量人才。二是不断提升教育公平。坚持教育的公益性和普惠性，把促进公平作为国家基本教育政策，是促进社会公平的重要基础性任务。三是提高教育质量。树立以提高质量为核心的教育发展观，把提高

---

① 胡锦涛：《高举中国特色社会主义伟大旗帜　为夺取全面建设小康社会新胜利而奋斗——在中国共产党第十七次全国代表大会上的报告》，人民出版社 2007 年版，第 37 页。

② 胡锦涛：《在全国教育工作会议上的讲话》，人民出版社 2010 年版，第 7 页。

质量作为教育改革和发展的核心任务，摆在各级各类教育更加突出的位置，坚持规模和质量的统一，注重教育内涵发展。

第二，实施扩大就业的发展战略，不断提升人民生活水平。党的十六大以来，党中央、国务院坚持把促进就业作为保障和改善民生的头等大事，将扩大就业放在经济社会发展更加突出的位置，不断丰富完善促进就业创业的政策措施，形成了我国人均收入持续增长，人民生活水平显著提高的良好局面。一是扩大就业规模。深入实施就业优先战略和更加积极的就业政策，实现就业规模不断扩大，就业结构逐步优化，妥善解决国企下岗职工再就业问题，成功应对国际金融危机的冲击，有效化解新一轮青年就业高峰压力，就业局势总体保持稳定。二是提升人民收入水平。在我国构建社会主义和谐社会的生动实践中，党和国家坚持把提高全国人民的生活水平和质量作为经济社会发展的根本出发点和落脚点，我国城乡人民生活得到明显改善，提高人民群众享有的公共服务水平。

第三，建立基本医疗卫生制度，提高全民健康水平。医疗卫生事业关乎人民群众的身体健康和生老病死，与人民群众切身利益密切相关，是社会高度关注的热点，也是贯彻落实科学发展观，实现经济与社会协调发展，全面建设小康社会和构建社会主义和谐社会的重要内容。党的十六大以来，党和国家相继出台一系列有关医疗事业改革的重大决策，为医疗卫生事业的发展指明方向。党的十六届五中全会通过的《关于制定国民经济和社会发展第十一个五年规划的建议》提出，要加强政府对卫生事业的投入力度，完善公共卫生和医疗服务体系，并对城乡医疗工作提出了具体要求。党的十七大确定了人人享有基本医疗卫生服务的奋斗目标，明确了建立基本医疗卫生制度的历史任务。总体而言，进入新时期以来，我国医疗卫生事业取得积极进展，覆盖城乡的医疗卫生服务体系基本形成，疾病防治能力不断增强，医疗保障覆盖人口逐步扩大，基本药物制度初步建立，卫生事业得到全面发展，人民群众健康水平显著提高。

第四，加快建立覆盖城乡居民的社会保障体系，保障人民基本生活。社会保障是现代国家一项基本的社会经济制度安排，是国民收入再分配的主要手段之一，是社会安定的保证。党的十六大以来，党中央始终坚持群众路线，坚持全覆盖、保基本、多层次、可持续的基本方针，从增强公平性、适应流动性、保证可持续性出发，根据《中华人民共和国国民经济和社会发展第十一个五年规划纲要》，制订《劳动和社会保障事业发展"十一五"规划纲要（2006—2010 年)》，确保我国社会保障体系日趋完善，社会保障覆盖面持续扩大，社会保障待遇水平稳步提高。社会保障制度的改革发展，实实在在地让数亿百姓受益，提升人民幸福指数。

5. 建设生态文明建设，构建资源节约型、环境友好型社会

党的十七大提出了生态文明的理念和建设生态文明的目标，并将生态文明建设纳入中国特色社会主义事业总体布局，指出加强能源资源节约和生态环境保护，增强可持续发展能力。坚持节约资源和保护环境的基本国策，关系人民群众切身利益和中华民族生存发展。必须把建设资源节约型、环境友好型社会放在工业化、现代化发展战略的突出位置，落实到每个单位、每个家庭。要完善有利于节约能源资源和保护生态环境的法律和政策，加快形成可持续发展体制机制。[1]"人与社会都是自然界自身发展的产物。一部人类社会发展史，也就是一部特殊的自然发展史。"[2] 在改造自然的过程中，人与自然经历了由敬畏、和谐到紧张的三种状态。随着我国经济的发展，人口、资源、环境等问题日渐突出，越来越影响人们的日常生产生活。建设生态文明，是关系人民福祉、关乎民族的长远大计，是可持续发展的保障，更是中国特色社会主义现代化建设的最基础工程。应该强调的是，建设生态文明绝对不会阻碍发展，更不会反对发展，恰恰相反，建设生态文明可以为更长久的发展提供基础性的条件。在资源高度紧缺、环境严重恶化的情况下，经济发展、民主建设、先进文化、和谐社会都将遭到破坏，发展更是无从谈起。生态文明的核心是正确处理人与自然的关系，在利用和改造自然的过程中，要尊重自然、顺应自然、保护自然，实现人与自然和谐相处。

三　全面建设小康社会战略部署的重大意义

全面建设小康社会的战略部署，是我们党立足新的境遇，围绕新的奋

---

① 参见胡锦涛《高举中国特色社会主义伟大旗帜　为夺取全面建设小康社会新胜利而奋斗——在中国共产党第十七次全国代表大会上的报告》人民出版社 2007 年版，第 36 页。

② 张祖林主编：《自然辩证法导论》，华中师范大学出版社 2007 年版，第 17 页。

斗目标，以全新的视野进行系统擘画。这些战略部署深化了对共产党执政规律、社会主义建设规律、人类社会发展规律的认识，开辟了全面建设小康社会的新境界，为中华民族伟大复兴开辟了广阔道路。

（一）深化了"三大规律"的认识

全面建设小康社会的战略部署，坚持以科学发展观统领经济社会发展全局，根据国内国际新形势，提出了全面建设小康社会的一系列重大战略思想、战略举措，深化了我们党对共产党执政规律、社会主义建设规律和人类社会发展规律的不懈探索的认识。

1. 深化了中国共产党的执政规律认识

办好中国的事情关键在党。认识党的执政规律，是党从胜利走向胜利的根本保证，是党保持先进性的不竭源泉，是党完成历史使命的必备前提。中国共产党的执政规律主要体现在执政兴国规律、执政为民规律等方面。全面建设小康社会的战略部署，坚持把发展作为党执政兴国的第一要务，着力推动政治、经济、社会等各方面的发展，既着眼于当前面临的紧迫问题和任务，又瞻望未来发展方向和长远目标，为发展中国特色社会主义打下坚实基础。同时，全面建设小康社会的战略部署坚持执政为民，深化了对共产党执政的根本宗旨的认识。中国共产党作为马克思主义政党，先进性是其根本特征和生命所系、力量所在。这种先进性贯穿于党执政的历史使命、执政的根本宗旨和执政的社会基础。中国共产党始终坚持以人民为中心，一切为了人民，一切依靠人民。全心全意为人民服务始终是我们党开展各项工作的出发点和落脚点。全面建设小康社会的战略部署始终坚持以中国最广大人民群众的根本利益为本，从人民的根本利益出发致力于增进民生福祉、促进人的全面发展，坚持发展成果惠及全体人民，深刻反映了中国共产党执政为民的规律。与此同时，党坚持执政为民极大地调动了广大人民群众为社会发展服务的积极性，这也为全面建设小康社会提供了不竭的智慧源泉和发展动力。

2. 深化了社会主义建设规律的认识

改革开放以来，我们党在对中国特色社会主义建设总体布局的认识上，从物质文明和精神文明两手抓，到物质文明、政治文明和精神文明的三位一体建设，再到物质文明、政治文明、精神文明与和谐社会的四位一体建设，表明我们党对中国特色社会主义的社会结构的认识，越来越全面和系统；在对发展问题的认识上，从提出"发展才是硬道理"，到提出"发展是党执政兴国的第一要务"，到提出"全面协调可持续"，表明我们党对中国特色社会主义的发展目标、发展战略和发展途径的认识，越来越自觉和成熟。全面建设小康社会的战略部署为社会的物质文明、政治文明等的发展提供了坚实的物质基础，同时，社会的物质文明、政治文明、精神文明与和谐社会的建设又为社会主义社会的发展提供了精神支撑和稳定的社会环境，这对于社会主义的发展具有长远的促进意义。

3. 深化人类社会发展规律的认识

人类社会发展规律是普遍规律和特殊规律的辩证统一。全面建设小康社会的战略部署，立足中国现阶段国情，坚持用改革、创新的办法来回答和解决当代中国实践进程中面临的新情况新问题，大力推进政治、经济、文化等各方面发展的同时也为其他国家的发展提供了新思路，贡献了中国智慧和中国方案。全面建设小康社会的战略部署是对生产力与生产关系辩证统一的正确认识和践行。全面建设小康社会既坚持解放和发展生产力，又注重发展过程中生产关系的调整，进而充分发挥生产关系对生产力的积极促进作用。因而，全面建设小康社会战略部署在本质上代表了人类社会文明进步的方向，顺应了人类社会发展规律，引领了社会发展趋势，推动了社会进步，为认识人类社会发展规律增添了新思想。

(二) 升华了小康社会建设的境界

全面建设小康社会的战略部署，充实了全面建设小康社会的丰富内涵。党的十六大根据全面开创中国特色社会主义事业新局面的新要求，在深刻分析党和国家面临的新形势新任务的基础上，确立了全面建设小康社会的奋斗目标。这一奋斗目标，既是要求经济、政治与文化实现全面发展的目标，也是与加速推进社会主义现代化建设相统一的目标；既符合我国国情和具体实际，也为全面建设小康社会、加快推进社会主义现代化指明了方向。党的十七大深刻分析了国际国内形势发展变化和新世纪新阶段我国发展呈现出的一系列新的阶段性特征，从经济、政治、文化、社会与生态文明等五个方面，对全面建设小康社会的战略目标提出了更高标准。与党的十六大确定的到 2020 年奋斗目标相比较，这些新要求坚持了守正与创新的统一，使全面建设小康社会战略部署的目标更加全面、内涵更加丰富、要求更加具体。尤其是基于经济持续飞速发展的实际，对党的十六大提出的争取在 2020 年实现国内生产总值较之于 2000 年翻两番的经济增长目标进行了调整，提出了"实现人均国内生产总值到 2020 年比 2000 年翻两番"的更高标准。全面建设小康社会的总体布局是一个科学理论体系，由经济建设、政治建设、文化建设、社会建设与生态文明建设五大板块构成，关涉生产力与生产关系、经济基础与上层建筑诸多环节，贯穿于中国特色社会主义各项事业的方方面面，是中国共产党根据中国特色社会主义建设的战略要求作出的总体部署。

1. 升华了建设小康社会的价值追求

凸显以人为本理念，升华了全面建设小康社会的价值追求。党的十六大报告通篇贯穿"人民"这一核心概念，处处体现代表最广大人民群众的根本利益这一价值取向，提出："发展经济的根本目的是提高全国人民的生活水平和质量。要随着经济发展不断增加城乡居民收入，拓宽消费领域，优化消费结构，满足人们多样化的物质文化需求。加强公共服务设施建设，改善生活环境，发展社区服务，方便群众生活。建立适应新形势要求的卫生服务体系和医疗保健体系，着力改善农村医疗卫生状况，提高城乡居民的医疗保健水平。发展残疾人事业。继续大力推进扶贫开发，巩固扶贫成果，尽快使尚未脱贫的农村人口解决温饱问题，并逐步过上小康生活。"[①] 实现全面建设小康社会的奋斗目标，就是不断健全和完善社会保障体系、国民教育体系、医疗卫生体系，切实保障人民在各方面的合法权益，使人民的物质生活、精神生活、政治权利、生存环境得到全面改善，保证人民群众能够安居乐业，促进人的全面发展。实现这样的奋斗目标，既能够充分展示中国特色社会主义制度的强大优越性，也能够彰显中国共产党小康社会理论的崇高价值性。党的十七大报告更加强调坚持以人为本，将其视为科学发展观的核心，归根结底就是要维护人民群众的根本利益，尊重人民群众的主体地位，使得人民群众真正成为国家的主人；通过发展物质文明、精神文明和政治文明，为人的自由全面的发展创造条件。

---

① 《十六大以来重要文献选编》（上），中央文献出版社 2005 年版，第 23 页。

2. 更加注重全面、协调、可持续性发展

全面建设小康社会的总体布局是一个科学理论体系，由经济建设、政治建设、文化建设、社会建设与生态文明建设五大板块构成，关涉生产力与生产关系、经济基础与上层建筑诸多环节，贯穿于中国特色社会主义各项事业的方方面面，是中国共产党根据中国特色社会主义建设的战略要求作出的总体部署。全面建设小康社会总体布局具有与时俱进的开放性理念和目标，在不同的阶段涵括与时代背景相适应的科学内涵，呈现全方位、多层次、宽领域的多维开放新格局。在党的十六大之后，党提出了全面落实科学发展观的战略思想，强调要落实好"五个统筹"，即统筹城乡发展、统筹区域发展、统筹经济社会发展、统筹人与自然和谐发展，统筹国内发展和对外开放。党的十七大报告在"五个统筹"的基础上，又增加了"四个统筹"，即"统筹中央和地方关系，统筹个人利益和集体利益、局部利益和整体利益、当前利益和长远利益，充分调动各方面积极性"[1]。这表明我们党考虑统筹兼顾的内容越来越全面和丰富。党的十七大报告还特别强调要"统筹国内国际两个大局"，要加强战略思维，具备世界眼光，善于从国内国际的形势发展与深刻变化中来把握机遇、抵御风险、迎接挑战，这对于实现我国经济社会既好又快发展具有十分重要的战略意义。

（三）拓展了中华民族伟大复兴的光明大道

实现中华民族伟大复兴，是一代又一代中国人的共同理想。全面建设小康社会是推进中国特色社会主义事业继续发展和中华民族伟大复兴的新起点。在中国这样的发展中大国全面建设小康社会，是一项史无前例的艰巨而光荣的伟大事业。中国正处于并将长期处于社会主义初级阶段，现在达到的小康还是低水平的、不全面的、发展很不平衡的，巩固和提高目前达到的小康水平，还需要进行长时期的艰苦奋斗，全面建成惠及十几亿人口的更高水平的小康社会更是任重而道远。改革开放以来，我们党深刻认识物质文明与精神文明协调发展的重要性，强调"两手抓、两手都要硬"。随着实践，逐步形成物质文明、政治文明、精神文明"三位一体"总体布局，正如，党的

---

① 胡锦涛：《高举中国特色社会主义伟大旗帜 为夺取全面建设小康社会新胜利而奋斗——在中国共产党第十七次全国代表大会上的报告》，人民出版社 2007 年版，第 16 页。

十六大报告中指出："全面建设小康社会，开创中国特色社会主义事业新局面，就是要在中国共产党的坚强领导下，发展社会主义市场经济、社会主义民主政治和社会主义先进文化，不断促进社会主义物质文明、政治文明和精神文明的协调发展，推进中华民族的伟大复兴。"① 再逐步发展到经济建设、政治建设、文化建设、社会建设"四位一体"总体布局，党的十七大报告中明确指出："要按照中国特色社会主义事业总体布局，全面推进经济建设、政治建设、文化建设、社会建设，促进现代化建设各个环节、各个方面相协调，促进生产关系与生产力、上层建筑与经济基础相协调。"②

全面建设小康社会的战略部署是新时期开启新征程的路线图和任务书，贯通中国特色社会主义现代化建设的各个方面，是党对中国特色社会主义事业作出的整体部署和全面规划，为党和国家事业提供了总体架构和基本路径。根据中国现代化建设三步走的战略部署，到 21 世纪中叶，中国将基本实现现代化，达到世界中等发达国家的水平。这一宏伟目标需要分阶段加以实施，在不同的阶段上，必须确立不同的目标。作为中华民族伟大复兴进程中一个具有继往开来意义的重要历史阶段，全面建设小康社会是改革开放 20 多年来中国社会发展的历史延续，是实现社会主义现代化建设第三步战略目标必须经历的承上启下的关键发展阶段，也是完善社会主义市场经济体制和继续扩大对外开放的关键阶段。只有经过这个阶段的建设和发展，再通过接续奋斗，才能确保到二〇二〇年实现全面建成小康社会的奋斗目标。

---

① 江泽民：《全面建设小康社会 开创中国特色社会主义事业新局面——在中国共产党第十六次全国代表大会上的报告》，人民出版社 2002 年版，第 56 页。

② 胡锦涛：《高举中国特色社会主义伟大旗帜 为夺取全面建设小康社会新胜利而奋斗——在中国共产党第十七次全国代表大会上的报告》，人民出版社 2007 年版，第 15 页。

第六章

全面建设小康社会的经济建设

全面建设小康社会是经济建设、政治建设、文化建设、社会建设和生态文明建设的协调发展，其中经济建设是根本、政治建设是保证、文化建设是灵魂、社会建设是条件、生态文明建设是基础。以经济建设为中心是全面建设小康社会的重要方面，只有推动我国经济建设繁荣发展，才能筑牢全面建设小康社会的物质基础，影响着政治建设、文化建设、社会建设和生态文明建设的总体状况。新时期，要推动全面建设小康社会目标的如期实现，就要牢牢坚持以经济建设为中心，促进国民经济又好又快发展、健全现代市场体系、不断推动区域协调发展，为全面建设小康社会奠定坚实有力的物质基础。

一　促进国民经济又好又快发展

党的十七大报告明确提出"促进国民经济又好又快发展"①。"又好又快"暗含着推动我国经济水平的提升，不仅要注重"量"的增长，更要注重"质"的保障，深刻彰显了科学发展观的基本要求。新时期，促进国民经济又好又快发展仍然面临着各种社会矛盾的解决，需要集中力量重点审视。要立足实践加以整体改进，从推进产业结构优化升级、加快城镇化进程、统筹城乡发展入手，确保我国经济实现又好又快地向前推进。

---

① 《胡锦涛文选》第 2 卷，人民出版社 2016 年版，第 629 页。

（一）推进产业结构优化升级

产业结构优化升级是产业结构合理化和高度化的有机统一，加快推动产业结构优化升级，既是直面我国传统工业化道路需要改进的现实举措，又是加快推进企业组织结构优化调整的必然需要。

1. 我国的传统工业化道路有待改进

从工业化的发展来看，我国过去的工业化模式已经不能满足新时期的经济发展需要，出现了一系列与新时期的经济发展状况不相适应的问题，表现为粗放型经济增长方式仍然存在、经济发展结构性矛盾较为突出等方面。

第一，粗放型经济增长仍是我国经济发展中的显要问题。从经济增长方式来看，我国经济增长的高速度、高效益是通过投资规模的持续扩大实现的，我国的经济发展总体上属于"要素驱动型"模式。当前我国已经成为国际上煤炭、钢铁、铜和水泥等消耗最大的国家，然而我国也是世界上能源资源相对紧缺的发展中国家。随着经济规模的进一步扩大，资源能源的约束问题必然会暴露出来，必须要统筹提高资源的利用效率，加快转变粗放型经济增长方式，才能从根本上扭转这种形势。

第二，我国经济发展依然面临着结构性矛盾突显的问题。我国的产业结构依然不甚合理、城乡差距依然较大、国内需求结构仍不平衡等矛盾突出，特别是高耗能、高污染、高成本问题已经严重钳制了我国经济的可持续发展，必须加快经济发展方式转变。这就要求新时期我国的经济发展不能片面追求"量"的增长和提高，必须要进一步将经济发展的关注点转移到"质"的改进和优化上，切实走出一条具有中国特色的、符合我国实际的新型工业化之路。

2. 大中小企业的组织结构有待调整

改革开放以来，我国企业发展取得了长足进步，企业规模持续扩大、企业效益不断提升，但我国企业的粗放型增长方式仍然未能改变，导致企业的国际竞争力不强。

第一，我国大型企业的整体结构有待优化。我国大型企业的规模和范围不断增大，然而自主创新能力不强、多依靠外界助力。我国大型企业的技术开发意识不强，不够重视企业自身的自主创新能力，用于自主研发的资金投入少、研发成本少，还未成为技术开发的主体。我国大型企业绝大多数都是国有资本集中管控的垄断性企业，如电信、民航、铁路等，反映了其发展壮大多依靠政府的力量，而非依托市场发展，导致这类大型企业的综合竞争力较之于国外知名大型企业存在差距。另外我国大型企业的重工业特点尤其明显，钢铁冶金、建筑业、煤炭业等重工业发展较为迅速，在企业发展的总体格局中占据显赫地位，这些企业发展的粗放型增长方式长期存在。

第二，我国中小型企业的组织结构有待优化。我国的中小型企业面临的主要问题是家族传统管理、融资能力欠缺、人力资源不足等问题亟须解决。其一，大多数中小型企业仍是传统的家族式企业，沿袭了家族原有的管理模式，导致管理不够科学、不够规范；其二，中小企业的资金普遍不足，资金缺乏加之中小型企业面临融资难的问题，进一步制约了中小型企业的自主研发和技术创新，成为钳制中小型企业发展的突出问题；其三，中小型企业往往缺乏人力资源的有效管理策略，导致中小型企业对于高端人才的吸引力不足、影响力不够，因此发展后劲匮乏、发展动力不足。我国中小企业存在的系列问题，愈益突显了调整优化企业组织结构的紧迫性。

3. 推进产业结构优化升级的具体举措

要着力推进产业结构优化升级，既要坚持走好中国特色新型工业化道路，又要调整优化企业组织结构。

第一，坚定走新型工业化道路。党的十七大报告强调，要"坚持走中国特色新型工业化道路"①，这是一条有别于传统工业化道路的新的经济发展路向，注重将信息化与工业化深度融合，以信息化推动和带动工业化、以工业化反哺和促进信息化，是一条全面协调可持续、高度彰显中国特色的新型工业化道路。要稳扎稳打地走好中国特色新型工业化道路，就要从重点发展高新技术产业、妥善处理经济发展与环境保护的关系两方面发力。从重点发展高新技术产业来看，走好走稳中国特色新型工业化道路的过程就是产业结构持续不断优化升级的过程，这一过程的基础就是高新技术广泛应用于国民经济发展的各行业、各领域、各方面，因此，加大对高

---

① 《胡锦涛文选》第2卷，人民出版社2016年版，第630页。

新技术的研发投入，尽力突破制约经济社会发展的核心技术，大幅度提高资源能源的利用效率，努力开辟新的更多的资源利用领域，能够为经济发展方式的转变提供更丰富的空间、更充沛的潜能。从妥善处理经济发展与环境保护的关系来看，走中国特色新型工业化道路并不限制，也不否认传统产业的发展，而是着力构建高新技术产业与传统产业彼此匹配、同向并进的发展模式，注重用高新技术来改进和改善传统产业的发展方式。之所以要改造传统产业的发展方式，是因为传统产业在发展过程中，会对自然环境造成一定的负面影响，要完完全全消除这些负面影响不切实际、也难以实现，但有望通过高新技术的高效利用，有效地防止和治理污染，将环境破坏程度降到最低限度，达成经济高质量发展与环境充分保护的同时并举。

第二，调整优化企业组织结构。针对新时期大中小企业发展面临的一系列问题，必须调整优化企业的组织结构，对大中小型企业采取不同政策和措施，确保大型企业国际竞争力更强、中小型企业发展态势更优，形成大中小企业相互配合，共同助力经济发展方式转变的有利形势。就大型企业来看，应当深化和加快国有企业改革步伐，推动大型国有企业形成强大的国际竞争力。要完善国有企业的产权结构，大刀阔斧地改革国有企业的管理体制和经营机制，建立起产权清晰、权责明确的现代产权制度；要继续完善国有企业的资本结构，改善过去结构单一、唯一投资主体的状况，依据所在行业调整国有资本、集体资本和非国有资本的控股比例；要继续实施国际化战略，积极创新国外投资方式和合作方式，支持大型企业在生产和加工过程中的国际化，加快培育一批典型的跨国公司和影响力大的国际大牌，提升企业的国际知名度和国际竞争力。就中小企业来看，中小型企业的发展定位主要是为培育大型企业提供配套条件，同时肩负了吸纳劳动力就业的责任。为此，要鼓励支持和引导中小型企业的发展，促进我国的发展战略从仅向大型企业倾斜转变至为大中小企业的发展提供公平的竞争环境，为中小企业的发展供给一定的资金帮助和政策支持，解决中小企业融资难、信息闭塞等问题；同时，中小型企业自身也要充分利用特殊优势和比较优势，根据企业自身特点，有的放矢地实施"专而精"的针对性发展战略，推动自身的健康发展和不断壮大。

（二）统筹城乡发展

统筹城乡发展就是要摒弃重城市、轻农村，"城乡分治"、相互独立的片面化做法，通过一系列卓有成效的举措，逐步调整削弱并清除城乡发展的藩篱，实现城乡之间的双赢发展、共同进步。

1. 城乡居民消费需求不足问题突显

经济增长的拉动需要"三驾马车"来实现，一驾马车是投资需求，一驾马车是消费需求，一驾马车是出口需求，可从"三驾马车"略略管窥城乡居民消费问题。

第一，投资消费需求不足。从我国的经济增长拉动方式来看，投资需求和出口需求过于旺盛，而消费需求明显不足的特点，城乡居民收入增长缓慢、社会保障体系不够完善、消费市场不健全等导致城乡居民消费能力不足、消费预期较低、消费愿望不强，影响了国内消费需求的整体提升，也成为制约城乡统筹发展的重要瓶颈。

第二，投资需求反映过高。对我国的投资需求进行分析，2003 年以来，我国的投资率始终稳定在 40% 以上，处于国际较高水平，相对较高的投资率维护和促进了我国经济的快速增长，但其带来的消极影响也不容忽视。投资需求率过高反映出我国的投资需求过于旺盛，必然会引起经济过热的问题，长此以往，难以维持我国经济发展"高增长低通胀"的形势。过高的投资需求率反映了居民将资金过多用于投资过程中，挤压和占用了居民的消费资金，导致投资和消费极度失衡。

第三，出口需求数额过高。从我国的出口需求进行分析，新时期我国的出口数额迅速增加，据《中华人民共和国 2006 年国民经济和社会发展统计公报》显示，2006 年我国的出口数额高达 9691 亿美元，比 2005 年增长 27.2%[①]，虽然依靠出口能够拉动我国的经济发展，但过度依赖出口定然存在较大风险。从 2000 年到 2006 年，我国居民的消费需求降低了约 10 个百分点，表明了我国的居民消费需求明显不足，这已然成为我国经济发展过程中的显著问题，需要引起高度重视。

---

① 《国家统计局发布 06 年国民经济和社会发展统计公报》，http://www.gov.cn/gzdt/2007-02/28/content_537025.htm。

2. 农村创新人才不足问题突出

科技人才是提升国家创新能力，推动经济发展的关键所在。国务院制定的《国家中长期科学和技术发展规划纲要（2006—2020）》明确指出，我国的"优秀拔尖人才比较匮乏"①，高层次人才尤为短缺，能够一跃跻身于国际前沿，并且有足够能力参与国际竞争的战略科学家更是屈指可数，这种现象在城乡统筹发展过程中尤为突出。

第一，科技创新人才数量偏低。从创新人才的数量进行分析，我国创新人才尤其是科技人才的相对数量与发达国家相比明显偏低。我国公民不仅在国际性权威科学院中出任外籍院士的人才数量远远低于发达国家，而且在国际性的学术组织和国际性的学术刊物编委会中任有相应职务的人数也较少，暴露了我国创新型人才培育存在的短板。

第二，领军人物数量不足。从创新人才培养的目标进行分析，我国缺乏一批国际级科学大师和科技领军人物。具体来看，新时期我国的基础研究队伍整体水平略低，能够站位前沿、引领当前科学潮流和发展方向的一流科学家较为缺乏。新时期我国的本土科学家数量虽有了明显增加，但在我国的本土科学家中，曾获得国际性权威科学奖的人数却是寥寥无几，这也是影响我国创新型国家建设的一大因素。

第三，人才质量有待提升。从创新人才的质量进行分析，我国创新人才培养的质量有待优化。虽然我国的创新人才数量与之前相比已经有了明显提升和进步，但在培养规模、培养质量方面还需要调整和优化。新时期，面对全球人才竞争和科技竞争日趋激烈的国际形势，加快实施人才强国战略，全面提升创新人才培养的质量水平，率先占领创新的制高点，加快城乡人才培育，在统筹城乡发展过程中显得尤为重要。

3. 统筹城乡发展的具体举措

坚持统筹城乡发展，就要在直面城乡发展过程中存在的短板问题基础上，从坚持扩大城镇居民消费需求、开拓农村消费市场、提升居民整体素质入手。

第一，扩大城镇居民消费需求。坚持扩大国内消费需求，要重点提高

---

① 《国家中长期科学和技术发展规划纲要（2006—2020 年）》，http：//www. gov. cn/jrzg/2006 - 02/09/content_ 183787. htm。

城镇居民的收入尤其是中低收入者的收入，处于中低收入水平的人群，消费意愿往往更加强烈，但消费能力通常不足，要及时调整最低工资水平，确保中低收入者的收入有保障；要促进积极就业，通过深化国有企业改革、健全再就业中介机构、加强就业培训和就业指导等方式，切实提升城镇居民就业水平，确保他们有足够资金进行消费；要完善落实社会保障体系，尽最大可能减轻城镇居民想消费而不敢消费的后顾之忧；要着重整顿消费市场，通过发展旅游、文化等第三产业来培育新的消费增长点，进一步拓宽城镇居民的消费市场。

第二，努力开拓农村消费市场。虽然城镇居民是国内消费的"主力军"，但也不能忽视农村消费市场的开辟。要按照建设社会主义新农村的要求，着力增加农民收入，缩小城乡居民的收入差距，通过加大政府财政对农业、农民、农村的支持力度，积极发展农村银行、农村金融合作组织等金融机构，吸纳农民就业、鼓励农民创业、拓宽农民的收入渠道、提振农民的收入水平，把农村的潜在消费能力切实转变为现实消费能力；要重点改善农村的消费环境，通过加强农村基础设施建设，严厉打击农村假冒伪劣产品，优化和建设农村消费市场，确保广大农民敢于消费、能够消费，帮助广大农民树立消费愿望、提高消费能力。

第三，提升城乡居民整体素质。提升城乡居民整体素质，是统筹城乡发展的现实需要。掌握科学知识是提升全民科学素质的前提条件，公民要形成对科学的客观认知，还要树立科学思想。这是培养科学素质的灵魂要义和精髓所在，这种科学精神突出强调主体内心坚信不渝的指导原则，是基于科学的内在本质而产生的内心信念和精神气魄。科学知识是无穷无尽、随着时代进步持续发展的，人们难以全面掌握所有的科学知识，但必须具有起码的、基本的科学精神，这是科学素质培育的必要前提。

（三）加快城镇化进程

加快推进城镇化进程是城市和农村统筹发展的必然要求，也是解决农民工非市民化问题及就业问题和解决城市过度扩张及生态环境问题的现实要求。

1. 农民工非市民化问题及就业问题依然突出

农民工非市民化问题及农民工就业问题是影响城镇化进程的重要因

素，主要体现在以下两个方面：

第一，农民工非市民化问题。我国城镇化过程中，突出特点是"农民进城"，也就是重点实现从农民工向城镇市民化转变的问题。大部分农民工涌入城市后，大多从事服务行业，虽然部分人口在人口统计上已经被计入城镇人口，但由于这部分人口在住房、教育、社会保障等公共服务领域并未享有与城镇居民相同的待遇，因此，这部分人口本质上没有实现完完全全的市民化，由此也引发了住房、教育、医疗等一系列问题。

第二，农民工就业问题。城镇化是工业化进程的必然产物，产业发展是城镇化的重要依托和支撑。随着工业化快速发展，资本的投入力度和投入幅度大大增加，资本有机构成持续不断地向上提升，资本对劳动的替换以前所未有的速度加快推进，就业对经济增长的弹性较之以往有了明显降低。同时，某些地方政府在城镇化过程中，将城镇的资源集中用于城市建设等方面，造成了就业岗位相对不足，形成产业"空心化"的现实问题。

2. 城市过度扩张及生态环境问题有待改善

在加快推进工业化，发展国民经济的过程中，出现了城市过度扩张、生态环境恶化等一系列问题。

第一，城市过度扩张问题。个别地方政府将城市建设作为扩大投资、拉动经济增长的重要途径，无限制地增加城市规模，无限制地建立大广场、大草坪、摩天楼等所谓的城市"形象"工程，大肆搞绿化、大力搞美化、着力搞亮化，甚至互相攀比，在相互攀比的过程中大幅度增加了城镇化成本，由此提升了农民进城的门槛限制。虽然城市规模迅速扩大，占地面积持续增加，然而就业岗位却并没有因此增加，大量从农村转移到城市的劳动力被排斥在城镇化进程外，使得土地城镇化进程明显快于人口城镇化进程。

第二，生态环境恶化问题。囿于推动经济发展，在片面追求经济发展总量和速度的同时，忽视了环境污染问题，导致水土矛盾进一步激化，生态环境进一步恶化，使得人们赖以生存的生态圈受到破坏，对于人们的生活水平产生了极大的影响。为此，要加快扭转生态环境恶化趋势、改进生态问题，这是在推动城镇化过程中必须改进和完善的重要一环。要在不断提升城镇化水平的同时推动环境多元共治的局面形成，保护好人们生存和居住的家园。

3. 加快城镇化进程的具体举措

加快推进城镇化进程，既要稳扎稳打地走好中国特色城镇化道路，也要深化科技管理体制改革，发挥好科学技术的支撑和助力作用。

第一，坚持走中国特色城镇化道路。中国特色的城镇化道路必须要强化城镇的多元基本功能，在通过优化产业结构、大力发展第三产业以提升城镇的经济发展水平基础上，持续不断地加强城镇建设，既要加快城镇住房、交通、绿化等基础设施的建设，也要完善图书馆、体育馆、医院等公共服务设施建设，注重城镇的统一规划、分批建设，实现城镇化建设的多元化。同时，中国特色的城镇化道路必须构建起统一协调的合理城镇体系。城镇体系是在一定范围内由各种类型不同、等级不同、空间联系密切的群体组织所构成的，其聚集功能和辐射功能都是中小城市无法取代的，中等城市是大城市和小城市联结的纽带，小城市则是广大农村地区生产要素的聚集地，是附近农村市场经济活动的中心点所在。大城市相较于中等城市和小城市具有较大的经济优势和资源优势，这就决定了要因地制宜、因地而异，充分发挥大中小城市的各自优势，构建起系统完备、功能完善的新型城镇体系。

第二，加快各地区城镇化特色建设。由于我国东中西部地区发展态势不同，在城镇化体系构建特色上也不尽一致。在经济发达的东部地区，要着力增加中等城市的数量、着力构建城镇联系的桥梁和纽带，着重提升城镇建设的质量、强化发挥城镇的基本功能。在经济发达程度略低于东部的中部地区，要着力增加超大城市或者特大城市的数量，强化其作为区域中心的基本作用。在经济欠发达的西部地区，则要大量增加城镇尤其是大城镇的数量，新建的城镇可以行政区划、地区生产总值、产业集群、交通条件、城镇人口数量等为标准。要注意城镇体系的构建必须以各地区的基建设施为基础，尤其是要以交通设施和通信设施为前提。要着力建设各城镇之间的快速通道网，包括高速铁路网、高速公路网、空中走廊、巨大港口和信息高速公路，大力推动以交通运输网和信息通信网为基本"骨骼"的城镇体系建设。

第三，加快城镇化中科技资源配置。推进城镇化建设要"优化科技资源配置"①。为推进城镇化进程提供刚性的、有效力的保障机制。不仅要不断推进由政府职能从权力政府向责任政府和服务政府的转变，转变传统管理理念，聚焦科技奖励问题，尝试探索适应新时期经济发展和科技进步的新型管理体制，还要改进科技的运行机制，聚焦科学的决策目标体系、职责分明的责任体系，公平公正的考核体系，高效透明的监督体系，对科技管理的职权进行合理分配，对科技管理的流程进行恰当分解，适应新时期科技管理的客观需要。也要将信息网络等最新的、最前沿的科学技术主动运用于政务工作中，实现厅门户网站、政务专网、办公自动化系统等的三网并联，率先搭建科技管理线上"一站式"服务平台、建立相应的网上专家系统库等，通过网上运营和云上办公，极大提升办事效率、降低管理成本。

二　健全现代市场体系

党的十六大报告指出，要"健全现代市场体系"②。党的十七大报告再次强调和重申此观点，这是对改革开放以来我国市场体系发展的深刻经验总结，也是新时期经济建设的重要任务。要清醒认识现代市场体系发展在新时期遇到的艰巨挑战，把握健全现代市场体系的主要内容，通过坚持和完善基本经济制度、完善调节监管服务职能、提高开放型经济水平等针对性、有效性的实践策略，推进现代市场体系的健全化发展。

（一）坚持和完善基本经济制度

基本经济制度是国家依据社会性质及基本国情，通过法律对社会经济秩序中生产资料归属作出明确规定的经济制度，是社会经济在生产关系中最基本的规定。党的十六大报告提出，要"根据解放和发展生产力的要求，坚持和完善公有制为主体、多种所有制经济共同发展的基本经济制度"③。党的十七大报告再次重申了这一基本经济制度。

---

① 《胡锦涛文选》第2卷，人民出版社2016年版，第629页。
② 《十六大以来重要文献选编》（上），中央文献出版社2005年版，第20页。
③ 《十六大以来重要文献选编》（上），中央文献出版社2005年版，第19页。

1. 适应党的发展思想转变的必然要求

从"经济增长"到"经济发展"不仅是适应党的发展思想转变的现实需要，更是关系国民经济全局的重大任务。

第一，经济增长提出的时代背景。1995 年，党的十四届五中全会审议通过的《关于制定国民经济和社会发展"九五"计划和 2010 年远景目标的建议》中明确提出"经济增长"的概念，强调 GDP 的总量或人均数额的增加，属于粗放型的经济方式，更加侧重"量"的方面，具有物本性和暂时性。2007 年，胡锦涛在中央党校省部级干部进修班上发表的讲话中提出"经济发展"的概念。党的十七大再次重申"经济发展"，取代了以往的"经济增长"概念，强调经济社会的全面发展、全面进步，体现经济发展的协调性、持续性和共享性，不仅包括经济发展的"量"的方面，也内涵经济发展的"质"的方面，属于集约型经济方式。

第二，从经济增长转到经济发展。党的经济发展思想从"经济增长"转变为"经济发展"，是向更科学发展的转变。"经济增长"为"经济发展"奠定了必要的物质基础，"经济发展"则是"经济增长"的最终目的。从表面上看，是从"增长"二字转变为"发展"二字，但从本质上看，则表明党的经济发展思想从重点抓"数量"转化为"数量"和"质量"同时并举，更加注重经济的增长速度、发展结构、发展效益等多个方面均衡发展。

第三，经济发展的内在价值蕴含。提出"经济发展"意味着我国经济发展正在从粗放型的增长方式向集约型的发展方式过渡，反映了党当时对我国经济发展规律的正确认识和客观分析。这不仅是党的发展思想的转变，更是关系国民经济全局的重大任务。这就要求必须坚持和完善基本经济制度，从制度根源上解决我国经济如何从注重"量"的增长向注重"质量"同时并重转变的问题。也就是既要通过坚持公有制的主体地位确保我国经济发展的社会主义性质，又要通过鼓励支持引导非公有制经济发展，激发经济发展的活力。

2. 贯彻落实科学发展观的现实要求

科学发展观是新时期我国发展的重要指导思想，要求国民经济实现"又好又快"地发展，内在需要从根本上转变和调整我国的经济发展方式，需要经济制度为之保驾护航。

第一，落实科学发展观的历史探索。长期以来，我们党对经济的"又快又好"发展和"又好又快"发展作出了多方面探索。1994年，江泽民在考察深圳经济特区时提出了"经济又快又好地向前发展"①。"快"字当头，也就是强调经济增长的速度。2007年，胡锦涛在党的十七大报告中提出"促进国民经济又好又快发展"②。"好"字当头，也就是强调经济的发展方式。事实上，"好"与"快"并不矛盾，也并不冲突，两者互相依存、辩证统一于经济发展的全过程。"好"是"快"的基本前提，如果经济的发展没有"好"作为衡量标准，那么，经济发展的速度越"快"，发展过程中的矛盾便会越"多"越繁杂，但是，一味注重系统协调而忽略了经济的增长速度，必然会在一定程度上影响经济发展进程。

第二，推动科学发展观的内在要求。强调国民经济"又好又快"地发展事实上就是落实科学发展观的全面、协调、可持续的客观要求，是提升我国经济发展的质量和效益的迫切需要。要知道"又好又快"地向前发展，是对"又快又好"的深层次延展、高层次升华，标志着对经济发展规律的认识更加全面、更加深入，注重扎扎实实求效益、稳步稳定促提升。要着力促进国民经济"又好又快"发展，毫不动摇巩固和发展公有制经济，毫不动摇鼓励、支持、引导非公有制经济发展，充分发挥市场在资源配置中的决定性作用，更好发挥政府宏观调控作用。

3. 坚持和完善基本经济制度的具体举措

要坚持和完善以公有制为主体，多种所有制经济共同发展的基本经济制度，就要坚持做到以下三个方面。

第一，必须毫不动摇地巩固和发展公有制经济。国有经济控制着国民经济的根本命脉，坚持不懈地发展和着力壮大国有经济，对于激励和发挥社会主义制度的显著优越性，增强我国的经济实力、国防实力和民族凝聚力，具有不可替代的关键性作用。同时，集体经济作为公有制经济的不可缺少的重要组成部分，对于缩小发展差距，着力实现共同富裕具有至关重要的作用。

第二，必须毫不动摇地鼓励、支持和引导非公有制经济发展。个体、

① 《江泽民文选》第1卷，人民出版社2006年版，第376页。
② 《胡锦涛文选》第2卷，人民出版社2016年版，第629页。

私营等各种形式的非公有制经济是社会主义市场经济之中不可缺少的重要组成部分，对于充分调动社会各方面的积极性，实现各种生产力积极性的充分发挥，加速推进我国生产力发展具有至关重要的作用。

第三，必须毫不动摇地坚持公有制为主体，毫不动摇地支持、鼓励和促进非公有制经济发展，毫不动摇地将这两个方面统一于社会主义现代化建设的进程中。若是离开了公有制为主体，我国经济发展的社会主义性质便难以得到保证；若是离开了鼓励支持非公有制经济发展，那么市场经济的发展便失去了活力和积极性，只有将两个方面结合起来，发挥互促互进、共同进步的功效，各种所有制经济才能在市场竞争中发挥各自优势、共同发展。

（二）完善调节监管服务职能

社会主义市场经济是市场在资源配置中发挥基础性作用，政府则发挥宏观调控作用，确保市场运行的协调有序。要致力发挥好政府的调节监管服务职能，是因为新时期还存在市场体系发育不够平衡、市场运行规则不够完善等问题。

1. 市场体系发育不够平衡

新时期我国市场经济还不够发达，市场体系正处于发育初期，存在市场发育体系不平衡的现象。

第一，市场结构失衡。现代市场体系是一个有机统一体，由消费品和生产资料构成的商品市场、资本市场、劳动力市场、信息市场和技术市场等在内联合构成。近年来，随着产业结构不断调整，消费市场繁荣，要素市场、劳动力市场等严重滞后，而各个子市场之间是相互联系、相互作用的，一旦出现互相割裂、彼此孤立的现象就会导致市场结构失衡。

第二，市场机制尚未健全。由于我国的市场化正式起步于改革开放之后，市场化水平相对较低，生产力发展还不够平衡，难以保证市场机制作用的正常发挥。现实中不少地方的市场建设单打独斗，不考虑市场建设的整体性和长远性，使之出现行政性垄断和地区封锁。原本具有开放性市场的人为分割，造成不同的行业之间、部门之间和地区之间存在着市场的阻断性，这种"条条块块"的割裂模式影响和降低了社会经济资源的配置效率。

第三，市场体系发育不良。由于东部沿海地区的经济发展水平高于中、西部地区，城镇的经济发展水平高于农村地区，不可避免地导致东部沿海地区的市场体系发育程度明显高于中、西部地区、城镇的市场体系发育程度明显高于农村地区，这种不平衡反映了市场体系的不统一性，表明市场分割和市场差别化仍然存在，降低了市场的开放性程度，影响了市场的有序流通。

2. 市场运行规则不够完善

完备的市场体系应具有与之适应和相配的一整套市场运行规则，包括市场准入规则、市场竞争规则、市场交易规则、市场行为规则以及确保市场顺畅运行的法规体系，但目前还存在市场运行规则不够完善的情况。

第一，市场的交易规则不够健全。现代市场体系的核心是以市场为基础的价格机制，但各个子市场均有相应的"价格"机制，以充分利用自身的"价格"机制，新时期市场交易规则还不够健全，如果仅仅依靠各个子市场的"价格"机制进行调节，难以达成预期效果，在一定程度上导致市场竞争非规范性的出现。应尊重和发挥价值规律的调节作用，确保整个现代市场体系的价格机制走向完善。

第二，市场的行为规则不够健全。新时期，市场主体所采取的行为具有非规范性问题，一些市场主体为了追求自身利益而损害他人合法权益，给市场运行进程带来扰乱因素。比如，由于国资国企改革尚不彻底，个别国有资产控股的大型企业，尚未成为产权清晰、权责分明的市场主体，导致大型企业的行为具有非市场化色彩。

第三，市场的信用体系不够健全。由于在经济转型的过程中，与市场主体的信用和契约有关的各种制度尚未完全建立，一定程度上导致了市场信用体系的缺失，进而引发市场信用环境的恶化，大大增加了市场交易的成本、提高了市场交易的代价，限制了各种市场主体的良性竞争。

3. 完善调节监管服务职能的具体举措

健全现代市场体系，必须高度重视发挥政府的宏观调控作用，完善政府的调节监管服务职能，高质量、高效率做好现代市场体系发展过程中的宏观规划和统筹协调，为促进市场体系的现代发展创设良好条件。

第一，推动区域市场体系的协调发展。从新时期我国市场体系的发展现状来看，政府部门宏观调控的重点应当放在推动区域市场体系的协调发展上，尤其是注重加强区域之间的经济合作、重点帮扶西部地区的市场体系发展，尽最大可能缩小区域市场体系发展的差距和鸿沟。

第二，注重加强各区域间的经济合作。东部沿海地区最早享受到改革开放带来的红利，加上资源优势、地理位置优势等，使得东部沿海地区的经济发展水平显著高于中西部地区，东部沿海地区要充分发挥、高效利用本地区的优势，加快本地区的市场体系建设进程，更好地积累辐射能量并带动中西部市场体系的建设。政府要大力推动东中西地区的联合与合作，通过东部沿海地区先天优势的发挥，拉动中部和西部地区市场体系的发育发展。

第三，帮扶中西部地区市场体系建设。中西部地区尤其是西部地区，由于对外开放相对东部较晚，资源相对贫瘠，因此经济发展水平远远低于东部地区，市场体系发育也相对更晚且更不成熟。政府要在尊重和遵循经济发展规律的前提下，以大力运用经济手段为主，充分利用行政手段为辅，尽可能调节和弥补市场调节的弱点和盲点，加快推动社会分工，打破东中西地区之间的经济发展壁垒，促进各种生产要素在东中西部地区之间合理流动，助推东中西部地区的市场体系的无缝衔接，推动东部、中部、西部地区的各个市场体系之间达成融洽互动的"市场联动机制"，为维护市场体系的有序性奠定基础。

（三）提高开放型经济水平

要着力提高开放型经济水平，维护市场体系的统一性和开放性，打破地方、部门之间的条块分割，是建设现代市场体系的题中之义。目前，开放型经济在发展过程中，主要存在着外部环境与市场体系的发展不够协调等问题。

1. 外部环境与市场体系的发展不够协调

现代市场体系具有统一性、开放性、竞争性、有序性和脆弱性的基本特征，着力构建一个体系完备、机制健全、统一开放、竞争有序的现代市场体系，是完善社会主义市场经济体制的至关重要内容。

第一，外部环境发展有所欠缺。由于我国的经济社会发展相对发达国家略显滞后，使得现代市场体系健康发展所需要的外部环境并不完全具备。新时期，我国的宏观调控体系不够完善、社会保障制度不够健全、社会化服务体系不够完善等外部环境，与市场体系的现代化发展并不协调，影响和制约了我国现代市场体系的规范发展和健康发展。要促进现代市场体系的健康发展，主要有"发育"和"培育"两种方式。"发育"更加强调通过市场本身的自我完善、自我改进来推动市场体系的自然发展；"培育"则强调通过人为努力创造市场体系健康发展的条件，促使市场体系逐渐从不完善上升到较为完善的过程，这就需要充分发挥政府的宏观调控作用。

第二，市场调整管理有待加强。面对市场经济转型进程中出现的种种矛盾，针对市场体系发育不够平衡、市场运行规则不够完善等问题，政府的宏观调控力度略显不足，政府的经济管理职能亟须转变，组织职能、公共服务职能、间接调控职能等尚需重点加强。要积极推动政府职能转移到市场监管、社会管理、公共服务等方面，为现代市场体系的健康发展营建积极的、良性的外部环境。

2. 国际形势不断变化

新时期世界经济发展的主流是要求各国走好协调可持续的发展之路，以最小的资源能源代价，最大程度地满足各国人民的物质需要和精神需要。

第一，全球金融危机影响。美国次贷危机引发的全球性金融危机，引发了全球经济严重衰退、西方国家失业率和通货膨胀率居高不下、贸易保护主义势头不减等极端恶劣影响。究其原因，除了政府宏观调控失灵以及资本主义制度自身存在不可克服的根本缺陷以外，能源短缺也是不容忽视的重要原因。能源资源的缺乏导致金融危机爆发后，能源资源的价格持续攀升、企业成本随之急剧上升，高昂的商品售价超出了民众力所能及的支付范围，于是造成了产品滞销和产品积压，企业资金无法及时回笼。不仅导致企业本身走向崩溃瓦解，也导致各大银行出现呆账死账，从而对全球经济造成难以估量的巨大损害。

第二，我国积极应对危机。中国作为世界上最大的发展中国家，作为世界第二大经济体，面对世界经济的复苏困境，要义不容辞地承担起本国的国际责任、肩负起本国的国际担当，努力与世界各国一道走好全面协调可持续的发展之路，积极主动地转变本国的经济发展方式，努力提升开放型经济发展水平，节约资源、节约能耗，切实奉行互利共赢的开放战略，积极助推全球的金融体制改革，在促进本国经济有序发展的同时，为助推世界经济的恢复发展作出应有贡献。因此，转变国民经济的发展方式，提高开放型经济发展水平，不仅是立足我国国内发展状况作出的正确选择，也是针对世界形势变幻作出的合理抉择，是应对世界形势发展变化的必然举措。

3. 提高开放型经济水平的具体举措

要着力提高开放型经济水平，就要维护好市场体系的统一性和开放性，加强社会信用体系建设。全面、彻底消除因地方保护主义导致的地方市场"各自为政"、彼此割裂的市场发展模式，必须全面深化改革，从根本上、从源头上铲除阻碍市场统一化进程的"绊脚石"，政府部门对此大可有为。

第一，加速推动政府职能转变。要结合各地方行政体制的改革进程，借助立法等形式，进一步明确和规范地方政府的职责，即开展有序的公共管理、提供充足的公共物资、优化现有的市场环境等，而非不恰当、不合理地干预市场经济活动；要借助财政税收体制改革等形式，重新调整地方政府在市场分割中形成的利益分配结构，杜绝地方政府由于税收等加剧市场分割；要推动建立专门化、规范化的专业机构，防止和打破地区封锁，在清理种种阻碍市场竞争的行政壁垒基础上，积极推行全国统一的、各地政府无例外的商品流通政策，防止地方垄断和地方保护。

第二，保持市场体系的开放性。鼓励国内企业积极主动地"走出去"参与国际竞争，共享经济全球化带来的红利。具体而言，要借助优化出口商品的质量和结构，自主、积极地提高我国对外开放的质量水平；要高度关注出口型商品的附加值增长比例，彻底转变过去高出口额、低利润额的低盈利出口模式，通过提高出口商品的利润拉动我国经济发展；要着重提高利用外资的绩效，适当限制高能耗外资企业在国内的经营，鼓励和支持知识密集型外资企业在国内的经营，侧重引导外资企业进驻我国中西部地区，解决中西部地区就业问题和东中西部地区经济发展不平衡的问题。

第三，加强社会信用体系建设。要大力倡导信用观念，把信用观念确立为社会重要的道德准则，在全社会着力推崇信用观念，形成诚实守信光荣、失去信用可耻的社会氛围和社会风尚，打造以道德为支柱的社会诚信体系；构建系统完备的信用法律体系，新时期我国还没有完整的、系统的、全面的有关社会信用的专门法律体系，应当加快法律法规的建立步伐，重点加强有关市场主体之间的信用关系管理，精心构建有关市场主体信用管理的法律法规，建立起一整套失信惩戒机制，确保社会信用体系能够为市场体系的顺利运行奠定坚实基础；加快信用主体的建设，要重点推进企业信用体系和个人信用体系的建设进程，加速建立一套社会征信体系，建立起专门性、正规化的社会信用管理机构，动态、适时、延续地记录社会主体的信用状况，更好地防范失信行为、弘扬诚信风气。

三　推动区域协调发展

2006 年，温家宝在全国人大四次会议上所作的《政府工作报告》中提出"继续推动区域协调发展"①。党的十七大报告也强调要"推动区域协调发展"②。新时期，区域协调发展仍面临着一系列瓶颈制约，要针对问题点、抓住关键点，通过积极推进西部大开发、全面振兴东北地区老工业基地、大力促进中部地区崛起等有效举措助力区域协调发展的深入推进。

（一）积极推进西部大开发

西部地区自然条件比较恶劣、生态系统尤其脆弱，处于国内交通运输的"末梢"，主要包括青藏高原、云贵高原、内蒙古高原、黄土高原等区域。要深入推进西部大开发，是因为与东中部地区相比，西部地区还存在发展差距过大、发展空间分布不平衡等问题。

1. 西部地区与东中部地区发展差距过大

西部地区与东中部地区之间的发展差距过大，主要体现在收入分配差距以及公共服务差距两个方面。

第一，各大地区收入分配差距较大。从收入分配差距来看，各大地区之间的收入分配总量仍然存在较大的差距。根据国家统计局发布的《中国统计年鉴（2007）》显示，2006 年东北地区、西部地区、中部地区的城镇

---

① 《十六大以来重要文献选编》（下），中央文献出版社 2008 年版，第 331 页。
② 《胡锦涛文选》第 2 卷，人民出版社 2016 年版，第 631 页。

居民人均可支配年收入分别为：10489.81 元、10443.01 元、10572.94 元，分别占东部地人均可支配年收入的 64.04%、63.75%、64.55%。不仅地区之间存在过大的收入差距，各省市之间也存在较大的收入分配差距，就 2006 年收入最高省份与收入最低省份进行对比，上海市收入最高、新疆维吾尔自治区收入最低，年均收入分配差距高达 13119.5 元。[①]

第二，各大地区公共服务差距较大。从公共服务差距来看，我国各大地区之间尤其是东部、中部、西部地区之间的公共服务依然存在较大的差距。以居民普遍关注度较高的义务教育为例，自 2006 年开始，针对西部地区经济发展较为落后的情况，我国开始实行免除西部地区农村义务教育阶段学生所有的学杂费，提升学生的入学比例和义务教育比例。2007 年，这一政策逐步扩展到中部地区和经济较为发达的东部地区，很大程度上减小了东部、中部和西部地区的义务教育差距。然而从各地区对义务教育的资金投入来看，东部、中部和西部地区依然存在显著差距，2006 年西部地区和中部地区的教育文化娱乐服务人均支出分别为 1021.43 元和 962.60 元，占东部地区的 63.96% 和 60.27%，意味着西部地区和中部地区的人均教育文化娱乐方面的支出与东部地区相比存在很大差距。再以医疗卫生为例，2006 年中部地区和西部地区的医疗保健支出分别为 509.87 元和 513.88 元，分别相当于东部地区医疗保健支出的 69.13% 和 69.68%，突显了医疗卫生方面的分配差距。[②]

2. 西部地区与东中部地区空间分布不平衡

西部地区与东中部地区相比区域发展空间分布不平衡，主要体现经济发展任务与人力资源分布、与资源环境空间分布间的不平衡。

第一，经济发展任务与人力资源分布不平衡。相对于东部地区，西部地区由于历史条件、自然环境等影响，西部地区经济基础薄弱、城市化水平低、贫困人口多，是全面建设小康社会的重点地区，面临的经济发展任务十分艰巨，需要大量人力资源。然而，西部地区本身人口少，许多劳动密集型产业难以发展。更为严重的是，西部地区吸引高科技人才的工作环境和生活环境有待优化，许多优秀人才不愿意到西部地区就业创业，本需

---

① 数据来源于中国国家统计局《中国统计年鉴（2007）》，中国统计出版社 2007 版。
② 数据来源于中国国家统计局《中国统计年鉴（2007）》，中国统计出版社 2007 版。

要大量高科技人才推动经济发展的西部地区反而人力资源相对匮乏，相对东部地区分布极为不平衡，严重影响西部地区经济社会发展和人民生活水平提高，需要国家宏观调控层面大力推进西部大开发。

第二，经济活动与资源承载不平衡。从经济活动与资源环境承载力来看，呈现出明显的不平衡状态。改革开放初期，我国在东部沿海地区开辟了一系列经济特区，强调和注重经济活动的数量增长，这种粗放型的经济增长模式导致珠三角、长三角等经济条件较好的地区面临着日趋严峻的资源环境问题。随着东部沿海地区工业化进程的加速推进和城镇化进程的快速发展，乡镇企业迅速崛起，土地资源在城镇化进程中被严重浪费，导致土地资源的供应和需求之间的矛盾愈加突出。不仅如此，某些地区的生态环境承载力已经超负荷，如 2007 年太湖、巢湖、滇池蓝藻的连续爆发，2011 年的云南曲靖铬渣污染等，为我们的生态环境保护敲响了警钟。确保经济发展与环境保护相互协调，在发展经济的同时注重保护生态环境，实现经济活动空间分布与资源环境承载能力彼此协调，已经成为刻不容缓之势。

3. 着力推进西部大开发的具体举措

强化深入推进西部大开发新格局形成，是顺应中国特色社会主义迈进新时期的新要求，为全面建设小康会社会奠定比较坚实的基础，要从开发领域和开发的空间布局两方面着力。

第一，抓好开发领域。要重点突出生态环境保护和基础设施建设，在生态环境保护方面要有条不紊地搞好退耕还林、退牧还草、风沙源和石漠化保护治理等国家所要求的生态环境保护工程，积极探索生态改善、生态保护等方面的有益路子。在基础设施上，在继续抓好"西气东输""西电东送"等攸关全局的重大基础工程的同时，切实推进改善农牧民生产生活条件的小型工程建设，做到以学生的义务教育、面向全民的公共卫生和基础文化建设为重点，根据西部地区的资源禀赋和已有的产业基础，扎实推进西部广大地区的科技、教育、文化、卫生事业的持续发展，进而增强西部地区的经济实力、扩大西部地区的就业率。

第二，优化空间布局。要拓展国家发展的战略回旋空间，依据以点带线、以线带面的原理，依托西部地区已经建立起来或正在建立的交通干线，辐射和发展一大批中心城市，形成新的经济增长极，以拉动和带动周边地区经济的不断发展。西部地区发展不平衡不充分的问题依然突出，仍然是全面建设小康社会的短板和薄弱环节。新时期，继续做好西部大开发，促进区域协调发展，必须要打造西部地区特有的产业带和城镇带，把欠发达的西部地区建设为经济繁荣、社会进步、生态良好的新西部地区，对于全面建设小康社会具有深远的现实意义。

（二）全面振兴东北地区老工业基地

东北地区作为新中国成立初期工业建设的重点区域，也是计划经济历史积淀最为深厚的地区，为我国工业发展和经济发展作出了卓越贡献。但东北地区在改革开放不断深入的过程中，却存在着对以往路径过度依赖、体制与结构相互矛盾等问题，且与东部地区相比存在一定差距，因此，全面振兴东北地区等老工业基地刻不容缓。

1. 东北地区老工业基地发展存在体制机制障碍

作为"共和国长子"的东北老工业基地为我国发展作出了巨大贡献，然而随着全球化浪潮的推进，东北老工业基地的发展机制亟待调整。

第一，目标制定方面出现短视化问题。受过去计划经济的影响，东北地区老工基地的重工业比重过大，市场机制在相当长的一段时间内没有关注到城市基础建设落后等问题，成为东北地区老工业基础发展滞后的主要原因。在东北老工业基地建设中，大多数城市将关注点和着力点放在GDP、投资规模、资金引流等方面，弱化和忽视了本地区的资源环境承载能力。传统产业包括以石油炼制和加工、黑色金色的采选业、木材加工等，对大气、水、生物等自然环境造成严重破坏，长此以往便影响和制约了地区的经济发展进程。

第二，经济区和行政区之间矛盾犹存。改革开放初期我国划分了深圳、珠海、汕头、厦门、海南等一批经济特区。我国行政区和经济区的划分版图不一致，这就导致原本统一的经济有机体被行政区分割和打破，造成了区域市场间的割裂状况，催生和助长了地方保护主义的盛行，阻碍了生产要素的自由流动，阻碍全国统一的国内大市场的快速形成。虽然目前我国的地方保护主义有逐渐减轻之势，但从早已根深蒂固的行政区思维向经济区思维的转变是一个长期的过程，这就意味着地方保护主义所引起的区域市场分割还会长时间存在，虽然从短期看，有利于落后地区实行经济上的自我保护，但从长远发展来看，会遏制全国经济的发展速度，在总体上会引起资源能源规模与经济发展步调不协调，从而导致区域发展的不充分不均衡。

2. 东北地区老工业基地与东部地区存在较大差距

改革开放以来，各地区之间经济差距的扩大对经济社会发展造成了负面影响，其中东北地区老工业基地与东部地区的差距不容忽视。

第一，经济主体非理性行为加剧。从经济发展方面的负面影响来看，区域之间的经济差距扩大加剧了经济主体的"非理性"行为，导致地方保护主义思想抬头、市场分割进一步加剧，与之相随的是市场竞争的恶化，长此以往会扭曲市场竞争风气，导致价值规律的调节作用受到影响，难以发挥市场调节的积极效用，影响生产要素的自由流动和各区域之间的优势互通，不利于各区域的借鉴互补和共同进步。

第二，经济差距进一步拉大。从社会发展方面的负面影响来看，各区域之间经济差距的进一步拉大，导致欠发达地区经济发展受限，物质基础的削弱不仅会对就业问题和民生问题造成影响，也会导致欠发达地区社会发展相对迟缓，诱发欠发达地区和发达地区之间的隔阂甚至分离，不利于社会稳定和民族团结。因此，必须通过推动区域协调发展，有效遏制区域经济差距拉大带来的经济和社会层面的负面效应。

3. 全面振兴东北地区老工业基地的具体举措

要全面振兴东北地区老工业基地，着力缩小其与东部发达地区的差距，就要做到以下几个方面。

第一，以改革开放促进调整和改造。要深化推进东北地区的国有资产管理体制改革和国有企业深度改革，为非公有制的繁荣发展营造良好的、合适的外部环境，大力发展混合所有制经济，切实推动钢铁、汽车和重型装备制造等行业的整合重组、优化升级。

第二，以市场为导向促进产业结构优化升级。重点关注东北地区的大型油田，通过加大勘探力度、延缓老化速度，打造一批大型的煤炭基地，来实行煤—电的联合经营，推动工业结构的优化升级；切实促进工业与农业、工业与服务业的关照发展、融合发展，关照城镇与农村的同步发展、关注经济与社会的联动发展，实现东北地区的整体发展。

第三，正确处理市场与政府的关系。既要侧重发挥市场这只"无形的手"在东北地区资源配置中的基础性作用，又要充分发挥政府这只"有形的手"在东北地区资源配置中的调控作用，坚持以独立发展、自力更生为主，同时国家也要及时给予相应的帮助、指导和扶持，推动东北地区的全面振兴。

（三）大力促进中部地区崛起

中部地区包括山西、河南、安徽、湖北、江西、湖南这六个相邻的省份，地处我国发展的腹心地带，其中，山西是我国重要能源基地，其余5省均属农业大省，是我国重要的粮油基地，这决定了中部地区的经济发展对于全面建设小康社会具有重要意义。

1. 中部地区与东部地区相比具有特殊性

东部地区是中国东部沿海地区以及中国东部、南部的渤海、黄海、东海和南海的总称，作为我国经济最发达的区域，在国民经济发展过程中发挥着"引擎"作用，在国际竞争与国际合作中发挥着"主力军"作用。

第一，资源承载力不同。中部地区与东部地区相比，具有显著的特殊性。自然环境、历史条件、资源禀赋等因素决定了我国各区域之间具有差异性，在资源环境承载能力和经济社会发展潜力上，东部地区、中部地区和西部地区之间不尽相同，不能不分重点一概而论。在我国960万平方公里的广袤国土上，有些区域必然要承担起发展经济、聚集人口，拉动全国经济高效优质发展的功能，有些区域必然要承担起保护生态环境、建设良好生态的功能，有些区域必然要承担起大规模推进工业化和城镇化，培育发展现代都市圈的功能。

第二，国家政策不同。国家政策的各种变化对中部东部区域差异造成巨大影响，如果单纯以行政区划来决定各省市和自治区的发展模式，存在一定的限制。推动中部地区崛起，实现区域协调发展，打破了以往借助行政区谋发展的理念，彻底改变了按照行政区划制定区域政策和绩效评价的思想方法，有利于立足各区域的自然资源实际情况和社会条件现实情形，制定针对性强、实用性高的区域政策和绩效指标评价机制，科学引导区域协调发展。

2. 促进中部地区崛起是实现区域协调发展的需要

推进中部地区加快崛起是全国经济版图浓墨重彩的一笔，党的十七大报告指出"推动区域协调发展，优化国土开发格局"①，在区域协调发展中具有举足轻重的地位。

第一，推动中部地区发展的要义。改革开放推动了我国经济的快速发展，农村人口大量涌入东部地区就业，带来更大的压力、更艰巨的挑战。为了推进中部地区发展，有利于优化区域布局，就要发挥各区域的比较优势，加快要素合理流动，实现各个区域良性互动的互补之实力，也要加快资源整合。中部地区承东启西、连南接北，要促进中部产业合理分工，破除各个区域发展的瓶颈以形成区域发展的合力。

第二，合理规划协调各地区发展。深入实施区域协调发展战略，有前瞻性、有计划性地统筹规划好我国未来十几亿人口在东部沿海地区、东北地区、中部地区、西部地区四大板块上的均衡分布，有效、有序地引导我国的经济布局、人口居住与我国资源环境分布相适应，妥善处理好地域空间的有限性与经济社会发展需求的无限性之间的矛盾，调整和优化国土开发格局，实现中部地区的加速崛起，对于纵深推进各地区的共同发展、共同进步，对于全面建设小康社会目标的实现和任务的完成尤为重要。

3. 着力促进中部地区崛起的具体举措

要大力促进中部地区崛起，就要严格遵循可持续的发展要求，不断巩固和强化中部地区的能源基地和原材料基地，切实提升煤炭及其他各种矿藏的回采率，推广煤和电的相互联营，建设创新型矿区。

第一，着力发展工业。新时期，要立足中部地区的资源优势和先天基础，有序推进中部地区的钢铁、有色金属、化工等原材料工业的快速发展，有效利用江海联运、借助海外铁矿等资源，建设一批新型工业区，既能提高资源能源的利用效率，又能做到环境保护。

第二，致力发展农业。要利用农业大省的优势，按照高标准建设一批新型农田，打造区域化、专业化的优质农产品基地，着力提高粮食生产能力和其他相应农产品的生产能力，大力发展农区畜牧业和农畜产品的深度加工，提高现代农业的经济效益；要大力引进先进技术、引进先进设备，着力提升自主研发能力，提升中部地区的装备工业水平等等，实行中部地区的全面崛起。

---

① 《胡锦涛文选》第2卷，人民出版社2016年版，第631页。

第三，借力发展高技术产业。在发挥改革开放带来的先行优势时，高度重视制度创新、原始性和自主性技术创新，做到将自主研发和部分海外并购相互结合，切实提升我国在高新技术自主研发中的基点。

第四，发展出口导向产业。国内需求总是有限的，要善于利用国外资源、主动开拓国际市场，在依靠内需驱动的同时，要生产科技含量高、出口前景好的新型出口产品，提高本国生产要素的利用率，创造和增加就业机会，增进本国社会福利、提升经济发展效益。

第五，发展现代服务业。注重基础的通信和信息服务、生产和市场服务、个人消费服务及社会公共服务，对传统服务行业进行改革和升级，实现服务业的现代化和科学化，促成更大规模的就业、更高质量的经济、更优质化的服务，带动东部地区经济社会又好又快发展。

第七章

全面建设小康社会的民主政治建设

在革命、建设、改革各个历史时期，我们党团结带领各族人民为实现人民当家作主进行了艰辛探索、不懈奋斗，逐步建立健全一套完整的制度体系和程序体制，成功开辟和坚持了中国特色社会主义政治发展道路，人民民主成为我们国家的政治基石和显著优势。发展社会主义民主政治，建设社会主义政治文明，是全面建设小康社会的重要目标。"人民民主是社会主义的生命，是全面建设社会主义现代化国家的应有之义。"[①] 我们党以实现和发展人民民主为己任，明确提出："在坚持四项基本原则的前提下，继续积极稳妥地推进政治体制改革，扩大社会主义民主，健全社会主义法制，建设社会主义法治国家，巩固和发展民主团结、生动活泼、安定和谐的政治局面。"[②] 深刻理解和正确认识发展社会主义民主政治的理论价值和实践进路意义重大。

一　保证人民当家作主

发展社会主义民主政治，最根本的是要把坚持党的领导、人民当家作主和依法治国有机统一起来。"党的领导是人民当家作主和依法治国的根本保证，人民当家作主是社会主义民主政治的本质要求，依法治国是党领

---

① 习近平：《高举中国特色社会主义伟大旗帜　为全面建设社会主义现代化国家而团结奋斗——在中国共产党第二十次全国代表大会上的报告》，人民出版社 2022 年版，第 37 页。
② 《十六大以来重要文献选编》（上），中央文献出版社 2005 年版，第 24 页。

导人民治理国家的基本方略。"① 总之，坚持党的领导、人民当家作主和依法治国的有机统一，是对中国特色社会主义民主政治发展基本规律的深刻揭示，彰显了中国特色社会主义民主政治的最大特点和优势。

（一） 支持和保证人民行使国家权力

发展人民民主，既是建设中国特色社会主义的重要内容，也是将中国特色社会主义伟大事业继续推向前进的重要保障，更是全面建设小康社会的题中之意。坚持走中国特色社会主义政治发展道路和推进政治体制改革，其根本目的是发展人民民主。

1. 发展人民民主应准确把握"人民"的要义

要切实推进人民民主的广度和深度，首先需要解决的问题是支持和保证人民行使国家权力。何为"人民"？在中国共产党早期的文件中，认为其担当者是"劳农"，后成为"工农"，这是基于经济结构与经济关系而划分出来的，主要指在土地资本和工业资本压迫下进行财富生产的劳动者力量。在 1935 年底著名的瓦窑堡会议之后，结合抗日救亡形势，中国共产党提出了建立以统一战线政权为基础的人民共和国。于是，担当者就由"工农"扩展到人民，工农虽然是人民的大多数，但人民不仅包含工农，而且包含小资产阶级和民族资产阶级。这是基于政治结构和政治关系而划分出来的力量。1949 年 6 月，毛泽东在《论人民民主专政》一文中，在人民与反动派划分的基础上，进一步明确人民的范围："人民是什么？在中国，在现阶段，是工人阶级，农民阶级，城市小资产阶级和民族资产阶级。这些阶级在工人阶级和共产党的领导之下，团结起来，组成自己的国家，选举自己的政府，向着帝国主义的走狗即地主阶级和官僚资产阶级以及代表这些阶级的国民党反动派及其帮凶们实行专政，实行独裁，压迫这些人，只许他们规规矩矩，不许他们乱说乱动。"② 中华人民共和国就是在这样的"人民"基础上建立起来的，人民民主也是基于这样的"人民"而展开的。

显然，对于中国共产党来说，"人民"是阶级联盟，至少是工农阶级联盟，人民民主是建立在阶级联盟基础之上的。1954 年宪法正是在这样的

---

① 《十六大以来重要文献选编》（上），中央文献出版社 2005 年版，第 24 页。
② 《毛泽东选集》第 4 卷，人民出版社 1991 年版，第 1475 页。

基础上定位国家的：中华人民共和国是工人阶级领导的、以工农联盟为基础的人民民主国家。从 1949 年毛泽东对"人民"的定义来看，这个阶级联盟是有弹性的，可以超越工农联盟，但其核心和基础是工农联盟。新中国建立之后，随着剥削阶级被逐渐消灭，加上所有制的社会主义改造以及人的思想改造，原先的小资产阶级和民族资产阶级都被改造成为自食其力的劳动者，所以，这个阶级联盟日益纯粹化为劳动者联盟。于是，"人民"与"劳动者"也就几乎等同起来了：人民就是劳动者，劳动者就是人民。而必须注意的是，这种劳动者的现实存在以经济上消除资本的存在为前提。改革开放后，随着社会主义市场经济体制的确立，以公有制为主体的多种所有制共存局面的形成，在传统的"劳动者"之外，出现了新阶层。这些新阶层虽然在生产和社会交往关系中的表现形态不同于传统意义上的"劳动者"，但也是社会主义社会建设和发展不可缺少的重要力量。所以，他们和传统意义的"劳动者"一起，共同作为中国特色社会主义的建设者。从此，包括工农联盟在内的"建设者"就成为"人民"的担当者。

2. 人民行使国家权力的基本原则

人民民主是确立在国家权力不仅源自人民，而且由人民实际掌握的基础上的。人民民主的实际担当主体人民，是以工人阶级为领导，工农联盟为基础所形成的集合体。因此，人民民主的本质属性，即人民当家作主，就不是一种价值理想或政治口号，而是在现实民主化发展中得以呈现的最基本民主原则。

第一，国家一切权力不仅属于人民，而且由人民掌握和行使，绝不允许国家权力掌握在一部分人手中，由部分人所专有、私有。

第二，人民是作为整体的力量来掌握国家权力，实现全体人民当家作主的，因而，国家事务，不是一部分人的事务，而是全体人民的事务，以全体人民的根本利益为依规。

第三，人民是在工农联盟基础上形成的社会主义革命和建设的力量，尽管内部可以划分为不同的阶级或阶层、不同的民族、不同的界别以及不同的人民团体，但都将作为建设者而存在，因而，其最终的政治身份和政治利益具有内在的一致性，这也决定了存在人民之中的各种矛盾都属于人民内部矛盾，是非对抗性的，应以非对抗的方式协调与解决。

第四，人民的整体性存在是基于人民联合而形成的，而人民联合的基础就是工农联盟，这个联盟是在工人阶级领导下，基于其先锋队组织的政党的凝聚而形成的，因而，作为工人阶级先锋队的中国共产党就成为巩固和发展人民联合的凝聚力量和领导力量。从人民民主的角度讲，党领导的核心使命就是创造人民的联合，凝聚人民的团结。人民联合与团结是人民民主的基础和保障。因而，党的领导与人民民主具有内在的统一性，两者是唇齿相依的关系。

（二）健全社会主义协商民主制度

中国共产党领导的多党合作和政治协商制度要求，中国共产党和各民主党派都必须以宪法为根本活动准则，负有维护宪法尊严、保证宪法实施的职责；民主党派享有宪法规定的权利和义务范围内的政治自由、组织独立和法律地位平等。"坚持和完善人民代表大会制度和中国共产党领导的多党合作和政治协商制度，加强和改进人大工作和政协工作，是巩固党的执政地位、巩固社会主义政权、巩固爱国统一战线的必然要求，是发展社会主义民主政治的重要任务。"①

1. 社会主义协商民主制度的实质

在新的历史时期，民主党派的作用是政治协商、民主监督。政治协商就是执政的中国共产党通过人民政协以及其他途径与各民主党派共同商讨国家大事，并就重大决策征求意见；各民主党派提出自己的观点、看法、建议，供执政党参考。政治协商是议政，也是一种参政形式。各民主党派是与中国共产党长期共存、相互监督、民主协商的兄弟党、参政党。民主党派参政的基本特点是：参加国家事务的管理，参与国家方针、政策、法律、法规的制定和执行。发挥民主党派政治协商、民主监督作用的原则是：在四项基本原则的基础上，发扬民主，广开言路，鼓励和支持民主党派和无党派人士对党和国家的方针政策、各项工作提出意见、批评、建议，做到知无不言，言无不尽，并且勇于坚持正确的意见。尤其是中国共产党长期处于执政党的地位，肩负历史重任，非常需要听取各种意见和批评，接受广大人民群众的监督，充分发挥和加强民主党派参政和监督的作用，对加强和改善共产党的领导、推进社会主义民主政治建设、保持国家

---

① 《十七大以来重要文献选编》（上），中央文献出版社2009年版，第234页。

长治久安、促进改革开放和现代化建设事业的发展，具有重要意义。

"中国共产党领导的多党合作和政治协商制度作为我国的一项基本政治制度，是符合我国国情、具有鲜明中国特色的社会主义新型政党制度，能够在中国特色社会主义共同目标下把中国共产党领导和多党派合作有机结合起来，实现广泛参与和集中领导的统一。"① 这是这一制度的突出特点和优势。它不同于西方资本主义国家的多党制或两党制，也有别于一些社会主义国家实行的一党制。它是马克思主义同中国革命与建设实际相结合的一个创造，是历史发展的必然产物，也是唯一适合我国国情的社会主义政党制度。

2004 年的《宪法修正案》将《宪法》序言中"在长期的革命和建设过程中，已经结成由中国共产党领导的，有各民主党派和各人民团体参加的，包括全体社会主义劳动者、拥护社会主义的爱国者和拥护祖国统一的爱国者的广泛的爱国统一战线，这个统一战线将继续巩固和发展"②，修改为："在长期的革命和建设过程中，已经结成由中国共产党领导的，有各民主党派和各人民团体参加的，包括全体社会主义劳动者、社会主义事业的建设者、拥护社会主义的爱国者和拥护祖国统一的爱国者的爱国统一战线，这个统一战线将继续巩固和发展。"③ 这一修改表明，中国共产党领导的多党合作和政治协商制度在代表广大人民群众的根本利益方面涵括的范围更广了。

党的十七大报告指出："人民民主是社会主义的生命。发展社会主义民主政治是我们党始终不渝的奋斗目标。""要坚持中国特色社会主义政治发展道路，坚持党的领导、人民当家作主、依法治国有机统一，坚持和完善人民代表大会制度、中国共产党领导的多党合作和政治协商制度、民族区域自治制度以及基层群众自治制度，不断推进社会主义政治制度自我完善和发展。"④ 坚持和完善中国共产党领导的多党合作和政治协商制度，是发展社会主义民主政治的重要内容，是高举中国特色社会主义伟大旗帜的必然要求。

---

① 《十七大以来重要文献选编》（中），中央文献出版社 2011 年版，第 205 页。
② 《中华人民共和国宪法》，人民出版社 2004 年版，第 52 页。
③ 《中华人民共和国宪法》，人民出版社 2004 年版，第 52 页。
④ 《十七大以来重要文献选编》（上），中央文献出版社 2009 年版，第 22 页。

中国共产党领导的多党合作和政治协商制度具有鲜明的中国特色，在实践中显示出巨大的优越性：第一，既有坚强的领导核心，又有广泛的社会基础。在我国的政党制度中，中国共产党是领导核心，各民主党派和无党派人士都自觉服从中国共产党的领导。中国共产党在充分发挥各民主党派、无党派人士作用的过程中实现领导权。第二，既有集中，又有民主。中国共产党领导的多党合作和政治协商制度，既有利于中国共产党与各民主党派在共同政治基础上加强合作，通过民主协商形成科学决策，集中力量办大事；又有利于避免多党竞争、互相倾轧造成的政治动荡和一党制的种种弊端。第三，既维护人民的根本利益，又照顾各方的具体利益。建设中国特色社会主义是全国人民的共同理想和根本利益。在根本利益一致的前提下，不同的阶层、群体有不同的具体利益和要求。中国共产党领导的多党合作和政治协商制度体现了一致性与多样性的统一。第四，既有共同的政治基础，又"和而不同"。中国共产党是执政党，各民主党派是参政党。同时，各民主党派又有各自的特色，表现出不同的特点。

2. 完善社会主义民主协商制度的着力点

新世纪新阶段，我国社会主义民主政治发展面临新的形势。坚持和完善中国共产党领导的多党合作和政治协商制度，需要在以下几个方面持续推进：

第一，认真总结多党合作的实践经验。新中国成立以来，中国共产党领导的多党合作积累了许多重要的经验：一是明确指导思想，巩固思想基础，多党合作才能保持正确的方向。指导思想是灵魂，是旗帜。坚定不移地走中国特色社会主义道路，坚持党的基本路线不动摇，多党合作才有共同的目标和理想。二是坚持一致性与多样性的统一，多党合作才有存在和发展的根据。在多党合作中，一致性集中体现为维护最广大人民的根本利益，多样性则表现为承认和照顾同盟者的具体利益。一致性是包容着多样性的一致性，多样性是一致性基础上的多样性。三是坚持"长期共存、互相监督、肝胆相照、荣辱与共"的方针，充分发扬社会主义民主，多党合作才能保持宽松稳定、团结和谐的政治环境。四是适应时代发展的要求，进行理论和实践创新，多党合作才能与时俱进。

第二，加强参政党建设，使执政党建设与参政党建设相互促进。民主党派要搞好自身建设，充分履行基本职能，切实落实参政党建设的目标和原则。长期以来，民主党派与中国共产党亲密合作，为我国政党制度的发展完善作出了贡献。在新世纪新阶段，民主党派是各自所联系的一部分社会主义劳动者、社会主义事业建设者和拥护社会主义爱国者的政治同盟。民主党派的基本职能是：参政议政、民主监督。民主党派参政的基本点是：参加国家政协，参与国家大政方针和国家领导人选的协商，参与国家事务的管理，参与国家方针政策、法律法规的制定和执行。发挥民主党派监督作用的原则是：在四项基本原则的基础上，发扬民主，广开言路，鼓励和支持民主党派与无党派人士对党和国家的方针政策、各项工作提出意见、批评和建议，做到知无不言、言无不尽，并且勇于坚持正确的意见。民主党派应适应新世纪新阶段形势发展的要求，按照参政党建设的目标和原则加强自身建设。参政党建设的目标是：建设成与中国共产党长期亲密合作、共同致力于发展中国特色社会主义的参政党。参政党建设的原则是：体现共产党的领导与发扬社会主义民主的统一、体现进步性与广泛性的统一、体现政治联盟的特点。

第三，扩大有序的政治参与，发挥参政党作用。民主党派的政治参与包括两方面内容：一是利益表达，即在维护人民根本利益的前提下，代表广大成员和所联系群众的利益。在关系国计民生的重大问题上，充分反映广大成员和所联系群众的意见建议，并向党和政府提出政策性的意见建议。二是对广大成员和所联系的群众进行政治教育工作，使他们理解党和国家的方针政策，了解我国的政治规则，明确参政党的政治责任，培育参政意识，从而积极负责地参与政治活动。只有通过有序的政治参与，才能真正反映广大成员和所联系群众的意见，维护他们的利益。

（三）推进决策科学化民主化

决策民主化是决策科学化的前提和保证，政府重大决策取得成功的因素很多，其中重要一点是实行广泛的民主参与，在经济全球化的今天，重大决策民主参与的必要性和重要性较之以往更为突出。因此，推进我国行政决策民主化与科学化的制度建设，首先必须在行政决策过程中建立起一套民主参与机制，为决策营造良好的环境。所谓行政决策的民主参与机制，是指政府在作出行政决策时，决策者必须按照社会主义政治民主化建设的要求，将让人民群众参与政府行政决策的过程制度化。"人民当家作主是社会主义民主政治的本质要求""共产党执政就是领导和支持人民当家作主，最广泛地动员和组织人民群众依法管理国家和社会事务，管理经济和文化事业，维护和实现人民群众的根本利益""要着重加强制度建设，实现社会主义民主政治的制度化、规范化和程序化"。① 这在党的十六大报告中已经有了明确的规定。人民群众享有管理国家和社会事务的权利，当然在政府决策上也享有发言权，这是宪法和法律赋予人民的民主权利。

1. 政府在行政决策中要切实建立起民主制度

行政决策者要树立民主决策的意识和作风。民主性原则是行政决策的原则之一，民主性原则要求在行政决策过程中充分发扬社会主义民主，广开言路、拓宽思路、尊重实践、尊重人民群众的创造智慧，减少决策的个人色彩、感情色彩、经验色彩。行政决策者在决策过程中坚持民主性原则，首先要树立民主决策的意识和作风，这是行政决策民主化的主观因素。行政决策者要做到这一点，必须坚持实事求是，调查研究，相信群众和依靠群众，善于开展批评和自我批评，倾听专家、学者和人民群众意见的民主作风。否则，行政决策民主化就会流于形式，就不可能正确地反映决策对象的客观规律，也就无法体现人民群众的意志和根本利益。

行政决策集体内部要实行民主。行政决策集体内部民主，是决定行政民主化的组织因素。行政决策者在行政决策过程中，不能搞"一言堂""家长制"和"个人说了算"等封建家长式管理，不能将个人凌驾于行政领导集体之上；用个人意见代替集体智慧，用经验领导代替科学决策，而必须按照民主集中制的组织原则，充分发挥行政领导集体中每位成员的智慧，集思广益，取长补短，优化方案，这样作出的最终决策实际上是行政领导集体智慧的结晶，使行政决策更加科学化，更加切实可行。

在行政决策过程中要充分实行民主。行政决策过程民主，是决定行政决策民主化的社会因素。行政决策民主化过程，应当是人民群众和社会各界参与决策并有效监督决策的过程。行政领导者发扬民主作风，进行民主决策，不仅在于尊重人才，发挥智囊机构和专业技术人员的作用，更重要的是充分发挥人民群众和社会各界参与决策的功能，提高行政决策的透明度，及时把重大决策交给群众，让人民群众参政议政和监督政府工作，以

① 《十六大以来重要文献选编》（上），中央文献出版社2005年版，第24页。

减少行政决策的失误，从而达到行政决策民主化的要求。

2. 解决好人民群众参与行政决策的方式和途径

只有良好的民主制度是不够的，要让民主制度在实践中切实得到贯彻和执行，就必须着重解决好人民群众参与行政决策的方式和途径。一是建立和完善人民群众直接参与行政决策过程的相关制度。为了保证人民群众广泛参与决策，首先就要让人民群众对决策事项享有充分的知情权。因此，政府特别是基层政府必须建立和完善社情民意反映制度，建立与群众利益密切相关的重大事项社会公示制度和社会听证制度，保证行政决策向社会和人民公开，完善人民群众直接参与决策的过程，这也是我国力图树立"透明政府"形象、深化政务公开的具体要求之一。政府可以通过各种渠道，利用各种现代化的新闻传播媒介，做到上情下达，做到重大情况让人民群众知道、了解，重大问题让人民群众讨论，彼此沟通，相互理解，取得群众的信任和支持。二是发挥人民代表大会和人民政协的作用，完善人民群众间接参与行政决策的过程。一方面要完善人民群众直接参与决策的过程，另一方面也要完善人民群众间接参与决策的过程，这就要求进一步完善我国的人民代表大会制度和政治协商制度，保证人民代表大会及其常务委员会依法履行职能，保证决策更好地体现人民意志，保证人民政协发挥政治协商、民主监督和参政议政的作用，让人民代表和政协委员真正行使好自己的职责和权利，促进行政决策朝着民主化、科学化道路迈进。

3. 进一步完善人民群众对行政决策的民主监督制度

行政决策过程实质上是一种行政权力的运用过程，而任何权力都应当在监督下行使。人民群众对行政决策的监督应该与行政决策的动态性相适应，坚持经常性和连续性原则，这种监督不仅在决策执行过程中生效，在决策酝酿阶段以及决策活动结束后的执行阶段也发挥作用。具体来说，人民群众对行政决策活动的监督按阶段划分为决策前、决策中和决策后三阶段的监督。决策前监督，是指在行政决策活动开始前，为行政决策活动的顺利进行和正常开展做好准备，尽可能杜绝一切不利于决策因素的出现，是防患于未然所实施的监督；决策中监督，是指在行政决策活动开始后、结束前，为及时发现并及早制止行政决策活动过程中存在的问题，避免造成重大失误和不良后果所实施的监督；决策后监督，是指在行政决策活动结束以后，对决策方案的实施情况所进行的监督。对行政决策活动的这三个阶段的监督是一个连续的环节，是对"依法行政""依法决策"原则在政府行政决策中的具体贯彻，无疑大有好处，也将推动我国行政决策朝着民主化和科学化的目标迈进，必将促进我国行政决策由传统决策向现代决策的转变。

二　发展基层民主

自改革开放以来，我国基层民主发展迅速，各地群众不断探索基层民主自治的新模式。在我国，村民委员会、居民委员会、企业的职工代表大会、各种社会团体等基层组织遍布全国各地，它们的活动与广大人民群众的生活密切相关，发展基层民主，可以使人民群众更广泛地行使民主权利，直接管理自己的事务，切实全面实现人民当家作主。

（一）保障人民依法直接行使民主权利

长期以来，我们坚持中国特色社会主义政治发展道路，坚持党的领导、人民当家作主和依法治国有机统一，不断扩大人民民主，保证人民当家作主，使中国特色社会主义民主政治展现出旺盛的生命力。

1. 保障人民依法直接行使民主权利是人民当家作主的应有之义

在我国的民主制度下，"包括工人、农民、知识分子、全体社会主义劳动者、拥护社会主义的爱国者和拥护祖国统一的爱国者在内的亿万人民，掌握一切国家权力和社会资源。人民享有管理国家事务和社会事务、管理经济和文化事业的各项政治权利，享有生存权和发展权、人身人格权以及经济、社会、文化等广泛权利，成为国家、社会和自己命运的主人"①。更重要的是，"社会主义民主在经济上实行公有制为主体、多种分配方式并存的分配制度，占人口绝大多数的工人阶级和其他劳动人民在享有生产资料不同形式所有权和支配权的基础上当家作主。经济地位上的平等，从根本上决定并保证了社会主义民主不是受资本操纵的民主，不是少

---

① 李林：《人民当家作主是中国特色社会主义民主的本质和核心》，《人民日报》2010 年 4 月 8 日。

数人占有生产资料从而支配多数人的民主，而是最广大人民享有的民主"①。

人民当家作主的内涵是不断丰富的，其范围也是逐步扩大的。首先，当家作主意味着人民是国家的主人，即国家主权属于人民，我国宪法第 2 条第 1 款规定："中华人民共和国的一切权力属于人民"②，就反映了人民是国家的主人。其次，当家作主的内容不是虚空的，人民主人的地位不是虚假的，我国宪法第 2 条第 3 款明确规定："人民依照法律规定，通过各种途径和形式，管理国家事务，管理经济和文化事业，管理社会事务"③。再次，人民享有各种权利，是人民当家作主的重要体现，也是人民当家作主的重要保障。我国宪法第二章规定了公民的各项基本权利就是为了落实人民当家作主。最后，人民当家作主体现在政治生活、经济生活、文化生活和社会生活等各个方面。

2. 坚持以完善人民代表大会制度保障人民依法直接行使民主权利

实现民主是社会主义国家的目的之一，而这种目的必须通过一定的政权组织形式来承载和保障。在我国，人民代表大会制度是我国人民民主专政的政权组织形式。我国实行人民代表大会制度是人民的选择，历史的必然，这一制度已深深植根于中国这块土壤之中，是体现和实现我国最广大人民群众当家作主的最根本、最重要的政治制度。

作为我国根本政治制度的人民代表大会制度，反映了我国的阶级本质，反映了我国社会各种政治力量的对比关系，确立了我国工人阶级领导的工农联盟为基础的人民民主专政的社会主义国家本质，反映了我国社会各阶级、阶层在国家政治、经济生活中的地位和作用，也是体现最广大人民群众根本利益的根本政治制度。"这种制度既能保障全体人民统一行使国家权力，充分调动人民群众当家作主的积极性和主动性，又有利于国家政权机关分工合作，协调一致地组织社会主义建设，维护国家统一和民族团结，是实现人民民主的最好制度形式，具有强大的生命力和巨大的优越性"④。人民代表

---

① 李林：《人民当家作主是中国特色社会主义民主的本质和核心》，《人民日报》2010 年 4 月 8 日。

② 《中华人民共和国宪法》，人民出版社 2004 年版，第 14 页。

③ 《中华人民共和国宪法》，人民出版社 2004 年版，第 14 页。

④ 李林：《人民当家作主是中国特色社会主义民主的本质和核心》，《人民日报》2010 年 4 月 8 日。

大会制度以民主集中制为组织和活动原则，坚持民主基础上的集中和集中指导下的民主相统一，人民代表大会制度展现的这一特点，使其能够发挥党的领导的最大优势，实现和保障最广大人民群众的根本利益，维护国家与社会的长治久安，是对资产阶级民主政治和民主模式的超越。

邓小平曾经指出："我们的制度是人民代表大会制度，共产党领导下的人民民主制度，不能搞西方那一套。"①他还明确强调："在政治体制改革方面有一点可以肯定，就是我们要坚持实行人民代表大会的制度，而不是美国式的三权鼎立制度。"②实践证明，人民代表大会制度体现了社会主义制度的优越性，体现了社会主义民主的广泛性。它是同我国人民民主专政的国家性质相适应的政权组织形式，是我们国家的根本政治制度。真正按照这种具有中国特色的根本制度办事，对我们国家保持社会的安定和良好秩序，有效地组织各项社会主义事业，经受住各种风险，立于不败之地，具有重大意义。

虽然全国人民代表大会制度在我国民主政治生活中发挥了巨大的作用，但在社会主义市场经济和民主政治不断发展的条件下，也表现出许多不适应及不完善的地方。这个制度还需要继续完善和加强。因此，我们应当在坚持和改善党的领导的前提下，进一步完善人民代表大会制度，加强其立法、监督的功能，使其与党的其他国家机关在功能、管理上区分开来。不能曲解"议行合一"的含义，更不能曲解党的领导的含义，应该把党的政治领导权、人民代表大会的立法和监督权、政府的行政管理权和司法机关的司法审判检察权从体制上、制度上划分开。切实健全人民代表大会及其常委会行使职权的制度、程序和相应的组织保障，使人民选举的代表机构真正成为国家的权力中心、政治活动中心。

总结我国人民代表大会制度实行以来的基本经验，结合当前党和国家的历史任务，我们应从以下几方面着手，进一步将人民代表大会各项制度法制化：一是健全人民代表大会的选举制度、会议制度、工作制度、监督制度等；二是加强人民代表大会的立法工作，坚持民主立法、科学立法的原则，不断完善中国特色社会主义法律体系，尤其是要加快社会立法的步

---

① 《邓小平文选》第3卷，人民出版社1993年版，第240页。
② 《邓小平文选》第3卷，人民出版社1993年版，第307页。

伐；三是进一步加强立法解释工作，使其成为完善我国法律体系的重要工作之一；四是充分发挥各级人民代表大会的职能，特别是它监督各级行政机关、司法机关的职能，使人民赋予它的各项权力能够真正落到实处；五是完善宪法监督机制，建立适合中国国情的违宪审查制度，使公民享有的宪法权利能够得到切实的保障。

（二）加强社会主义基层民主政治制度建设

目前，我国已建立了以城市居民委员会、农村村民委员会和企业职工代表大会为主要形式的基层民主自治制度，国家也先后颁布了《中华人民共和国城市居民委员会组织法》《中华人民共和国村民委员会组织法》《中华人民共和国全民所有制工业企业法》等法律，为基层民主的发展提供了制度性的支撑。

1. 加快基层群众自治制度建设

党的十七大报告指出："发展基层民主，保障人民享有更多更切实的民主权利。人民依法直接行使民主权利，管理基层公共事务和公益事业，实行自我管理、自我服务、自我教育、自我监督，对干部实行民主监督，是人民当家作主最有效、最广泛的途径，必须作为发展社会主义民主政治的基础性工程重点推进。要健全基层党组织领导的充满活力的基层群众自治机制，扩大基层群众自治范围，完善民主管理制度，把城乡社区建设成为管理有序、服务完善、文明祥和的社会生活共同体。全心全意依靠工人阶级，完善以职工代表大会为基本形式的企事业单位民主管理制度，推进厂务公开，支持职工参与管理，维护职工合法权益。深化乡镇机构改革，加强基层政权建设，完善政务公开、村务公开等制度，实现政府行政管理与基层群众自治有效衔接和良性互动。发挥社会组织在扩大群众参与、反映群众诉求方面的积极作用，增强社会自治功能。"[①] 报告首次把"基层群众自治制度"确立为我国社会主义民主政治的四项基本制度之一和中国特色社会主义政治发展道路的重要内容。

2. 依法依规完善村民自治制度

村民自治是我国基层民主发展的突破口，开创了我国亿万农民当家作主

---

① 《十七大以来重要文献选编》（上），中央文献出版社 2009 年版，第 23—24 页。

的新局面。我国现在实行的村民自治是伴随着经济体制改革的家庭联产承包制发展起来的，适应了生产力解放的要求。依法实行村民自治主要是：

第一，完善民主选举制度。民主选举村民委员会的成员是实现村民自治的前提和首要环节。需要从规范村民选举委员会产生程序、规范村民委员会成员候选人题名方式、规范候选人的竞争行为以及规范投票行为等方面来完善民主选举制度。同时，还要加强对村民委员会选举工作的组织领导，健全和落实领导责任制，认真做好群众来信来访工作，加大对村民委员会选举工作的监督力度，加强对村民委员会选举工作的舆论引导，保障村民能够真正选举出自己的代表。

第二，完善民主议事制度。民主议事是村民行使民主权利、维护自身利益的重要制度，民主议事制度的完善对于实现协商民主也具有重大意义。通过议事制度的完善营造公平、有序和民主的议事环境，是实现村民参政议政、自我管理的重要途径。所以，需要从充实村民会议讨论决定的事项、改革村民代表会议的组成和议事程序，以及增设村民小组会议制度等方面来完善村民议事制度，保障村民可以及时、充分、有效地实行民主权利。

第三，完善民主管理和民主监督制度。通过完善民主评议内容、增设村务监督机构、增加村务档案制度，以及完善村民委员会成员任期和离任审计制度来完善民主管理和民主监督制度。此外，还要加强对破坏村民民主管理等村民自治行为的惩罚力度，追究其法律责任。

（三）丰富社会主义基层民主实现形式

党的十七大报告指出："发展基层民主，保障人民享有更多更切实的民主权利。人民依法直接行使民主权利，管理基层公共事务和公益事业，实行自我管理、自我服务、自我教育、自我监督，对干部实行民主监督，是人民当家作主最有效、最广泛的途径，必须作为发展社会主义民主政治的基础性工程重点推进。要健全基层党组织领导的充满活力的基层群众自治机制，扩大基层群众自治范围，完善民主管理制度，把城乡社区建设成为管理有序、服务完善、文明祥和的社会生活共同体。"[①] 在人民群众日益

---

① 胡锦涛：《高举中国特色社会主义伟大旗帜　为夺取全面建设小康社会新胜利而奋斗——在中国共产党第十七次全国代表大会上的报告》，人民出版社2007年版，第30页。

自主，社会力量日益壮大的形势下，国家建构民主发展，不再是单方面的行动，而是国家与社会的共同行动；不再是国家意志的简单体现，而是人民群众意志以及国家所代表的人民群众意志的综合体现。这就要求国家必须优化民主建构的战略。依据十六大以来中国基层民主实践与发展的实际状况和趋势，在发展基层民主方面需实现以下三大转变。

1. 从基层群众自治向基层自治发展

中国是一个人民民主的国家。人民民主的现实体现就是人民当家作主，一方面通过人民参与国家事务来实现；另一方面通过人民自我组织和自我管理来实现，即通过人民群众在基层社会领域的自治来实现。目前，这种自治的制度安排主要集中于基层群众自治，如村委会、居委会、职代会等。但现实表明，随着个体的自主和现代社会的逐渐发育，人民群体在具体的生产和生活领域中也发育了一系列具有自我管理和自我服务功能的社会组织，如业主委员会或者其他一些具有自助性、互助性或维权性的社会组织。这些组织充实了人民群众自治的能力，拓展了人民自治的空间。与此同时，随着政府的服务与人民群众日常生活关系的日益密切，不论从人民群众作主或维权的需要出发，还是从基层政府更好地提供公共服务的愿望出发，加强人民群众对基层政府管理事务的参与和监督也日益成为国家与社会的共同需求，为此，国家与社会共同创造了各种新的民主活动方式，如各种形式的民主恳谈会等。因此，中国今天的基层社会已成为不断孕育和发展新的民主力量与新型民主生活方式的重要空间。在这样的情况下，基层民主发展可以坚持以基层群众自治为主要平台，但不能局限于基层群众自治，应该将基层群众自治纳入到基层自治的平台，并在这个平台上整合基层群众自治与其他各类社会组织、各类新型的民主生活方式之间的关系，充分发挥它们的群众性、自治性和民主性，孕育出群众自治的活力、基层管理的合力和民主生长的动力。

2. 从党政一体向党政分工发展

党的领导是人民民主的前提，也是基层民主的保障。但长期以来，在基层民主建设中，党的领导往往以党政一体为前提，其实践形式就是基层党的书记直接兼任基层群众自治的核心领导。在这样的体制安排下，基层群众自治组织变成履行党或政府任务的一个部门，多了政治性与行政性，却少了自治性与民主性。理论与实践表明，这样的体制格局，从长远发展来看，既不利于党自身的建设与发展，也不利于基层群众自治组织的发展；既不利于党领导基层社会水平的提高，也不利于党执政的社会基础和群众基础的充实和发展。因此，党要在领导和构建基层民主发展中真正发挥作用，就必须从党政一体向党政分开发展，在让基层群众自治真正落位群众、落位社会，并发挥出其应有的功能和效应的同时，也让党的基层组织真正担当起党的建设使命，担当起总揽全局、协调各方、领导发展的领导作用。在基层社会，党政分开，既放活了社会，也找回了政党；更为重要的是，政党将因此完全有基础、有资格以基层人民群众根本利益代表的角色在基层社会担当领导、团结民众、维护和谐。对于基层社会来说，只有这样的政党才是真正有领导权威和领导力的政党；而有了这样的政党，基层民主实践人民民主也就有了领导力量和政治保障。

3. 从生成治理向生成民主发展

好的民主是一定能够生成治理的；但是没有民主规则的治理是生成不了有效治理的。国家构建民主，既是国家呼应社会发展、生成合法性的内在需求，同时也是国家履行职责、创造治理的内在使命。显然，国家要通过建构民主来创造治理。但如果放大了这个动机，国家在民主建构中，就会从治理需要出发来部署和安排民主的建设和发展，而不是从建构一个好的民主以创造治理的逻辑出发去部署和安排民主。由于社会转型与发展的条件限制，在过去相当长的时间里，我们的国家建构基层民主就更多地从国家治理基层社会的需要出发来开发和推动基层民主，从而使得基层民主的实践往往跳不出国家治理社会的情结。实践中的基层民主确实在很大程度上实现了国家对社会的治理需求，但也因此在很大程度上失去了基层民主所应具有的活力和影响力。在社会转型日益深刻，社会权力日益增长的条件下，没有基层民主的发展，民主化与人民当家作主的实践就失去了应有的战略基础与平台。为此，国家建构基层民主就必须从生成治理向生成民主发展，即不再从国家对社会治理的角度来推动基层民主，而是从通过全面激活和发展基层民主以创造基层自治的政治逻辑来推动基层民主。

三 建设社会主义法治国家

实施依法治国基本方略、建设社会主义法治国家，既要积极加强法制建设，又要牢固树立社会主义法治理念。"我国法治是社会主义法治，社会主义法治必须以社会主义法治理念为指导。坚持社会主义法治理念，就是要坚持依法治国、执法为民、公平正义、服务大局、党的领导。"①

（一）完善中国特色社会主义法律体系

要实现依法治国，首先要有反映社会发展规律和时代潮流、代表人民意志和利益的法律体系，做到有法可依，这是依法治国的前提条件。"发展社会主义民主，健全社会主义法制，是我们党领导亿万人民当家作主、有效治理国家的伟大实践，是建设和发展中国特色社会主义的一项重要战略任务。"②

1. 准确把握完善社会主义法律体系的重要价值

发展社会主义市场经济须以完备的法制体系为根本保障。没有完备的法制保障，就没有成熟的市场经济。当前，我国已经初步建立起社会主义市场经济体制，市场在资源配置中的基础作用得以有效发挥。同时，我们也要看到，我国的市场体制还不完善，尤其是市场经济的诚信机制和依法管理的有效机制还未完全建立起来，建立社会主义市场经济法律秩序的任务还十分艰巨。在新的形势下，市场主体和市场行为需要进一步依法规范，市场意识、诚信意识需要法治的强化和塑造，生产、交换、分配、消费等市场经济环节需要法治规范和引导，宏观调控和管理的法制化建设需要抓紧推进，经济违法犯罪需要依法打击和治理。只有在全面建设小康社会实践中，加快完善社会主义法律体系，建设社会主义法治国家，逐步形成良好的市场经济法律秩序，才能为完善社会主义市场经济提供有力法治保障。

实现社会和谐发展需要推进社会主义法律体系完善。民主法治，既是社会主义和谐社会的重要特征，又是社会主义和谐社会建设的重要保障。目前，我国社会大局总体上是和谐稳定的，但是，随着工业化、信息化、城镇化、市场化、国际化的深入发展，影响社会和谐稳定的因素大量存在，人民内部矛盾凸显、刑事犯罪高发。在新形势下，要更加注重依靠完

---

① 《胡锦涛文选》第2卷，人民出版社2016年版，第428页。
② 《胡锦涛文选》第3卷，人民出版社2016年版，第509页。

善社会主义法制体系解决社会矛盾、协调社会利益关系，保障社会公平正义，依靠法治加强社会管理、打击各种犯罪，保障社会安定有序，依靠法律武器维护国家安全。只有不断完善社会主义法制体系，加快建设社会主义法治国家，社会主义和谐社会建设才能迈出坚实的步伐。

保证人民当家作主必须完善社会主义法制体系。为了保障人民民主，必须加强法制体系完善，逐步实现社会主义民主的制度化、法律化。当前，我国保障人民民主权利的法律法规日趋完备，人民民主权利的法治保障水平日益提高。与此同时，民主法治建设与人民民主不断扩大的客观要求还不相适应，人民群众的知情权、参与权、表达权、监督权还有待进一步实现，人民群众的有序参与、有序表达还未形成相应完备的法律秩序，侵犯人民民主权利的问题时有发生。只有加快完善社会主义法律体系，建设社会主义法治国家，人民当家作主的权利才能得到强有力的保障。

2. 加快提升立法工作质量水平

完备的法律体系是指一个门类齐全（一张"疏而不漏的法网"）、结构严谨（如部门法划分合理，法的效力等级明晰，实体法与程序法配套）、内部和谐（不能彼此矛盾与相互重复）、体例科学（如概念、逻辑清晰，法的名称规范，生效日期，公布方式合理）、协调发展（如法与政策、法与改革协调一致等）的法律体系，实现社会生活各个领域都有内容与形式完备、科学的法律可依。那么如何才能进一步完善中国特色社会主义法律体系呢？从立法的要求来看，要适合形势的发展变化制定新的法律；修改滞后或者不完备的法律；消除法律中的矛盾与冲突；尽快制定和修改与法律相配套的法律法规；加大立法解释的力度；加强程序立法；提高立法的技术水平。

从立法的内容来看，应当完善公民基本权利和自由、国家组织机构设置和中央与地方关系等方面的法律制度；完善维护社会公平，加强社会管理、社会保障和公共事业方面的法律制度；完善生态环境保护、税收调节、公共财政等方面的法律制度，促进经济社会全面协调可持续发展；完善各个法律部门及起支撑作用的法律和具实施性、可操作性的法规，为依法执政创造良好条件。从立法过程来看，要提高立法的透明度，扩大公众的立法参与。法律法规的出台应经过科学论证并向全社会征求意见。增强立法的民主性、科学性和全局性，从源头上预防立法中的部门保护主义、地方保护主义。从立法的评价来看，建立立法机关评估、执法机关评估、专家学者评估、社会公众评估相结合的立法后评估机制，适时完善、修改相关法律法规，确保立法的适应性。

总而言之，中国特色社会主义法律体系形成和完善，"把国家各项事业发展纳入法制化轨道，从制度上法律上解决了国家发展中带有根本性、全局性、稳定性、长期性的问题，为社会主义市场经济体制不断完善、社会主义民主政治深入发展、社会主义先进文化日益繁荣、社会主义和谐社会积极构建确定了明确的价值取向、发展方向和根本路径，为建设富强民主文明和谐的社会主义现代化国家、实现中华民族伟大复兴奠定坚实法制基础。"①

（二）深化司法体制改革

继党的十六大作出推进司法体制改革的战略决策后，党的十七大从发展社会主义民主政治、加快建设社会主义法治国家的战略高度，对新的历史条件下进一步深化司法体制改革作出了重大部署。我国在促进司法公正、保护公众知情权、监督权以及完善司法救助等方面改革成效显著。

1. 多方面促进司法公正

作为促进司法公正的重要一环，从 2007 年 1 月 1 日起，最高人民法院收回死刑核准权，统一死刑案件裁判标准，完善死刑二审开庭程序，保证了死刑案件的审判质量，维护了社会主义法制的统一、尊严和权威。十七大以来，量刑公正问题日益成为社会各界关注的焦点，促进司法公正，量刑规范化改革必不可少。在调研论证的基础上，最高人民法院进一步完善了《人民法院量刑指导意见（试行）》和《人民法院量刑程序指导意见（试行）》。在程序正义、证据意识越来越深入人心的今天，完善证据制度也是推动司法公正的内在要求。在已出台的民事证据规则的基础上，"三五"改革纲要要求完善刑事证据制度，制定刑事证据审查规则，统一证据采信标准；建立健全证人、鉴定人出庭制度和保护制度，明确侦查人员出庭作证的范围和程序。此外，在加强法律统一适用，保证裁判统一方面，最高人民法律有关部门已经起草了关于在审判工作中加强法律统一适用的

---

① 《胡锦涛文选》第 3 卷，人民出版社 2016 年版，第 510 页。

若干规定，并出台试行。

2. 切实保护公众的知情权监督权

正义不仅要实现，而且应当以人们看得见的方式实现。十七大以来，"北京法院直播网"积极筹建，现已实现房山区、丰台区等多个基层法院庭审现场直播。"公开审判"这个看得见的方式，是维护和保障当事人诉讼权利、强化社会监督的重要举措。最高人民法院于 2007 年 6 月发布了《关于加强人民法院审判公开工作的若干意见》，进一步明确依法公开、及时公开、全面公开三项原则，推出了一系列审判公开方面的便民措施。随着互联网的普及，"网上公开"成为增进司法透明的重要平台。2010 年 3 月，最高人民法院面向社会开通了"全国法院被执行人信息查询平台"。目前，通过该平台可查询 617 万个被执行人的相关信息，涵盖了除军事法院外的全国法院 2007 年 1 月 1 日以来新收及此前未结的执行案件。互联网扩大了法院公开审判的方式，维护了当事人和社会公众的知情权，同时也节约了诉讼成本，很多法院都实现了从立案到庭审再到执行的全过程公开。

3. 完善司法救助、多元纠纷解决、民意沟通等制度

"为人民司法"是人民法院的工作主题之一。在深化司法改革中，落实司法为民是其重要内容。2001 年以来，我国每年刑事犯罪立案均在 400 万件以上，刑事案件中约有 80% 的受害人或其家属得不到赔偿，很多刑事被害人陷入生活难以为继的窘境。对他们进行救助，是司法人文关怀的表现，也是司法为民的重要一环。2009 年 3 月，最高人民法院发布《关于开展刑事被害人救助工作的若干意见》，标志着刑事被害人救助工作在全国范围内全面启动。

除司法救助制度外，司法为民还体现在多元纠纷解决机制的建立健全上。案多人少，诉讼量居高不下，成为困扰各级法院的难题。2009 年 7 月，最高人民法院出台了《关于建立健全诉讼与非诉讼相衔接的矛盾纠纷解决机制的若干意见》，为多元纠纷解决的法治化进程提供了基本遵循。

(三) 推进依法执政

中国法治事业是一项极其艰巨、复杂和长期的伟大事业。在当今中国这样一个有长期封建传统、缺乏民主法治传统、正在发生着广泛而深刻的

社会根本转型的大国中，在国内外局势极其复杂多变的状况下，从事这样前人没有做过的光荣而伟大的事业，必须有中国共产党这样一个强有力的领导核心。中国共产党发挥其纵览全局、协调各方的领导核心作用，是中国全面实行依法治国方略的独特政治优势，是中国社会主义民主、法治事业顺利推进的客观要求。

1. 依法掌握国家权力

依法执政，是指执政党依照宪法和法律进入国家政权并在其中处于领导地位，以宪法和法律为依据来行使党的总揽全局、协调各方的核心领导作用的权力，自觉使党的主张经过法定程序上升为法律，变成国家意志，推进国家经济、政治、文化、社会生活的法制化、规范化，督促、支持和保证国家机关依法行使职权，推动党和国家的各项工作在法治轨道上运行，实现党的正确领导。

依法执政对于巩固执政党的合法地位，对于提高执政党的执政能力，对于推进全面落实依法治国方略，实现党的领导、人民当家作主与依法治国的有机统一，实现党的事业至上、人民利益至上和宪法法律至上三位一体的要求，具有广泛而深刻的重要作用。

执政党对国家的组织领导，对国家权力的直接参与，要更加重视通过法律来实现。这要求：通过宪法来确立中国共产党作为国家政权机构体系中的领导党、执政党；通过宪法和法律保障执政党在整个政权体系中处于核心地位；执政党依照法律程序向国家机关推荐重要干部，并通过在国家机关中的党组织和党员的活动，保证所推荐的干部依法担任国家机关的领导职务。

2. 领导立法，注重通过立法来体现党的领导

党要善于使党的重要主张通过民主的法定程序成为国家意志，上升为具有普遍约束力的法律，保证党的路线方针政策更富有创造性地通过法律贯彻实施。要更重视借助法律的稳定性、规范性、权威性，程序性等调整优势和特点，使党的主张进一步升华和完善，具有更广泛的群众基础，更大的稳定性，使民主制度化、法律化，不因领导人的改变而改变，不因领导人的看法和注意力的改变而改变。这就是说，党要善于通过领导立法工作来实现其执政。

要使党的正确主张通过法定程序更好地体现为国家意志，就必须进一

步理顺执政党和立法机关的关系，并在党的领导下进一步完善人民代表大会制度。全国人民代表大会及其常委会行使国家立法权，是国家立法机关。党对立法机关的领导，显然不应是直接干预，甚至包办代替立法机关行使权力，而应当主要是政治领导，即在政治原则、政策方向、重大决策等方面的引领和指导，向国家政权机关推荐重要干部等。这就是说，党要善于将自己的领导融入人民代表大会制度这一根本政治制度之中，并通过发挥人民代表大会的国家立法权、人事选举罢免权、重大事项决定权以及监督权等重要权能来实现党对国家的依法领导。

3. 保障执法，使各执法机关独立负责、协调一致地开展工作

党在进入国家权力机关以后，就要保障各级国家机关实现宪法和法律赋予的职权和职责。党委要在同级各种组织中发挥总揽全局、协调各方的领导核心作用，集中精力抓好大事，支持各国家机关依法独立、负责地开展工作。这就是说，党要善于通过保障执法机关工作来实现其执政。

就执政党与行政机关的关系而言，提升党的依法执政能力的核心在于从制度上真正实现"党政分开"。党政分开，显然并不是要否定党的领导，而是要加强和改善党的领导。党政分开问题是我国政治体制改革中的重大课题。具体而言，党在依法执政理念指引下，对行政机关的领导，主要应当着眼于全局问题，提出大政方针政策、明确行政工作的主要任务，推动和保证方针政策、任务通过行政权力体系得以充分实现，尤其注重通过人民代表大会制度将自己的主张和政策法律化，从而实现党的领导。党的领导，不是以党代政，不是事无巨细、事必躬亲、越俎代庖、直接发号施令，而应该在通过法律明确各自的权力范围，各负其责，各司其职，党要管党。党对行政工作的依法领导，就是要支持行政机关严格依法行政，支持行政机关依法按照其职权来领导和管理国家行政事务。可以说，从严治党理念中也应该包含党要严格在宪法法律范围内活动，严格按照法定程序来领导、监督、督促行政机关的工作。

就执政党与司法机关的关系而言，要改进执政党对政法工作的领导方式，支持司法机关依法独立公正地行使职权。依法独立行使审判权和检察权是一项由宪法确认的原则。司法机关依法独立行驶职权和执政党对司法机关的领导，从本质上讲是一致的，在目标取向上也并不矛盾，都是为了保证司法的公正，保障公民合法权益。构建中国特色社会主义司法制度的

一个重要方面就是要实现依法独立公正行使司法权与坚持党的领导的有机统一。只有在党的统一领导和协调下，司法机关才能排除各种不当干扰，正确有效地使用法律，最大限度地维护公民合法权益。坚持党的领导，有助于提升司法权威，促进司法的公正性。需要明确的是，党的领导并不是要干涉司法机关的独立公正，并不是党委处理司法业务，审批具体案件，更不是以党内个别人的意志左右司法工作。推进司法改革，就是要从制度上处理好党的领导与依法独立行使司法权的关系，确保依法独立公正行使审判权、检察权。

四　加快政府行政管理体制改革

加快推进全面建设小康社会，就必须解决好居民贫富差距、城乡差距、地区差距扩大、科教落后、公共卫生滑坡、公共安全失效、社会保障滞后、资源日趋枯竭、生态环境恶化等问题。这些问题已经成为我国全面建设小康社会道路上的障碍。而要解决这些问题的关键就是实现政府管理模式的根本转型，也就是说政府在继续推动经济增长的同时，要更加注重社会事业的发展。这就需要建立行为规范、运转协调、公正透明、廉洁高效的行政管理体制。

（一）健全政府职责体系

依法行政是依法治国的重要组成部分，是全面建设小康社会实现社会和谐、社会公正和正义的必经途径，也是社会主义民主政治建设的题中应有之义。依法治国关键在于依法行政，全面推进依法行政，对各级政府和行政首长提出了更高的要求，特别是加大了政府履行社会管理和公共服务的职能。法治政府，也是责任政府，健全政府职责体系，就是要建设权责一致的政府。

1. 建立法治政府的关键要素

发展社会主义民主政治是我们始终不渝的奋斗目标，也是"一切权力属于人民"的宪法原则的体现；而"依法治国"是实现社会主义民主政治的必然选择和必然要求，也是"建设社会主义法治国家"的题中应有之义；科学立法、民主立法是依法治国的必要条件；依法行政和独立公正行使审判权、检察权是依法治国的基本内容，而依法行政是影响和决定依法治国的质量、效能最重要、最核心、最广泛、最经常、最大量的治国领域和治国内容，也是建立法治政府的关键要素。

2. 完善政府行政的问责法律体系

完善政府行政的问责法律体系是健全政府职责体系的必由之路。依法行政的最大特点是：行政机关根据法律规定的职权履行职能。既要防止乱作为，又要防止不作为。"问责制"是指对政府及其官员的一切行为和后果都必须而且能够追究责任的制度，其实质是通过各种形式的责任约束，限制和规范政府权力和官员行为，最终达到权为民所用的目的。从一些地方政府和国务院的部委颁布的引咎辞职规定来看，大多强调追究行政首长的责任，这和我国宪法和法律中所规定的首长负责制是相吻合的。但是，在现实生活中，我们已经习惯于实行集体负责制，党的领导方式和政府行政方式并没有严格区分，权力机关的决策监督与行政机关的执行在制度层面和实际运行上存在矛盾，问责制度需要融入整个行政法制体系，不能让其超越国家现行法律和行政法规，更不能用游离于行政法制体系之外的问责制度代替国家现行法律中已有的责任制度，这是需要在社会主义民主政治建设中着力解决和完善的。

（二）深化行政审批制度改革

1. 采取一系列改革措施

党的十六大以来，我国在政府权力下放、行政审批制度改革、政务公开、廉政建设、扩大民主参与等方面采取了一系列改革措施。就拿行政审批来说，自《中华人民共和国许可法》和国务院批转的《关于行政审批制度改革工作的实施意见》颁布实施以来，仅国务院清理和取消的各部门行政审批事项就达 1800 项。各省、自治区和直辖市也都大力推进行政审批制度改革，对省级政府部门的审批项目进行了清理和大幅度削减，一些地方已经着手进行第二轮和第三轮行政审批制度改革。行政审批制度改革还伴随着审批程序和方式的改革与创新，许多部门和地方都建立了行政审批中心，推行行政许可集中办理制度，通过一站式、窗口式办公、网上审批等形式，规范了行政审批程序，减少了行政审批环节，提高了行政审批工作的透明度和审批工作效率。1999 年 1 月，由中国电信和国家经贸委经济信息中心联合 40 多个部门共同倡议发起的 "政府上网工程" 正式启动。截至 2012 年，国务院办公厅、各部委和绝大多数地方政府（省、地、县）拥有了门户网站，有力地促进了政务公开和信息公开。

2. 多方向加大改进力度

第一，要严格按照国务院统一部署，认真组织实施行政审批事项的清理、取消和调整工作，坚决做到该取消的一律取消，该调整的全部调整，防止变相审批，确保取消和调整的审批事项落到实处。

第二，统一规划和综合设计各部门之间的审批协作，完善审批运行机制，避免政出多门；同时，做到分工合理、职责清晰、相互制约、相互监督。

第三，加强对行政审批事项的监督管理。对保留的行政审批事项，进一步完善工作流程和管理规范，严格审批条件，优化审批流程，简化审批手续，取消重复性的审批。严防随意扩大或缩小审批权限。强化电子监察和网上投诉的监督作用。

第四，建立综合评估机制。行政机关的权力如果没有评估机制来约束，那么各个部门自行设定权力的情况就很难避免，即使有了法律规范，如果没有严格的评估机制来保障，或者监督不到位，重复设定许可也难以避免。因此，要建立综合评估机制，通过综合评估机制对各部门拟出台的制度、已经设立的制度的科学性、有效性、必要性等进行科学评估，使那些不必要、不合理的管理制度及时废止。

第五，推进行政审批公开，实行 "阳光" 透明审批，减少不合规操作。

第六，建立健全行政审批相关制度。如建立行政审批综合管理办法、行政审批专用章管理制度、行政审批监督检查制度、行政审批责任追究制度等一系列配套制度和相应规定，用制度来规范行政审批程序和行政审批行为，做到公开、公平、公正和便民利民。

（三）稳步推进大部门制改革

目前，公共服务已经被看成是现代政府的主要职能，是现代政府的显著特征。我国加快行政体制改革的一个重要目标就是转变政府职能，实现向服务型政府转变。

1. 推进大部制改革

在整体职能结构优化的基础上，调整或重新配置机构，包括合并、撤销、新设等，这是精简机构的重点内容。党的十六大以后，我国积极推进"大部制改革"，将政府机构中性质类同的部门进行合并，把密切相关的职能集中在一个大的部门统一行使，缩减了内部机构的管理幅度，精简机构，精简人员，从而能够有效避免职能交叉，提高行政效率，便于内部协调，提高社会经济生活的统筹安排能力；同时，也有利于部长承担政治责任与行政责任，有利于责任政府的建设。当然，目前大部分改革还不是很彻底。比如，改革之后还会出现权力再分配、人员分流、机制磨合以及监督管理等一系列问题。而实行大部制，就是要解决政府机构职能交叉、重叠引发的政府管理的问题，要把职能交叉、重叠的行政资源合并重组。这些交叉、重叠的职能部门盘根错节，你中有我，我中有你，要整合这些行政资源，就像剥蚕丝一样，每一根丝都触动一大片神经，稍有不慎，就会引发难以预料的后果。为此，科学合理地配置行政权力是推动大部制改革的必然要求。

2. 科学配置行政权力

第一，在中央与地方各级政府之间科学配置行政权力，实现中央和地方关系的法制化、制度化。现阶段我国中央和地方关系法制化发展还比较缓慢，主要表现在：对一些职能部门进行垂直管理，仅仅是以某些红头文件的形式来体现国家的这种制度，并没有制定正式的法律；同时，我国尚未有一部专门法律对中央与地方的权限与职能作出明确的规定，导致上下级之间的事权不清，权限不明，职能交叉，条块关系没有理顺等。这就要求国家加强中央与地方关系的立法，加快制定一部规范中央与地方关系的法律，用法律来规范、界定和保障权力的调整界限及其运作过程，将中央与地方的各个层面的职能、权限和程序以法律的形式规范下来，明确制定科学的量化标准，使之能够做到精细化的配比。尤其要在人事权、财务权、立法权上做到细化。在法律规范、制约下，中央的随意性收权放权行为与地方"对策"性措施和急功近利心态将会不同程度地得到纠正，从而保证两者关系的良性互动。

第二，在没有隶属关系的同级政府之间科学配置行政权力。在行政权力配置过程中，我们注意到中央在下放权力时，不同地区的政府所获得的权力是不均的，这就意味着获得较多权力的地方政府可以支配更多的社会资源为本区域所用，可以产生较大的利益，从而调动人们的积极性；与享有优惠政策的地方政府相比，其他的地方政府可支配的社会资源相对较少，内驱力不强，发展积极性不高。这种地方政府行政权力分配的不平等，必然会导致当地经济发展的不平衡。因此，各个地方之间权力划分要公平合理，同一级政府权力不宜相差过大。在公平分配权力的前提下，充分调动中央和各级地方的积极性，实现在成本相对较低的情况下，实现效益的最大化

第八章

全面建设小康社会的文化建设

文化建设是全面建设小康社会的重要内容，事关社会主义精神文明的成效，事关中国人民整体素质的提升，事关全面建设小康社会内在动力的增强。党的十六大报告指出："全面建设小康社会，必须大力发展社会主义文化，建设社会主义精神文明。当今世界，文化与经济和政治相互交融，在综合国力竞争中的地位和作用越来越突出。文化的力量，深深熔铸在民族的生命力、创造力和凝聚力之中。"① 新时期以来，党和国家通过持续深化文化体制改革、推进文化事业与文化产业协同发展、丰富社会主义文化发展内容，推动社会主义文化的繁荣发展，为全面建设小康社会提供源源不断的精神力量。

一 深化文化体制改革

自1978年党的十一届三中全会召开以来，我国持续探索深化文化体制改革的方式方法，先后经历了1978—1992年的探索起步时期、1992—2002年的稳步推进时期，到2002—2012年，进入了文化体制改革的深化发展时期，进而推动了社会主义文化逐步走向大发展大繁荣。

（一）牢牢把握先进文化的前进方向

"先进文化是人类文明进步的结晶，它影响人的精神和灵魂，引导人

---

① 《十六大以来重要文献选编》（上），中央文献出版社2005年版，第29页。

们积极向上，是推动人类社会前进的精神动力和智力支持。"① 新时期我国文化体制改革始终坚持社会主义先进文化的前进方向，着力理顺政府和文化企事业单位的关系，各就其位各司其职，建立健全文化市场体系。

1. 始终坚持党的领导和马克思主义理论的指导

对于任何一个国家来说，文化建设都是国家生活的重要内容。我国作为一个社会主义国家，其文化的先进性源自于马克思主义理论，源自于中国特色社会主义的伟大实践，源自于中国人民的智慧。所以，社会主义文化的先进性既有实质和内容上的先进性，也有途径和方式上的先进性，坚持社会主义文先进文化的核心内涵就是提升社会主义文化的吸引力、引导力、同化力、支持力。具体体现在以下几点：

第一，坚持中国共产党对文化建设的领导。党是中国特色社会主义事业的领导者，党对社会主义的认识能力和认识程度直接决定着文化建设的层次和水平，从加强社会主义精神文明到发展社会主义国家的文化软实力，从"三个有利于"到"三个代表"再到"科学发展观"，党对社会主义伟大事业的领导，不断提高着社会主义文化建设的繁荣和发展程度。

第二，坚持中国化的马克思主义为文化建设指导思想。马克思主义不是教条，而是认识和改造世界的方法，必须与时俱进地把马克思主义和具体社会条件相结合才能始终保持马克思主义指导各领域工作的科学性和合理性。

第三，坚持社会主义为文化建设的方向。坚持社会主义的文化发展方向，首先要回答科学社会主义是什么以及怎样发展的现实问题，只有保持对社会主义方向的正确认识，才能明确文化建设的根本目标、方向和发展路径。

2. 始终把社会效益放在首位

要把握先进文化的前进方向，就是要遵循社会主义先进文化发展规律。这就意味着我们需要繁荣的不是任何意义上的文化艺术，而是社会主义先进文化，"社会主义"是唯一价值指向。

社会主义先进文化的内在逻辑，要求必须将社会效益放在首位，文化艺术的生产必须要确立马克思主义的立场，要树立正确的家国情怀，要高

---

① 《胡锦涛文选》第 1 卷，人民出版社 2016 年版，第 429 页。

扬社会主义核心价值观的旗帜。因此，在社会主义先进文化的建设中，必须坚持社会效益优先的原则，必须确保马克思主义的意识形态，确保社会主义核心价值观在文化内容上的优先性，这既是对中华优秀传统文化精神的继承，也是中国特色社会主义道路的题中之义。文化产品既有教育人民、引导社会的意识形态属性，也有通过市场交换获取经济利益、实现再生产的商品属性、产业属性、经济属性。在"两种属性"中，社会主义文化建设中的公益性文化事业和经营性文化产业，都要突出以文化人的功能。每个国家、每个民族、每个人都要有精神支撑，因此要充分发挥文化陶冶情操、凝聚力量、提振信心、鼓舞士气的重要功能。公益性文化事业、经营性文化产业，只是文化形式的差别和载体的不同，而承载的精神即文化的灵魂应是一致的，那就是必须以传播社会主义先进文化为己任。

3. 始终坚持弘扬中华优秀传统文化

坚持弘扬中华优秀传统文化，就要从传统文化的物质和非物质遗存中挖掘传统文化的当代价值。我国弘扬中华优秀传统文化，一方面，体现为不断加大对传统文化的保护力度。对传统文化的保护程度体现着一个国家对自身历史的尊重和文化的自觉程度。通过对传统文化的保护、传承和弘扬，可以为国家凝聚力提供基础，为经济社会发展提供精神动力和智力支持，促进经济、社会、文化的协调发展。弘扬中华优秀传统文化重在遵循合理利用，继承发展，政府主导，社会参与，长远规划，分步实施，明确职责，形成合力的原则，建立从国家到地方，从政府到个人的全方位的保护网络。

从国家层面上看，我国对中华优秀传统文化是以"保护为主，抢救第一"。比如，截至 2011 年 6 月，中国已有 41 处世界遗产，仅次于意大利的 45 处和西班牙的 43 处，排在世界第三位。其中，文化遗产 29 项，自然遗产 8 项，文化和自然双重遗产 4 项。[①] 同时，中国也是世界上非物质文化遗产最丰富的国家之一。2004 年 8 月，十届全国人大常委会第十一次会议通过了全国人大常委会关于批准联合国教科文组织《保护非物质文化遗产公约》的决定，12 月，向联合国教科文组织递交了公约批准书，成为世界上是第 6 个递交批准书的国家。在国内立法方面，2003 年 11 月国务院颁

---

① 董振华：《中国梦与中国精神》，人民出版社 2015 年版，第 235 页。

布了《中华人民共和国民族民间传统文化保护法》草案，2004 年 8 月这个法律草案更名为《中华人民共和国非物质文化遗产保护法》。"截至 2012 年，各省（自治区、直辖市）公布了 8566 项省级非物质文化遗产名录项目、地（市）级非物质文化遗产名录项目 18186 项、县级非物质文化遗产名录项目 53776 项。"① 非物质文化遗产类别涵盖民间文学、民间音乐、民间舞蹈、传统戏剧、曲艺、杂技与竞技、民间美术、传统手工技艺、传统医药、民俗。非物质文化遗产的保护和开发，有力地促进了民间传统文化的充分发掘，许多濒临失传的文化形式得到了保存和复兴，重新发展起来。

另一方面，体现为对中华优秀传统文化时代价值的发掘。中华优秀传统文化的发掘不仅仅在于发现和保护传统文化的物质和非物质遗存，更在于把中华优秀传统文化保护和文化产业开发融为一体，成为提升区域文化软实力的重要途径。2007 年文化部出台《国家级文化产业示范园区管理办法（试行）》，截至 2012 年，获准命名了三批 6 个国家级文化产业示范园区。

（二）　理顺政府和文化企事业单位的关系

2002 年召开的《中国共产党第十六次全国代表大会上的报告》中，提出"把深化改革同调整结构和促进发展结合起来，理顺政府和文化企事业单位的关系，加强文化法制建设，加强宏观管理，深化文化企事业单位内部改革"。2011 年党的十七届六中全会，通过了《中共中央关于深化文化体制改革推动社会主义文化大发展大繁荣若干重大问题的决定》。《决定》指出，"深化文化行政管理体制改革，加快政府职能转变，强化政策调节、市场监管、社会管理、公共服务职能，推动政企分开、政事分开，理顺政府和文化企事业单位关系"②。

根据文件"加快转变政府职能"的要求，我们将政府文化管理部门的职能划分为决策职能、执行职能和管理职能三部分，明确规定各政府文化管理部门的权利和职能，根据文化管理的要求，合并相同的职能部门，建

---

① 　全国干部培训教材编审指导委员会：《社会主义文化强国建设》，人民出版社 2015 年版，第 155 页。

② 　《十七大以来重要文献选编》（下），中央文献出版社 2013 年版，第 577 页。

立所需要的职能部门。

1. 转变政府文化管理部门的职能

第一，转变政府文化管理部门的决策职能。政府文化管理部门决策职能的形成和保障主要依靠政策咨询体系。只有在政府内部建立健全文化决策机构，才能摆脱传统的文化管理部门决策、执行、管理混合的传统行政模式，传统行政模式无形中造成了文化管理机构庞大、人员冗余、行政效率低下等问题，进而导致文化管理者不能专心于决策、执行或管理的某一方面，而是在这三种角色中不断切换，使得文化管理部门消耗巨大。要想转变政府文化管理部门的决策职能：一方面，要在政府内部建立文化决策机构，专门进行文化相关问题的研究，及时对当前文化市场、文化动态、文化发展进行全方位的研究，收集各种文化信息，为政府文化部门的文化管理提供意见参考；另一方面，要建立文化政策研究基地。研究基地可以由高校在政府的扶持下组建，主要对政府文化决策提供咨询和理论支持，并在此基础之上，为政府培养一批高素质、高层次、高学历的文化管理和科学研究人才。这样既能汇集大批专家、教授和学者在重大关键性文化项目中为政府提供文化咨询服务，指导文化建设，又能整合研究基地学术成果，丰富文化产业运行理论和产业布局理论，完善具体的文化产业项目的运行模式。

第二，转变政府文化管理部门的执行职能。为转变政府文化管理部门执行职能，我们组建了专门的文化执行部门，主要实施由文化决策部门提供各项"最终决策"战略，这样的文化执行部门必须将公益性文化事业和经营性文化产业管理区分开，依据文化属性给出科学的"最终决策"。首先，将原来分散于文化、广电、新闻等业务部门中的，属于文化事业的相关执行职能剥离出来，由执行机构的文化事业管理部门统一管理，由文化事业管理部门统一提供公共文化服务，并在执行文化事业相关职能时，把握公共服务性原则，统一国有文化产业和非国有文化企业单位的管理权。其次，在政府文化管理部门中提倡服务理念，树立为人民服务的思想，保证文化事业和文化产业的发展建设围绕满足广大人民群众的文化消费需要而展开。构筑文化企业发展的平台，让文化企业在平等的平台上发展，政府适当退位，让文化企业充分参与竞争，政府利用平台，着重监管和规范文化发展市场，培育中介机构和组织，提供和发布文化相关信息，以引导文化企业的发展。坚决打击违法违纪，损害群众文化消费利益，打击盗版维护文化版权，将文化执法部门的服务与管理功能结合。再次，合理让渡行政管辖权，实现政府间的文化合作。各个政府间实现利益互惠，达成沟通交流，推动协同合作。在充分的交流和沟通基础上，建立保障制度，确保政府间合作行为的可持续性，减少地方政府在合作中的机会主义行为，建立政府间的合作机构进行管理。最后，建设文化执行部门电子政务。要求政府在改革中学习私营企业部门，采用企业式管理模式，推动管理型政府向服务型政府转变，促进政务公开、增加政府透明性和服务的高效性，构建这样的信息平台，缩短文化相关资质审批时间，从根本上推进文化审批制度改革，推动文化的发展。

第三，转变政府文化管理部门的管理职能。有效整合文化监管职能，最大程度杜绝多头管理及由于职能交叉而形成的条块分割式管理。政府文化管理部门通过采用经济手段来控制文化市场的供求关系，引导文化市场经营的良性运行，通过采用法律手段来规范文化市场秩序，保证文化市场正常运行，通过采用行政手段对从事文化活动的部门和企业实施组织、协调和监控。实现管理职能部门"融合管理"的具体举措包括：设置市场准入门槛、对文化产品进行审查监控产品质量、对管理文化部门和企业的行为进行文化稽查等。

总之，通过三大职能的转化，文化管理部门之间基本形成完善的、具体的协调机制，各个部门之间完成协调执法，共同管理，初步建成较为完善的管理职能平台。

2. 促进国有经营性文化单位转企改制

党的十六大以来，在党中央坚强领导下，宣传文化战线科学区分文化单位性质，一手抓公益性文化事业，一手抓经营性文化产业，把推动经营性文化事业单位转企改制、培育合格文化市场主体作为文化体制改革工作的重中之重，严格标准、规范程序、真转真改，国有经营性文化事业单位转企改制取得显著成效。

随着文化体制改革的深化，一大批新型文化市场主体在市场竞争中重现生机与活力，文化生产力被激活，文化产业异军突起，国家文化软实力不断增强。文化发展焕发出勃勃生机，呈现一派欣欣向荣的景象。截至2012年，我国已全面完成国有经营性文化单位转企改制任务。2012年全国承担改革任务的 580 多家出版社、3000 多家新华书店、850 家电影制作发行放映单位、57 家广电系统所属电视剧制作机构、38 家党报党刊发行单位等全部完成转企改制；全国 3388 种应转企改制的非时政类报刊已有 3271 种完成改革任务，占总数的 96.5%；全国共注销经营性文化事业单位法人 6900 多家、核销事业编制 29 万多个①。按照重塑文化市场主体的目标，以转企改制为中心环节，加强资源整合，全面完成国有经营性文化单位转企改制任务。从改制方式上看，各地文化事业单位转企改制主要采取两种模式：一种是无偿划拨资产的方式，组建文化企业（集团）公司；另一种是采取股份制的方式，组建文化企业（集团）公司。从改革投入上看，各级财政切实加大财政文化投入，保证全年预算执行结果实现文化体育与传媒支出的增长幅度高于财政经常性收入增长幅度，提高文化体育与传媒支出占财政支出的比例。从改革方向上看，支持经营性文化事业单位转企改制，落实各项扶持政策，在资产和土地使用、处置、收入分配、社会保障、人员分流安置、财政税收等方面给予有力保障。

（三）健全文化市场体系

党的十六大报告明确提出要"大力发展文化产业"的政策。自此，文化产业蓬勃发展，文化市场体系也逐渐发展、健全起来。

1. 文化市场体系的投资主体更加多元化

2010 年 3 月，中国人民银行、财政部、文化部等九部委联合发布《关于金融支持文化产业振兴和发展繁荣的指导意见》，针对不同层次企业提出多种可供选择的投融资方案，首次从国家政策层面提出加大金融对文化产业的支持力度，实现金融资本和文化资本的有效对接。《指导意见》指出："加大金融业支持文化产业的力度，推动文化产业与金融业的对接，是培育新的经济增长点的需要，是促进文化大发展大繁荣的需要，是提高国家文化软实力和维护国家文化安全的需要。"② 自 2013 年起，文化部不仅利用贷款贴息、债券贴息、保费补贴、基金注资等传统方式支持文化产

---

① 转引自李长春《文化强国之路——文化体制改革的探索与实践》（上），人民出版社 2013 年版，第 273 页。

② 中华人民共和国国务院新闻办公室：《九部委关于金融支持文化产业振兴和发展繁荣的指导意见》，http://www.scio.gov.cn/wlcb/zcfg/Document/597095/597095.htm，2010 年 4 月 8 日。

业融资项目，而且首创了文化企业融资风险补偿、文化企业融资担保费补贴、文化企业融资租赁贴息、文化产业投资基金注资等新模式推动文化产业发展。构建多元化的文化产业投资体系，形成文化产业投资主体多元化格局。

第一，加大了财政投入，设立文化产业发展专项资金或担保基金，用于扶持和培育文化产业相关项目。例如，人民银行的分支行与当地文化部门密切协作，开展了不少符合地方实际的文化金融合作的创新实践。

第二，拓宽了文化产业融资渠道，建立多元化的投融资机制，鼓励企业、个人、境外资金兴办文化产业，逐步形成多渠道投入机制。例如，银监会积极进行文化产业的信贷模式创新，推动文化产业信贷规模逐年稳步增长；证监会支持文化企业建立现代企业制度，推出的中小企业股份转让系统和区域股权市场建设就拓宽了文化金融企业的融资渠道。

第三，采取独资、合资、合作、合营等多种途径，鼓励组建各种类型的文化投资公司，积极引导金融资金投向文化产业，支持重点文化产业项目建设。例如，财政部充分发挥财政资金的引导和支持作用，鼓励文化资源与金融资本结合，联合文化部共同启动了文化金融扶持计划，建立文化金融合作信贷项目库，为符合条件的文化产业信贷项目安排贴息支持，仅2013年一年就带动了700多亿元的信贷资金投入。

2. 文化市场体系的政策法规不断完善

文化市场体系的发展是我国增强综合国力的重要因素。为了促进文化市场体系的发展，我国制定了一系列行之有效、目标明确的政策法规。

党的十一届三中全会以来，我国的文化单位为促进文化产业的发展采取了一系列的措施，例如："以文养文，多业助文"的发展措施。进入新世纪后，文化市场体系在综合国力竞争中的作用得以凸显。2001年3月15日第九届全国人民代表大会第四次会议通过的《中华人民共和国国民经济和社会发展第十个五年计划纲要》提出："努力巩固和拓展社会主义文化阵地，形成健康向上的舆论环境、文明和谐的社会氛围和丰富多彩的文化生活。"① 党的十七大报告中特别提到"推动社会主义文化大发展大繁

---

① 《十五大以来重要文献选编》（中），人民出版社2001年版，第1474页。

荣"①，将文化市场体系建设，上升到国家综合国力的战略层面。2009 年通过的《文化产业振兴规划》则是一部关于文化市场体系建设的专项规划，其实施目标就是促进文化市场进一步完善，建设文化市场体系。《中华人民共和国国民经济和社会发展第十二个五年（2011—2015 年）规划纲要》再次提出"到 2015 年基本建立文化市场体系"，推动开拓国际市场。党的十八届三中全会要求我们建立"健全的文化市场体系"，进一步完善了十八大提出的建设文化市场体系的目标。由此可见，我国文化市场体系的政策法规不断完善。

3. 文化市场体系的总体规模持续扩大

随着经济的增长，我国文化市场的发展迅速，主要表现为文化产品市场急速扩张、文化服务市场势头良好，文化市场的从业人员大幅增加。

第一，文化产品市场急速扩张。随着经济的发展，我国文化生产力得到快速发展，文化产品市场也随之发展起来。文化市场上的主要门类，如：书刊、报纸、电子书、电影等文化产品需求增加，使得文化产品市场规模化趋势愈加明显。

第二，文化服务市场势头良好。随着文化市场的迅速发展，我国文化服务市场的发展也呈现专门化趋势。文化服务门类分工越来越明确，包括电影市场、演出市场、网络游戏在内的各种文化服务层出不穷。以演出市场为例：截至 2012 年底，我国演出市场的总体规模为 355.9 亿元，全年演出总场次 200.9 万场，演出票房收入 135.0 亿元。② 这些数据总体上说明了，文化建设和文化消费越来越成为国民经济支柱型产业和拉动内需的重要抓手。

第三，文化市场从业人员大幅增加。随着文化市场体系的不断发展，文化市场吸纳的从业人员也不断增加。有意愿在文化类单位从业的人员呈上涨趋势，我国文化单位机构数逐年增长，文化市场从业人员总数也在不断增加。截至 2012 年末，纳入全国统计范围的文化单位有 30.59 万家，从业人员 228.97 万人；③ 到 2012 年底，我国的文物机构数为 6124 个，从业

①《十七大以来重要文献选编》（上），中央文献出版社 2009 年版，第 26 页。

② 参见文化市场综合执法局《中国演出行业协会发布 2012 中国演出市场年度报告》，https：//www.mct.gov.cn/whzx/bnsj/whscs/201307/t20130715_751570.htm，2013 年 7 月 15 日。

③ 参见中华人民共和国文化部《2013 中国文化文物统计年鉴》，国家图书馆出版社 2013 年版，第 14 页。

人员数总数125155人。① 由此可见，我国的文化市场已经成为了吸纳人才的主要行业，文化市场体系正在健康有序的发展。

二 推动文化事业与文化产业协同发展

新时期全面建设小康社会的进程中，为了更好地满足人民群众日益增长的文化生活需要，党和国家在大力发展文化事业的同时，创造性地发展文化产业，通过文化事业与文化产业的协同发展，支持各类群众文化活动百花齐放，极大地保障了人民的基本文化权益，丰盈了人民群众的精神生活。

（一）支持发展公益性文化事业

党的十六大报告指出，"国家支持和保障文化公益事业，并鼓励它们增强自身发展活力"②；党的十七大报告则进一步强调："满足人民精神文化需要，保障人民基本文化权益，让人民共享文化发展成果，是社会主义文化建设的根本目的。发展公益性文化事业，建立覆盖全社会的公共文化服务体系，是实现这一目的的主要途径。"③ 大力支持和发展文化公益事业成为新时期全面建设小康社会的重要内容。

1. 革新公益性文化事业的发展理念

大力发展公益性文化事业，其目的在于保障和实现人民的基本文化权益，充分反映了社会主义文化为人民服务、为社会主义服务的方向。在新时期推进我国公益性文化事业长足发展的过程中，逐渐形成以公益性、基本性、均等性、便利性为主要内容的公益性文化事业发展理念，进一步彰显了社会主义文化的价值取向和根本性质。

第一，坚持公益性发展理念。2006年9月，由中共中央办公厅、国务院办公厅印发的《国家"十一五"时期文化发展规划纲要》中指出："坚

---

① 参见中华人民共和国文化部《2013中国文化文物统计年鉴》，国家图书馆出版社2013年版，第14、22页。

② 《十六大以来重要文献选编》（上），中央文献出版社2005年版，第31页。

③ 《胡锦涛文选》第3卷，人民出版社2016年版，第65—66页。

持一手抓公益性文化事业，一手抓经营性文化产业，体现了'两手抓、两加强'的发展思路"。① 公益性，就是政府提供的公共文化服务基本上是免费服务，或是低于成本、收费很少的服务，具有公益性质，体现对人的关怀，促进人的素质的提高和全面发展，不以营利为目的，具有非竞争性和非排他性。同年，由文化部发布的《文化建设"十一五"规划》指出："鼓励社会力量兴办公益性文化事业。"② 正因如此，公益性文化事业发展始终把社会效益放在第一位，强调文化事业的发展满足人民的基本文化需要，保障人民的基本文化权益，提高人民的文化素养，丰富人民的精神生活。

第二，坚持基本性发展理念。所谓基本性发展理念，是指政府提供的是基本文化服务，而非所有文化服务。新时期社会主义文化建设始终立足我国基本国情，根据国家的财政承受能力和人民群众的基本文化需求，提供保障其基本文化权益的基础设施、文化产品及相关服务。同时，随着经济社会的发展，公益性文化事业的内涵将日益丰富，发展水平将持续提升，致力于满足人民群众不断丰富、逐步提高的基本文化需求。

第三，坚持均等性发展理念。每个公民在获取公共文化资源、享受文化服务时，享有获得服务机会的公平，服务内容、质量和服务过程的公平。公益性文化事业坚持均等性发展理念，突出强调人民群众要平等享有各种文化资源和文化服务，确保享受文化资源及文化服务的机会、过程及结果的公平公正。尤其是针对长期以来城乡二元结构下出现的农村、欠发达地区公共文化服务紧缺的问题，强调要进行针对性帮扶，推动公共文化服务体系建设重心下移、资源下移、服务下移，加大公共文化资源向城乡基层倾斜的力度。这充分体现了社会主义文化服务于广大人民群众的价值指向。

第四，坚持便利性发展理念。便利性，就是政府提供的公共文化服务应是近距离的、经常性的服务，方便群众获得和参与。中国的人口基数大，地区差异、城乡差异、行业差异等较大，公益性文化事业必须面向基层、面向群众，因地制宜，确保向各个社会群体提供更便利的公共文化服

---

① 《国家"十一五"时期文化发展规划纲要》，人民出版社 2006 年版，第 63 页。
② 《文化建设"十一五"规划汇编》，文化艺术出版社 2008 年版，第 29 页。

务，更便捷地满足其不同类型、不同层次的文化需求。

基于公益性、基本性、均等性、便利性发展理念，党和国家对新时期公益性文化事业发展进行整体部署，不断提高公共文化服务效能，保障广大人民群众基本文化权益，充分体现了我国公益性文化事业的人民性特质。

2. 政府推动公益性文化事业发展的主要举措

发展公益性文化事业是保障人民文化权益的基本途径。新时期党和国家坚持政府主导、社会参与，统筹完善覆盖城乡的公共文化设施网络，创新实施文化惠民工程，稳步推进公益性文化事业改革，积极推进基本公共文化服务标准化均等化，主要举措如下。

第一，确立政府主导、社会参与模式。一是坚持以政府为主导推进公益性文化事业发展。新时期建设社会主义文化过程中，政府在发展公益性文化事业中发挥主导作用，他们以公共财政为有力支撑，以公益性文化单位为主要骨干，以立法、规划、监督和政策支持为手段，统筹推进公益性文化事业的发展。二是引导社会力量参与公益性文化事业建设。一方面，政府鼓励和支持社会力量兴办具有公益性和准公益性特点的社区文化服务组织等，直接为社会公众提供公益性文化服务；另一方面，积极开展政府购买服务和进行监管，鼓励民间资本通过招投标等方式参与公益性文化产品和服务的供给。三是深化公益性文化事业单位改革。在坚持公益性文化事业单位在公共文化服务中的支柱地位基础上，理顺政府和公益性文化事业单位之间的关系，建立和完善其法人治理结构。

第二，免费开放相关服务。一是完善相关保障机制。构建政策保障、经费保障、人员保障、技术保障等在内的机制体系，并建立与免费开放相配套的合理的分配机制，确保免费开放公益性文化服务的有序展开。二是扩大免费开放领域。在推进公共图书馆、文化馆、博物馆、美术馆、纪念馆等免费开放的基础上，逐步将民族博物馆、行业博物馆等纳入到免费开放范围，推动科技馆、工人文化宫、妇女儿童活动中心、青少年校外活动场所等免费提供基本公共文化服务项目。三是拓展免费开放主体。鼓励经营性文化设施、非物质文化遗产传习场所和传统民俗文化活动场所等，向公众提供优惠或免费的公益性文化服务。同时，积极推动所有公益性文化设施无障碍、零门槛进入，免费开放全部公共文化场地，全面免费提供基本文化服务。

第三，改善文化服务基础设施。一是加大公益性文化事业发展的支持与投入力度，把公益性文化事业发展中的主要公共文化产品和服务项目、公益性文化活动纳入公共财政经常性支出预算，为服务体系建设提供有力的保障。二是完善文化基础设施网络。一方面，通过政策扶持或引导、资金投入和资源整合，建设一批公益性文化设施；另一方面，加强公共文化设施的使用和管理，完善相关配套措施，保障其正常运行。三是实施文化惠民工程。积极将文化馆、博物馆、图书馆、美术馆等公共文化服务设施建设成公益性文化事业的重要载体，推动其向社会免费开放。

第四，着力加强均衡服务供给。一是推进城乡文化一体化发展，把更多的公益性文化资源向农村配置，把更多的公益性文化项目向农村安排，扩大覆盖、消除盲点、提高标准、完善服务、改进管理，从而缩小城乡公益性文化服务供给差距。二是合理配置城乡文化资源，鼓励并推动城市的图书馆、博物馆等优势文化资源向农村和基层流动，实现城乡文化资源的优势互补。由此，通过扩大公益性文化事业的服务覆盖范围，进一步破除城乡二元结构，使公益性文化服务更好地向城乡基层延伸，实现人民共享社会主义文化建设的成果。

总之，新时期党和国家坚持从满足人民群众基本文化需求、保障人民群众基本文化权益出发，大力推进公益性文化事业健康发展，不断提高公共文化产品和服务的供给能力，使全体人民共享文化发展成果。

3. 公益性文化事业发展取得的成效

新时期公益性文化事业起步时间不长，但在政府的大力推动、社会力量的积极参与下取得长足进步，社会效益显著提升，人民群众的文化需求得到更好满足，主要体现在如下几个方面。

第一，公益性文化事业的发展规模持续壮大，公益性文化基础设施不断完善。以公共图书馆发展状况为例，截至 2012 年末，全国共有公共图书馆 3076 个，而 2002 年末公共图书馆有 2697 个，相比于 2002 年增加了 14.05%；2012 年末，全国公共图书馆从业人员 54997 人[①]。另外，2012 年末，全国公共图书馆累计发放借书证 2485 万个，2002 年发放 918 万个借

---

① 参见《中华人民共和国文化部 2012 年文化发展统计公报》。

书证，十年间借书证发放量翻了近两倍。

此外，如图 8-1 所示，2012 年全国平均每万人群众文化设施建设面积达到 234.24 平方米，比 2006 年增加了 89.73%。新时期公益性文化事业的发展规模由此可见一斑，公益性文化基础设施的进一步完善，为保障人民的文化权益、满足人民的文化需要提供了基本保障。

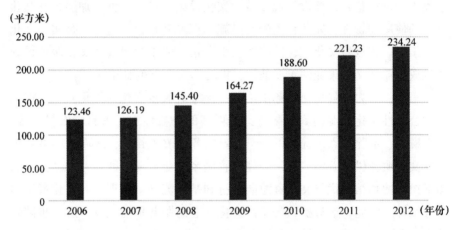

（平方米）

图 8-1　2006—2012 年全国平均每万人群众文化设施建筑面积

资料来源：《中华人民共和国文化部 2012 年文化发展统计公报》。

第二，公益性文化事业的共享性和普惠性充分彰显，免费开放范围不断扩大。截至 2012 年，全国文化文物部门归口管理的博物馆、纪念馆和爱国主义教育基地基本都实行了免费开放，全国美术馆、公共图书馆、文化馆（站）免费开放工作全面实施；全国共有群众文化机构 43876 个，其中乡镇综合文化站 34101 个；2012 年全年全国群众文化机构共组织开展各类活动 121.13 万场次，服务人次 44036 万。这使得我国公益性文化基础设施规模和质量显著提升，基本公共文化服务标准化均等化水平显著提高，服务效能进一步提升。

（二）加快发展经营性文化产业

"发展文化产业是市场经济条件下繁荣社会主义文化、满足人民群众精神文化需求的重要途径。完善文化产业政策，支持文化产业发展，增强我国文化产业的整体实力和竞争力。"① 新时期为繁荣发展社会主义文化，更好地满足人民群众日益丰富的文化生活需要，加快了文化产业发展，增加了文化服务供给，促进了文化产品的供需平衡。

1. 创新经营性文化产业的发展理念

文化产业是满足人民多样化精神文化需求、提高人民生活幸福指数的重要途径。2005 年《中共中央、国务院关于深化文化体制改革的若干意见》明确指出，发展经营性文化产业"满足人民群众多方面、多层次、多样性的精神文化需求"。② 十六大以来，新时期党和国家对文化产业的理论认识逐渐系统和明晰，对文化产业在国民经济中的战略性地位愈发重视。

第一，坚持"两个面向"理念。即文化产业发展要面向群众、面向市场。在社会主义市场经济体制下，人民群众是文化市场的消费主体，群众通过市场来选择和实现自己的文化消费。文化产业发展面向群众与面向市场是相统一的，文化产业要面向群众，及时满足群众的多元文化需要，就需要借助市场手段进行文化资源的配置，才能更加及时地满足群众的文化需要；文化产业面向市场，就必须牢牢抓住文化消费的主体即人民群众，根据人民群众的文化需求提供有针对性的文化产品。正因如此，党的十六大指出，发展文化产业是市场经济条件下繁荣社会主义文化、满足人民群众精神文化需求的重要途径。

第二，坚持"双重属性"理念。即文化产业发展既要注重文化产品的意识形态属性，又要注重文化产品的产业属性。社会主义文化一贯坚持为人民服务、为社会主义服务，这为文化产业发展标定了基本方向。事实上，相当部分的文化产品具有意识形态属性，反映了特定社会形态的性质及其价值追求。新时期我国文化产业的发展必须服务于社会主义文化事业的繁荣发展，反映社会主义文化的人民立场与社会主义性质。同时，在社会主义市场经济体制下，也要重视文化产品的产业属性，文化产品的生产和传播要利用好市场，遵循市场规则，通过商品交换，满足群众的文化消费需要。

第三，坚持"两个效益"理念。即文化产业发展始终把社会效益放在

---

① 《江泽民文选》第 3 卷，人民出版社 2006 年版，第 561 页。

② 《改革开放三十年重要文献选编》（下），中央文献出版社 2008 年版，第 1540 页。

首位，坚持社会效益和经济效益的统一。2003 年，李长春《在文化体制改革试点工作会议上的讲话》中指出，社会效益和经济效益是一致的，只有占领市场才能更多地占领阵地；在确保正确导向的前提下，经济效益越好，社会效益就越实在，不能把两者割裂开来、对立起来。因此，文化产业要坚持将社会效益放在第一位，创作和生产更多的健康向上和群众喜闻乐见的文化产品，助推人民群众文化素养的提升，进而实现其经济效益；同时，文化产业要充分借助社会主义市场经济体制的优势，不断提高经济效益，从而吸引更多的资源涌入文化市场，确保文化产品在质和量上不断提升，更好满足人民群众的精神文化需求，更好地推动社会主义先进文化的发展，从而产生更好的社会效益。

第四，坚持"四个充分"理念。李长春《在文化体制改革试点工作会议上的讲话》中指出，要深化文化体制改革，坚持"四个充分"理念，即"充分发挥社会主义市场经济体制的强大威力""充分吸引和调动社会资源""充分发挥国有文化企业在文化市场中的主导作用""充分调动广大文化工作者的积极性和创造性"①，从而始终坚持文化产业发展的社会主义方向，不断解放和发展文化生产力，持续壮大国家文化软实力，产出高质量、高水平的文化产品，更好地满足人民日益增长的文化需求。

总之，自党的十六大以来，党和国家注重发挥市场在文化产业资源配置中的积极作用，不断深化改革破除体制机制壁垒，完善保障性政策，加快文化产业发展，持续繁荣文化市场，推进我国文化产业的跨越式发展。

2. 做大做强文化产业的主要举措

发展经营性文化产业和繁荣文化市场是满足人民多样性文化需求的重要途径。新时期党和国家通过解放思想、重塑市场主体、升级产业结构、优化产业布局、促进文化科技创新、扩大和引导文化消费和推动国际合作等系列举措推动文化产业生产方式转型和文化市场繁荣，充分满足了我国人民多样化的文化需求。

第一，培育壮大文化市场主体。新时期，党和国家在推进社会主义市场经济体制建立健全的过程中，着力"推动形成以公有制为主体、多种所有制共同发展的文化产业格局和民族文化为主体、吸收外来有益文化的文

---

① 《十六大以来重要文献选编》（上），中央文献出版社 2005 年版，第 346 页。

化市场格局。"① 一是进一步解放思想，活跃文化市场体系。新时期以来，"文化产业"从传统的文化事业中分离出来，确认其产业属性和商品属性，不断为文化发展"松绑"。二是重塑市场主体，推动国有文化单位的转企改制。经营性国有文化单位的转企改制是新时期重塑市场主体的中心环节，转企改制单位按照现代企业制度的要求实行公司制、股份制的改造，帮助其成长为文化市场的主体力量。三是鼓励各方力量参与，完善文化市场准入制度。新时期，国家积极鼓励非公有制资本进入文化产业领域，保障文化产业发展的资金投入，加快繁荣各类文化产品和产权、信息、技术、版权等要素市场，推进文化产业投融资体系建设。

第二，转变文化产业发展方式。一是调整升级文化产业结构。一方面扶持壮大出版发行、影视制作、印刷和会展等传统文化产业，使其焕发新的生机与活力；另一方面加快发展文化创意、数字出版和动漫游戏等新兴文化产业，提高文化产业的规模化、集约化、专业化水平。二是推动文化产业的融合发展。打破文化产业门类的边界，推进文化与信息、工业、农业、体育、健康等产业融合发展，提高相关产业的文化内涵和附加值。三是优化文化产业的空间布局。加强区域间、城乡间文化产业发展的统筹协调，鼓励各地发挥比较优势，推动形成优势互补、联动发展格局。四是深化文化产业国际合作。健全政府间文化产业政策沟通和对话机制，加强文化产业国际人才培养，积极发展对外文化贸易，开拓海外文化市场。

第三，深入推进文化科技创新。一方面，实现文化和科技相互促进的两性互动。深入实施科技带动战略，增强文化的自主创新能力，健全以企业为主体、市场为导向、产学研相结合的文化技术创新体系，培育一批特色鲜明、创新能力强的文化科技企业。另一方面，深化文化、旅游与金融等合作。鼓励和支持金融机构开发适合文化和旅游企业特点的金融产品和服务，扩大文化和旅游企业直接融资规模，支持符合条件的文化和旅游企业上市融资、再融资以及并购重组，支持企业扩大债券融资，引导各类产业基金投资文化产业和旅游产业。

第四，扩大和引导文化消费。首先，加强文化需求侧管理。健全扩大文化消费的体制机制，引导群众提高文化产品需求的质和量，保障群众的

---

① 《胡锦涛文选》第3卷，人民出版社2016年版，第67页。

文化消费选择权。其次，完善文化消费设施。改善文化消费环境，支持建设、改造剧院等文化消费基础设施，满足人民不断提升的文化消费需求。再次，培育民众的文化消费习惯。通过政策引导、资金投入、组织创作、生产更多传播当代中国价值观念、反映中华文化精神、体现人民审美追求的文化产品。最后，推动文化消费升级。统筹城乡文化消费升级，既进一步提升城市文化消费的质量与层次，促进居民消费结构升级，又着力加强农村文化网点建设，保障农村文化消费供给。

总之，新时期我国文化产业发展始终坚持把社会效益放在首位，努力实现社会效益和经济效益相统一，以改革创新和科技进步为动力，增强文化产业发展活力，转变文化产业发展方式，提升文化生产的品质和效益，提高文化产业规模化、集约化、专业化水平，逐渐形成统一、开放、竞争、有序的现代文化市场体系。

3. 发展文化产业取得的主要成就

新时期我国遵循市场机制大力发展文化产业，出台一系列政策增强文化市场活力，不仅加快了文化产业发展方式转型，刺激了文化消费动力，更激发了全民文化创作活力。整体上看，我国文化产业体系更加健全，文化产业结构布局不断优化，文化及相关产业增加值占 GDP 比重不断提高，文化产业对国民经济增长的支撑和带动作用得到充分发挥。

第一，文化产业发展规模和总体产值持续稳定增长。如表 8 - 1 所示，根据国家统计局统计，2012 年全国文化及相关产业企业增加值为 18071 亿元，相比于 2006 年增加值 5123 亿元，文化产业增加值提高 352.74%。此外，截至 2012 年末，全国文化市场经营单位 24.10 万个，从业人员 160.76 万人，其中 2012 年全国文化市场经营单位营业总收入 2033.88 亿元。这些数据反映了新时期我国文化产业产值的迅猛增长。①

第二，文化产业发展带动经济增长和推动文化"走出去"。如表 8 - 1 所示，2012 年全国文化及相关产业企业增加值占中国 GDP 比重 3.48%，相比于 2006 年增加值占 GDP 比重 2.37% 增加了 1.11 个百分点，文化产业增加值在国民经济中的占比显著提高。截至 2012 年，我国已经投入运营的 9 个海外中心共举办 800 多起文化活动，服务海外民众近 20 万人次，进一

---

① 参见《中华人民共和国文化部 2012 年文化发展统计公报》。

步推动了我国文化的对外传播。

表 8-1 2006—2012 年全国文化及相关产业增加值与 GDP 占比

年份	增加值（亿元）	占 GDP 比重（%）
2006 年	5123	2.37
2007 年	6455	2.43
2008 年	7630	2.43
2009 年	8594	2.52
2010 年	11052	2.75
2011 年（旧口径）	13479	2.85
2011 年（新口径）	15516	3.28
2012 年	18071	3.48

注：文化及相关产业增加值数据源自国家统计局。其中 2012 年数据根据《文化及相关产业分类（2012）》标准进行测算，同时为方便比较，也对 2011 年数据按照新口径进行了调整。

数据来源：参见《中华人民共和国文化和旅游部 2012 年文化和旅游发展统计公报》。

第三，文化产业综合效益和市场竞争力显著提升。例如，我国骨干文化企业的总体规模和综合效益显著提升，市场竞争力持续增强。截至 2012 年底，全国共有 8 个国家级文化产业示范园区，7 个国家级文化产业试验园区，269 个国家文化产业示范基地。据初步统计，2012 年上述文化产业园区和基地营业收入 4360.46 亿元，利润总额 757.84 亿元。[1]

总之，自 2003 年文化体制改革试点到全面展开，我国文化产业进入快速发展新时期，逐渐建立起现代文化产业体系和市场体系，规模实力迅速壮大，质量效益显著提升，有力地推动了社会主义文化的大发展大繁荣。

（三）推进各类群众文化发展

群众文化是人民群众广泛参与的，具有自发性、自主性、娱乐性的民间大众文化活动，是社会主义文化的重要组成部分。党的十六大报告指出，要"加强文化基础设施建设，发展各类群众文化。积极推进卫生体育事业的改革和发展，开展全民健身运动，提高全民健康水平"。[2] 新时期，

---

[1] 参见《中华人民共和国文化和旅游部 2012 年文化和旅游发展统计公报》。

[2] 《江泽民文选》第 3 卷，人民出版社 2006 年版，第 561 页。

政府鼓励群众组织和参加各种形式的文化活动，促使各类群众文化进一步繁荣发展。

1. 引导各类群众文化的发展理念

人民群众始终是精神财富的创造者。新时期在推动社会主义文化大发展大繁荣的背景下，政府充分尊重人民群众的主体地位，积极发掘人民群众的文化创造潜力，尊重文化发展的规律，大力支持贴近实际、贴近生活、贴近群众的文化活动，丰富社会主义文化的内容与形式。

第一，坚持"人民主体"理念。胡锦涛在中共十七届六中全会第二次全体会议上讲话时指出："坚持中国特色社会主义文化发展道路，必须发挥人民在文化建设中的主体作用，坚持文化发展为了人民、文化发展依靠人民、文化发展成果由人民共享。"① 政府在支持各类群众文化发展的过程中，坚持人民主体理念，充分尊重人民群众创造历史的主体地位，不仅始终为了人民发展文化，而且始终坚定地依靠人民来发展文化，确保由人民共同享有文化发展成果，从而最大限度地释放人民群众文化创作的潜力，推动社会主义文化的繁荣发展。

第二，坚持"尊重规律"理念。群众文化的发展必须遵循文化发展的规律，在经济、政治和文化的良性互动中实现共同发展。江泽民在不同场合反复强调："经济也好，政治也好，文化也好，都有不依人的意志为转移的内在规律，我们只有正确地认识和掌握它们，并正确地加以运用，才能顺利推进我们的事业。"② "要进一步深化改革，形成适应社会主义市场经济和文艺发展规律的组织体制、运行机制和活动方式，更好地促进文艺发展繁荣。"③ 新时期党和国家立足经济社会的快速、稳步发展，及时回应人民群众文化需求的快速发展，自觉遵循文化发展的内在规律，按照"政府主导、企业共建、社会参与"的原则，从群众文化需求出发，积极引导企事业单位、基层村社区开展各类群众文化活动，营造群众文化发展的良好社会氛围。

第三，坚持"三贴近"理念。新时期党和国家始终坚持"贴近实际、贴近生活、贴近群众"的理念，根据群众的实际文化需要，反映新时期群

---

① 《胡锦涛文选》第 3 卷，人民出版社 2016 年版，第 564 页。
② 《江泽民文选》第 2 卷，人民出版社 2006 年版，第 99 页。
③ 《江泽民文选》第 3 卷，人民出版社 2006 年版，第 405 页。

众生产生活的最新变化，回应群众的切身利益与迫切诉求，一方面通过加大投入与支持力度发展丰富多彩的群众文化，满足群众的文化需求；另一方面加强对群众文化需求的正面引导，使群众文化朝着健康、积极、向上的方向发展，产出群众喜闻乐见的优秀精神文化产品，从而推动社会主义精神文明的发展。

总之，新时期我国群众文化发展坚持以为人民服务为主，社会主义服务为主要方向，弘扬主旋律，坚持多样化的发展，自觉贯彻党的群众路线，努力开创群众广泛参与、内容丰富多彩、形式新颖多样、氛围热烈浓厚的新局面，为广大群众参与社会主义文化建设提供广阔舞台。

2. 各类群众文化活动广泛开展的主要举措

新时期，我国立足群众不断发展变化的文化需求，采取一系列支持群众文化活动的措施，加强文化基础设施建设，及时总结来自群众、生动鲜活的文化创新经验，推广群众文化优秀成果，用优秀的文化艺术作品塑造人、武装人和鼓舞人，推动社会主义精神文明建设。

第一，丰富群众文化活动的方式，推动群众文化活动的模式创新。一是探索建立群众文化需求反馈机制。在群众文化建设的过程中，政府充分尊重群众作为文化建设主体的地位，尊重群众关于文化活动的参与权和表达权，及时跟进和了解群众不断变化、丰富的文化需求，探索建立群众文化需求的动态反馈机制，针对性地组织和支持开展各种群众文化活动，调动民众参与的主动性、积极性，满足群众文化需求的同时，引导群众在文化建设中自觉表现、自我教育、自主服务。二是丰富群众文化活动形式，采取多元化手段推动其发展。我国是一个多民族的国家，在支持群众文化活动的过程中尊重各民族的文化传统和习俗，积极搭建文化活动平台，依托重大节庆和民族民间文化资源，组织开展群众乐于参与、便于参与的文化活动；积极挖掘和利用民族民间文化资源，打造各种富有地域特色的文化产品。同时，政府始终坚持群众文化面向基层，服务群众，开展"文化下乡"、"文化进社区"、群众文艺精品巡演展演、老年合唱节、少儿合唱节等文化活动，让更多的群众参与进来。三是总结群众文化活动经验，推介优秀的、可复制的文化活动品牌。新时期，我国支持群众依法兴办文化团体，精心培育植根群众、服务群众的文化载体和文化样式，打造并推出了一批批优秀的、具有可持续发展价值的文化品牌，发挥了导向、示范和带动作用。同时，及时总结来自群众的生动鲜活的文化创新经验，推广优秀文化成果，在全社会营造鼓励文化创造的良好氛围，充分发挥群众的文化创造潜力与活力。四是与时俱进，创新群众文化活动的模式。政府鼓励并引导群众文艺工作者深入群众的生产生活，了解新时期群众的文化兴趣与文化需求的最新动向，与时俱进，创造一批具有良好乡土气息以及时代气息的优秀作品，反映时代新变化，满足群众新需求。

第二，加强群众文化活动的资源供给，强化文化基础设施和文化人才队伍建设。一是加强文化基础设施建设，发展各类群众文化。新时期，我国积极推进综合文化站、村文化室等的建设，深入实施广播电视村村通、文化信息资源共享、农村电影放映、农家书屋等文化惠民工程，扩大覆盖、消除盲点、提高标准、完善服务、改进管理。这既为各类群众文化活动的开展提供基本的文化基础设施支撑，也为群众文化活动的开展提供便利条件，实现"软件""硬件"的有机结合。二是注重群众文化活动场所建设，保障活动开展空间。为了方便群众就近开展文化活动，新时期政府高度重视行政村文化活动场所和城市社区文化活动场所建设，建立灵活机动、方便群众的流动文化服务网络，努力建设内容丰富、技术先进、覆盖城乡、传播快捷的公共数字文化服务网络，与时俱进地创造群众文化活动的开展条件。三是重视文化人才队伍建设，培育群众文化活动骨干。新时期，政府加强专业人才队伍的建设力度，尤其注重培育群众文化活动骨干，重点培养和引进群众文化活动策划、组织、管理和"一专多能"的复合型人才，优化群众文化人才队伍结构。同时，政府重视扎根基层的乡土文化能人、民族民间文化传承人和文化活动积极分子的培养，为群众文化活动开展提供智力支持。四是建设群众文化志愿者队伍。针对群众文化人才短缺问题，政府鼓励热心公益事业的社会人士参与基层文化建设和群众文化活动，招募大学生志愿者到西部地区乡镇文化站协助工作，组织文化志愿者在重要节日、纪念日深入基层开展民俗活动、文化娱乐活动、主题教育实践活动等各具特色的文化志愿服务活动。通过群众文化志愿者培育，在较大程度上弥补了基层文化人才不足的短板。

第三，发挥政府、市场和社会多元力量支持群众文化活动。一是政府发挥引导与扶持作用，有序推进群众文化发展。新时期，国家坚持以政府为引导，以乡镇为依托，以村社为重点，以家庭为对象，建设市、镇、村

（社）公共文化设施和文化活动场所，在市区建图书馆、修大会堂，在集镇筹建综合性文化中心，在行政村、社区建文化活动室，为群众文化发展构建日益健全的服务网络。二是市场发挥资源配置作用，以服务促管理，满足群众文化活动的多样需求。新时期，我国坚持内外联动，以重大活动为契机，积极推广高层次演出团体演出，大力发展综合性娱乐设施，吸引本地及周边县市群众到中心城市进行文化消费。同时，注意强化行业培训，规范经营秩序，加强市场管理，不断净化文化市场，树立起良好的企业形象，让群众文化活动在丰富群众文化生活的同时创造经济效益。三是社会力量参与群众文化活动，进一步丰富活动形式与内容。新时期，政府鼓励、引导并规范各种群众性的文化社团，组织他们进行交流与合作，培育群众文化活动的优秀典型，鼓励社会组织参与群众文化活动。

第四，扩大群众文化活动的惠及范围，营造浓厚的文化氛围。一是因地制宜开展群众文化活动，丰富群众文化活动内容，提高群众文化活动质量。在做好辅导、展览、宣传等常规性活动的同时，深入开展全民阅读、全民健身活动，推动文化科技卫生"三下乡"等活动。二是合理配置城乡文化资源，鼓励城市对农村进行文化帮扶，实现群众文化活动的城乡联动。新时期，我国鼓励文化单位面向农村提供流动服务、网点服务，通过送戏下乡以及社区活动等多途径，让农村群众活动能够跟城镇文化活动相呼应。同时，积极支持文化企业以连锁方式加强基层和农村文化网点建设，推动电影院线、演出院线向市县延伸，支持演艺团体深入基层和农村演出。三是创新文化宣传内容，加大宣传群众文化活动力度。新时期，我国通过报纸、广播、新媒体等多种形式宣传群众文化活动，提高群众文化宣传效率，调动人民群众参与热情，保证群众文化活动内容的积极性和健康性。四是加强对群众文化的监督引导，注重群众教育与引导，提高群众文化素养。新时期，我国注重在群众文化活动中加强以思想素质、价值观念、道德品质、法治素养等为主要内容的教育，弘扬正气，打击歪风邪气，使群众自觉认同和遵守社会公序良俗，提高国民的综合素养。

总之，新时期我国积极统筹群众文化活动常态化建设，健全城乡公共文化设施网络，提高公共文化服务水平，促进群众文化活动的全民参与，逐渐形成全方位、多层次的全民群众文化活动体系，让广大人民群众在生动活泼、丰富多彩的文化活动中实现自身的文化权益。

3. 引导群众文化活动创新发展的主要成就

新时期，在党对群众文化活动的坚强领导下，群众文化活动参与广泛，已遍及城乡，呈社团化、常态化趋势。广场、公园、图书馆、文化活动室等公共场所开展着丰富的群众文化活动，成为公共文化的前沿阵地；重大节日来临之际，成百上千的社团各显身手，开展各种形式的群众文化活动并遍布城乡各个角落，营造出浓厚的公共文化氛围。可以说，新时期，我国引导群众文化活动的创新发展取得了显著成就。

第一，群众文化设施不断完善，群众活动规模不断扩大。新时期，我国群众文化活动的服务机构和从业人员显著增加。如图 8 - 2 所示，截至2012 年，群众文化服务业机构数 43876 个，其中乡镇综合文化站 34101个；群众文化服务从业人员超 15. 62 万人。

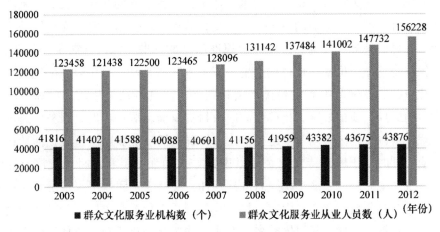

图 8 - 2　2003—2012 年我国群众文化服务业机构数和从业人员数

资料来源：根据国家统计局《中国统计年鉴（2013）》测算制作，国家统计局编《中国统计年鉴（2013）》，中国统计出版社 2013 年版。

同时，新时期我国加强群众文化场馆建设和机构设置，如图 8 - 3 所示，截至 2012 年，我国平均每万人群众文化设施建筑面积达到 234. 24 平方米，是 2006 年的 1. 9 倍；此外，全国群众文化机构共有馆办文艺团体8750 个，演出 12. 06 万场，观众 7126. 30 万人次；由文化馆（站）指导的群众业余文艺团体 30. 33 万个，馆办老年大学 719 个；2012 年末，全国艺术表演场馆 2364 个，观众坐席数 191.57 万个。① 这一系列数据充分展现了新时期我国群众文化设施建设的快速发展和群众参与文化活动的高涨热情。

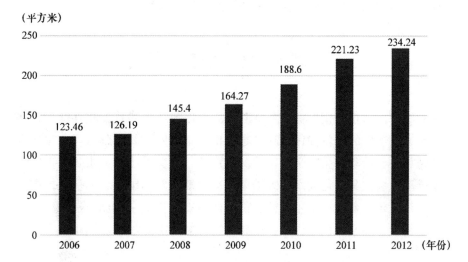

图 8-3　2006—2012 年全国平均每万人群众文化设施建筑面积

资料来源：《中华人民共和国文化部 2012 年文化发展统计公报》。

第二，群众文化活动形式更加多样，内容更加丰富。新时期我国依托重大节庆活动开展了丰富的群众文化活动，开展了面向基层、服务群众的"文化下乡""文化进社区"等文化活动，推进"送演出""送图书""送电影""送展览""送讲座"等文化惠民工程。以 2012 年为例，全年全国群众文化机构共组织开展各类活动 121.13 万场次，服务人次 44036 万。全国群众文化机构共有馆办文艺团体 8750 个，演出 12.06 万场，观众7126.30 万人次。另外，2012 年，全国艺术院团共组织政府采购的公益演出 10.33 万场，观众 10358.48 万人次。全国艺术院团赴农村演出 81.2 万场，占总演出场次的 61.1%，观众 52102.43 万人次，占观众总人数的 62.9%。②

总之，新时期党和国家始终坚持从群众中来、到群众中去的路线，充

---

① 参见《中华人民共和国文化部 2012 年文化发展统计公报》。

② 参见《中华人民共和国文化部 2012 年文化发展统计公报》。

分尊重群众文化发展的实际，多措并举调动多方力量参与群众文化发展，引导多种资源流入群众文化领域，不断培养和壮大文化人才队伍，从而推动群众文化的蓬勃发展，完成了对公益性文化事业和经营性文化产业的有力补充，从而更加充分地保障和实现群众文化的权益。

三　丰富社会主义文化发展内容

党的十六大报告指出："当今世界，文化与经济和政治相互交融，在综合国力竞争中的地位和作用越来越突出。全党同志要深刻认识文化建设的战略意义，推动社会主义文化的发展繁荣。"[1] 党的十七大报告中再次强调要推动社会主义文化大发展大繁荣。新时期，党和国家着力从弘扬中华优秀传统文化，建设社会主义核心价值体系以及推进文化创新三方面，进一步丰富社会主义文化的内容，提高我国的文化软实力与综合国力。

（一）弘扬中华优秀传统文化

文化是维系一个民族生存和发展的精神纽带。中华民族历史悠久，文化源远流长，中华优秀传统文化深深地熔铸于中国人的血脉之中。新时期，党和国家大力推动中华优秀传统文化的传承与弘扬，赋予其新的时代内涵，使其在新的历史条件下继续发挥着滋养群众精神、涵养群众文化修养的作用，进而焕发出新的生机与活力，成为社会主义文化发展的重要内容。

1. 新时期弘扬中华优秀传统文化的必要性

第一，新时期弘扬中华优秀传统文化是传承我国传统文化的精华之需。党的十七大报告在要求，"弘扬中华文化，建设中华民族共有精神家园"[2] 的同时，强调"要全面认识祖国传统文化，取其精华，去其糟粕，使之与当代社会相适应、与现代文明相协调，保持民族性，体现时代性"。[3] 这说明新时期弘扬中华传统文化旨在弘扬其精华，是辩证地"扬

---

① 《十六大以来重要文献选编》（上），中央文献出版社 2005 年版，第 29 页。
② 《十七大以来重要文献选编》（上），中央文献出版社 2009 年版，第 27 页。
③ 《胡锦涛文选》第 2 卷，人民出版社 2016 年版，第 640—641 页。

弃"中华传统文化。"中华民族历史悠久，我们的祖先在这块土地上创造了灿烂的物质文明和精神文明，形成了具有民族特色的文化传统，为人类文明作出了卓越的贡献。"① 在新时期推进社会主义现代化建设事业的发展过程中，不仅要以开放的姿态学习世界各国人民创造的优秀文明成果，更要继承和发扬中华民族传统文化之精华，使之服务于社会主义精神文明建设的需要。

第二，新时期弘扬中华优秀传统文化是满足人民精神文化需求之需。党的十七届六中全会通过的《中共中央关于深化文化体制改革推动社会主义文化大发展大繁荣若干重大问题的决定》指出："优秀传统文化凝聚着中华民族自强不息的精神追求和历久弥新的精神财富，是发展社会主义先进文化的深厚基础，是建设中华民族共有精神家园的重要支撑……使优秀传统文化成为新时代鼓舞人民前进的精神力量。"② 它突出强调中华优秀传统文化作为凝聚、鼓舞中华儿女前行的精神力量，是社会主义先进文化的基础，不仅充盈着中国人民的精神世界，而且满足着中国人民的文化需要，是社会主义文化建设不可缺少的重要内容。

第三，新时期弘扬中华优秀传统文化是中华民族屹立于世界民族之林之需。胡锦涛指出："历史和现实都表明，一个没有文化底蕴的民族，一个不能不断进行文化创新的民族，是很难发展起来的，也是很难自立于世界民族之林的。"③ 中华民族有着上下五千年的灿烂文明，中华优秀传统文化为世界文明的发展作出重要贡献，这是不可否认的事实。在建设社会主义文化的过程中，必须传承好、弘扬好中华优秀传统文化，使之促进社会主义文化大发展大繁荣，进而推动社会主义政治、经济、社会、生态等领域的建设和发展，提高我国的文化软实力和综合国力。

2. 新时期弘扬中华优秀传统文化的主要举措

新时期，党和国家高度重视社会主义文化的大发展大繁荣，为中华优秀传统文化的继承与弘扬，采取了如下重要举措。

第一，完善文化建设政策，为弘扬中华优秀传统文化提供制度保障。党的十七届六中全会通过的《中共中央关于深化文化体制改革推动社会主

---

① 《江泽民文选》第 1 卷，人民出版社 2006 年版，第 123 页。
② 《十七大以来重要文献选编》（下），中央文献出版社 2013 年版，第 572 页。
③ 《胡锦涛文选》第 2 卷，人民出版社 2016 年版，第 44 页。

义文化大发展大繁荣若干重大问题的决定》指出："建设优秀传统文化传承体系"需要"坚持保护利用、普及弘扬并重"。① 这为新时期弘扬中华优秀传统文化指明了方向。一方面，制定文化管理政策，规范中华优秀传统文化的传承。文化管理政策不仅涵盖了中华优秀传统文化的普查、整理、鉴定和研究，而且涵盖了中华优秀传统文化的继承、传播、利用和发展，形成了全方位、全过程、多环节的文化管理政策体系。另一方面，制定文化开发政策，充分发掘中华优秀传统文化资源。中央和地方政府出台了文化开发的相关政策，坚持尊重差异、包容多样的理念，挖掘各个地区、各个民族的优秀传统文化资源，在展现丰富多彩的中华传统文化的同时，使其更好地满足人民群众的精神文化需求。党的十七届六中全会通过了《中共中央关于深化文化体制改革推动社会主义文化大发展大繁荣若干重大问题的决定》，要求"积极发展文化旅游，促进非物质文化遗产保护传承与旅游相结合，发挥旅游对文化消费的促进作用。"② 2009 年出台的《国务院关于支持福建省加快建设海峡西岸经济区的若干意见》，特别指出，要"整合文化资源，打造一批地域特色明显、展现海峡西岸风貌、在国内外具有影响力的文化品牌，重点保护发展闽南文化、客家文化、妈祖文化、红土地文化、船政文化、畲族文化、朱子文化等特色文化"。③

第二，加强物质与非物质文化遗产保护，为弘扬中华优秀传统文化提供载体。2010 年，李长春指出："要继承和弘扬中华民族的优秀文化传统，加强中华优秀文化传统教育，加强对文物和非物质文化遗产的保护，深入挖掘蕴藏其中的丰厚文化资源，并赋予新的时代内涵，使其与当代社会相适应、与现代文明相协调，在新的历史条件下继续发扬光大。"④ 加强对物质与非物质文化遗产保护和开发是新时期弘扬中华优秀传统文化的重要举措之一。此后，国务院在谋划西部大开发、农村改革发展、海峡西岸经济区建设以及海南国际旅游岛建设等重大战略决策时，都特别强调要加强物质与非物质文化遗产的保护。党中央国务院在部署西部大开发时特别强调："保护文物和非物质文化遗产，挖掘历史、民族文化资源，在传承的

① 《十七大以来重要文献选编》（下），中央文献出版社 2013 年版，第 572 页。
② 《十七大以来重要文献选编》（下），中央文献出版社 2013 年版，第 575 页。
③ 《十七大以来重要文献选编》（中），中央文献出版社 2011 年版，第 61 页。
④ 《十七大以来重要文献选编》（中），中央文献出版社 2011 年版，第 773—774 页。

基础上推进文化创新。"在《中共中央关于推进农村改革发展若干重大问题的决定》中指出，要"加强农村文物、非物质文化遗产、历史文化名镇名村保护"。① 在推进厦门、福州台商投资区扩区和新设立泉州台商投资区建设过程中，提出要推动妈祖文化申报世界非物质文化遗产。在《国务院关于支持福建省加快建设海峡西岸经济区的若干意见》中强调，要"加强文物、非物质文化遗产保护，完善历史文化名城等基础设施，妥善保护历史文化街区"。② 在《国务院关于推进海南国际旅游岛建设发展的若干意见》中强调，要"积极开发利用'海上丝绸之路'文化遗产，开展国家南海博物馆、南海水下考古中心项目前期论证工作，加强对文物及非物质文化遗产的保护。扶持海南建设大型文化体育基础设施，集中建设一批适合于四季训练的运动场馆"。③ 此外，我国通过海外中国文化中心和孔子学院建设，加强对外文化交流与传播，推动中华文化尤其是中华优秀传统文化走出去。

第三，推进中华优秀传统文化的创新，释放中华优秀传统文化的活力。党的十六大要求"在时代的高起点上推动文化内容形式、体制机制、传播手段创新，解放和发展文化生产力"④，这为中华优秀传统文化的发展提供了方向指导。一方面，通过市场和产业相结合推动中华优秀传统文化的创新发展。《正确认识和处理文化建设发展中的若干重大关系，努力探索中国特色社会主义文化发展道路》中指出："对具有产业和市场潜力、具备经营条件的传统文化资源，要鼓励在国家政策支持下，运用市场和产业的手段进行保护、传承和发展，特别是和发展旅游业紧密结合，开发文化产品，拓展服务项目，在与产业和市场的结合中增强生机、焕发活力，实现可持续发展。"⑤ 另一方面，通过运用现代技术手段创新推动中华优秀传统文化的表现形式，即"要适应人民群众文化需求的新特点和审美情趣的新变化，推动不同传统艺术门类之间相互融合，推动传统艺术与现代艺术相互借鉴，积极运用声、光、电等手段提高传统文化表现力，实现题材

---

① 《十七大以来重要文献选编》（上），中央文献出版社 2009 年版，第 684 页。
② 《十七大以来重要文献选编》（中），中央文献出版社 2011 年版，第 61 页。
③ 《十七大以来重要文献选编》（中），中央文献出版社 2011 年版，第 363—364 页。
④ 《胡锦涛文选》第 2 卷，人民出版社 2016 年版，第 641 页。
⑤ 《十七大以来重要文献选编》（中），中央文献出版社 2011 年版，第 774 页。

体裁、风格流派和表现手法的创新发展。"① 我国通过推进文化创新，赋予中华优秀传统文化以时代的内蕴与形式，进而增强其活力，从而更好地满足人民多层次、多方面、多样化的精神文化需要。

3. 新时期弘扬中华优秀传统文化的显著成效

第一，保护和传承中华优秀传统文化工作取得重大成效。党的十六大以来，党和国家的重要会议和相关文件中屡次强调要建设优秀传统文化的传承体系，为新时期弘扬中华优秀传统文化提供了顶层设计和政策导向。同时，以国家图书馆为主体的关于中华优秀文化资源的收藏机构等部门，也积极贯彻落实中华优秀传统文化的保护和弘扬。例如，2007 年启动的"中华古籍保护计划"，开展对国家珍贵古籍的收录和修复工作，在全国牵头建立了一个比较完善的古籍保护工作机制和一支日益成熟的古籍修复与保护人才队伍，显著提升了对优秀传统文化典籍的整体保护和利用水平。除此之外，国家图书馆牵头开展的"编纂出版《中华再造善本》"项目，对中华传统珍贵典籍的传承与保护也发挥了重要作用；每年举办传统文化讲座、传统文化展览等，推动中华优秀传统文化的宣传与传播。将中华优秀传统文化源头保护和传承推进相结合，体现出新时期对中华优秀传统文化的保护和传承工作方面取得的重大成效。

第二，中华优秀传统文化的载体得到进一步保护和发展。据文化部发布的 2012 年文化发展统计公报数据显示，截至 2012 年末，我国共有文物机构 6124 个，其中，文物保护管理机构有 2705 个，占机构总数的44.2%；文物机构从业人员 12.52 万人，其中，文物保护管理机构 34854 人，占从业人员总数的27.9%。② 另外，如图 8－4 所示，我国文物机构拥有文物藏品的总量也高达 3505.48 万件。可见，不管是我国文物机构、文物藏品还是文物从业人员的数量都呈现不断提升态势，反映了中华优秀传统文化载体建设的显著成效。

第三，中华优秀传统文化的国际传播与影响力增强。海外中国文化中心、孔子学院与孔子课堂作为促进汉语走向世界，传播中华优秀传统文化的新型媒介，在中华优秀传统文化的国际传播过程中扮演了极为重要的角

---

① 《十七大以来重要文献选编》（中），中央文献出版社 2011 年版，第 774 页。

② 参见《中华人民共和国文化部 2012 年文化发展统计公报》。

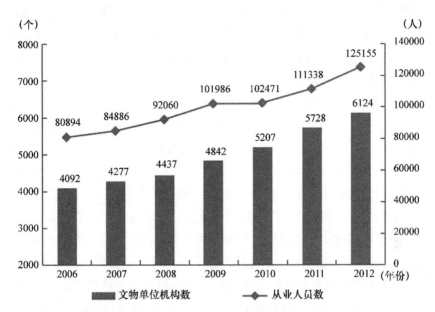

图 8 - 4　2006—2012 年全国文物机构总量及从业人员数

资料来源:《中华人民共和国文化部 2012 年文化发展统计公报》。

色。据孔子学院总部官方网站提供的统计数据显示,从 2004 年全球第一所孔子学院成立到 2012 年底,我国已在 100 多个国家或地区建立了 397 所孔子学院以及若干孔子课堂,在全球范围内已呈现出较为均衡的状态,规模也逐步扩大。孔子学院和孔子课堂的办学形式日趋丰富,在中国文化传播过程中发挥了积极作用,为扩大中华优秀传统文化的海外影响力作出了重要的贡献。同时,在孔子学院和孔子课堂的引领下,更多新型文化传播国际平台建设也在稳步发展,进一步推动中华优秀传统文化走出国门、走向世界,提升了国家的文化软实力。

(二) 建设社会主义核心价值体系

党的十六届六中全会通过的《中共中央关于构建社会主义和谐社会若干重大问题的决定》,第一次明确提出了“建设社会主义核心价值体系”这个重大命题和战略任务。胡锦涛在《开创宣传思想工作新局面》中明确指出:“要深入持久开展社会主义核心价值体系宣传教育,把社会主义核心价值体系融入国民教育和精神文明建设全过程,把社会主义核心价值体系的要求贯穿到媒体传播之中，落实到精神文化产品创作生产之中，融会到日常工作生活之中，体现到政策法规制定和社会管理之中，使之转化为人民的自觉追求。"① 建设社会主义核心价值体系是新时期党和国家当前在文化建设领域的重要任务。

1. 建设社会主义核心价值体系的必要性

第一，建设社会主义核心价值体系是构建社会主义和谐社会的根本要求。2006 年 10 月，党的十六届六中全会通过的《中共中央关于构建社会主义和谐社会若干重大问题的决定》，将构建社会主义和谐社会、建设和谐文化、建设社会主义核心价值体系三者紧密联系起来。《决定》指出："建设和谐文化，是构建社会主义和谐社会的重要任务。社会主义核心价值体系是建设和谐文化的根本。"② 第一次将建设社会主义核心价值体系纳入到社会领域的建设中来，并将其作为文化建设、社会建设的根本内容。《决定》作出的指示是党和国家进行社会主义核心价值体系建设工作的开端，也是将建设社会主义核心价值体系提升到国家战略层面的重要标志。

第二，建设社会主义核心价值体系是推动社会主义文化大发展大繁荣的首要任务。2007 年 10 月，党的十七大报告提出"推动社会主义文化大发展大繁荣"命题，并将建设社会主义核心价值体系作为推动社会主义文化繁荣的首要内容。报告指出，"社会主义核心价值体系是社会主义意识形态的本质体现"③，从意识形态领域强调建设社会主义核心价值体系的必要性与重大意义。同时，党的十七大也延续了十六届六中全会的精神，从国家战略层面对如何建设社会主义核心价值体系进行了谋划。

第三，建设社会主义核心价值体系是推进文化改革发展的重大举措。2011 年 10 月，党的十七届六中全会通过了《中共中央关于深化文化体制改革推动社会主义文化大发展大繁荣若干重大问题的决定》，提出"深化文化体制改革"是"推动社会主义文化大发展大繁荣"的重要途径④，并将推进社会主义核心价值体系建设作为实现文化改革发展奋斗目标的重大举措。此外，《决定》对社会主义核心价值体系进行清晰定位，对建设社

---

① 《胡锦涛文选》第 3 卷，人民出版社 2016 年版，第 62 页。
② 《十六大以来重要文献选编》（下），中央文献出版社 2008 年版，第 660 页。
③ 《十七大以来重要文献选编》（上），中央文献出版社 2009 年版，第 26 页。
④ 《十七大以来重要文献选编》（下），中央文献出版社 2013 年版，第 558 页。

会主义核心价值体系的工作进行明确部署。对建设社会主义核心价值体系的科学内涵、价值定位、任务目标作出明确规定，发展与完善了建设社会主义核心价值体系的思想，进而确保了该时期建设社会主义核心价值体系成为党和国家在文化领域的工作重心。

2. 新时期建设社会主义核心价值体系的主要举措

第一，凝练社会主义核心价值体系的科学内涵。新时期要建设社会主义核心价值体系，首要任务就是凝练社会主义核心价值体系的科学内涵。党的十七届六中全会将社会主义核心价值体系的科学内涵凝练为四个方面的基本内容：即马克思主义指导思想、中国特色社会主义共同理想、以爱国主义为核心的民族精神和以改革创新为核心的时代精神、社会主义荣辱观。其中，马克思主义指导思想，是社会主义核心价值体系的灵魂；中国特色社会主义共同理想，是社会主义核心价值体系的主题；民族精神和时代精神，是社会主义核心价值体系的精髓；社会主义荣辱观，是社会主义核心价值体系的基础。四个方面的基本内容，相互联系、相互贯通、相互促进，共同构成了结构严谨、定位明确、层次清晰、系统而完整的社会主义核心价值体系整体。通过对社会主义核心价值体系科学内涵的高度凝练与阐释，为新时期建设社会主义核心价值体系的具体工作进行了方向把控与实践指导。

第二，以中华优秀传统文化涵养社会主义核心价值体系。建设社会主义核心价值体系就需要其具有中国烙印与中国底色，这就离不开中华优秀传统文化的涵养。新时期建设社会主义核心价值体系过程中，彰显了对中华优秀传统文化的挖掘传承、吸收借鉴、整合创新，突显了民族文化的主体地位，提高了整个中华民族的号召力和创造力。新时期建设社会主义核心价值体系中，不仅始终坚持历史连续性，而且始终将优秀的传统文化和现代文明相统一，把马克思主义的文化观视为社会主义核心价值观的根本，把优秀的中华传统文化视为它的灵魂。例如，"三个代表"重要思想中的"始终代表最广大人民的根本利益"，"科学发展观"中的"以人为本"等思想都体现出强烈的人本主义色彩，在传统文化中表现为"天人合一""君舟民水"等思想。此外，传统文化中舍生取义的义利观，知之为知之，不知为不知的认知观，爱国主义为核心的民族精神等都在新时期社会主义核心价值体系中有着深刻的体现。新时期对中华优秀传统文化的挖掘、继承与创新，全面滋养了社会主义核心价值体系。

第三，强化重点群体的社会主义核心价值体系建设。一方面，强化领导干部的社会主义核心价值体系建设。领导干部作为社会主义建设过程中的领导者与服务者，要做的就是领路引导，要干的就是先行一步。领导干部的行为及其体现出来的理论素养、理想信念、精神面貌、思想境界、道德情操，对社会主义核心价值体系建设起着重要的示范和导向作用。党的十七届四中全会提出："党员、干部模范学习践行社会主义核心价值体系，是建设马克思主义学习型政党的重要任务。"① 着力强化领导干部社会主义核心价值体系建设，将其渗透到各个方面，融入各个环节，使社会主义核心价值体系内化为领导干部的价值观念，外化为领导干部的行为规范。另一方面，强化青少年群体的社会主义核心价值体系建设。青少年作为国家与民族的希望，社会主义建设的接班人，是进行社会主义核心价值体系教育的重要对象。新时期，党和国家进行总体谋划和布局，各相关部门纷纷落实，通过丰富多彩的主题实践进校园活动，将社会主义核心价值体系融入和渗透到大中小学，使之成为贯通学校教育全过程的核心内容。

3. 新时期建设社会主义核心价值体系的显著成效

第一，以马克思主义为指导思想的意识形态领域高地趋于稳固。社会主义核心价值体系的首要内涵即为坚持以马克思主义为指导思想，因此，建设社会主义核心价值体系的首要任务就是巩固马克思主义的指导地位。经过社会主义核心价值体系建设的不断推进，我国意识形态领域中马克思主义指导地位得到巩固，曾经出现的资产阶级自由化思潮，"历史虚无主义"思潮，"普世价值论"等反马克思主义、反社会主义思潮逐渐式微，社会主义文化发展逐步呈现以马克思主义为指导的社会主义文化大繁荣。必须警惕的是，虽然新时期社会主义核心价值体系建设在意识形态领域成效显著，但西方资本主义国家对我国进行的反马克思主义、反社会主义的文化渗透活动始终没有停止，意识形态领域的形势仍然严峻。

第二，民族精神与时代精神更加深入人心。一方面表现在以爱国主义为核心的民族精神更加深入人心。国家推进社会主义核心价值体系建设，人民经过社会主义核心价值体系所蕴含的精神的熏陶，逐渐对以爱国主义

---

① 《十七大以来重要文献选编》（中），中央文献出版社 2011 年版，第 147 页。

为核心的民族精神的本质有了更深入的理解，这体现在人民群众逐渐认识到爱中国与爱中国特色社会主义不可分离，进而对社会主义的拥护更加坚定。爱国主义所追求的国家富强、民族复兴和人民幸福，必须靠中国特色社会主义才能获得实现；中国特色社会主义事业的不断发展，又必须靠爱国主义为核心的民族精神这一强大的精神动力来推动。另一方面表现在以改革创新为核心的时代精神更加深入人心。党的十六大以来，随着改革开放的逐渐深化，在我们党的正确领导下，我国人民锐意进取、敢为人先的创新精神不断迸发；与市场经济相适应的自主、平等、竞争、效率观念不断增强；扶贫济弱、公平共享、着眼于人的全面发展的人文精神得到普遍推崇；民主、科学、法治的理念成为广泛共识。总之，民族精神与时代精神在新时期进一步深入人心，是社会主义核心价值体系建设所取得的重大成效。

第三，实现中国特色社会主义共同理想的信念愈发坚定。党的十六大以来，党和国家继续贯彻"以经济建设为中心"的方针，继续坚持社会主义市场经济体制，通过经济的高速发展实现了"蛋糕"的不断做大，同时又以"科学发展观"为指导来兼顾分好"蛋糕"的任务，注重效率的同时兼顾公平，注重经济建设的同时兼顾政治、文化、社会、生态等各领域的同步发展与可持续发展。中国人民在这一物质基础上又感受到建设社会主义核心价值体系带来的精神力量，使走中国特色社会主义道路，实现中华民族伟大复兴的共同理想有了广泛的社会共识。新时期建设社会主义核心价值体系，将国家的发展、民族的振兴与个人的幸福紧密联系在一起，彰显出了强大的感召力、亲和力与凝聚力，坚定了中国人民在党的带领下实现中国特色社会主义共同理想的信念。

第四，社会主义荣辱观引领社会道德风尚。改革开放带来了中国经济的腾飞，但经济的高速发展也使人民的精神文化生活滞后于物质生产生活，在社会道德领域就表现为社会整体的道德观出现错位和倾斜。新时期建设社会主义核心价值体系过程中强调的社会主义荣辱观在本质上反省了社会主义道德建设的价值取向，是道德领域的根本规范、根本尺度和根本标准。经过新时期社会主义荣辱观的大力提倡与践行，实现了对社会整体道德观念的纠错，对社会道德建设的源头治理。逐步形成了以"八荣八耻"为核心的社会主义荣辱观所倡导的社会道德标准与规范；逐步形成了以社会主义荣辱观引领社会道德风尚的新局面。体现出建设社会主义核心价值体系对于推进社会主义道德建设的重大成效。

(三) 推进文化创新

2001 年的成功"入世",标志着我国进一步融入经济全球化浪潮之中,同时也意味着我国与世界各国将进行更加深入的文化交流。在我国民族文化与世界优秀文化成果的交流融合之中,对打造一种既适应现代化又具有民族特色文化的需求愈加迫切,推进文化创新也逐渐成为社会主义文化发展的重要内容之一。

1. 新时期推进文化创新的必要性

第一,新时期推进文化创新是全面建设小康社会的奋斗目标之一。党的十六大报告基于我国仍处于社会主义初级阶段的国情,基于"人民日益增长的物质物化需要同落后的社会生产之间的矛盾"这一当前社会主要矛盾,对我国全面建设小康社会的奋斗目标作出规划。这不仅体现在生产力要发展,经济效益要提升;还体现在要"形成比较完善的现代国民教育体系、科技和文化创新体系、全民健身和医疗卫生体系"。[1] 推进文化创新需要形成文化创新体系,目的是激发文化活力,引导文化创新性发展,推进学习型社会的建设,最终促进人的全面发展。因此,形成完善的文化创新体系是推进文化创新的有效途径,推进文化创新是全面建设小康社会奋斗目标的重要内容。

第二,新时期推进文化创新旨在增强文化发展活力,推动社会主义文化大发展大繁荣。丰富人民的精神文化需求,提升文化软实力不仅要注重对优秀传统文化的弘扬和社会主义文化的建设,还需要着重突显文化创新的地位。而推动文化创新不是空谈,是要"在时代的高起点上推动文化内容形式、体制机制、传播手段创新"[2];是要进行内容、体制、传播"三位一体"的整体性创新;是要以为人民服务、贴近群众生活为基础的面向人民群众的创新。最终以推进文化创新为手段,为文化发展注入新鲜活力,实现解放和发展文化生产力,繁荣社会主义文化的目标。

---

① 《十六大以来重要文献选编》(上),中央文献出版社 2005 年版,第 15 页。
② 《十七大以来重要文献选编》(上),中央文献出版社 2009 年版,第 28 页。

第三，新时期推进文化创新是深化文化体制改革的重要内容。自党的十六大报告指出"继续深化文化体制改革"① 以来，到十七届六中全会吹响"深化文化体制改革推动社会主义文化大繁荣大发展"② 号角，中共中央在多次重大会议与报告中都强调了这一内容。深化文化体制改革的目的是推进社会主义精神文明建设与社会主义文化大发展大繁荣，其中推进文化创新就作为一项重要内容被多次强调。例如在 2008 年 8 月的政府工作报告中所强调的："进一步落实和完善文化体制改革政策措施，推动文化创新，加强文化建设，保障人民基本文化权益，繁荣文化市场，满足人民日益增长的、多样的文化需求。"③ 因此，推进文化创新是深化文化体制改革的一项重要内容。

2. 新时期推进文化创新的主要举措

第一，推动文化内容形式的创新。文化内容和文化形式既凝结着一个民族长期历史发展的文化传统和心理积淀，又反映着时代发展为现实生活带来的新思想和新感受，能够为社会进步提供强大的精神动力。李长春指出："要大力推进文化创新，加快运用高新技术创新文化生产和传播方式，培育新的文化业态，创造新的表现形式，构建传输快捷、覆盖广泛的文化传播体系。"④ 党的十六大以来我国为推进文化内容和形式创新实行诸多政策措施。在文化内容创新方面，大力推进中华优秀传统文化、社会主义先进文化、世界各民族优秀文化的融合创新，大量文化产品蕴含鲜明的时代特色、民族特色、实践特色，在与世界文化的交融中保持鲜明个性，又对世界文化的发展兴盛作出独特贡献。表现在推动党中央倡导的着力"打造具有核心竞争力的知名文化品牌"。⑤ 党的十七大还特别提出设立国家荣誉制度，表彰具有创新能力、作出杰出贡献的文化工作者。在文化形式创新方面，党中央倡导要在发扬我国丰富文化品种的基础上为文化产品注入新元素，催生新的文化品种。除此之外，胡锦涛强调，要"鼓励和引导广大文化工作者深入改革开放第一线、人民生活最前沿，创作生产一大批反映

---

① 《十六大以来重要文献选编》（上），中央文献出版社 2005 年版，第 32 页。
② 《十七大以来重要文献选编》（下），中央文献出版社 2013 年版，第 529 页。
③ 《十七大以来重要文献选编》（上），中央文献出版社 2009 年版，第 322 页。
④ 《十七大以来重要文献选编》（上），中央文献出版社 2009 年版，第 188 页。
⑤ 《十七大以来重要文献选编》（上），中央文献出版社 2009 年版，第 755 页。

改革开放三十年来中国人民的面貌、社会主义中国的面貌、中国共产党的面貌发生历史性变化，反映人民主体地位和现实生活，人民喜闻乐见的优秀精神文化产品。"① "十二五"规划也倡导创造反映人民主体地位和现实生活，创作生产更多思想深刻、艺术精湛、群众喜闻乐见的文化精品。此外，政府大力扶持体现民族特色和国家水准的重大文化项目，研究设立国家艺术基金，提高文化产品质量；大力推进学术领域的创新，例如学科体系、学术观点、科研方法创新，推进哲学社会科学创新体系建设，实施哲学社会科学创新工程，繁荣发展哲学社会科学。

第二，推动文化体制机制的创新。自党的十六大提出深化文化体制改革以来，党和政府大力推进文化体制机制的改革创新。"十二五"规划中也大量强调深化文化体制机制改革，推进文化创新。首先，逐步完善文化市场体系，建立统一开放、竞争有序的现代文化市场体系，形成民族文化为主体、吸收外来有益文化的文化市场格局。其次，完善党委领导、政府管理、行业自律、企事业单位依法运营的文化管理体制，推进文化市场综合执法工作，探索创立新型国有文化资产管理体制。再次，运用高新技术创新文化生产方式，加快构建传输快捷、覆盖广泛的文化传播体制。最后，推进公益性文化事业单位改革，探索建立事业单位法人治理结构，创新公共文化服务运行机制。深入推进经营性文化单位转企改制，建立现代企业制度等。

第三，推动文化传播手段的创新。随着现代传媒的不断发展，新时期文化的传播手段与途径也开始具有新特征和新变化。胡锦涛在《开创宣传思想工作新局面》中指出："近年来，数字技术、网络技术在新闻出版、广播影视、演艺娱乐、文化会展等领域广泛应用，催生了新的文化生产方式和传播方式，孕育出新的文化样式和业态，深刻影响了社会舆论的形成机制、传播方式，深刻影响了人们的生产方式、生活方式、思维方式、思想观念。"② 党和政府大力推动传统文化传播手段的革新，积极运用高新技术改造传统的文化传播方式，运用电子出版、数字影视、网络传输等现代技术拓宽文化传播途径，催生新的文化业态。而党的十七大以来接连出台

---

① 《胡锦涛文选》第3卷，人民出版社2016年版，第66页。
② 《胡锦涛文选》第3卷，人民出版社2016年版，第64页。

的《文化产业振兴计划》《关于促进文化产业振兴的意见》等政策性文件，进一步明确了文化创意产业发展重点与发展方向。各级政府部门纷纷响应以政策精神大力扶植文化创意、文化博览、动漫游戏、数字传输等新兴文化产业，创新文化产品、文化内容的传播形式，拓宽文化传播渠道。鼓励网络文化产品的创作和研发，开发文化数据处理、移动文化信息服务、数字远程教育及数字娱乐产品等增值业务，推动我国文化产业不断升级，推动数字文化传播方式不断发展等。

3. 新时期推进文化创新的显著成效

第一，文化理论创新成效显著。党的十六大以来我国对文化创新领域的建设发展高度重视，党中央对于文化创新的理论政策进行顶层设计，对文化创新领域的相关理论政策进行创新发展。自党的十六大报告提出"形成比较完善的现代国民教育体系、科技和文化创新体系"[①]，到党的十七大报告提出"推进文化创新，增强文化发展活力"[②]，再到党的十七届六中全会指出"推进文化科技创新"。[③] 在我国文化转型新时期党中央就如何建构有中国特色的社会主义文化理论体系，推进文化与科技融合，转变文化发展方式，文化产业投融资机制研究等重大理论问题进行了深入的阐述。例如，对中国特色社会主义文化理论创新的最新成果的总结、对文化产品及其相关范畴的全面探讨、对文化预算的广度与深度的分析、探究中国文化产业政策的演进、诠释"文化发展"和"文化创新"等等。党中央瞄准文化创新领域创造性地提出理论政策，为文化创新的实践提供理论指导。

第二，文化实践创新成效显著。在党的十六大以来文化创新理论指导之下，我国文化创新实践也取得多方面突出成就。根据国家文化部科技司、武汉大学国家文化创新研究中心组织编写的《中国文化创新报告》系列蓝皮书，新时期我国文化实践创新涉及诸多领域。首先，文化行业创新。新时期我国文化产业和文化事业领域成就突出，数字出版、演出业、传媒业发展迅猛，文化主管部门大力推进艺术科研管理工作创新、艺术教育共建工作，提升文化领域的行业创新与模式创新。其次，文化体制机制创新。包括对农村公共文化服务体系的保障机制建设、中国艺术节的效用

---

① 《十六大以来重要文献选编》（上），中央文献出版社 2005 年版，第 15 页。
② 《十七大以来重要文献选编》（上），中央文献出版社 2009 年版，第 28 页。
③ 《十七大以来重要文献选编》（下），中央文献出版社 2013 年版，第 575 页。

评估、实体书店的现状与保护问题等的政策落实。包括大型国有文化单位成功"转制"，在社会主义市场经济条件下大力发展文化产业，重塑和培育新兴市场主体。例如2004年4月中国出版集团经国务院批准更名为中国出版集团公司，成为中国第一家具有企业身份的出版单位；中国对外演出中心和中国对外艺术展览中心改制组建的中国对外文化集团公司挂牌成立等等，都是大型国有文化单位成功"转制"的典型案例。还包括政府部门转变职能，真正做到政企分开、政事分开，依法管理，提高公共文化服务能力。最后，文化科技创新。党的十七大以来中央高度重视文化科技创新、推进文化与科技融合发展，成效显著。例如，建立了跨部门工作会商机制，为文化与科技融合提供制度保障；科技项目资助体系进一步完善，文化科技融合水平明显提升；一大批重大文化科技项目顺利实施，文化科技研发能力不断提升；在众多文化领域中融入科技元素，推动文化科技创新发展，例如文化资源数字化、演艺科技、文化遗产技术保护、公共文化服务数字化，等等。

综上所述，正如胡锦涛在《在纪念党的十一届三中全会召开三十周年大会上的讲话》中所总结的那样，经过改革开放以来党和国家坚持不懈的社会主义文化建设，尤其是新时期"我们大力发展社会主义先进文化，人民日益增长的精神文化需求得到更好满足。社会主义核心价值体系建设取得重大进展，马克思主义思想理论建设卓有成效，群众性精神文明创建活动、公民道德建设、青少年思想道德建设全面推进，文化事业生机盎然，文化产业空前繁荣，国家文化软实力不断增强，人们精神世界日益丰富，全民族文明素质明显提高，中华民族凝聚力和向心力显著增强"[1]。

---

① 《胡锦涛文选》第3卷，人民出版社2016年版，第152—153页。

第九章

全面建设小康社会的人民生活改善

改善人民生活，增进人民福祉是我们党一以贯之的执政方针与执政态度。党的十六届四中全会提出构建社会主义和谐社会重大战略任务，至此，由经济建设、政治建设、文化建设"三位一体"的总体布局发展为包括经济建设、政治建设、文化建设、社会建设在内的"四位一体"的总体布局。党的十八大进一步形成经济建设、政治建设、文化建设、社会建设、生态文明建设"五位一体"的总体布局。从四位一体推进到五位一体，社会建设成为中国特色社会主义事业总体布局的重要内容之一。凸显出党和国家对人民生活改善的高度重视与精心部署。党的十六届四中全会以来，党和国家通过建立健全城乡居民社会保障体系，千方百计扩大就业，深化医药卫生体制改革等有力举措，改善了人民生活环境，提高了全民健康水平。

一 健全城乡居民社会保障体系

社会保障是社会生产力发展的重要体现，是社会进步与文明的标志，是现代国家一项基本的社会经济制度安排，是国民收入再分配的主要手段之一，关乎每个个体的基本生存与生活，关乎社会的安定与和谐。健全城乡居民社会保障体系，是关乎千家万户的大事，是全面建设小康社会，构建社会主义和谐社会的内在要求。

（一）调整规范分配关系

改革开放以来，我国经济取得快速发展，在人民群众收入不断增加的同时，也伴随着收入差距的不断拉大。根据《中国统计年鉴（2013）》数据，2012 年，我国基尼系数为 0.474。[①] 这一数据表明我国的贫富差距已达到国际公认的中等水平和警戒线，居民收入差距处于高位。共同富裕是社会主义的本质要求，是我们党的重要使命。实现共同富裕，既需要丰厚的物质基础，也需要社会建立起公平有序的收入分配和再分配制度，形成良好的分配格局。面对收入差距扩大，收入分配不公的现状，发挥社会保障制度的再分配功能是一项重要的政策选择。党的十六大报告指出，要"深化分配制度改革，健全社会保障体系"，"调整和规范国家、企业和个人的分配关系"。[②] 党的十七大对建立中国特色社会保障体系作出全面部署，提出要"加快建立覆盖城乡居民的社会保障体系，保障人民基本生活。要以社会保险、社会救助、社会福利为基础，以基本养老、基本医疗、最低生活保障制度为重点，以慈善事业、商业保险为补充，加快完善社会保障体系"[③]。党和国家高度重视社会保障的再分配功能，积极建立以社会保障等为主的再分配调节机制。城乡居民社会保障体系内涵丰富，是调节收入、规范分配关系的有效手段，主要体现在初次分配、再分配与第三次分配三个层次上。

1. 初次分配领域

在初次分配领域，社会保障主要通过间接的或直接的方式发挥调节作用。通过工资、福利、保险等薪酬体系的设计，提高劳动者的薪资报酬，进行初次分配的调节。与此同时，社会保障通过制度设计，为失业人员、下岗职工、进城务工者、农村贫困人口等群体提供帮助，减轻其生活压力，促进该群体素质的提升与人力资本的提高，以获取更高的收入，从而改善其个人与家庭的生活，创造更好的生活条件。

2. 再分配领域

在再分配领域，社会保障的本质属性与制度设计决定了社会保障属于

---

① 参见《中国统计年鉴（2013）》，中国统计出版社 2013 年版，第 16 页。
② 《江泽民文选》第 3 卷，人民出版社 2006 年版，第 550 页。
③ 《胡锦涛文选》第 2 卷，人民出版社 2016 年版，第 643—644 页。

再分配环节。社会保障的再分配对象为全体社会成员，通过各种社会救助、社会保险、社会福利等措施，对各种弱势群体、边缘群体和广大劳动者提供保障，以满足他们的基本生活需要，以此缩小初次分配差距，提升社会公平。社会保障的再分配功能主要通过两种方式进行，一是纳税和政府转移支付，二是劳动者的自我积累。具体而言，不同的社会保障项目的再分配效应和对象有所不同。从社会救助看，主要是通过转移支付的方式，保障低收入群体和因遭遇自然灾害、意外事故等因素而面临基本生活困难的社会成员，进而缩小这部分群体与正常群体的收入差距。从社会福利项目来看，主要通过转移支付的方式，满足特殊群体，包括老年人、残疾人、妇女和儿童等的基本生活需要并促使其生活质量不断提高，进而缩小他们与正常群体的收入差距。从养老保险来看，劳动者在工作期间按工资收入比例进行缴费，在退休之后获得单位支付的养老金。通过这种方式，将年轻人的工资收入转变为老年人的养老金发放，实现了养老保险的代际转移支付，也是养老保障再分配功能的主要体现。同时，养老保险金一部分来源于政府的转移支付，一部分来自于劳动者个人的纵向收入，在个人账户为基础的积累过程中，个人养老金缴费积累占到了全部养老金的较大一部分。

3. 第三次分配

社会保障也涉及第三次分配。所谓第三次分配，是指在初次分配和再分配之后，出于个人自愿，在习惯与道德的影响下把可支配收入的一部分捐赠出去，形成慈善公益基金，然后再资助那些需要资助者。主要体现在慈善事业和社会互助方面。在政府倡导和政策指导下，通过自愿的捐赠来筹集资金，并以此开展扶贫、济困、扶老、救孤、恤病、助残、救灾等公益活动，帮助社会上的弱势群体与边缘群体，实现高层次的再分配。社会保障在调整规范分配关系方面发挥着重要作用。自党的十六大以来，党和国家通过多种举措发展社会保障事业，发挥社会保障的调整规范分配关系的作用与功能。

第一，建立健全城乡居民社会保障体系。2003年新农合制度开始试点，2008年实现了全面覆盖；2007年在全国建立农村最低生活保障制度，2008年全面实施城乡医疗救助制度；2007年国务院印发《关于开展城镇居民基本医疗保险试点的指导意见》，建立城镇居民基本医疗保险制度；

2010 年颁布实施《中华人民共和国社会保险法》，不断规范各种保险关系，维护公民参加保险与享受保险待遇的合法权益；2010 年、2011 年相继实施新型农村社会养老保险与城镇居民社会养老保险，此项养老保险制度的建立，为城乡老年群体的基本生活需要提供了重要保障；2010 年实施《自然灾害救助条例》，不断完善灾害救助、临时救助等制度；2010 年修订了《工伤保险条例》和《工伤认定办法》；2010 年颁布了《农村五保供养服务机构管理办法》，修订了《农村敬老院管理暂行办法》，农村五保供养制度得到完善；2011 年制定了《救助管理站服务》和《流浪未成年人救助保护机构服务》；不断推进社会慈善、社会捐赠、群众互助等社会扶助活动和志愿服务活动的制度化建设。

第二，不断扩大各类社会保障覆盖范围。2012 年，获得全国城镇基本养老保险、城镇基本医疗保险、失业保险、工伤保险、生育保险的人数分别为 30427 万人、53641 万人、15225 万人、19010 万人、15429 万人[①]，相较于 2002 年的 14736 万人、9400 万人、440 万人、4406 万人、3488 万人[②]，增幅显著。我国于 2009 年启动新农保试点，2011 年启动城居保试点，"2012 年 8 月起，新型农村社会养老保险和城镇居民社会养老保险制度全覆盖工作全面启动，合并为城乡居民社会养老保险，参保人数达48369.5 万人。"[③]

第三，持续提高各项社会保障水平。从 2005—2012 年连续 8 年调整企业退休人员养老金，2012 年全国企业退休人员月人均基本养老金达到 1721元，是 2002 年的 28 倍。2011 年，城镇 5 项社会保险基金总收入、总支出和累计结余规模分别达到 2.4 万亿元、1.81 万亿元和 2.9 万亿元，分别比2011 年增长 6.7 倍、5.5 倍和 16.8 倍。通过全面建立城乡社会救助体系，城市居民最低生活保障实现了动态管理下的应保尽保，农村居民最低生活保障制度实现了从试点探索到全面建立的历史性跨越，农村五保供养制度完成了从农民互助共济到政府保障为主的重要转变，城乡医疗救助制度普

---

① 参见《2012 年人力资源和社会保障事业发展统计公报》，http：//www. mohrss. gov. cn/SYrlzyhshbzb/dongtaixinwen/201305/t20130528_ 103939. html，2013 年 5 月 28 日。

② 参见《2002 年度劳动和社会保障事业发展统计公报》，http：//www. stats. gov. cn/sj/tjgb/qttjgb/qgqttjgb/202302/t20230218_ 1913251. html，2003 年 5 月 7 日。

③ 参见《中国劳动统计年鉴（2012）》，中国统计出版社 2013 年版，第 397 页。

遍实施，经常性社会救助对象达到 8000 多万人，城乡困难群众基本生活得到有效保障。① 在党和政府的有力举措下，覆盖城乡居民的社会保障体系框架基本形成，覆盖范围大幅扩展，保障水平显著提高，基金规模持续扩大，初步建立起社会保障制度体系，社会保障体系调整规范分配关系的功能进一步彰显。

（二）建立健全社会保障机制

社会保障是国家为社会成员基本风险提供基本保障的制度安排，其基本目标为解除社会成员在基本生存和基本发展方面的后顾之忧。既具备为社会成员提供基本保障的功能，也是收入再分配的有力手段。社会保障事业是社会的"稳定器"，是实现社会和谐稳定发展的"安全网"，是满足人民群众日益增长的物质文化需要的兜底工程。建立健全社会保障机制是坚持人民至上、缩小贫富差距、走向共同富裕的重要制度安排。

1. 社会保障项目增多，社会保障体系不断健全

党的十六大以来，党中央提出要加快建立覆盖城乡居民的社会保障体系。2002 年，党的十六大明确指出："建立健全同经济发展水平相适应的社会保障体系，是社会稳定和国家长治久安的重要保证。"② 2006 年，党的十六届六中全会提出："适应人口老龄化、城镇化、就业方式多样化，逐步建立社会保险、社会救助、社会福利、慈善事业相衔接的覆盖城乡居民的社会保障体系"。③ 首次提出社会保障覆盖全民的目标。2007 年，党的十七大把"覆盖城乡居民的社会保障体系基本建立，人人享有基本生活保障"④ 作为实现全面建设小康社会奋斗目标之一。随着我国经济的快速发展，在国家政策方针的指导支持下，我国的社会保障项目不断增多。1951 年公布实施的《中华人民共和国劳动保险条例》，标志着新中国社会保障体系的诞生。当时的劳动保险主要包含养老保险、医疗保险、工伤保险、失业保险、生育保险，社保项目还比较单一。

改革开放后，我国社会保障事业进入新的发展征程，劳动者的权益保

---

① 参见《十八大报告辅导读本》，人民出版社 2012 年版，第 293 页。
② 《江泽民文选》第 3 卷，人民出版社 2006 年版，第 550 页。
③ 《改革开放三十年重要文献选编》（下），中央文献出版社 2008 年版，第 1650 页。
④ 《胡锦涛文选》第 2 卷，人民出版社 2016 年版，第 628 页。

障得到重视，退休制度得以恢复，一系列发展社会保障事业的政策文件相继出台，并以宪法的形式明确劳动者获取福利待遇的权益。进入 21 世纪，我国的社会保障事业迈入新台阶。2000 年，"建立健全社会保障制度"写入宪法，社会保障制度正式成为国家发展必要的基本制度安排。各保障项目相继在中国大地铺开实施。基本养老保险方面，从 2003 年开始探索新农保，2009 年推开试点。2009 年建立新型农村社会养老保险制度。2011 年 6 月，在全国逐步推行城镇居民养老保险。医疗保险方面，在 1998 年 12 月建立和实施城镇职工基本医疗保险制度的基础上，2003 年建立新农合并试点。2007 年建立城镇居民基本医疗保险制度，2003 年至 2010 年，逐步将城镇基本医疗保险由国有、集体企业进一步扩大覆盖范围到所有人群。失业保险方面，1999 年 1 月，国务院发布了《失业保险条例》，将覆盖对象扩大到城镇所有企业事业单位及其职工。工伤保险方面，2003 年国务院颁布《工伤保险条例》，工伤保险进入法治化阶段。医疗救助方面，2003 年、2005 年分别印发实施农村、城市医疗救助试点意见，在全国范围内建起管理制度化、操作规范化的农村、城市医疗救助制度。城乡居民低保方面，1999 年颁布《城市居民最低生活保障条例》，标志着城市低保开始走向规范化、法制化。2006 年实施九年制免费义务教育制度，2007 年在全国范围内建立农村低保制度，2010 年实施公共租赁住房制度。概而言之，在各项保障项目的建立与健全下，我国已初步建立起覆盖城乡居民的社会保障体系框架。

2. 公共财政支出增多，保障水平提高

在社会保障体系中，政府是最大的社会保障供给主体，政府的财政水平决定着社会保障水平的高低。改革开放以来，我国经济实现了快速发展，GDP 从 1978 年的 3645 亿元迅速跃升至 2012 年的 518942 亿元，增长了 142 倍。在 GDP 显著提高的基础上，国家财政实力明显增强。1978 年国家财政收入仅 1132 亿元，1999 年跨上 1 万亿台阶，达到 11444 亿元，2007 年超过 5 万亿元，达到 51322 亿元，2011 年再次超过 10 万亿元，2012 年，我国财政收入达到 117254 亿元，比 1978 年增长 103 倍，年均增长 14.6%。[①] 国

① 参见《改革开放铸辉煌　经济发展谱新篇——1978 年以来我国经济社会发展的巨大变化》，《人民日报》2013 年 11 月 6 日第 10 版。

家财政收入的持续增长，为社会保障事业的持续投入提供了财力支撑。社会保障投入是衡量一个国家社会保障水平的基本标准。自党的十六大以来，党和国家坚持以人为本、人民至上的理念，把加快推进社会保障体系建设作为保障和改善民生的重要举措，使广大人民群众共享经济社会发展成果，不断加大对社会保障事业的投入力度，持续提高社会保障水平，保证社会保障体系的加快建成与社会保障事业的可持续发展。此后，国家财政用于社会保障事业经费逐年增加，至2012年，中央财政共安排社会保障和就业支出5753.73亿元、医疗卫生支出2048.2亿元①。国家财政用于社会保障资金的增加，为各项社会保障事业发展攒足了后劲，确保了各项社会保障经费的足额及时支付，保障了广大人民群众获得实惠。

3. 成立专门管理机构，形成有序管理体制

科学合理的社会保障管理体制，是保证社会保障体系有序运转的前置条件，是发挥社会保障作用的关键，对于保障人民群众的权利，落实"三个代表"重要思想和科学发展观具有重要意义。我国社会保障事业的发展壮大，保障项目的丰富，覆盖范围的扩大，离不开科学有序的管理体制与领导机构。1993年，中共十四届三中全会提出"建立统一的社会保障管理机构"，社会保障管理体制改革进入新阶段。为解决政出多门，政策不协调、待遇差距大等现实问题，1998年3月，根据《国务院机构改革方案》，将原劳动部调整组建为劳动和社会保障部，至此，我国建立了统一的社会保障行政机构。劳动和社会保障部的突出职能即是社会保障。同时，国家也对劳动和社会保障部的具体职能进行了规定，原人事部、民政部、卫生部、国务院医疗保险制度改革小组办公室分别负责的机关事业单位职工社会保险、农村社会保险、公费医疗和医疗保险制度改革职能等均划归劳动和社会保障部，由其统一管理社会保险事务，内设机构包括养老保险、失业保险、医疗保险、农村社会保险和社会保险基金监督司。劳动和社会保障部将原11个行业对其所属企业的养老保险管理职能统一交由地方政府，保留综合规划和指导职责。社会保障财政支出、资金的财务管理与使用监督由财政部内设的社会保障司

---

① 参见《2012年中央财政安排社保和就业支出5753亿元》，http://www.gov.cn/gzdt/2013-03/01/content_2342520.htm，2013年3月1日。

负责。

进入 21 世纪, 我国的社会保障制度不断规范化、制度化, 社会保障管理也更加组织化、精细化。党的十七大提出, "加大机构整合力度, 探索实行职能有机统一的大部门体制, 健全部门间协调配合机制"①。2008 年 2 月, 中共十七届二中全会通过《关于深化行政管理体制改革的意见》, 拉开了大部制改革的序幕, 我国启动第一轮大部制改革。在此背景下, 十一届全国人大一次会议第四次全体会议 "国务院机构改革方案" 审议通过组建中华人民共和国人力资源和社会保障部 (人社部), 承担社会管理和公共服务职能与公共人事管理职能。随后, 各省市、地方陆续整合成立人力资源和社会保障部门 (厅、局)。民政部内设机构调整为社会救助、救灾、社会福利和慈善事业促进以及社会事务司, 从而使得社会救助、社会福利、慈善事业、灾害救助等事务都有了专司其职的主管机构, 这在新中国成立 60 年以来尚属首次。虽然我国的社会保障管理体制依然处于 "两家主管" 的格局, 但民政部通过内部机构设置实现了对社会救济与社会福利的分类管理, 并打破了城乡社会救济与社会福利二元化管理的格局。至此, 社会保障管理体制走向集中且归口化。

4. 健全基金监管体系, 基金监管水平提高

社会保障基金是社会保障事业发展的物质基础, 对于发挥社会保障制度保障居民生活水平, 调节收入分配, 维护社会稳定具有重要影响。进入新世纪以来, 我国的社会保障制度不断健全, 保障范围不断扩大, 覆盖人群不断增多, 基金规模也日益壮大。由于基金规模的扩大, 对基金的管理难度也不断增大, 出现了各种挪用、占用、截留、挤占社保基金等问题, 如 2006 年的上海社会保障基金案, 广州社保案。据数据显示, 2000 年, 检查发现 1998 年的养老事业两项基金被挪用 173 亿元, 五项基金的结余是 883 亿元, 占到 20% 多一点。审计署审计 2006 年涉及的 2918 亿元基金, 其中挤占挪用 71 亿元, 占同期基金的 24%②。对此, 加大社会保障基金监

---

① 胡锦涛:《高举中国特色社会主义伟大旗帜 为夺取全面建设小康社会新胜利而奋斗——在中国共产党第十七次全国代表大会上的报告》, 人民出版社 2007 年版, 第 32 页。

② 参见巴曙松《社保基金监管的现状与解决方案》, http://finance.cctv.com/20070601/100699.shtml, 2007 年 6 月 1 日。

管力度，确保基金安全完整，是社会保障体系正常运行的前提条件。目前，我国建立了从中央到地方的各级社会保障基金行政监督机构，一些省市及地市建立了社会保障监督委员会，设立了由政府部门、企业职工和离退休人员代表组成的社会保障监督委员会，逐步形成了行政监督为主、有关部门协同监管的机制，国家出台了一系列基金监督和管理的政策法规，如《社会保障基金现场监督规则》（2003）、《劳动保障监察条例》（2004）、《社会保险经办机构内部控制暂行办法》（2007）等法律法规、政策文件，基金管理政策不断完善。经过不断努力，我国社会保障基金监管工作体系和制度框架已初步形成，基金的筹集、管理、运营、给付等各环节不断规范化、制度化，确保了基金的安全与保值增值，促进了社会保障体系的正常运行与功能发挥。

（三）提高人民生活水平和质量

改革开放，是实现我国发展的关键一招，使我国经济社会各方面得到快速发展。进入新世纪，党和国家坚持把保障和提高人民生活水平放在重要位置，坚定不移走共同富裕道路，社会保障制度建设取得突破性进展，覆盖城乡居民的社会保障体系框架基本形成，覆盖范围大幅扩大，保障水平显著提高，基金规模持续壮大，初步建立起社会保障服务制度体系。人民群众更好共享经济社会发展成果，人民生活明显改善。人民生活涵盖经济、政治、文化、社会等各领域，生活水平与质量提升具体表现在就业规模的扩大、城乡居民收入的增加、养老医疗保障水平的提高、低收入群体保障更加有力、居民生活质量明显改善等方面。

1. 就业规模持续扩大，人民群众收入水平不断提高

就业是人民群众生活的重要组成部分，是保障和改善民生的重要方面，唯有人民群众通过就业获得报酬与收入，国家才能发展，社会才能和谐。党和国家高度重视就业工作，坚持把促进就业作为保障和改善民生的头等大事，制定实施了具有中国特色的积极就业政策，多方发力促进人民就业，扩大就业规模。据国家统计局数据显示，2012 年，全国城乡就业人数达到 76704 万人，比上年增加 284 万人。其中，城镇就业人数达到 37102 万人，比 2008 年增加了 4999 万人。全国城镇新增就业每年都保持

在 1100 万人左右。2012 年城镇登记失业率保持在 4.1% 的水平①。在就业规模持续扩大，建立健全社会保障体系下，初次分配与再分配、三次分配协同发力，不断提高城乡居民收入水平，缩小收入差距。2004 年以来，农民人均纯收入增长幅度连续三年超过 6%，是 1985 年以来的首次。2007 年上半年城镇居民人均可支配收入实际增长 14.2%，增幅高出同期 GDP2.7 个百分点，农民人均现金收入实际增长 13.3%，是 1995 年以来增长最快的②。此外，各地还提高了最低工资标准，实施城镇低保家庭基本生活消费品价格上涨动态补贴制度，下大力气降低 2012 年以来由于物价上涨对城乡居民生活的影响。

2. 减轻人民群众生活负担，人民群众获得更多实惠

社会保障制度的完善、覆盖规模的扩大、保障水平的提高，能有效减轻人民群众生活负担，提高城乡居民生活水平。尤其是养老保险与医疗保险，能使广大人民群众从维持基本的生存状况中脱离出来，减轻生存、养老、医疗等方面的压力，获得更多的时间和精力做自己想做的事情，更好地实现自己的人生目标。在党和国家的有力举措下，2012 年，全国城镇职工获得基本养老保险人数达到 3.04 亿人，比 2007 年增长 50.9%。从 2005 年到 2012 年，连续 8 年提高企业退休人员平均养老金，从 714 元提高到 1721 元。新型农村养老保险和城镇居民养老保险实现制度全覆盖，参保人数达到 4.84 亿人。覆盖全民的医保体系基本建立，政府财政对居民参加医疗保险的补助从 2007 年的 40 元增加到 2012 年的 240 元。政策范围内住院费用报销比例从 50% 左右提高到 70% 左右。居民个人卫生支出占卫生总费用的比重由 2007 年的 44.5% 下降到约 34%，医疗费用负担明显减轻。2012 年，新农合政策范围内住院费用报销比例进一步提高到 75% 左右，最高支付限额提高到全国农民人均纯收入的 8 倍以上，且不低于 6 万元。③

---

① 参见《2012 年度人力资源和社会保障事业发展统计公报》，http://www.gov.cn/guoqing/2014-04/21/content_2663699.htm，2014 年 4 月 21 日。

② 参见《"三农"述评：农民收入快速增长 生活水平不断提高》，http://www.gov.cn/govweb/ztzl/2007-12/17/content_836585.htm，2007 年 12 月 17 日。

③ 参见《2012 年度人力资源和社会保障事业发展统计公报》，http://www.gov.cn/guoqing/2014-04/21/content_2663699.htm，2014 年 4 月 21 日；《2007 年国民经济和社会发展统计公报》，http://www.stats.gov.cn/sj/tjgb/ndtjgb/qgndtjgb/202302/t20230206_1901951.html，2008 年 2 月 28 日。

随着养老保险与医疗保险待遇的提高，保障范围的扩大，人民群众的医疗负担与养老压力进一步得到缓解与减轻，人民群众的生存权利与发展权利得到进一步保障。

3. 低收入群体收入增多，人民群众福利水平提高

低收入群体是国家与社会发展中的重要组成部分，对于促进社会和谐与国家进步具有重要影响。党和国家也高度重视低收入群体的生活状况与生活水平，不断加大对低收入群体的保障力度，实现最低生活保障制度全覆盖。2012 年全国共有城乡低保对象 7488 万人，基本实现应保尽保。全国平均低保标准城市为每人每月 330 元、农村为每人每年 2067.8 元；人均月补助水平城市 239.1 元、农村 104 元。[①] 农村贫困人口不断下降。此外，国家在建立健全社会保障体系的同时，不断提高社会福利水平。截至 2010 年末，全国各类老年福利机构 39904 个，收养老年人 242.6 万人。[②] 社会福利水平的提高，人民群众能获得更多的福利，能享受到更多的免费资源，能减轻社会各群体的各种有形或无形的生活负担，提高社会各群体的安全感与幸福感，增强社会整体的发展韧性与发展后劲。

二　千方百计扩大就业

就业是最大的民生，是发展之基，是创造财富的源泉活水，关乎经济的发展、社会的稳定。党的十六大以来，党中央、国务院坚持把促进就业作为保障和改善民生的头等大事，将扩大就业放在经济社会发展更加突出的位置，不断丰富完善促进就业创业的政策措施，形成了我国人均收入持续增长，人民生活水平显著提高的良好局面。

（一）就业是民生之本

就业是人民生活的根本。人们赖以生存的正当权益主要通过诚实劳

---

① 参见《民政部发布 2012 年社会服务发展统计公报（全文）》，http：//politics. people. com. cn/n/2013/0619/c1001 - 21892537 - 2. html，2013 年 6 月 19 日。

② 参见《2010 年社会服务发展统计公报》，http：//www. mca. gov. cn/article/sj/tjgb/201107/ 201107151705659. shtml，2011 年 6 月 16 日。

动、合法经营取得。通过就业，人们取得报酬，从而获得生活来源，并改善生活。就业，一头连着民生福祉，一头连着发展大计。党的十六大首次将就业是民生之本写入党的报告，明确提出要"千方百计扩大就业，不断改善人民生活"，确立了就业政策在宏观政策体系中的重要地位。就业是民生之本，促进就业是保障和改善民生的头等大事。采取积极的就业政策，扩大就业规模，促进更多想就业人能就业，关系人民群众的切身利益，关系改革发展稳定大局，是重要的经济问题、政治问题与社会问题。

1. 就业事关个人的发展

2009 年 2 月 28 日温家宝在中国政府网和新华网访谈室同网友进行在线交流时说过：就业不仅关系一个人的生计，而且关系一个人的尊严。马克思恩格斯在《德意志意识形态》一书中指出："一切历史的第一个前提，这个前提是：人们为了能够'创造历史'，必须能够生活。"[1] 个体只有在满足衣食住行等基本物质条件后，才能有尊严地要求更高层次的精神生活，才能更好地创造社会价值，创造人类历史。社会个体通过各种形式的就业，通过自己的劳动取得报酬，从而获得生活和自我提升的资本。在满足基本的生存生活后，个体才能从赚取温饱中解放出来，通过各种方式提升自己，释放自己的才能才智，追求自己的人生理想，在获得自身尊严的基础上实现自己的个人价值与社会价值，实现个体的全面发展。

2. 就业事关家庭的幸福

就业是民生之本，关系千家万户。就业对家庭来说是天大的事，一人就业，全家脱贫。家庭由一个个成员组成，唯有家庭成员成功就业，获得职业，通过自己所劳获得工资收入，才能维持家庭的正常运作，赡养老人，教育子女。一个家庭才能不因金钱而导致家庭矛盾与家庭纠纷，家庭成员才能保持良好的心态，才能营造和谐的家庭氛围和家庭环境，使老有所依，幼有所教，呈现出家庭和谐、美满幸福的状态。

3. 就业事关社会的稳定

胡锦涛指出，就业是民生之本，是人民群众改善生活的基本前提和基本途径。[2] 社会由无数个个体、无数个家庭所组成，就业事关千家万户，

---

① 《马克思恩格斯选集》第 1 卷，人民出版社 2012 年版，第 158 页。

② 《十六大以来重要文献选编》（中），中央文献出版社 2006 年版，第 203 页。

是社会普遍关注的大事、要紧事。个体是组成社会的最小细胞，最小因子。个体通过自身才智获得职业、取得报酬后，能有效降低收入差距，缩小贫富差距，减少因贫富差距过大而导致的社会矛盾，维持社会的和谐。同时，只有实现充分的就业，社会成员之间才能进行平等的社会交往和沟通，减少彼此之间的隔阂，消除群体之间的隔离，形成理性平和的社会心态，达成价值观念与行为导向上的共识，提高社会的整合程度与凝聚力。

4. 就业事关国家的繁荣

就业是民生之本，促进就业是安国之策。人是生产力诸要素中最积极、最活跃、起主导作用的要素，人民群众有无穷创造力。通过就业，能充分唤醒人的潜力，发挥人的创造性作用，使社会劳动力能够不断进行再生产，创造更多的财富和更大的经济价值。同时，就业使得劳动力与生产资料相结合，生产出社会所需要的物质财富和精神财富。经济基础决定上层建筑，当人民群众富裕之后，就会有政治、文化等方面的需求，能更积极广泛地参与到社会建设与国家发展之中，促进国家各方面的发展繁荣。此外，通过就业，人民群众的收入水平提高后，能增强人民群众的购买力，增加社会品的消费，提高消费能力，消费需求的增多又会催生各种满足人民群众需求的产业，优化产业结构，促进产业的可持续发展，继而促进经济的发展与社会的繁荣。

（二）广开就业门路

惠民生须先就业。我国作为一个人口大国，面临严峻的就业压力。"据国家计委有关部门就我国'十五'期间劳动力供需平衡状况作如下分析：新增劳动力的就业压力在'十五'期间表现得较为突出，从总的供求平衡来看，供大于求的状况在'十五'期间将较为严重，年均剩余劳动力1878 万人"[①]。面对劳动力供求矛盾突出、体制转轨遗留的下岗失业人员、农村富余劳动力转移等突出问题，党和国家想方设法、多措并举解决好就业这个关系国计民生的大问题。

1. 促进经济发展，优化产业结构

处理好经济发展与扩大就业的关系是保证国家稳定发展的重要内容，

---

① 张英：《"十五"期间就业状况不容乐观》，《政工研究动态》2000 年第 5 期。

健康可持续的经济发展是扩大就业规模，改善就业结构，调整就业体系的有力抓手。坚持以经济建设为中心，是全面建设小康社会的必然要求。党的十六大以来，我国牢牢扭住经济建设这个中心，不断解放和发展社会生产力，坚持经济发展与扩大就业相结合，使经济平稳较快发展的过程成为就业不断扩大的过程，以经济的发展促进就业岗位的增加，就业机会的增多，就业规模的扩大。

第一，持续推进消费、投资、出口相协调，促进经济增长由主要依靠投资、出口拉动向依靠消费、投资、出口协调拉动转变。以消费增长促进经济增长，以投资调整优化产业结构、产品结构与地区生产力布局，以出口开拓国外市场、扩大进口，以经济的协调发展扩宽经济发展空间，增加劳动力需求。

第二，促进第一、第二、第三产业协同发展。由主要依靠第二产业带动向依靠第一、第二、第三产业协同带动转变，由主要依靠增加物质资源消耗向主要依靠科技进步、劳动者素质提高、管理创新转变。积极促进第三产业发展，提高第三产业比重与水平，充分发挥第三产业涵盖范围广泛、吸纳劳动者强的优势，提供更多的就业创业空间与就业机会。此外，通过走新型工业化道路，积极推进西部大开发战略，健全现代市场体系等促进国民经济持续快速健康发展，以经济发展扩宽就业渠道，激活就业。

2. 激发企业活力，扩大市场主体

市场主体是稳就业、扩就业的顶梁柱。解决就业问题，最根本的还是创造就业岗位。企业是市场的主体，是经济发展的细胞，是创造社会财富的重要平台，也是提供就业岗位的最重要载体。广开就业门路，发挥企业在稳就业中的主力军作用是必然选择。"截至 2009 年，民营企业中的中小企业更是构成了民营经济乃至整个中国经济的主力军，中小企业的经济总量大概占到整个国民经济的60%，中小企业的数量占到99%以上，就业人数占到80%左右，截至 2009 年 9 月，个体私营企业从业人员比 2008 年底增加了1144.5 万，增长了 8.4%，也就是说，城镇新增就业的90%以上是民营经济解决的。2009 年，个体私营经济全年纳税总额达 8586 亿元，比2008 年增长了 9.8%。"① 由此可见，量大面广的中小企业和个体工商户是

---

① 高尚平、傅治平：《人民本位论》，人民出版社 2012 年版，第 209 页。

就业的大容纳器，能提供更多的就业岗位与就业机会。党的十六大提出，"两个毫不动摇"，强调"必须毫不动摇地巩固和发展公有制经济"，"必须毫不动摇地鼓励、支持和引导非公有制经济发展"。[①] 党的十七大进一步明确了"两个毫不动摇"方针。在此指引下，我国中小企业和非公有制经济获得了重要发展。

第一，政策法规不断完善。国家相继出台了《中小企业促进法》《关于鼓励支持和引导个体私营等非公有制经济发展的若干意见》等支持性政策。截止到 2007 年，相继出台了 34 个配套文件，中央和地方政府共废止和修订了 6000 多件与"非公经济 36 条"精神不一致的规章和文件。

第二，支持手段不断完善。一方面设立支持中小企业发展的各项基金，如中小企业服务体系专项补助资金、中小企业发展专项资金等，并支持小企业创业基地和中小企业公共服务平台建设。另一方面，统一企业所得税并给予企业各种税收优惠。2007 年通过的《中华人民共和国企业所得税法》，自 2008 年 1 月 1 日起施行。自此，我国实现了企业所得税内外统一，对企业创造公平竞争的税收环境具有重要意义。同时，新的企业所得税法，对所得税税率和税收优惠政策作出了明确规定，将内、外资企业所得税税率统一为 25%，形成了以产业优惠为主、区域优惠为辅、兼顾社会进步的新的税收优惠格局。此外，国家全面实施消费型增值税、取消和停征 100 项行政事业性收费等政策，减轻企业负担，让企业能够轻装上阵，避免裁员。

第三，服务体系不断完善。积极推进中小企业信用制度建设，截至 2006 年底，全国已设立各类中小企业信用担保机构 3366 家，累计担保总额 8051 亿元。对上百万名中小企业经营者进行了各类免费培训，对几十万户中小企业开展了信用等级评价和信用信息征集。建立了覆盖全国的中小企业信息网络体系。

3. 以创业带动就业，发挥创业的倍增效应

在党的十七大政治报告中，胡锦涛同志指出，要"实施扩大就业的发展战略，促进以创业带动就业。"[②] 促进以创业带动就业，能充分发挥创业

---

① 《十六大以来重要文献选编》（上），中央文献出版社 2005 年版，第 19 页。
② 《十七大以来重要文献选编》（上），中央文献出版社 2009 年版，第 29 页。

的积极效应，创造更多就业岗位，扩大就业规模，改善就业结构，促进更加充分的就业。就业是民生之本，创业是就业之源。创业是指全社会具有创业意愿和创业能力的劳动者，通过自筹资金、自找项目、自主经营、自负盈亏、自担风险创办企业、合作组织或者开办新项目的个体经营。在创业过程中创业者不仅实现了自己就业，还可以通过组建公司、合伙创业等方式带动更多人就业，创造更多的市场主体与市场需求，提供更多的就业机会与就业岗位。为实现千方百计扩大就业目标，发挥创业的就业倍增效应，党和政府积极完善自谋职业与自主创业政策，优化创业就业环境，加强创业就业扶持，培养与激发更多的创业者。

第一，解决创业者资金不足、融资难、税收高难题。进一步降低中小企业创业担保贷款申请条件，完善小额担保贷款政策，落实税收优惠，拓宽融资渠道，积极推动金融产品和金融服务创新，以此降低创业门槛，减少创业成本与风险，营造良好的创业金融环境。

第二，加强创业培训，提升创业能力。鼓励有创业愿望并具备一定创业条件的劳动者参加创业培训，根据培训群体的不同需求，有针对性地采用案例剖析、知识讲座、企业家现身说法等多种方式进行教学，不断提高培训实效，提高创业成功率。

第三，建立并完善创业（孵化）基地，创建创业型城市。对创业（孵化）基地给予政策与资金支持，提高创业稳定率。同时，以创业型城市为全面推动创业带动就业工作提供经验和示范。此外，政府从公共就业服务体系建设、公共就业服务信息化、工商管理、社会保险补贴等方面加大政策的制定与实施力度，为创业者提供更多的方便与实惠，鼓励和支持更多的劳动者创业就业。

4. 营造良好的创业就业环境

良好的创业就业环境是实现以创业带动就业目标的重要条件，能充分发挥社会环境的积极塑造作用，激发广大就业者干事创业，在全社会形成人人可创业、人人能干事的良好风尚，营造崇尚创业、竞相创业、褒奖成功、宽容失败的和谐创业环境和良好舆论氛围。在政策层面，把优化创业环境作为衡量促进以创业带动就业的主要工作指标，从放宽市场准入、改善行政管理等方面提出指导意见。在具体层面，各地区各部门根据实际情况不断优化各类创业就业环境，如对中小企业设立的行政审批流程进行精简，开辟创业"绿色通道"等。宏观微观全面发力，不断优化创业就业环境，为以创业带动就业目标的实现提供环境氛围支持。在党中央、国务院深入实施就业优先战略和更加积极的就业政策下，我国就业工作取得举世瞩目的新成就。就业规模继续扩大，就业结构逐步优化，妥善解决国企下岗职工再就业问题，稳步推进数以亿计农村富余劳动力有序转移，有效化解新一轮青年就业高峰的压力，成功应对重特大自然灾害、国际金融危机对就业的严重冲击，就业形势总体保持基本稳定。

第一，就业规模不断扩大。"十一五"时期，我国就业总量一直稳步增长，5 年累计实现城镇新增就业 5771 万人，年均达到 1140 万人，城镇登记失业率控制在 4.3% 以下。2011 年我国城镇新增就业数创历史新高，达到 1221 万人；城镇失业人员再就业 553 万人，城镇登记失业率为 4.1%。[①] 在此期间，我国还解决了国有企业 3000 多万下岗职工再就业问题，实现下岗职工基本生活保障向失业保险的并轨，基本解决了体制改革遗留的下岗职工问题。从 2003 年至 2011 年，4000 多万名高校毕业生实现稳定就业，既化解了新一轮就业高峰压力，又很好地发挥了高素质人力资源在经济社会发展中的作用。

第二，就业结构不断优化。原有的"一半劳动力务农"的状况悄然改变。2011 年所有就业人员中，一、二、三产就业人员占比分别为 34.8：29.5：35.7[②]，第三产业首次超过第一产业，成为吸纳就业的第一主体。这既是我国转变经济发展方式、谋求产业升级的结果，也显示我国就业结构更加合理、更具有持续性。

第三，就业环境逐步改善。"劳动者自主择业、市场调节就业、政府促进就业"的就业新格局逐步走向完善。市场机制在人力资源配置中的基础性作用得到充分发挥，劳动力市场更具活力。政府主动承担促进就业的责任，具有中国特色的积极就业政策体系日益健全。

（三）完善就业培训和服务体系

党的十六大报告明确指出，要"完善就业培训和服务体系，提高劳动

---

① 参见《2011 年城镇新增就业 1221 万人》，《人民日报》2012 年 1 月 23 日。
② 万泽民：《中国共产党的民生理论与实践》，人民出版社 2015 年版，第 102 页。

者就业技能"①。就业是最大的民生，完善就业培训和服务体系，是为更充分促进就业，提高就业质量与就业水平的有力举措，是着力保障和改善民生的迫切需要。为此，党和国家高度重视完善就业培训和服务体系在城乡居民积极就业中的重要作用，不断从多层次多维度完善就业培训和服务体系，支持与帮助需就业群体积极就业。

1. 完善就业培训，促进高质量社会就业

就业培训是个人人力资本提升的重要途径，也是国家提升劳动力素质、增强人力资源竞争力的有效途径。着力抓好职业技能培训，是解决就业结构性矛盾的有力举措，也是解决"有事没人干，有人没事干"的关键之举。党的十六大报告中明确提出："要加强职业教育和培训，发展继续教育，构建终身教育体系"②。党的十七大报告指出，要"健全面向全体劳动者的职业教育培训制度，加强农村富余劳动力转移就业培训"③。党的十六大、十七大已提出建立面向全体劳动者的终身教育体系的战略构想。为此，党和国家不断完善职业技能培训政策法规体系，加大职业技能培训投入。

一方面，通过《劳动法》《职业教育法》《民办教育促进法》《就业促进法》等法律对职业培训作出相应规定，用法律为职业培训保驾护航。另一方面，党中央、国务院出台多个重要文件，从培训对象、培训内容、培训方式、培训目标等多方面推动职业技能培训。2005年劳动保障部下发《关于进一步做好职业培训工作的意见》，明确指出将在"十一五"期间重点实施五项计划和一项行动促进就业，即实施"新技师培养带动计划""下岗失业人员技能再就业计划""能力促创业计划""农村劳动力技能就业计划""国家职业资格证书技能导航计划"，实施"技能岗位对接行动"，不断加大培训资金投入，加强培训资金监管，完善培训补贴政策。经过五年的发展，初步建立了面向全体劳动者的职业培训制度，基本形成了以企业为主体、职业院校为基础、各类培训机构积极参与的职业培训体系。2009年，人力资源和社会保障部、发展改革委、财政部三部门联合下发《关于实施特别职业培训计划的通知》，指出从2009年至2010年，利

---

① 《十六大以来重要文献选编》（上），中央文献出版社2005年版，第23页。
② 《十六大以来重要文献选编》（上），中央文献出版社2005年版，第31页。
③ 《十七大以来重要文献选编》（上），中央文献出版社2005年版，第29—30页。

用两年左右时间对困难企业职工开展在岗培训和转岗培训、对失去工作返乡的农民工开展实用技能培训、对城镇失业人员开展技能就业培训、对新成长劳动力开展技能储备培训，进一步提高劳动者就业、再就业和创业能力。2010 年，国务院印发《关于加强职业培训促进就业的意见》，从健全职业培训制度、开展就业技能培训、强化岗位技能提升培训、推进创业培训等方面提出意见，致力于全面提高劳动者职业技能水平，加快技能人才队伍建设。

2. 完善就业服务体系，促进社会就业更加充分

2009 年人社部、中编办《关于进一步加强公共就业服务体系建设的指导意见》明确了公共就业服务体系的职能，即实施就业政策和人才政策，对城乡所有劳动者提供公益性就业服务，对就业困难群体提供就业援助，对用人单位提供招聘服务，对就业与失业进行社会化管理，对用人单位和劳动者提供基本人力资源社会保障事务代理等。可以看出公共就业服务体系涵盖范围广、涉及内容丰富，在落实就业与人才政策、促进劳动者就业等方面具有重要作用。完善就业服务体系、促进就业更加充分，是深入贯彻落实科学发展观的内在要求，是加快转变经济发展方式、实施扩大内需战略的重要保障。为进一步加强劳动力市场建设，完善就业服务体系，党和国家采取了以下举措。

第一，加强政策指导，完善就业服务制度。2002 年劳动和社会保障部下发《关于进一步加强劳动力市场建设完善就业服务体系的意见》，强调要“建立公共就业服务制度，完善就业服务体系”①。党的十六届三中全会指出，要“完善就业服务体系，加强职业教育和技能培训，帮助特殊困难群体就业”②。《就业促进法》规定县级以上人民政府建立健全公共就业服务体系，为劳动者免费提供服务；《就业服务与就业管理规定》规定县级以上劳动保障行政部门建立健全覆盖城乡的公共就业服务体系。2008 年国务院《关于做好促进就业工作的通知》，指出：“县级以上人民政府要建立健全公共就业服务体系，规范公共就业服务机构，明确服务职责和范围，合理确定各级公共就业服务机构的人员编制，加强公共就业服务能力建

---

① 参见《关于进一步加强劳动力市场建设完善就业服务体系的意见》，http：//www.gov.cn/gongbao/content/2003/content_ 62196. htm，2002 年 3 月 21 日。

② 《十六大以来重要文献选编》（上），中央文献出版社 2005 年版，第 475 页。

设，将公共就业服务经费纳入同级财政预算，保障其向劳动者提供免费的就业服务。"① 在一系列政策指导与支持下，覆盖城乡的公共就业和人才服务体系基本形成。

第二，加强就业服务机构与人才队伍建设。原地方人事、劳动保障部门的就业和人才服务管理机构合并成为公共就业服务机构，更加便利劳动者求职就业与用人单位招聘。进一步加强街道、乡镇劳动保障事务所和社区劳动保障工作站建设，提高人员素质，完善服务功能，规范服务流程，建立健全服务岗位工作考核制度和绩效管理制度，为劳动者提供优质高效的就业服务。

第三，增强公共就业服务能力。推进公共就业服务信息网络建设，提升公共就业服务水平，如建立与完善公共就业网、中国高校毕业生就业服务信息网、全国大学生就业公共服务立体化平台、全国大学生创业服务网等网络平台，提高劳动者享受各项公共就业服务的便捷性、高效性和满意度。

第四，开展各类专项服务行动。开展春风行动、"民营企业招聘周"活动、"高校毕业生就业服务月"等专项招聘服务系列行动，开展职业指导、职业体验、创业实践、志愿服务等活动，增强青年职业发展能力，为零就业家庭人员、残疾人等困难群体提供精细化服务。至此，我国公共就业服务体系基本形成。初步构建了覆盖中央、省、市、区县、街道（乡镇）、社区（行政村）五级管理、六级服务的公共就业和人才服务网络，免费为劳动者提供政策咨询、就业信息发布、职业指导和职业介绍等就业服务。

三 提高全民健康水平

1946 年，《世界卫生组织宪章》将健康定义为："不仅仅是没有疾病或体质强健，而是生理和心理的健康，以及社会的福祉和完美状态。"健

---

① 参见《国务院关于做好促进就业工作的通知》，http：//www. gov. cn/zhuanti/2015 – 06/13/content_ 2878974. htm，2008 年 2 月 3 日。

康的定义即全面阐释了作为个体或整体达到健康状态的标志。胡锦涛指出："人人享有基本卫生保健服务，人民群众健康素质不断提高，是人民生活质量改善的重要标志，是全面建设小康社会、推进社会主义现代化建设的重要目标。"① 健康是人类永恒的追求，是人全面发展的前提和基础，关系个体的发展与社会的进步。提高全民健康水平是建设小康社会，实现社会主义现代化的应有之义。

（一）健康需求是居民需求的重要方面

人的需求包括精神需求与物质需求，身体、精神、心理上的完美状态即保持个体或群体的健康，满足人民群众的各种健康需求是满足居民需求的重要组成部分。满足健康需求，提高居民健康水平对个人、社会和国家而言都尤为重要。

1. 健康需求的满足有利于促进人的全面发展

党的十七大报告明确指出，"健康是人全面发展的基础，关系千家万户幸福。"② 促进人的全面发展是社会主义社会的本质要求，实现人的全面发展是共产主义的最终目标。健康是实现人的全面发展目标的前提条件，是人们追求更高层次生活，实现人生价值的基石。只有成为健康的个体，才能实现人的全面发展。马斯洛的需求层次理论指出，人类需求像阶梯一样从低到高按层次分为五种，即生理需求、安全需求、社交需求、尊重需求和自我实现需求。人在满足基本生理需求之后，会追求更高层次需求的实现，直到实现自我的人生价值。而要能追求更加美好的生活，实现自身的全面发展，健康是必不可少的基础性条件，是促进人的全面发展的必然要求。唯有个体处于健康的状态下，才有充沛的活力和充足的精力学习和获取更多的知识和技能，才能为追求美好生活，实现自身的社会价值提供身体条件。各种健康需求的满足，全民健康水平的提高，必然会提高国家的整体健康水平与素质，使全社会呈现出知识和技能迸发，智慧与创新涌现的欣欣向荣景象，不断激励人们对美好生活的向往与追求，不断促进人的发展与进步。

---

① 《胡锦涛文选》第 2 卷，人民出版社 2016 年版，第 581 页。
② 《胡锦涛文选》第 2 卷，人民出版社 2016 年版，第 644 页。

2. 健康需求的满足有利于维护社会的和谐稳定

健康是人生的第一笔财富，强健的体魄、健康的心理和良好的社会适应，是个体获得良好发展，不断增强获得感、幸福感、满足感的必备条件。当个体处于健康状态，不再忍受身体、心理疾病的困扰，才能形成积极面对困难挫折的勇气，保持理性平和、积极乐观的心态，不会因困难挫折和失败而怨天尤人，失去生活的勇气，失去奋斗的目标，才能有效地减少社会戾气，增加社会团结与和谐。2004 年，温家宝对全国卫生工作做出批示："提高全民族的健康素质，是全面建设小康社会的一项重要任务。"[1]社会和谐是全面小康社会的内在要求之一，只有满足人民群众的健康需求，不断提升人民群众的健康素质与健康水平，才能实现人民群众安居乐业、社会和谐有序，更好地建成社会主义和谐社会。

3. 健康需求的满足有利于增强人力资本的力量

健康就是生产力，保护健康就是保护生产力。马克思主义历史唯物主义认为，生产力是推动人类历史发展的根本动力。任何社会的生产力都是由劳动者、生产工具和生产原料构成的，而劳动者则是其中最活跃、最革命、最有创造性的因素。一个国家的经济发展水平和能力，在很大程度上取决于一国人口的数量、质量以及人力资本利用程度。健康作为劳动者创造价值、创造财富的基础，作为人力资本的重要构成要素。当社会整体健康水平低下，人民大众被疾病所困扰时，会缩短大众的健康期望年数，占用大量的医疗卫生资源，消耗大量的社会经济成果，放缓经济发展速度，给社会带来大量损失，阻碍社会的健康发展；反之，当个体少生病，加强体育锻炼，保持身体健康时，能持续提升个体能力，增强个体的适应力，以更加充沛的体力智力投入经济生产，创造更多的社会财富，获得更好的社会发展与经济安全感。与此同时，健康的个体是社会整体不可或缺的组成部分，满足个体或群体的各种健康需求，缩小全民健康差距，使全民保持健康的体魄、积极的心态，能增加我国的健康资本，增强人力资本力量，提供高质量的劳动力供给，为促进经济的高质量发展、社会的可持续发展，实现全面建设小康社会目标打下坚实基础。改革开放 30 年，我国经济之所以能够取得举世瞩目的成就，一个重要的因素，是我国按照邓小平

---

[1] 《温家宝对全国卫生工作做出批示》，《光明日报》2004 年 4 月 10 日第 1 版。

的"三步走"的发展战略，首先解决了人民的温饱问题，使人民的体质得到了增强，为经济发展提供了大量的劳动力。

(二) 深化医药卫生体制改革

医药卫生事业关乎亿万人民的健康，牵动着千家万户的心。深化医药卫生体制改革，加快医药卫生事业发展，优化医疗卫生服务体系，不断满足广大人民群众的医药卫生需求，不断提高人民群众健康素质与水平，是实现经济社会可持续发展，落实以人为本为核心的科学发展观，实现全面建设小康社会、构建社会主义和谐社会的必然要求与重要举措。

1. 深化医药卫生体制改革的背景

医药卫生事业关系千家万户的幸福，关系经济的发展与社会的和谐。1979 年的医改基本模式的不清晰，使医改呈现出商业化、市场化特征，违背了医改的初心和本质，加之人民健康需求的增多，各种疾病的交织，亟须进行新一轮医药卫生体制改革，让医改回归公益化轨道，解决人民群众看病难、看病贵的问题，不断满足人民群众多样化的就医需求。

第一，过去的医药卫生体制改革商业化、市场化比较严重。改革开放以来，我国以经济建设为中心，以建设社会主义市场经济体制为目标，取得了举世瞩目的成就。在以经济建设为中心的观念下，我国医药卫生体制改革也出现简单套用经济体制改革的思路和做法，即医药卫生体制出现商业化、市场化倾向，注重效益而忽略公益性。2009 年 3 月，《中共中央、国务院关于深化医药卫生体制改革的意见》指出，"当前我国医药卫生事业发展水平与人民群众健康需求及经济社会协调发展要求不适应的矛盾还比较突出。城乡和区域医疗卫生事业发展不平衡，资源配置不合理，公共卫生和农村、社区医疗卫生工作比较薄弱，医疗保障制度不健全，药品生产流通秩序不规范，医院管理体制和运行机制不完善，政府卫生投入不足，医药费用上涨过快，个人负担过重，对此，人民群众反映强烈。"[1]

第二，人民健康需求增多，需深化医药卫生体制改革以满足广大人民群众的健康需求。21 世纪以来，我国人口老龄化速度加快，人口老龄化导

---

[1] 《十七大以来重要文献选编》(中)，中央文献出版社 2011 年版，第 2 页。

致我国社会医疗与护理负担增加。2005 年，我国 60 岁以上老年人口达 1.44 亿，65 岁以上老年人占 9%，远超 65 岁以上老年人占比 7% 即为老龄化社会的国际标准。据中国卫生服务调查研究显示，老年人卫生服务需要量持续增加，两周患病率和慢性病患病率均呈现上升趋势，住院率也明显上升。同时，新发传染病与传统传染病双重交织，慢性疾病、非传染性疾病、精神疾患持续上升。据第四次国家卫生服务调查主要结果显示，慢性病持续到两周内的病例由 39% 增加到了 61%，慢性疾病已经成为影响居民健康的主要问题。此外，中毒、职业病等不断增多，各种公共卫生事件的发生给我国的医药卫生体系带来了严峻挑战。

2. 深化医药卫生体制改革的政策与举措

自新中国成立以来，党和国家高度重视人民群众的身体健康，持续进行医药卫生体制改革。进入 21 世纪，面对人民群众看病难、看病贵，医疗资源不足，城乡区域差距大等现状，我国进行了医药卫生体制改革使其回归公益性，满足广大人民群众的医药卫生需求。2006 年 8 月，国务院成立深化医药卫生体制改革领导协调小组，经过不断的研究讨论、深入调研、意见征集等，于 2009 年 3 月 17 日出台了《中共中央、国务院关于深化医药卫生体制改革的意见》，提出了切实缓解"看病难、看病贵"的短期目标与基本建立覆盖城乡居民的基本医疗卫生制度的长期目标，提出要建设医药卫生四大体系，以及 2009—2011 年要抓好的五项重点改革，搭建起了覆盖城乡居民的基本医疗卫生制度的四梁八柱。2009 年 3 月 18 日，颁布了《国务院关于印发医药卫生体制改革近期重点实施方案（2009—2011 年）的通知》。随着两个文件的颁布，新一轮医药卫生体制改革正式拉开帷幕。

第一，坚持基本医疗卫生事业的公益性。坚持基本医疗卫生事业的公益性质，是党的一贯主张。"政府主导，回归公益"是新医改的核心。2006 年 10 月，党的十六届六中全会通过的《中共中央关于构建社会主义和谐社会若干重大问题的决定》，明确提出，"坚持公共医疗卫生的公益性质，深化医疗卫生体制改革，强化政府责任，严格监督管理，建设覆盖城乡居民的基本卫生保健制度，为群众提供安全、有效、方便、价廉的公共卫生和基本医疗服务"[1]。2007 年 10 月 15 日，胡锦涛在党的十七大报告中

---

[1] 《十六大以来重要文献选编》（下），中央文献出版社 2008 年版，第 655 页。

明确提出"人人享有基本医疗卫生服务",① "坚持公共医疗卫生的公益性质"②。在党和国家的方针政策指导下,医疗体制改革使其重新回到"公益性"的正确轨道上来。

第二,完善公共卫生服务体系、医疗服务体系、医疗保障体系、药品供应保障体系。基本建立覆盖城乡居民的基本医疗卫生制度,是新医改方案的长期目标。公共卫生服务体系在于扩大服务范围,提高服务水平,城乡居民逐步享有均等化的基本公共卫生服务;医疗服务体系以农村与城市社区基层卫生服务网络建设为重点,不断加大财政投入。同时,鼓励和引导社会办医,从准入、执业和发展等方面细化政策措施,改善社会办医的执业环境;医疗保障体系重点在于加快建设城镇职工基本医疗保险、城镇居民基本医疗保险、新型农村合作医疗和城乡医疗救助,提高保障水平,缩小保障差距;药品供应保障体系以建立国家基本药物制度、规范药品生产流通为重点,保障人民群众的用药权利。

第三,建立和完善医药卫生的管理、运行、投入、价格、监管、科技创新机制和人才保障机制、信息系统等,保障医药卫生体系有效规范运行。同时,加快推进基本医疗保障制度建设、建立国家基本药物制度、健全基层医疗卫生服务体系、促进基本公共卫生服务逐步均等化、推进公立医院改革试点,着力保障广大群众看病就医的基本需求,让群众得到实惠,让医务人员受到鼓舞,让监管人员易于掌握。

第四,不断完善评价与改进机制,实现医药卫生事业的良性发展。制定科学合理的公共卫生、医疗服务、药品供应等评价机制,坚持"全民参与、全民评价"的原则,及时进行客观评价与反馈,并根据评价结果制定相应的改进与完善策略与机制。

3. 深化医药体制改革取得显著成就

公共卫生是社会保障事业的重要组成部分,对于维护社会稳定、促进经济发展、改善人民生活具有重要意义。自 2009 年新一轮医改开展以来,我国坚持把基本医疗卫生制度作为公共产品向全民提供的基本理念,坚持保基本、强基层、建机制的基本原则,不断完善顶层设计,出台了 53 个重

---

① 《胡锦涛文选》第 2 卷,人民出版社 2016 年版,第 628 页。
② 《胡锦涛文选》第 2 卷,人民出版社 2016 年版,第 644 页。

大政策文件，涵盖公立医院改革、全民医保体系建设、药品供应保障等多个方面，基本建立了较为完善的制度框架。

第一，缓解了人民群众"看病难""看病贵"的问题，"因病致贫""因病返贫"的现象逐步减少，城乡群众获得更多实惠。城乡医疗服务设施不断改善，居民看病就医的条件环境持续改善。15 分钟内可到达医疗机构的住户比例，由 2003 年的 80.7% 提高到 2011 年的 83.3%，其中农村地区为 80.8%。零差率销售后的基本药物价格平均下降 30% 左右。① 人民群众的疾病负担不断减轻，经济压力不断降低。

第二，国家基本药物制度初步建立，建立起了公益性的管理体制、竞争性的用人机制、激励性的分配机制、规范性的药品采购机制、长效性的补偿机制等五大运行新机制，基层医疗卫生机构结束了几十年"以药补医"的历史。基层基本药物价格比改革前平均下降 30%，基本药物全部纳入基本医疗保障药品报销目录。有序推进基本药物制度向村卫生室和非政府办基层医疗卫生机构延伸②。

第三，实现基本医疗保障制度全覆盖，我国建立起世界上最大的医疗保障网。截至 2011 年，城镇职工基本医疗保险、城镇居民基本医疗保险、新型农村合作医疗参保人数超过 13 亿，覆盖面从 2008 年的 87% 提高到 2011 年的 95% 以上，③ 中国已构建起世界上规模最大的基本医疗保障网。

第四，公共卫生服务体系不断完善。《深化医药卫生体制改革三年总结报告》指出，全国城乡普遍实施 10 类基本公共卫生服务和 7 大类重大公共卫生服务项目。从 2009 年开始，国家首次为城乡每一位居民提供 15 元的基本公共卫生服务，2011 年提高到 25 元。覆盖城乡的基层医疗卫生服务网络基本建成，"小病在基层，大病去医院"的就医新秩序正在形成。公共卫生服务覆盖面持续扩大，服务种类持续增多，服务水平持续提高。

第五，公立医院改革试点有序推进。从 2010 年起，在 17 个国家试点城市、37 个省级试点城市、超过 2000 家医院推进公立医院体制机制改革

① 国务院新闻办公室：《中国的医疗卫生事业》白皮书，http://www.scio.gov.cn/ztk/dtzt/93/3/Document/1261899/1261899.htm，2012 年 12 月 26 日。

② 国务院新闻办公室：《中国的医疗卫生事业》白皮书，http://www.scio.gov.cn/ztk/dtzt/93/3/Document/1261899/1261899.htm，2012 年 12 月 26 日。

③ 国务院新闻办公室：《中国的医疗卫生事业》白皮书，http://www.scio.gov.cn/ztk/dtzt/93/3/Document/1261899/1261899.htm，2012 年 12 月 26 日。

试点。探索建立现代医院管理制度，推进大卫生体制下的管办分开。

第六，基本公共卫生服务逐步均等化水平明显提高。国家免费向全体城乡居民提供 10 类 41 项基本公共卫生服务项目。针对特殊疾病、重点人群和特殊地区，国家实施重大公共卫生服务项目，例如对农村孕产妇住院分娩补助、15 岁以下人群补种乙肝疫苗等。2009—2011 年，中央财政投资 471.5 亿元人民币支持基层医疗机构建设发展。公共卫生服务能力有效提升。医疗卫生体制改革涉及每一个个体，每一个家庭，是关乎国计民生的大事，各项措施的落地、推进，为广大人民群众治疗疾病、保持身体健康提供了保障，为全面建设小康社会减轻了障碍，为社会的稳定、国家的发展构筑了坚强堡垒。

（三）改善居民生活环境

环境对人有潜移默化、隐而无形的作用。当个体生活在干净卫生、基础设施健全、稳定和谐的自然环境和社会环境中，即个体处于良好的成长环境和生产生活环境，个体能全身心地投入到自己追求的生活和价值目标中，形成积极向上、奋发进取的良好心态，在正确的世界观人生观价值观指引下实现自己的个人价值和社会价值。每一个个体都是社会化的成员，人的本质是一切社会关系的总和。当一个社会一个国家的成员都处于昂扬向上的姿态，会自然而然地涵育出人民群众良好的社会心态和国民性，在社会主义核心价值体系指引下，能减少社会戾气，增进社会和谐。同时，人是生产力中最活跃的因素，保护健康就是保护生产力。当个体生活于良好的生活环境，个体获得良好的成长后，能激发其内在潜力和智慧，创造出巨大的经济价值，把自己的能力贡献到经济建设和国家发展之中，促进经济的高质量发展和国家的可持续发展。良好的生活环境是个人生活发展的基石，是国家社会进步的支柱，党和国家高度重视居民生活环境的改善，人民生活质量的提高。自党的十六大以来，国家加强顶层设计，在宏观政策上出台了系列指导政策，打造宜居宜业的人居环境与生活空间，生态环境、社会环境、文化环境持续改善。

1. 生态环境持续改善

生态环境是人类生存、生产、生活的基本条件。保护生态环境，既是发展问题，也是民生问题。我国高度重视生态环境的改善，把生态环境建设和生态环境的保护作为基本国策。党的十六大把改善生态环境、提高资源利用效率确定为全面建设小康社会的目标。党的十六届五中全会明确提出了"建设资源节约型、环境友好型社会",并首次把建设资源节约型和环境友好型社会确定为国民经济与社会发展中长期规划的一项战略任务。2006 年发布的《中华人民共和国国民经济和社会发展第十一个五年规划纲要》明确"落实节约资源和保护环境基本国策,建设低投入、高产出,低消耗、少排放,能循环、可持续的国民经济体系和资源节约型、环境友好型社会。"① 党的十七大报告强调指出,"加强能源资源节约和生态环境保护,增强可持续发展能力。"② 据此,国家出台生态环境保护法律法规、制定环境质量标准、加大环境保护投入,采取了一系列有力措施,推进生态环境的保护与改善。十一五期间,我国加大了环境保护投入,环境保护力度不断加大,主要污染物排放总量得到控制,环境污染防治取得阶段性成果。同步推进生态保护,造林防沙、湿地保护、生物多样性保护等持续加强。节约资源和保护环境从认识到实践都发生了重要变化,我国的生态环境持续向好。

2. 社会环境持续改善

第一,卫生状况的改善。爱国卫生运动是党和国家把群众路线运用于卫生工作的伟大创举和成功实践,展现出了中国卫生工作的鲜明特色。其目的是把人民群众充分调动起来,全民行动、全民参与,不断改善城乡生活环境,解决突出卫生问题,普及健康的生产生活方式,提高人民群众预防疾病和保持健康的意识,切实维护广大人民群众切身的健康权益。我们党从革命时期开始就高度重视卫生健康工作,爱国卫生运动贯穿革命、建设、改革各个时期。党的十六大报告、十七大报告都强调要"开展爱国卫生运动",不断提高卫生健康事业发展水平。"10 年来,我国深入开展爱国卫生运动,推进农村改水改厕。截至 2010 年底,农村累计改水受益人口达9.1 亿人,占农村总人口的 94.9%。6.8 亿农村人口饮用自来水,1.7 亿户农村家庭使用卫生厕所。2011 年底,全国累计命名 150 个国家卫生城市、

---

① 《中华人民共和国国民经济和社会发展第十一个五年规划纲要》,人民出版社 2006 年版,第 42 页。

② 《胡锦涛文选》第 2 卷,人民出版社 2016 年版,第 631 页。

32 个国家卫生区和 456 个国家卫生镇。"① 爱国卫生运动成效显著，有效改善了人民群众特别是贫困群众的卫生状况与生活环境。

第二，运动氛围的形成与运动条件的改善。随着人民生活水平的提高，体育已经成为推广文明生活方式的重要途径，已经成为增强青少年身体素质的重要方法，已经成为推动经济和社会发展的重要力量和沟通世界、联系世界的重要桥梁。广泛开展全民健身活动，提高全民族的健康素质，是全面建设小康社会的重要内容，是构建社会主义和谐社会的必然要求，也是功在当代、利在千秋的事业。全民健身运动对于保持个体身体健康、形成文明生活方式、推动经济和社会发展都具有重要意义。自从 1995 年通过首部《体育法》，国务院颁布《全民健身计划纲要》后，我国相继出台了系列体育法规和规章，为开展全民健身运动提供了法制保障。党的十六大报告指出，开展全民健身运动，提高全民健康水平。党的十七大报告强调，广泛开展全民健身运动。为纪念北京奥运会成功举办，国务院批准从 2009 年起，将每年 8 月 8 日设置为"全民健身日"，用节日的方式将全民健身运动固定下来，强化健身运动在人民群众心中的重要性。2010 年《全民健身计划（2011—2015 年)》的颁布，标志着我国的社会体育迈入了全新的历史阶段，明确了体育健身应该成为群众的基本生活方式。同时，配套相应的运动健身场所与设施。在党和国家各项体育政策方针的指导支持下，全民健身运动进一步发展，人民群众的健身运动意识进一步增强，健康素质进一步提升。据《2010 年国民体质监测公报》显示，2010 年全国达到《国民体质测定标准》"合格"以上的人数比例比 2005 年增长 1.7 个百分点，国民体质的总体水平不断提高。

第三，基础设施的优化。基础设施涉及交通、电力通信、水利等，是支撑经济社会发展，便利人民群众生产生活，提高生活品质的重要抓手。党的十六大以来，党中央不断加强和完善基础设施建设，突出重点，优化布局，基础设施建设取得斐然成就。相继建成了青藏铁路、西气东输、西电东送等一批标志性工程，初步形成了横跨东西、纵贯南北的交通网络。铁路迎来了史无前例的跨越式发展，高速铁路从无到有飞速发展，生产出时速高达 350 公里的动车组，标志着我国铁路运输达到国际先进水平。

---

① 万泽民：《中国共产党的民生理论与实践》，人民出版社 2015 年版，第 98 页。

"五纵七横"国道主干线和西部开发 8 条公路干线建成。新兴业务不断发展壮大,快递等新兴业务不断涌现,3G 移动用户迅猛发展,互联网规模快速壮大。2011 年,互联网上网人数达到 5.1 亿人,稳居全球第一。与之同时,农村基础设施建设不断完善,饮水安全规划提前实现,公路通达水平和通达程度大幅提高,沼气用户稳步增长,电网改造成效显著,通信网络建设不断推进。

3. 文化环境持续改善

党的十六大以来,党中央深刻认识加快文化改革发展的重要性与紧迫性,先后作出一系列针对文化改革发展总体布局的重大决策与部署。根据中央的精神和决策,各地各部门围绕"三加快一加强"重点任务,一手抓公益性文化事业,一手抓经营性文化产业,在文化领域进行了大刀阔斧的改革。通过积极推进文化体制改革、实施文化精品战略、构建公共文化服务体系、推进文化立法等举措,我国文化建设取得了显著成效,城乡公共文化服务体系逐步完善。文化体制改革取得重要进展,文化事业和文化产业快速发展。成功举办上海特奥会、北京奥运会、残奥会和上海世博会。文化环境日益改善,人民群众的文化获得感与幸福感不断增强。

第十章

全面建设小康社会的生态文明建设

生态文明建设是新时期全面建设小康社会的重要内容。党的十六大在提出全面建设小康社会的战略目标基础上，强调要走"生产发展、生活富裕、生态良好的文明发展道路"[①]，首次提出生态文明建设的目标。党的十七大在十六大确立的全面建设小康社会目标的基础上强调要"建设生态文明，基本形成节约能源资源和保护生态环境的产业结构、增长方式、消费模式"[②]，对我国生态文明建设进一步提出新的要求。进入新时期以来，我国生态文明建设在探索中不断前进，在牢固树立生态文明观念，形成节约资源模式，改善生态环境质量等方面取得了显著成就，为新时代全面建成小康社会的生态文明建设积累了宝贵经验，奠定了坚实基础。

一 牢固树立生态文明观念

在工业文明的推动下，世界经济、科技和社会发展取得了前所未有的成就，但与此同时也造成了严重的生态问题，以牺牲生态环境为代价的经济发展成为世界现代化进程中不可回避的问题。改革开放以来，我国对生态环境建设的探索在世界共同应对全球生态环境危机中逐步展开，

[①] 江泽民：《全面建设小康社会 开创中国特色社会主义事业新局面——在中国共产党第十六次全国代表大会上的报告》，人民出版社 2002 年版，第 20 页。

[②] 胡锦涛：《高举中国特色社会主义伟大旗帜 为夺取全面建设小康社会新胜利而奋斗——在中国共产党第十七次全国代表大会上的报告》，人民出版社 2007 年版，第 20 页。

逐步确立起生态文明观念，把生态文明建设作为我国现代化建设的重要内容。

（一）生态文明观念的出场

从人类文明发展的历史进程来看，生态文明观念的历史出场是人类文明发展历史嬗变的必然结果。回顾人类文明发展历程，一部人类文明的发展史就是一部人与自然相互作用的历史。正是在人与自然的相互作用中，在人与自然关系发展的不同历史阶段，产生了不同的人类文明——原始文明、农业文明和工业文明。生态文明正是对原始文明、农业文明和工业文明中人与自然关系深刻反思和变革的必然结果，是一种崭新的人类文明观念。

1. 原始文明、农业文明时期人与自然的关系

劳动使人类从动物界分化出来以后，人类经历了几百万年的原始社会时期，这一时期的人类文明通常被称为原始文明。在原始社会，人的生活资料主要通过采集和渔猎从自然界中直接获取，由于物质生产力十分低下，原始人对自然的开发和支配能力十分有限，他们只能依赖于自然界直接馈赠的食物和其他生活资料，同时也无法抵御各种自然灾害。因此，在原始文明之下，人类把自然界视为某种神秘的超自然力量的化身，正如马克思所指出的那样："自然界起初是作为一种完全异己的、有无限威力的和不可制服的力量与人们对立的，人们同自然界的关系完全像动物同自然界的关系一样，人们就像牲畜一样慑服于自然界。"[1] 所以，原始文明阶段人与自然的关系集中表现为人类慑服于自然威力之下。

进入到农业文明时期，人的生活资料不再仅仅依赖于自然界的馈赠，而是通过农耕和畜牧进行生产，加上各种金属工具的使用，人类改造自然的能力得到了极大的增强和提高，人类文明发展到了人对自然的初步开发和改造阶段。因此，在农业文明之下，较之原始文明时期人与自然的关系达到了一种初级的平衡状态，虽然生产力和科学技术在一定程度上增强了人们改造自然的能力，但是作用有限，仍然保持了自然对人的主宰状态。这种人与自然关系的平衡是由落后的生产力和社会经济水平决定的，并不

---

[1] 《马克思恩格斯选集》第 1 卷，人民出版社 2012 年版，第 161 页。

是我们今天所倡导和追求的人与自然的和谐平衡。

2. 工业文明时期人与自然的关系

随着资本主义生产方式的出现，人类文明进入工业文明时期。工业文明的显著特征是使用机器进行生产，工业文明之下，依赖于科学技术的迅猛发展，人类对自然界的控制和改造达到了前所未有的程度，从而认为自己是自然的征服者，把自然当作可以无穷索取的原料库和无限容纳工业废弃物的垃圾场，人与自然的关系集中表现为人类对自然的掠夺和征服，忽视了"作为自然的、肉体的、感性的、对象性的存在物，同动植物一样，是受动的、受制约的和受限制的存在物"①。因此，人类在创造巨大物质财富和文化成果的同时，对生态环境造成了严重破坏，大气污染、水污染、土壤污染、土地沙化荒漠化、气候变暖、冰川融化、臭氧层破损、酸雨区域扩大、生物多样性锐减等，严重影响甚至威胁人类的健康和生存发展。这就使得人类在发展模式上开始思考和探索新的道路、新的文明，生态文明随着人与自然相互协调发展呼之而出。

3. 生态文明观念是人类文明发展的必然选择

从自然环境对人类文明形成与发展的作用来看，生态文明观念的历史出场是人类文明持续发展、永续兴盛的必然选择。回顾人类文明发展的历史进程，适宜的自然生态环境孕育了无数灿烂的文明，但同时随着人类文明发展所导致的自然生态环境的恶化，也威胁着人类文明的延续。一方面，人类文明的诞生离不开适宜的自然生态环境。例如，古埃及文明的诞生得益于尼罗河的"赠礼"，美索不达米亚文明的诞生得益于幼发拉底河和底格里斯河的养育，古印度文明的诞生也依赖于其优越的自然环境等。可以看到，自然生态环境对这些人类文明的诞生有着不可替代的作用，可以说，这些文明的产生正是建立在人类与自然的和谐发展基础之上的。另一方面，由于自然生态环境的破坏也导致了人类文明的衰落。这样的例子不胜枚举。如前所述，人类四大古文明的兴起与水资源的孕育密不可分，而水资源的匮乏也是人类文明衰落的直接原因。位于我国新疆塔克拉玛干沙漠的楼兰古国衰落的重要原因就是水资源枯竭。工业文明以来，随着人类对生态环境的过度改造，人口数量的急剧增加，人类文明发展面临的自

---

① 《马克思恩格斯全集》第 3 卷，人民出版社 2002 年版，第 324 页。

然生态环境愈加恶劣，人类文明发展迫切需要摒弃以牺牲环境为代价的传统经济模式，树立和构建一种全新的生态文明观念。

(二) 生态文明观念的提出

我国生态文明观念的提出有着深刻的时代背景，既是全球生态环境建设的普遍共识，也是我国持续深入推进生态文明建设的必然产物，是我国深化对自然规律及人与自然关系再认识的重要成果。

1. 生态文明观念是人类发展的普遍共识

20 世纪下半叶，面对困扰人类的全球性生态环境问题，协调经济发展与生态环境保护的关系，走可持续发展之路，实现人与自然和谐发展，逐渐成为世界各国的共识。1992 年 6 月联合国在巴西里约热内卢召开了世界环境与发展大会，在这次"地球首脑"会议上，世界各国一致承诺把走可持续发展道路作为未来的长期共同的发展战略并规划了跨世纪的行动议程——《21 世纪议程》。这是全人类加强合作、促进经济发展保护环境的新开端，是人类转变传统发展模式和生活方式走向可持续发展的一个里程碑。2002 年，CBD 缔约方大会通过了第一个长期战略计划——《2002—2010 年战略计划》，主要讨论关于保护生物多样性的组成部分、鼓励生物多样性的可持续利用、减轻对生物多样性的威胁，以及保护生态系统服务等问题。我国生态文明观念的提出与全球生态环境建设逐渐成为人们共识的时代背景密不可分。

2. 我国持续推进生态文明建设的必然产物

从国内来看，生态文明观念的提出也是历史与现实的必然产物。中国共产党历来重视环境保护，重视生态文明建设。特别是改革开放之后，党中央在工作重点转移到经济建设的同时，也逐渐认识到经济建设与环境保护之间日益凸显的矛盾，开始重视并加强生态环境的保护，推进独具特色的生态环境保护事业的发展，探索经济与生态环境协调的可持续发展道路。1992 年党的十四大将环境保护定为基本国策并写入大会报告，环境保护开始成为国家一项长期性、全局性的战略决策。此后，在总结生态环境建设经验教训的基础上提出了"可持续发展"的重大战略思想，并将其上升为中国现代化建设必须实施的国家战略。1994 年《中国 21 世纪议程——中国 21 世纪人口、环境与发展白皮书》明确提出中国实施可持续发展战略的目标、对策、措施等，专门就环境建设问题作出系统的战略部署。1997 年党的十五大强调"在现代化建设中必须实施可持续发展战略"①。这意味着我国开始突破传统发展理念，生态环境建设已经被提高到国家发展战略层面。

3. 我国深化对自然规律及人与自然关系再认识的重要成果

从现实来看，生态文明观念的提出也是我国深化对自然规律及人与自然关系再认识的重要成果。具体而言，提出建设生态文明，是当前我国发展面临着越来越突出的资源环境制约，人民群众对良好生态环境的要求越来越迫切的必然要求。当前我国发展面临的主要问题在于，资源约束收紧，尤其是石油、重要矿产资源对外依存度快速上升；环境污染突出，环境状况总体恶化趋势还没有得到根本遏制；生态系统退化，生态系统破坏带来的自然灾害频发。这些问题的产生有我国人口多、资源缺等内生原因，而更重要的还在于我国经济发展方式没有根本转变、生态文明观念还没有广泛树立、生态文明建设有待进一步加强等因素。

因此，党的十六大在提出全面建设小康社会的战略目标基础上，强调要走"生产发展、生活富裕、生态良好的文明发展道路"②，首次提出生态文明建设的构想。党的十七大在十六大确立的全面建设小康社会目标的基础上强调："建设生态文明，基本形成节约能源资源和保护生态环境的产业结构、增长方式、消费模式。循环经济形成较大规模，可再生能源比重显著上升。主要污染物排放得到有效控制，生态环境质量明显改善。生态文明观念在全社会牢固树立。"③，这对我国生态文明建设进一步提出新的更高要求，明确提出生态文明建设的目标。2008 年 1 月，胡锦涛在第十七届中央政治局第三次集体学习时提出把经济建设、政治建设、文化建设、社会建设以及生态文明建设作为实现全面建设小康社会的奋斗目标，把"生态文明建设"纳入中国特色社会主义事业总体布局。2010 年 10 月，党的十七届五中全会通过的《"十二五"规划建议》，针对我国面临经济结构

① 江泽民：《高举邓小平理论伟大旗帜　把建设有中国特色社会主义事业全面推向二十一世纪——在中国共产党第十五次全国代表大会上的报告》，人民出版社 1997 年版，第 31 页。

② 江泽民：《全面建设小康社会　开创中国特色社会主义事业新局面——在中国共产党第十六次全国代表大会上的报告》，人民出版社 2002 年版，第 20 页。

③ 胡锦涛：《高举中国特色社会主义伟大旗帜　为夺取全面建设小康社会新胜利而奋斗——在中国共产党第十七次全国代表大会上的报告》，人民出版社 2007 年版，第 20 页。

调整促进产业升级的重要任务，在产业结构优化的过程中产业布局等对生态环境的潜在影响，提出要树立绿色、低碳发展理念，以节能减排为重点，健全激励和约束机制，加快建设资源节约型、环境友好型社会，提高生态文明水平，强调以生态文明理念引领下一阶段经济持续健康发展。由此，生态文明观念逐渐确立并融入我国经济社会建设发展之中。

（三）生态文明观念的蕴义

生态文明是中国共产党推进中国特色社会主义事业提出的重要战略布局和战略理念。生态文明，一般意义上是指人们在改造客观物质世界的同时，不断克服改造过程中的负面效应，积极改善和优化人与自然的关系，建设有序的生态运行机制和良好的生态环境所取得的物质、精神、制度方面成果的总和，主要包括生态环境、生态意识、生态制度等，其核心理念就是尊重自然、顺应自然、保护自然。一言概之，生态文明就是要实现生态系统的良性运行从而使人类社会持续、全面、和谐地发展并最终使人类自身得到完善和进步。

新时期提出的生态文明观念，一方面，从党的十七大提出生态文明建设的目标来看，其蕴涵主要是在产业结构、增长方式、消费模式等方面厉行节约能源资源和保护生态环境，从而使生态环境质量得到明显改善。另一方面，从生态文明建设所要解决的核心问题和重点工作来看，其内涵即是胡锦涛在省部级主要领导干部专题研讨班上强调的，推进生态文明建设要着力加强的三个方面工作。[①] 主要包括：一是国土空间开发格局得到优化。加快实施主体功能区战略，控制开发强度，调整空间结构，推动各地区严格按照主体功能定位发展，构建科学合理的城市化格局、农业发展格局、生态安全格局。二是全面促进资源节约。节约集约利用资源，推动资源利用方式根本转变，加强全过程节约管理，大幅度降低能源、水、土地消耗强度，在全社会培育节约意识，形成合理消费的社会风尚。三是加大生态环境保护力度，坚持预防为主、综合治理，强化水、大气、土壤等污染治理，实施重大生态修复工程，增强生态产品生产能力，增强全民环境意识，营造爱护环境的良好风气。不难看出，无论从建设目标还是拟解决

---

① 《胡锦涛文选》第 3 卷，人民出版社 2016 年版，第 610—611 页。

的问题来看，生态文明理念内在地蕴含着形成节约资源模式和改善生态环境质量两个方面的基本内容。这也是新时期全面建设小康社会的生态文明建设主要内容。

需要指出的是，新时期提出的生态文明建设虽然还未上升到中国特色社会主义事业"五位一体"总体布局的战略高度，但是，经过经济发展与生态环境保护协调一致的长期实践探索，全党全社会已经对把生态文明建设纳入中国特色社会主义事业总体布局、提升生态文明建设在全面建设小康社会中的重要地位和作用形成了普遍共识。同时，生态文明概念的提出，也意味着我们党关于社会主义理论与实践的认识已经从"两个文明""三个文明"上升到了"四个文明"，即物质文明、精神文明、政治文明和生态文明的新高度。其中，生态文明为物质文明、精神文明、政治文明建设提供必不可少的生态基础，物质文明、精神文明、政治文明又分别体现着生态文明的物质、精神、制度成果，四者并非简单并列，而是你中有我、我中有你的关系。

二　形成节约资源模式

基于我国经济的粗放型增长带来的资源环境问题，胡锦涛在党的十七大报告中强调把建设生态文明、基本形成节约能源资源和保护生态环境的产业结构、增长方式、消费模式作为实现全面建设小康社会奋斗目标的新要求。如何正确处理加快经济发展与降低能源消耗的关系，实现速度和结构质量效益相统一、建设资源节约型社会、大力发展循环经济，成为新时期我国经济发展必须解决的问题。

（一）实现速度和结构质量效益相统一

党的十六大报告指出，坚持以经济建设为中心，用发展的办法解决前进中的问题。发展才是硬道理，必须抓住一切机遇加快发展。同时，发展更要有新思路，必须在现有经济发展模式基础上实现速度和结构、质量、效益相统一，经济发展和人口、资源、环境相协调，实行可持续发展战略，确保在经济发展的基础上，促进社会全面进步，不断提高人民生活水平，保证人民共享发展成果。① 实现速度与结构、质量、效益相统一，既是我国经济建设的一条宝贵经验，又是全面建设小康社会、加快推进现代化的内在要求，必须切实推动转变产业结构、增长方式、消费模式。

1. 是经济持续快速健康发展的重要保证

实践表明，要保证经济持续快速健康发展，就必须实现速度和结构、质量、效益相统一。新中国成立后，为了改变贫穷落后的面貌，让人民富裕起来、让国家强盛起来，我国集中力量抓经济建设，取得了举世瞩目的发展成就，国家面貌发生了翻天覆地的变化。特别是改革开放后，生产力得到进一步解放，国民经济进入高速发展轨道，国民生产总值增长速度一直居于世界前列，综合国力大幅提升。但这种高速度是建立在高能耗、高投入基础之上的，我们在社会主义现代化建设中取得巨大成就的同时，也付出了能源资源过度消耗、生态环境破坏的沉重代价。非再生性资源储量和可用量不断减少，环境隐患增加，环境突发事故增多。而且，随着工业化进程的推进，环境问题从区域性、局部性逐步向全国性、整体性转变。生态环境恶化和能源资源短缺成为经济社会发展的主要制约因素。

人民日益增长的物质文化需求不仅与落后的社会生产力存在矛盾，也与落后的生产方式即牺牲环境求发展存在矛盾。可以说，日益严重的环境问题严重影响了人民的生存安全和生活水平提高，也对我国经济社会持续健康发展提出了挑战。面对现阶段我国比较突出的环境问题，如果不改变高消耗、高投入、粗放型的发展模式，不寻找新的发展模式、发展路径，而是继续沿着高投入、高消耗、高污染、破坏生态平衡的发展道路走下去，那么，我国的能源资源与生态环境容量将难以支撑现在的产业结构、增长方式和消费模式，我们已经取得的发展成果也会遭到破坏，我们及子孙后代的生存与发展也会受到威胁。② 2005 年，在中央人口资源环境工作座谈会上胡锦涛明确提出了"生态文明"这一发展理念，强调我国当前环境工作的重点之一便是"完善促进生态建设的法律和政策体系，制定全国

① 江泽民：《全面建设小康社会 开创中国特色社会主义事业新局面——在中国共产党第十六次全国代表大会上的报告》，人民出版社 2002 年版，第 8 页。
② 参见祝黄河、吴瑾青《生态文明建设：十七大以来科学发展观新发展的重要内容》，《中国特色社会主义研究》2012 年第 2 期。

生态保护规划，在全社会大力进行生态文明教育"。[①] 在《国务院关于落实科学发展观加强环境保护的决定》中明确要求环境保护工作应该在科学发展观的统领下"依靠科技进步，发展循环经济，倡导生态文明，强化环境法治，完善监管体制，建立长效机制，建设资源节约型和环境友好型社会"[②]。可见，新时期生态文明建设已然成为我国经济发展的重要内容，生态文明建设的目标就是要通过调整经济结构和转变经济发展方式，解决当前我国经济社会发展面临的突出矛盾和问题，避免环境问题演变成环境危机，最终实现速度和结构、质量、效益相统一、经济和生态相协调。

同时，实现速度与结构、质量、效益相统一也是全面建设小康社会、加快推进现代化的内在要求。党的十六大结合我国经济社会发展实际提出本世纪前 20 年全面建设小康社会的宏伟目标，而推动国民经济持续快速健康发展，是实现这一目标的前提和保证。全面建设小康社会，我们要走的仍然是一条追赶发达国家的经济发展之路，必须继续保持必要的发展速度。但是，保持经济持续快速发展必须处理好加快发展速度与提高效益、扩大经济规模与优化经济结构之间的关系，努力实现速度和结构、质量、效益相统一，使经济发展既保持较高速度又有较好效益。没有质量和效益的速度不可能持续，这是我们总结改革开放多年经验和教训得出的重要结论。同样，没有必要的速度也无法实现结构的优化和效益的提高，二者相互依赖，互为前提。

2. 要转变产业结构、增长方式、消费模式

党的十七大提出加快转变经济发展方式即促进经济增长由主要依靠投资、出口拉动向依靠消费、投资、出口协调拉动转变，由主要依靠第二产业带动向依靠第一、第二、第三产业协同带动转变，由主要依靠增加物质资源消耗向主要依靠科技进步、劳动者素质提高、管理创新转变。这为实现速度和结构质量效益相统一提供了基本遵循。同时，党的十七大强调建设生态文明，要基本形成节约能源资源和保护生态环境的产业结构、增长方式、消费模式，这进一步指明了实现速度和结构质量效益相统一的具体路径。新时期我国在实现速度和结构、质量、效益相统一、经济和生态相

---

① 《十六大以来重要文献选编》（中），中央文献出版社 2006 年版，第 823 页。
② 《十六大以来重要文献选编》（下），中央文献出版社 2008 年版，第 86 页。

协调的过程中，主要在转变产业结构、增长方式、消费模式等方面采取了一系列举措，成效显著。

转变产业结构。促进生态文明建设的产业结构调整，是以科学发展观和循环经济思想为指导，以经济社会的全面、协调、可持续发展为目标，从根本上解构"高消耗、高污染、高排放"的生产方式，探索资源节约环境友好型的产业发展道路。通过在全党全社会开展生态文明宣传和教育，在全社会树立和营造了全民节约能源资源和保护生态环境的良好氛围环境。不断完善政策法规体系，强化政府约束监督。例如，2007年修改后的《节约能源法》获得全国人大常委会通过，以法律形式明确提出国家将实行有利于节能和环境保护的产业政策，限制发展高耗能、高污染行业，鼓励发展节能环保型产业。不断建立和发展"节约能源资源和保护生态环境"的产业体系，提高了产业的物质变换和能量转换效率，降低了废弃物产出率和提高产品的生态性能及质量，提高了产业的生态经济综合效益，从而实现产业发展结构调整，促进实现速度与结构、质量、效益相统一。

转变增长方式。转变经济增长方式是科学发展观的内在要求。适应市场需求和科技进步，把经济结构的战略性调整作为经济发展的主线，制定和完善了经济发展的战略，实现了资源的合理配置，控制住低水平重复建设的资源浪费趋势。制定科学的产业政策，形成了企业自主优化配置资源的机制，使企业能够对市场变化作出敏锐的反应，及时调整生产经营思路，极大地提高了企业竞争力。树立和落实科学发展观，转变经济增长方式，必须推进科技进步，提高自主创新的能力。通过支持和鼓励科技创新，极大提高了自主创新能力，改变了一定时期我们跟在别人后面前进的局面，告别了粗放型增长方式。

转变消费模式。消费对生产的调整和升级具有导向作用。消费模式的转变，首先必须转变消费观念。通过加强生态文明宣传和教育，在全社会营造了节约能源资源和保护生态环境的浓厚氛围，既为生态产业发展提供思想基础，也促进了从消费终端上引导产业结构向节约能源资源和保护生态环境方向的转变发展。同时，在全社会广泛开展发展消费观、绿色消费观宣传教育，大力倡导实用消费、节约消费和适度消费观，引导公众追求基本生活需要的满足、崇尚精神和文化的享受。特别是在2006年"两会"期间，胡锦涛提出"八荣八耻"的社会主义荣辱观，"以艰苦奋斗为荣，以骄奢淫逸为耻"等为主要内容的社会主义荣辱观在社会的广泛宣传教育，更是极大促进人们消费观念的转变，实用消费、节约消费和适度消费的观念在全社会蔚然成风，有力推动了速度和结构、质量、效益的协调统一发展。

（二）大力发展循环经济

形成节约资源模式，还要大力发展循环经济。循环经济是一种以资源的高效利用和循环利用为核心，以"减量化、再利用、资源化"为原则，以低消耗、低排放、高效率为基本特征，符合可持续发展理念的经济增长模式，是对"大量生产、大量消费、大量废弃"的传统增长模式的根本变革。循环经济模式，是相对于"资源—产品—废弃物"这种单向式直线过程的传统经济增长模式而言的新型经济发展模式。这种经济发展模式，是一个"资源—产品—废弃物—再生资源"的反馈式循环过程，讲求以尽可能小的资源消耗和环境成本，获得尽可能大的经济效益和社会效益，从而实现资源永续利用，有效规避和解决了创造财富越多，消耗资源就越多，产生的废弃物也就越多，对资源环境负面影响就越大的问题。

1. 发展循环经济是坚持以人为本、实现可持续发展的本质要求

我国资源禀赋较差，虽然总量较大，但人均占有量少。国内资源供给不足，重要资源对外依存度不断上升。一些主要矿产资源的开采难度越来越大，开采成本增加，供给形势相当严峻。改革开放以来，我们用能源消费翻一番支撑了 GDP 翻两番。如果继续沿袭传统的发展模式，以资源的大量消耗实现工业化和现代化，是难以为继的。为了减轻经济增长对资源供给的压力，必须大力发展循环经济，实现资源的高效利用和循环利用。发展循环经济也是从根本上减轻环境污染的有效途径。大量事实表明，水、大气、固体废弃物污染的大量产生，与资源利用水平密切相关，同粗放型经济增长方式存在内在联系。据测算，我国能源利用率若能达到世界先进水平，每年可减少 3 亿吨标准煤的消耗，这将使大气环境质量得到极大的改善；我国固体废弃物综合利用率若提高 1 个百分点，每年就可减少约 1000 万吨废弃物的排放[①]，这将使环境质量得到极大改善。大力发展循环

[①]　国家能源局：《能源节约与资源综合利用"十五规划"》，http://www.gov.cn/2011－08/19/c_131059790.htm，2011 年 8 月 19 日。

经济，推行清洁生产，可将经济社会活动对自然资源的需求和生态环境的影响降低到最小程度，从根本上解决经济发展与环境保护之间的矛盾。

同时，发展循环经济是提高经济效益的重要措施。我国资源利用效率与国际先进水平相比仍然较低，突出表现在：资源产出率低、资源利用效率低、资源综合利用水平低、再生资源回收和循环利用率低。2003 年我国GDP 约占世界的 4%，但重要资源消耗占世界的比重却很高，石油为7.4%、原煤 31%、钢铁 27%、氧化铝 25%、水泥 40%。实践证明，较低的资源利用水平，已经成为企业降低生产成本、提高经济效益和竞争力的重要障碍；大力发展循环经济，提高资源的利用效率，增强国际竞争力，成为新时期我们面临的一项重要而紧迫的任务。[①]

归结起来，大力发展循环经济就是坚持以人为本、实现可持续发展的本质要求。传统的高消耗的增长方式，向自然过度索取，导致生态退化、自然灾害增多、环境污染严重，给人类的健康带来了极大的损害。要加快发展、实现全面建设小康社会的目标，根本出发点和落脚点就是要坚持以人为本，不断提高人民群众的生活水平和生活质量。要真正做到这一点，必须大力发展循环经济，走出一条科技含量高、经济效益好、资源消耗低、环境污染少、人力资源优势得到充分发挥的新型工业化道路，"让人民群众喝上干净的水、呼吸清洁的空气、吃上放心的食物，在良好的环境中生产生活。"[②]

2. 形成了独具特色的循环经济发展模式

2004 年 11 月 6 日，"中国循环经济发展论坛 2004 年年会"在上海召开，并原则通过了《上海宣言》，与会者在《上海宣言》中共同呼吁，各级人大和政府要加强对循环经济的宏观指导，建立循环经济发展的有效政策机制。2005 年，国务院印发《关于加快发展循环经济的若干意见》，指出了发展循环经济在减量化、再利用、资源化、无害化、体制机制等方面的主要目标，并指明了发展循环经济的重点工作、重点环节和具体举措，成为新时期我国大力发展循环经济的纲领。

具体而言，新时期我国大力发展循环经济的重点工作是大力推进节约

---

① 邓海云：《节约能源，中国经济发展的唯一选择》，《光明日报》2005 年 8 月 1 日第 5 版。

② 《十六大以来重要文献选编》（下），中央文献出版社 2008 年版，第 86 页。

降耗，在生产、建设、流通和消费各领域节约资源，减少自然资源的消耗；全面推行清洁生产，从源头减少废物的产生，实现由末端治理向污染预防和生产全过程控制转变；大力开展资源综合利用，最大程度实现废物资源化和再生资源回收利用；大力发展环保产业，注重开发减量化、再利用和资源化技术与装备，为资源高效利用、循环利用和减少废物排放提供技术保障。①

为此，我们实施的一系列主要举措包括：加强对循环经济发展的宏观指导。把发展循环经济作为编制有关规划的重要指导原则，建立循环经济评价指标体系和统计核算制度，制定和实施循环经济推进计划，加快经济结构调整和优化区域布局。加快循环经济技术开发和标准体系建设。加快循环经济技术开发，制定循环经济技术政策，建立循环经济技术咨询服务体系，制定和完善促进循环经济的标准体系。建立和完善促进循环经济发展的政策机制。加大对循环经济投资的支持力度，利用价格杠杆促进循环经济发展，制定支持循环经济发展的财税和收费政策。坚持依法推进循环经济发展。加强法规体系建设，加大依法监督管理的力度，依法推行清洁生产。加强对发展循环经济工作的组织和领导。加强组织领导，开展循环经济示范试点，加强宣传教育和培训。②

"十一五"以来，经过不断的循环经济实践探索，我国循环经济发展取得显著成效，并逐步形成了独具特色的循环经济发展模式。我们如期实现《关于加快发展循环经济的若干意见》提出的发展循环经济的主要指标，如我国消耗每吨能源、铁矿石、有色金属、非金属矿等十五种重要资源产出的 GDP 比 2003 年提高 25% 左右；矿产资源总回收率和共伴生矿综合利用率分别提高五个百分点；工业固体废物综合利用率提高到 60% 以上③，等等。同时，"十一五"期间，我国主要资源综合产出率累计提高了约 8%，能源产出率提高 23.6%，水资源产出率提高了 34.5%，工业水资源产出率提高了 58.0%。2010 年，我国工业固体废物综合利用量为 15.2 亿吨，工业固废综合利用率从 2005 年的 55.8% 上升到 69.0%；钢铁工业

①　《十六大以来重要文献选编》（中），中央文献出版社 2008 年版，第 961 页。
②　《十六大以来重要文献选编》（中），中央文献出版社 2008 年版，第 961—967 页。
③　国务院：《关于发展循环经济的若干意见》，http：//www. gov. cn/zhengce/content/2008 – 03/28/content_ 2047. htm，2008 年 3 月 28 日。

废钢消耗总量达 8670 万吨, 再生资源的回收率五年提高近 30 个百分点。①
发展循环经济已成为我国走新型工业化道路、促进结构优化、转变经济发
展方式的有效途径。

(三) 建设资源节约型社会

随着我国经济增速的加快, 能源、水、土地、矿产等资源不足的矛盾
日益显现, 资源约束的矛盾越来越突出。我国在许多资源禀赋上处于劣
势, "地大物薄", 人均资源拥有量低于世界平均水平, 石油、铁矿石等重
要资源的新增量主要依赖进口, 导致我国能源需求的依赖性不断增强等资
源约束的矛盾都迫切需要我们大力建设资源节约型社会。

1. 建设资源节约型社会是贯彻落实科学发展观的必然要求

科学发展观是我们党对我国现代化建设指导思想的重大发展。贯彻落
实科学发展观, 一个重要方面就是要处理好经济建设、人口增长、资源利
用、环境保护的关系。在节约资源、保护环境的前提下实现经济较快发
展, 促进人与自然和谐相处, 提高人民生活水平和生活质量。我国人口众
多、资源相对不足、环境承载能力较弱, 要解决这些问题, 必须坚持以人
为本, 全面、协调、可持续发展的科学发展观, 坚持走建设资源节约型社
会的路子。

虽然我国资源总量位居世界前列, 但人均资源拥有量远低于世界平均
水平。例如, 水资源总量位居世界第 6 位, 但人均淡水资源量只有 2200 立
方米, 是世界人均占有量的 1/4; 我国化石能源资源探明储量中, 90% 以
上是煤炭, 人均储量仅为世界平均水平的二分之一; 我国矿产资源品种
多、总量大, 但人均占有量仅为世界平均水平的 58%, 居世界第 53 位;
耕地资源总量 18.51 亿亩, 居世界第 4 位, 但人均耕地面积仅 1.43 亩。②
要化解资源约束的矛盾, 改变我国在许多资源禀赋上的劣势, 就必须坚持
科学发展观, 建设资源节约型社会。

改革开放以来, 我国经济社会发展取得了举世瞩目的巨大成就, 但同

---

① 参见陈洪波、潘家华《我国生态文明建设理论与实践进展》,《中国地质大学学报》(社
会科学版) 2012 年第 5 期。

② 发展改革委:《我国资源的基本状况》, http://www.gov.cn/ztzl/2005 – 12/29/content_
141069. htm, 2005 年 12 月 29 日。

时，我们在资源和环境方面也付出了巨大代价。我国粗放型增长方式没有从根本上得到转变，单位国内生产总值的能源、原材料和水资源消耗大大高于世界平均水平，生产、建设、流通、消费领域浪费资源的现象相当严重。党的十六届四中全会以来，党中央明确提出建设资源节约型社会，就是要在社会生产、流通、消费的各个领域，在经济和社会发展的各个方面，切实保护和合理利用各种资源，提高资源利用效率，以尽可能少的资源消耗创造相同的财富甚至更多的财富。社会主义和谐社会是人与自然和谐相处的社会。建设社会主义和谐社会要求我们处理好人与自然的关系，要处理好人与自然的关系，就需要解决好人口与能源、资源、环境的关系。建设资源节约型社会是构建社会主义和谐社会的基础。

建设资源节约型社会是全面建设小康社会的重要保障。资源和环境是实现全面建设小康社会的保障。我国长时间以来"高投入、高消耗、高排放、低效率"的粗放型经济增长方式，造成了严重的资源浪费。在全面建设小康社会进程中，经济规模将进一步扩大，工业化不断推进，居民消费结构逐步升级，城市化步伐加快，资源需求也将持续增加，资源供需矛盾将越来越大，资源的硬约束使可持续发展受到严峻挑战。解决这些问题的根本出路就在于节约资源。全面建设小康社会在我国也是实现工业化的阶段，而我们所要走的工业化道路是新型工业化道路，即科技含量高、经济效益好、资源消耗低、环境污染少、人力资源优势得到充分发挥的新型工业化路子。要实现全面建设小康社会的战略目标，如果不改变粗放式经济增长方式，建设资源节约型社会，资源将难以为继。

2. 建设资源节约型社会的主要举措与实践成效

新时期我国以科学发展观为指导，坚持节约优先，健全法规标准，完善激励机制，加快技术创新，发挥市场引导作用，强化宣传教育，不断推进我国节约能源资源工作，在资源节约和环境保护方面成效显著，推动我国经济与社会又好又快发展。

坚持节约优先。把加快建设节约型社会作为国民经济和社会发展"十一五"规划的重要任务，作为编制各类专项规划、区域规划和城市发展规划的重要指导原则。如，"十一五"规划把建设资源节约型和环境友好型社会作为"十一五"时期我国国民经济和社会发展的重要目标，并就发展循环经济、保护修复自然生态、加大环境保护力度、强化资源管理、合理利用海洋和气候资源等作出具体规划部署。建立健全各类法规标准，强化监督管理。制定和修订促进资源有效利用的法律法规，制定和完善标准，对高消耗、高污染行业新建项目提出了更为严格的产业准入标准。如，制定、修改和完善了《土地管理法》《矿产资源法》《森林法》《草原法》《野生动植物保护法法》《渔业法》等法律法规；2005 年国家发改委对焦化、铁合金和电石行业准入标准作出规定，提高这三大高耗能、污染大的行业进入门槛，遏制了该领域的低水平重复建设和盲目扩张趋势。

完善激励机制，建立长效机制。建立反映资源稀缺程度的价格形成机制，充分发挥市场配置资源的基础性作用；建立健全有利于建设节约型社会的财税政策体系；加快制定鼓励生产、使用节能节水产品和节能建筑以及低油耗低排量车辆的财政税收政策，完善资源综合利用税收优惠政策，调整高耗能产品进出口政策。加快技术创新，突破技术瓶颈。坚持引进技术与消化、吸收、创新相结合，加强资源节约和循环利用技术的科技攻关和产业化；重点开发有重大推广意义的资源节约和综合利用技术；加快资源节约新技术、新产品和新材料的推广应用；加大对节约资源、发展循环经济的重大项目和技术开发、产业化示范项目的支持力度。

推广新机制，发挥市场引导作用。实施能效标识管理，引导用户和消费者购买节能型产品，促进企业加快高效节能产品的研发；实施电力需求管理，优化用电方式，提高终端用电效率；推行节能资源协议，推动企业或行业采取资源方式实现节能目标；实施政府节能采购，逐步扩大节能节水产品的采购范围，降低政府机构能源消费开支。强化宣传教育，提高全民节约意识。通过宣传教育，强化人们的生态知识、资源意识、环境意识，引导人们尽可能减少垃圾排放，进行绿色消费，优先购买经过生态设计或通过环境标志认证的产品，以及经过清洁生产审计或通过 ISO14000 环境管理体系认证的企业的产品，鼓励节约使用、反复使用或多次使用所购买的物品，使节约资源成为公民的自觉行动。

三　改善生态环境质量

2002 年，江泽民在中央人口资源环境工作座谈会上指出："我国有十二亿多人口，资源相对不足，在发展进程中面临的人口、资源、环境压力越来越大。我们绝不能走人口增长失控、过度消耗资源、破坏生态环境的发展道路，这样的发展不仅不能持久，而且最终会给我们带来很多难以解决的难题。"[①] 认识到我国经济发展所面临的生态环境问题，党的十七大提出建设生态文明，进一步明确"主要污染物排放得到有效控制，生态环境质量明显改善"[②] 的具体要求。改善生态环境质量，是新时期我国全面建设小康社会生态文明建设的核心内容。

（一）实现经济发展与人口资源环境相协调

我国人口众多，自然资源绝对数量多，但人均数量不足，许多重要资源的人均占有量远远低于世界平均水平。经过改革开放后高强度的开发，资源量日趋衰减，生态环境破坏也日益严重，尤其是我国已迈入工业化中期阶段，高投入、高消耗、高排放等问题更为突出，土地、水、电、煤、气、油等已经成为制约经济社会发展的资源性"瓶颈"。随着全球产业结构调整，我国逐渐成为一个新的世界加工制造基地，一些高耗能制造业向我国转移，降低消耗、减少环境污染、缓解资源压力显得尤为紧迫。

1. 经济发展与人口资源环境的矛盾是现代化建设过程的普遍矛盾

经济发展与人口资源环境的矛盾是所有国家在实现现代化过程中都会面临的基本矛盾。改革开放以来，我国经济与生态的矛盾日益尖锐，成为了制约我国经济社会发展的一个重要因素。2006 年，在第六次全国环境保护工作会议上温家宝指出："我国在发展中面临着两大矛盾：一个是不发达的经济与人们日益增长的物质文化需求的矛盾，这将是长期的主要矛盾，解决这个矛盾要靠发展。另一个是经济社会发展与人口资源环境压力加大的矛盾，这个矛盾越来越突出，解决这个矛盾要靠科学发展。"[③] 首次明确提出我国经济发展与人口资源环境的矛盾。党的十七大在充分总结党的十六大以来取得的成绩成就的同时，也深刻指出我们在前进中面临的突

---

① 《江泽民文选》第 3 卷，人民出版社 2006 年版，第 461 页。

② 胡锦涛：《高举中国特色社会主义伟大旗帜　为夺取全面建设小康社会新胜利而奋斗——在中国共产党第十七次全国代表大会上的报告》，人民出版社 2007 年版，第 20 页。

③ 温家宝：《全面落实科学发展观　建设环境友好型社会》，红旗出版社 2006 年版，第 5 页。

出困难和问题，其中"经济增长的资源环境代价过大"被列为八大困难问题之首，可见经济与人口资源环境矛盾的突出性、严重性。

为了科学应对经济与人口资源环境的基本矛盾，我们党在实践中提出了经济与人口资源环境相协调的科学发展思想，形成了全面协调可持续发展的科学发展观，成为指导我国生态文明建设的科学行动指南。党的十六届五中全会通过的"十一五"规划建议指出："我国土地、淡水、能源、矿产资源和环境状况对经济发展已构成严重制约。要把节约资源作为基本国策，发展循环经济，保护生态环境，加快建设资源节约型、环境友好型社会，促进经济发展与人口、资源、环境相协调。"① 党的十七大指出，科学发展观必须坚持全面协调可持续发展，"坚持生产发展、生活富裕、生态良好的文明发展道路，建设资源节约型、环境友好型社会，实现速度和结构质量效益相统一、经济发展与人口资源环境相协调，使人民在良好生态环境中生产生活，实现经济社会永续发展。"② 在科学发展观指导下，提出实现全面建设小康社会奋斗目标的新要求——"建设生态文明，基本形成节约能源资源和保护生态环境的产业结构、增长方式、消费模式。循环经济形成较大规模，可再生能源比重显著上升。主要污染物排放得到有效控制，生态环境质量明显改善。"③ 2011 年，在第七次全国环境保护大会上李克强进一步指出："环境问题本质上是发展方式、经济结构和消费模式问题；从根本上解决环境问题，必须在转变发展方式上下工夫，在调整经济结构上求突破，在改进消费模式上促变革。"④

这些重要论述，既表明经济与人口资源环境的矛盾已然成为新时期全面建设小康社会的突出问题，解决这一矛盾已然成为全面建设小康社会的迫切任务目标；又表明，要解决经济与人口资源环境的矛盾，必须从经济方面入手，使经济发展建立在良好生态基础上。只有协调经济与人口资源环境的关系才能建设生态文明，建设生态文明的核心就是促进经济与生态

---

① 《十六大以来重要文献选编》（中），中央文献出版社 2008 年版，第 1064 页。

② 胡锦涛：《高举中国特色社会主义伟大旗帜　为夺取全面建设小康社会新胜利而奋斗——在中国共产党第十七次全国代表大会上的报告》，人民出版社 2007 年版，第 16 页。

③ 胡锦涛：《高举中国特色社会主义伟大旗帜　为夺取全面建设小康社会新胜利而奋斗——在中国共产党第十七次全国代表大会上的报告》，人民出版社 2007 年版，第 20 页。

④ 《李克强在第七次全国环境保护大会上强调：以环境保护优化经济增长促进转型发展提升生活质量》，《人民日报》2011 年 12 月 21 日第 4 版。

协调发展。实现经济与人口资源环境相协调是生态文明建设的核心要义。

2. 实现经济发展与人口资源环境相协调的主要做法与经验

在现代化建设中，要使经济与人口资源环境相协调，就是要把控制人口、节约资源、保护环境放到重要位置，使人口增长与社会生产力的发展相适应，使经济建设与人口资源环境实现良性循环。在人口方面，要促进人口增长与经济增长的良性循环。倘若人口增长过快，就会增加对资源环境的压力，但人口不增长甚至负增长，对国民经济则不一定有利，因此要保持人口的适度增长，以此刺激消费，加大经济规模，带来经济效益，从而长期稳定有效地促进经济的发展。在资源、环境方面，要把提高自主创新能力摆在更加突出的位置，注重调整优化产业结构，大力倡导节约资源的价值观。在我国资源约束条件下，要实现更高水平的可持续发展，提高综合国力，自主创新是关键。同时，要调整产业结构，大力发展服务业，依法淘汰高耗能、高污染行业的落后生产能力、工艺装置和技术设备。把节约资源作为大力倡导的价值观，使其成为企业发展的价值导向，成为家庭个人消费方式变革的价值引领。

新时期我国在实现经济发展与人口资源环境相协调过程中的主要做法与经验主要有以下两个方面：其一，树立和落实全面发展、协调发展、可持续发展的科学发展观。我们深刻认识到，科学发展观对做好人口资源环境工作的重要指导意义，认识到经济发展需要数量的增长，但绝不是简单地等同于数量的增长，发展同时也必须是可持续的，因此要在推进发展中充分考虑人口、资源和环境的承受力，统筹考虑当前发展和未来发展的需要。因此，始终坚持在经济发展的基础上促进社会全面进步和人的全面发展；坚持在开发利用自然中实现人与自然的和谐相处；坚持正确处理增长数量和质量、速度和效益的关系。其二，制定和完善环境保护的法律法规和标准。依法治国是我国的基本治国方略，在协调经济与人口、资源和环境的关系中我们也始终贯彻坚持这一方略。一方面，加强资源和环境立法，一个重大突破就是将"破坏环境资源保护罪"列入《刑法》；另一方面，严格执法，依法查处违法审批、处置和占用资源的行为，加大对资源保护的环境执法监察力度。

（二）深入开展节能减排

深入开展节能减排，是新时期我国生态文明建设的具体举措，是我们党为解决新时期我国经济发展与人口资源环境之间的基本矛盾，改善生态环境质量作出的又一项重大战略决策，也是落实科学发展观的一个重要战略举措。新时期，党和国家高度重视节能减排工作，在"十一五"规划中把单位 GDP 能耗降低 20% 左右、主要污染物排放总量减少 10% 列为约束性指标。[①]

1. 加强组织领导，强化目标责任

国务院成立了由温家宝总理任组长的应对气候变化和节能减排工作领导小组，发布节能减排综合性工作方案，作出关于加强节能工作的决定，明确节能减排重点任务。各地区建立健全节能减排工作组织协调机构，推动工作实施。国家分解节能减排目标任务，落实到各地区、重点领域和企业单位。将节能减排指标完成情况纳入经济社会发展综合评价和考核体系。国务院发布了《节能减排统计监测及考核实施方案和办法》，开展省级人民政府节能目标责任评价考核和污染物排放核查核算，形成了目标明确、责任清晰的节能目标责任制。

2. 大力调整产业结构，促进经济转型升级

加大淘汰落后产能力度，"十一五"期间，关停小火电 76825 万千瓦，淘汰落后炼铁产能 1.2 亿吨、水泥 3.7 亿吨等，形成节能能力 1.3 亿吨标准煤。推动服务业及节能环保等战略性新兴产业加快发展，2010 年服务业增加值占国内生产总值的比重比 2005 年提高 2.5 个百分点，节能环保产业产值 2010 年达到 2 万亿元。调整能源结构，大力发展水电、风电、太阳能发电等可再生能源，2010 年可再生能源约占能源消费总量的 8.9%。[②]

3. 加快技术研发推广，发挥工程措施作用

实施节能减排重大科技专项，重点加强稀土永磁无铁芯电机、新型阴极结构铝电解槽及生活污水脱氮除磷等关键技术研发，纯低温余热发电、火电机组脱硫等一大批先进技术和设备得到普遍应用。"十一五"期间，国家加大了对重点工程的投入力度，支持十大重点节能工程、城镇污水处理设施及配套管网建设等，全国累计建成运行 5 亿千瓦燃煤电厂脱硫设施，

---

① 发展改革委：《国民经济和社会发展第十一个五年规划纲要》，https：//www. ndrc. gov. cn/xwdt/gdzt/ghjd/quanwen/201403/t20140321_ 1201598. html，2006 年 3 月 24 日。

② 国务院研究室：《我国节能减排取得哪些新成效？》，http：//www. gov. cn/2013zfbgjjd/content_ 2365353. html，2013 年 3 月 29 日。

新增污水处理能力超过 5000 万吨/日，全国工业废水排放达标率达到 94.2%，工业二氧化硫排放达标率为 91.0%，工业烟尘排放达标率为 90.3% 等。通过技术推广和实施重点工程，为完成节能减排目标任务提供了重要的工程技术支撑。①

4. 坚持示范引领，提高节能减排能力

通过试点示范、重点突破，解决认识、技术、政策等问题。"十一五"以来，组织了两批 178 个国家循环经济示范试点，探索循环经济发展的有效模式，总结凝练了 60 个典型模式案例，在重点行业、领域、园区和省（市）推广。推动重点领域先行先试，加强"城市矿产"示范基地、园区循环化改造、餐厨废弃物资源化利用、再制造等试点建设，产生了积极的示范辐射作用。推进资源综合利用"双百"工程建设，首批确定矿产资源综合利用和产业废物综合利用两个重点领域 24 个示范基地和 26 家骨干企业。在五省八市开展低碳试点，加快建立以低碳排放为特征的产业体系。支持北京、重庆、深圳等 8 个城市开展以产业低碳化、建筑绿色化、交通清洁化、主要污染物减量化、可再生能源利用规模化等为重点的节能减排财政政策综合示范。②

5. 完善政策机制，形成有效的激励约束

出台了一系列有利于节能减排的价格、财税、金融等经济政策。对企业节能改造项目实行"以奖代补"，对农村环境综合整治实行"以奖促治"，实行政府强制采购节能产品。加大对购买和使用高效节能产品的补贴力度，2012 年中央财政下拨 140 多亿元，加大节能产品惠民工程实施力度，推广节能家电 3300 万台、节能汽车 124 万辆、高效电机 950 万千瓦、高效照明产品 1.6 亿只，拉动消费 2500 亿元，可实现节电 240 多亿千瓦时、节油 85 万吨。出台了鼓励节能节水、环保专用设备和小排量汽车的税收优惠政策，实施合同能源管理项目所得税、增值税优惠。推行绿色信贷，推进碳排放权交易试点。初步建立了一整套支持节能减排和低碳发展

---

① 统计局：《"十一五"经济社会发展成就系列报告之十四：环境保护事业取得积极进展》，http：//www.stats.gov.cn/ztjc/ztfx/sywcj/201103/t20110310_71326.html，2011 年 3 月 10 日。

② 国务院研究室：《我国节能减排取得哪些新成效？》，http://www.gov.cn/2013zfbgjjd/content_2365353.htm，2013 年 3 月 29 日。

的政策体系，为实现节能减排目标提供了重要保障。①

6. 夯实工作基础，强化管理监督

"十一五"期间，初步建立了节能减排法规标准体系和统计、监测、考核"三位一体"的监督管理体系。修订出台了节约能源法，制定发布了《固定资产投资项目节能评估和审查暂行办法》，出台了《循环经济促进法》。制（修）订了一批单位产品能耗限额标准、用能产品能效标准和污染物排放标准。在重点用能企业实行能源审计，组织重点行业能效对标活动。开展能源管理师制度建设和能源管理体系认证试点，推进重点用能单位能耗在线监测系统建设，提高节能管理水平。开展全国污染源普查及动态更新调查，摸清全国污染物排放总量。启动温室气体清单编制工作。加强节能减排日常监督和专项检查，促进相关政策措施的落实。节能减排基础工作、能力建设得到明显提升。

7. 开展全民行动，营造社会氛围

深入开展节能减排全民行动，启动实施家庭社区、青少年、学校、政府机构、科技、媒体等专项行动。每年开展全国节能宣传周和世界环境日等主题宣传活动。大力开展"限塑"和治理过度包装宣传。鼓励居民购买节能家电、节能和新能源汽车、节水器具等，倡导绿色低碳生活方式。政府机关带头做节能减排表率。组织新闻媒体加强资源环境国情教育，普及知识技能，宣传先进典型，曝光反面事例，形成了良好的社会舆论氛围。

8. 加强国际合作，积极应对气候变化

有关部门与相关国家、地区和国际组织，在政策对话、技术推广、项目示范、人员交流等方面开展务实合作，引进国外节能环保低碳领域先进技术和管理经验。坚持共同但有区别的责任原则、公平原则和各自能力原则，积极建设性参与联合国框架下一系列应对气候变化国际谈判，全面深入参与各议题磋商，通过各种渠道方式与各国展开多层次的对话交流，积极推动国际气候谈判沿着正确轨道前进、达成积极务实成果，有效维护我国发展核心利益。

经过"十一五"时期的不断实践探索，我国节能减排工作取得的成效

---

① 国务院研究室：《我国节能减排取得哪些新成效？》，http：//www. gov. cn/2013zfbgjjd/content_ 2365353. htm，2013 年 3 月 29 日。

显著。"十一五"期间，全国单位 GDP 能耗下降 19.1%，二氧化硫排放量减少 14.29%，化学需氧量排放量减少 12.45%，以年均 6.6% 的能源消费增速支撑了国民经济年均 11.2% 的增速①，能源消费弹性系数大幅下降，能源供需矛盾得到缓解，主要污染物排放得到有效控制，环境质量有所改善。"十二五"规划除了万元 GDP 能耗、二氧化硫和化学需氧量以外，还将氨氮和氮氧化物也列入约束性指标，节能减排工作得到进一步加强。

（三）建设环境友好型社会

建设资源节约与环境友好型社会是我们党为解决新时期我国经济发展与人口资源环境之间的基本矛盾、改善生态环境质量作出的一项重大战略决策，是落实科学发展观的一个重要战略举措，是全国人民共同努力建设全面小康社会的一个重要目标。

1. 环境污染是制约我国经济社会发展的重要因素

新中国成立后，特别是改革开放以来，我国经济迅速发展，综合国力显著增强，人民生活水平明显提高，取得了举世瞩目的骄人成就。但也清醒地认识到，经济高速增长很大程度上是依赖于"资源的高投入、低利用和高排放"的粗放生产方式来实现的，表现为资源利用率低、浪费大、污染重。因此，从某种意义上说，经济高速增长是以牺牲资源和环境的巨大代价换来的，经济发展面临着资源和环境的严重制约。2004 年，国家环保总局和国家统计局联合发布的《中国绿色国民经济核算研究报告 2004》显示，全国因环境污染造成经济损失达到 5118 亿元，占当年 GDP 的 3.05%。虚拟治理成本为 2874 亿元，占当年 GDP 的 1.80%。②此外，每年因缺水而导致工业总产值损失大约有 2000 亿元。同时，沙尘暴、水旱灾害、台风等极端气候事件和资源产业的生产安全事故以及重大生态环境事故频繁发生，无不严重影响和制约我国经济社会发展。

建设环境友好型社会是一个集资源、经济、技术、社会、法律和生态环境于一体的复杂的系统工程。不仅需要政府、企业、公众等全社会的不

---

① 国家发改委：《节能减排取得显著成效——"十一五"节能减排回顾之一》，https://www.ndrc.gov.cn/xwdt/xwfb/201109/t20110927_956862.html? code = &state = 123，2011 年 9 月 27 日。

② 孙秀艳：《绿色 GDP 研究成果发布》，《人民日报》2006 年 9 月 8 日第 1 版。

懈努力和共同参与，而且需要资金、技术以及法规制度等软硬环境的强力支持。新时期我国环境友好型社会的建设在探索中前进，主要面临和要突出解决的关键问题包括：转变环境保护的思想观念，在全社会大力倡导环境友好的伦理观念和文化；建立健全环境保护的决策体系，将环境保护工作作为领导干部考核的指标内容，使领导干部牢固树立可持续发展的观念；建立和完善环境保护的体制机制，解决经济社会发展中当前利益和长远利益、局部利益和整体利益的矛盾；大力发展循环经济模式；大力倡导适度消费、公平消费和绿色消费的消费观念；大力发展和应用环境友好的科学技术等。

2. 新时期我国建设环境友好型社会的主要做法与实践成效

在解决上述关键问题过程中，新时期我国为建设环境友好型社会进行了一些有益探索，并取得了显著成效。例如，要缓解日益严峻的资源与环境形势，实现人与自然和谐发展最直接、最有效的方式就是开源节流。为此，我国主动调低了 GDP 的增长速度指标，加大环境保护力度，将资源环境的损失纳入国民经济核算体系，实行绿色 GDP 核算。同时，通过引进和自主开发先进技术，改造传统产业，发展高新技术产业，促进产业结构升级，提高资源利用率，开发紧缺资源和材料的替代产品，加强再生资源开发和资源回收综合利用，以及加大了治理环境污染力度。这一时期，尽管我们做了一些探索和努力，但还没有从根本上遏制资源日趋紧缺和生态环境恶化的趋势，未来处理好经济社会与资源环境的关系还任重道远。

第一，构建资源节约与环境友好的生产和评价体系。树立和落实科学发展观，确立了节约型的经济社会发展战略，切实加强宏观规划和指导。调整产业结构，转变经济增长方式，发展循环经济，推动高产、优质、高效、生态、安全的工农业生产；建立了绿色 GDP 监测评价体系，将资源节约与环境质量列入政绩考核指标，引导各地区、各部门树立正确的政绩观。

第二，健全完善资源节约和环境保护的制度政策。各级政府制定和完善了有关价格、税收、财政政策，以及能耗标准、水质标准、大气质量标准，规范资源开发利用与污染排放；不断完善环境影响评价制度、资源有偿使用和生态补偿制度、绿色产品认证制度等；探索和建立了适应资源节约与环境友好型社会的现代企业制度，指导企业节约资源、减少污染，努力增强企业的社会责任感。

第三，开展资源节约与环境保护应用技术的研究和开发。加大科技投入，加强研究、开发和采用先进技术、先进工艺、先进设备改造传统的"两高一资"产业；加强清洁生产技术与资源综合利用、资源再生循环利用等关键技术的研究和开发，提高利用资源节约与环境保护技术水平。

第四，推动资源节约与环境友好型社会的法制建设。制定和修订促进资源节约利用和环境友好型社会的法律法规，特别是一些重要资源的保护、循环经济、清洁生产等相关立法，做到有法可依；同时，强化监督管理机制和制度，严格执法，加大对重大环境污染事故、资源浪费等行为的惩处力度。

第五，加强资源节约与环境保护的宣传教育。不断加强国情、勤俭节约、绿色安全等方面的宣传教育，在全社会逐渐树立资源忧患意识、环境保护意识、资源节约意识、绿色消费意识、适度消费观念等；在全社会逐步形成健康文明消费、节约资源和爱护环境的良好风尚。

通过这些有力举措，新时期我国建设环境友好型社会成效显著。如，在生态保护方面，"十一五"以来，我国先后发布了《国家重点生态功能保护区规划纲要》《全国生态功能区划》等一系列生态保护的政策文件。通过建设湿地保护网络体系、防沙治沙工程、生物多样性保护等措施，使生态恶化的趋势得到控制。"十一五"期间，全国共完成造林面积2.55亿亩（1698.59万公顷），占全部造林面积的68.88%，50.3%的自然湿地受到了较为有效的保护，林业系统自然保护区已达2035处，总面积18.53亿亩，约占国土面积的12.9%。[①] 又如，在应对气候变化方面，"十一五"以来，我国把应对气候变化纳入经济社会发展中长期规划，2007年制定并实施了应对气候变化国家方案，2009年确定了到2020年单位国内生产总值温室气体排放比2005年下降40%—50%行动目标。"十一五"期间，通过调整产业结构和能源结构、节约能源提高能效、增加碳汇等多种途径有效控制了温室气体排放。[②] 在适应气候变化方面，通过提高重点领域适应

<hr>

① 林业局：《"十一五"期间林业活力全面迸发　发展亮点纷呈》，http://www.gov.cn/govweb/gzdt/2011 – 01/17/content_ 1786507. htm，2011年1月17日。

② 中华人民共和国国务院新闻办公室：《〈中国应对气候变化的政策与行动（2011）〉白皮书》，http：//www.scio.gov.cn/zfbps/gqbps/Document/1435490/1435490.htm，2011年11月22日。

气候变化的能力，减轻了气候变化对农业、水资源和公众健康等的不利影响。"十二五"规划首次将碳排放强度作为约束性指标纳入规划，确立了绿色、低碳发展的政策导向。

归结起来，新时期我国全面建设小康社会的生态文明建设在探索中前进，在科学发展观指导下，形成了比较完善的实践工作体系，在节约能源资源、保护生态环境，建设资源节约型、环境友好型社会，实现速度和结构质量效益相统一、经济发展与人口资源环境相协调等方面取得了显著的成效，并积累了宝贵经验，实现了我国经济发展方式的根本转变，为新时代我国不断深化和完善生态文明建设奠定了坚实基础，为新时代全面建成小康社会奋斗目标的实现创造了良好条件。

第十一章

全面建设小康社会的根本保证

中国特色社会主义最本质的特征是中国共产党领导，中国特色社会主义制度的最大优势是中国共产党领导。党的领导是党和国家的根本所在、命脉所在，是全国各族人民的利益所系、命运所系，全面建设小康社会是坚持和发展中国特色社会主义的阶段性战略目标，其目标的实现关键在于党的领导。党对全面建设小康社会的领导，是由党的政治领导地位所决定的，是发挥党在中国特色社会主义事业中的领导核心作用的必然要求。党的领导是做好党和国家各项工作的根本保证，离开了党的领导，中国特色社会主义事业无从谈起，全面建设小康社会也难以保证。

一　党对全面建设小康社会领导的主要方面

党的领导是中国特色社会主义最本质的特征和政治优势。中国共产党成立以来的奋斗历史充分展现了中国共产党具有无比坚强的领导力、组织力、执行力，是最可靠的领导力量。只有更好地坚持和完善党的全面领导，提高党把方向、谋大局、定政策、促改革的能力和定力，确保党始终总揽全局、协调各方，充分发挥党的领导政治优势，把党的领导落实到党和国家事业各领域各方面各环节，才能在拥有14亿人口的发展中大国顺利推进全面建设小康社会。办好中国的事情，关键在党。中国共产党能领导人民全面建设小康社会，关键在于中国共产党具有巨大的政治优势、思想优势和组织优势，能正确把握人类社会发展规律和社会主义建设规律，把全社会的力量和智慧凝聚起来，充分调动各方面积极性、主动性、创造性，众志成城为着全面建设小康社会目标奋斗。坚持和完善党对全面建设小康社会的领导，主要体现在坚持和完善党对全面小康社会的政治领导、思想领导和组织领导。

（一）坚持党对全面建设小康社会的政治领导

党的政治领导，即"政治原则、政治方向、重大决策的领导"[①]，集中体现在党的路线方针政策上的领导。坚持和完善党对全面建设小康社会的政治领导，就是要始终坚持党对中国特色社会主义事业的坚强领导，在全面建设小康社会中涉及有关政治原则、政治方向、重大决策等事项中发挥党的政治领导核心作用。

1. 制定并执行正确的路线方针政策

方向决定道路，道路决定命运。路线正确与否，关乎事业发展的成败。历史经验证明，什么时候我们党制定并执行了正确的路线，什么时候党的事业就兴旺发达，反之，党的事业就要遭受挫折。新时期以来，我们党领导的事业取得了令世人瞩目的伟大成就，就是因为我们党制定并贯彻执行了一条正确的路线。全面建设小康社会作为我们党在新时期确立的重大发展战略目标，其推进的过程也需要正确的路线方针指引。中国共产党意识到正确路线方针的重要性，注重在不同历史时期准确把握内外条件，紧密结合实际，科学制定目标和任务、政策和路径，使全面小康社会建设在正确路线指引下向前推进。党的十一届三中全会以来，党重新确立解放思想、实事求是的思想路线，作出实行改革开放的伟大决策，提出到 20 世纪末人民生活总体上达到小康水平的目标。20 世纪 80 年代中期，党制定了"一个中心，两个基本点"的社会主义初级阶段基本路线，并在此基础上提出了"三步走"发展战略；90 年代后，面对苏东剧变、世界社会主义运动遭遇重大挫折的不利影响，中国共产党始终坚持社会主义方向不动摇，探索确立中国特色社会主义道路，制定了新的"三步走"发展战略。进入新世纪，党提出在 21 世纪头 20 年，全面建设惠及十几亿人口的更高水平的小康社会。通过制定并执行正确的路线方针政策，党领导人民，锚定全面小康目标，一步一个脚印，久久为功，持续用力，使全面建设小康

---

① 《十三大以来重要文献选编》（上），人民出版社 1991 年版，第 36 页。

社会目标一步步成为现实。

2. 发挥党总揽全局协调各方的领导核心作用

发挥党总揽全局、协调各方的领导核心作用，是我们党在长期革命、建设、改革实践中积累的宝贵经验。正是有了党的掌舵把航，全面建设小康社会才有了可靠的政治保证。中国共产党始终在关涉全面建设小康社会的重大决策部署上发挥总揽全局协调各方的领导核心作用，制定了清晰的阶段性发展步骤，从"三步走"发展战略到"新三步走"发展战略再到全面建设惠及十几亿人口的更高水平的小康社会目标；积极探索小康社会建设的方式路径，从"经济增长方式"到"经济发展方式"，从可持续发展战略到全面、协调、可持续的发展观，从高速增长到注重改善经济增长质量和效益，对全面建设小康方式路径的认识不断深化；积极完善全面建设小康社会发展总体目标，从改革开放初期的以经济建设为中心，到党的十二大提出的物质文明、精神文明协调发展，到党的十六大提出的物质文明、精神文明、政治文明的"三位一体"目标，再到党的十六届五中全会提出的经济建设、政治建设、文化建设和社会建设四位一体总体布局，全面建设小康社会内容更加丰富完善。党注重发挥中国特色社会主义制度优势，团结带领人民抵御重大风险挑战，把亿万人民团结和凝聚起来，汇聚起全面小康社会建设的磅礴力量。在全面建设小康社会进程中，中国人民经历了许多重大自然灾害和风险挑战，无论是 1997 年的亚洲金融危机、1998 年的特大洪水还是 2003 年的非典、2008 年的汶川大地震，中国共产党始终在自然灾害和重大风险挑战中发挥了主心骨作用，成功带领中国人民战胜了各种自然灾害和风险挑战，为持续推进全面建设小康社会创造了良好的内外部环境。

3. 坚持党的集中领导和调动各方面积极性相结合

中国共产党的领导是中国特色社会主义的本质特征，党对中国特色社会主义事业的领导意味着党对国家、社会生活的各个领域都负有领导责任，这种领导体现为党的集中领导和调动各方面积极性相结合，一方面通过加强党的全面领导维护中央权威、维护全党全国集中统一，另一方面又通过发扬社会主义民主调动各方面的积极性，共同管理国家。在全面建设小康社会中，党就是通过坚持和落实党的集中领导和调动各方面积极性相结合实现党的政治领导。一方面，通过完善国家机关和各级单位的党组织建设，实现党的领导在国家和社会生活中的全覆盖，并坚持把党的领导地位贯彻落实到全面建设小康社会的各方面各领域，维护党的领导地位和党中央权威。另一方面，理顺党和人大、政府、司法的关系，推动国家行政、司法和社会事务由政府、司法机关、社会团体、企事业单位以及群众自己去依法管理。通过规范党委与人大、政府、政协以及人民团体的关系，支持人大依法履行国家权力机关的职能，经过法定程序，使党的主张成为国家意志，这样就能既保证党的政治领导，同时又能充分发挥各方面的积极性，使全面建设小康社会各项事业充满生机和活力。自 1985 年以来，我国形成了全国人民代表大会、全国政协于每年 3 月同步召开会议的惯例，很好地发挥了社会主义民主在全面建设小康社会国家政治生活中的作用。

（二）坚持对全面建设小康社会的思想领导

党的思想领导，是理论观点、思想方法以至精神状态的领导，是要实现党在思想上的领导权。坚持和完善党对全面建设小康社会的思想领导，就是要通过思想教育、理论武装、精神鼓舞等教育引导全党全国人民，统一全党全国人民思想、意志、行动，巩固为全面建设小康社会团结奋斗的共同思想基础。

1. 坚持以党的创新理论指导小康社会建设

马克思主义是党的指导思想，党始终坚持以马克思主义指导中国的革命、建设、改革等具体实践，在马克思主义与中国具体实际相结合的过程中，产生了马克思主义中国化理论，形成了富有中国特色的党的创新理论。在全面建设小康社会中，党注重坚持以党的创新理论武装头脑，指导实践，不断推动全面建设小康取得新的发展。新中国成立后，在毛泽东思想的指引下，我们党就开始思考如何探索在一穷二白、人口众多的东方大国更好地建设社会主义社会，让翻身做主的人民吃饱穿暖实现社会的伟大变革。

改革开放以来，以邓小平为主要代表的中国共产党人，总结新中国成立以来正反两方面的经验，解放思想，实事求是，实现全党工作中心向经济建设的转移，实行改革开放，创立了邓小平理论。在邓小平理论的指导下，我们党正式提出"小康社会"的概念，构想了建设小康社会的跨世纪发展战略，即著名的"三步走"发展战略。同时，党在这一时期探索确立了中国特色社会主义道路，为小康社会建设牢牢把握了正确方向。十三届四中全会以来，我们党形成了"三个代表"重要思想。这一科学思想为新世纪新阶段全党全国人民继往开来、实现全面建设小康社会宏伟目标提供了根本指针。"三个代表"重要思想从先进生产力的发展、先进文化的建设、维护最广大人民的根本利益提出了全面建设小康社会的思想遵循，即要求党在全面建设小康社会中要坚持与时俱进、坚持党的先进性、坚持执政为民，立足于当前阶段的奋斗目标和中心任务，不断把全面小康社会建设推向前进。在这一科学思想的指导下，我们党接续对小康社会进行了探索，江泽民在党的十六大报告中提出"全面建设小康社会"的新目标：到二十一世纪头二十年全面建设惠及十几亿人口的更高水平的小康社会。十六大以来，我们党形成了以人为本，全面、协调、可持续发展的科学发展观。科学发展观要求正确处理经济社会发展存在的不均衡等问题，在全面小康社会中更加注重人与人、人与社会、人与自然相联系、相协调，做到统筹兼顾、全面推进、协调发展，实现当前发展与长远发展的统一。在科学发展观的指导下，我们党进一步提出了构建社会主义和谐社会的重大战略任务，按照民主法治、公平正义、诚信友爱、充满活力、安定有序、人与自然和谐相处的总要求建设和谐社会，推动社会建设与经济建设、政治建设、文化建设协同发展。科学发展观的指导，构建社会主义和谐社会重大战略任务的实施，把全面建设小康社会提高到新阶段、新水平。总之，在党的创新理论指导下，我们党创造了改革开放和社会主义现代化建设的伟大成就，实现了人民生活从温饱不足到总体小康、奔向全面小康的历史性跨越。

2. 扎实开展党的思想宣传教育工作

党对全面建设小康社会的思想领导，一个重要方面是通过思想宣传、理论教育实现党的思想领导，因此，在全面建设小康社会中要加强党的思想宣传教育工作。党向来注重在全党和全体人民中加强思想宣传教育，早在革命时期，党就注意组织群众、发动群众、宣传群众，坚持用革命的理论进行思想宣传教育工作。进入全面建设小康社会时期，党不仅深入进行邓小平理论、"三个代表"重要思想、科学发展观等党的指导思想的宣传教育，还深入进行了党的基本理论、基本路线、基本纲领的宣传教育。伴随着全面建设小康社会的推进，党先后在全党范围内进行了多次集中主题教育，如 1983—1987 年全面整党教育，1998—2001 年"讲学习、讲政治、讲正气"为主要内容的党性党风教育，2005—2006 年保持共产党员先进性教育活动，2008—2010 年全党深入学习实践科学发展观活动，2010—2012 年在党的基层组织和党员中开展创先争优活动。通过党内主题教育，大大增强了党的先进性、纯洁性，实现了党的思想的高度统一。同时，在广大人民群众中也积极开展了社会主义初级阶段理论、中国特色社会主义理论、社会主义和谐社会理论等的宣传教育，进行了中国特色社会主义共同理想和社会主义核心价值体系教育，引导人民树立正确的世界观、人生观和价值观，为发展社会主义市场经济和全面建设小康社会提供强有力的思想保证和精神支撑。

3. 着力加强全面小康社会文化建设

文化承载着思想，思想通过文化载体传播。坚持党对全面建设小康社会的思想领导，还在于党要加强全面小康社会文化建设。新中国成立以后，中国共产党就注重领导人民加强社会主义文化建设，先后就文化建设提出了"百花齐放、推陈出新"，"百花齐放、百家争鸣"的方针。全面建设小康社会时期，党更加重视发展社会主义文化，把文化建设纳入社会主义建设"四位一体"总体布局。党的十五大、十六大、十七大报告均以专章形式对文化建设作了专门阐述。党的十五大要求，建设有中国特色社会主义的文化，强调经济、政治、文化协调发展。党的十六大明确指出，"全面建设小康社会，必须大力发展社会主义文化，建设社会主义精神文明"①，并提出了发展社会主义先进文化的概念，即发展面向现代化、面向世界、面向未来的，民族的科学的大众的社会主义文化。党的十七大强调，要推动社会主义文化大发展大繁荣，提出建设社会主义核心价值体系、建设和谐文化的内容要求。在全面小康社会文化建设中，党还注重把握意识形态领导权。面对全面建设小康社会中社会经济成分、组织形式、利益关系和分配方式日益多样化，社会思想文化也呈现出多样化和复杂化的趋势，党始终坚持防范西方敌对势力"西化""分化"的图谋，对社会上一些错误的思想和思潮始终保持高度警惕。党的十七大指出，要建设社

---

① 《十六大以来的重要文献选编》（上），中央文献出版社 2005 年版，第 29 页。

会主义核心价值体系，增强社会主义意识形态的吸引力和凝聚力，巩固马克思主义指导地位，这些充分表明党注重把握意识形态领导权，在文化建设中牢牢把握党的思想领导权。

（三）坚持对全面建设小康社会的组织领导

党的组织领导就是通过严密的组织体系，发挥各级党组织及党的干部和广大党员的作用，在组织上实现党对国家和社会各项事务的领导。党的组织领导是实现党的领导的组织保证。坚持和完善党对全面建设小康社会的组织领导，就是要夯实党的组织基础，发挥领导干部及党员在全面建设小康社会中的作用。

1. 抓好党员领导干部这个"关键少数"

党员领导干部是党的路线方针政策制定者和执行者，在全面建设小康社会中发挥"关键少数"作用。群众看党员，党员看干部，党员领导干部作为引领全面建设小康社会各项事业发展的"关键少数"，带头示范作用举足轻重。抓住了"关键少数"，就抓住了党自身建设的关键，抓住了治国理政的关键，抓住了民生福祉的关键，也就抓住了全面建设小康社会的关键。在全面建设小康社会中抓好党员领导干部这个"关键少数"，首先，党员领导干部要带头宣传、执行全面小康社会建设思路、举措，对党和国家有关小康社会建设的重大战略要不折不扣落实。其次，党员领导干部在全面建设小康社会建设中要带头示范，要在经济建设、生产生活一线干事创业、担当作为，以时不我待的责任感使命感推进所在单位所在部门工作，积极投身全面小康社会建设。再次，党员领导干部在全面建设小康社会中做好为人民服务工作，让人民群众感受到实实在在的获得感、幸福感、安全感。一直以来，中国共产党坚持"党管干部"的原则，注重抓好党员干部队伍建设，充分发挥党员领导干部在全面建设小康社会中的带头作用，确保了党和国家的各级领导权掌握在真正的马克思主义者手中，也保证了全面小康社会建设的顺利进行。全面建设小康社会时期，涌现出孔繁森、郑培民等一批优秀党员领导干部，除此之外，还有一批又一批党员干部奋战在西部大开发、援藏、援疆等工作中，为全面建设小康社会作出了积极贡献。

2. 注重加强党的各级组织建设

组织建设是党的建设的基础，也是实现党的全面领导的组织保证。坚持和完善党对全面建设小康社会的组织领导，离不开党的各级组织建设。党的各级组织建设如何，影响着党的自身建设，也影响着党对全面建设小康社会的领导，加强党的各级组织建设有利于全面小康社会建设的落地落实。党的组织建设，一是发挥各级党组织的领导核心作用，即要强化各级党组织的领导责任，加强党对本地区本单位各项事业的全面领导，不能让党的领导虚化弱化。在全面建设小康社会中加强以村党组织为核心的村级组织建设，发挥村级党组织在"三农"工作中的重要作用；企业党组织要积极参与企业重大问题的决策，充分发挥政治核心作用；非公有制企业党组织要认真贯彻党的方针政策，引导企业遵纪守法；社区党组织要构建城市社区党建工作新格局；机关党建工作，学校、科研院所、文化团体等事业单位的党建工作要守正创新，增强组织战斗力。二是发挥基层党组织的战斗堡垒作用。基层是全面建设小康社会的"最后一公里"，"党的基层组织是党的全部工作和战斗力的基础"①，基层党组织作用发挥如何，很大程度上决定着全面建设小康社会落地见效的成果。在全面建设小康社会中，党非常重视发挥基层党组织的战斗堡垒作用。无论是实施扶贫开发工作还是帮扶民族地区发展，无论是应对自然灾害还是组织生产发展，无论是发展经济还是开展社会建设，基层组织都发挥了重要作用，一面党旗，一座堡垒，正是基层党组织战斗堡垒作用的有力发挥，全面建设小康社会才能取得重大成果。

3. 充分发挥党员先锋模范作用

党员是党的建设的主体力量，也是实现党的组织领导的力量来源。党组织是否有力、党组织战斗力如何，取决于党员的作用能否发挥。坚持和完善党对全面建设小康社会的组织领导，就是要充分发挥党员在全面小康社会建设中的先锋模范作用。

第一，要求党员带头保证党的基本理论、基本路线、基本方略得到贯彻执行，特别是关于全面建设小康社会的重大决策部署能得到贯彻落实。

---

① 《江泽民论加强和改进执政党建设（专题摘编）》，中央文献出版社、研究出版社2004年版，第401页。

在新时期新阶段，党的中心任务是全面建设小康社会和社会主义现代化建设，每个党员都要胸怀大局，以实际行动贯彻执行党和国家的各项方针、政策。

第二，积极投身全面建设小康社会。全体党员要始终牢记"两个务必"，始终坚持中国特色社会主义共同理想，践行以人为本理念，发挥专业所长，积极服务全面小康社会建设。

第三，走群众路线，真正把实现好、维护好、发展好人民群众的根本利益作为思考问题和开展工作的根本出发点和落脚点，把为人民服务作为落实全面建设小康社会各项工作的基本要求，真心实意帮助人民群众扶贫脱贫，带领人民实现增收致富。事实上，在全面建设小康社会征程中，一批又一批共产党员发挥了先锋模范作用，他们在扶贫工作中倾力奉献、苦干实干，同贫困群众想在一起、过在一起、干在一起，将最美的年华无私奉献给了扶贫事业，涌现出许多感人肺腑的先进事迹，还有不少党员将生命定格在了脱贫攻坚征程上，生动诠释了中国共产党人的初心使命。

二　党对全面建设小康社会领导的能力和水平要求

科学执政、民主执政、依法执政，是对共产党执政规律认识的深化和对党长期执政正反两方面经验的科学总结，是创新和完善执政方式的重大成果，也是提高党的执政能力和领导水平的总体目标。科学执政、民主执政、依法执政，是在党的十六届四中全会上完整提出的，会议同时把"成为科学执政、民主执政、依法执政的执政党"[1] 明确为加强党的执政能力建设的总体目标之一。科学执政、民主执政、依法执政三者不是彼此孤立的，而是相互联系、辩证统一的。科学执政是基础，民主执政是核心，依法执政是保证。提高科学执政、民主执政、依法执政的能力和水平，既是加强和改进党的执政能力和领导水平的总体要求，也是把党的领导贯穿全面建设小康社会全过程的要求，是党在领导全面建设小康社会中不断提升国家治理和社会治理能力的集中体现。只有使党的执政能力更加适应国家

---

① 《中共中央关于加强党的执政能力建设的决定》，人民出版社 2004 年版，第 4 页。

治理体系和治理能力现代化的需要，才能为全面建设小康社会筑成坚强的领导保障。

（一）提高科学执政的能力与水平要求

科学执政是马克思主义政党执政成功的前提条件，也是中国共产党作为执政党实现长期执政的基础。所谓科学执政，即"不断探索和遵循共产党执政规律、社会主义建设规律、人类社会发展规律，以科学的思想、科学的制度、科学的方式组织和带领人民共同建设中国特色社会主义"①。提高科学执政的能力就是要提高党在认识科学规律基础上，运用科学思想、制度、方法执掌政权和治理国家的能力。科学执政的能力是党执政的必要因素，也是党加强和改进执政方式的重要内容。提高党科学执政的能力和水平是促进党执政方式现代化、提升国家治理体系和治理能力现代化的必然要求，是全面建设小康社会进而建设社会主义现代化国家的现实要求。

1. 提高党把握科学规律按客观规律办事的能力

回顾我们党执政的历史，曾经出现过不尊重科学、不按客观规律办事的现象，如在 20 世纪 50 年代中后期，我国社会主义建设中出现了急于求成、夸大主观能动性、急躁冒进的思想，由于不尊重科学、不从实际出发，导致了"大跃进"、人民公社化运动等失误，使社会主义建设遭遇严重挫折，这方面的教训是十分惨痛的。前事不忘，后事之师，作为拥有 70 余年执政历史的世界大党，我们党要领导人民建设中国特色社会主义，必须提高把握科学规律按规律办事的能力。要在执政中坚持实事求是的原则，深化对共产党执政规律、社会主义建设规律、人类社会发展规律三大规律的认识，尤其要加强对共产党执政规律的研究和把握，将党执政当作一门科学和学问来对待，自觉运用客观规律，把党的执政活动建立在科学基础上。党领导人民全面建设小康社会，也要建立在尊重科学规律基础上，要按照客观规律推进经济建设、政治建设、文化建设、社会建设等全面进步。农村贫困人口脱贫是全面建设小康社会的基本标志，在脱贫攻坚问题上，不能搞"数字脱贫""算账脱贫"，要尊重事实，尊重事物发展规律，真脱贫，否则也得不到人民群众和国际社会的认可。

---

① 《胡锦涛文选》第 2 卷，人民出版社 2016 年版，第 461 页。

2. 坚持以科学的思想指导执政的能力

执政党总是以一定的理念、主张、观点作为行动指南，科学的思想能指引执政党提出正确的施政纲领，使执政活动朝着正确的方向前进。反之，错误的指导思想或以非科学的思想为指导，将造成执政党思想上的混乱，作出错误决策，导致执政的失败甚至丧失执政地位。苏联共产党作为具有近2000万党员的大党，在执政了74年之后最终丧失政权，其根本原因在于苏共最后没能坚持科学思想的指导，背离了马克思主义。戈尔巴乔夫提出的"改革新思维"，其实质是走向资本主义，"苏共垮台、苏联解体的根本原因并不在于'斯大林模式'即苏联社会主义模式，而在于从赫鲁晓夫集团到戈尔巴乔夫集团逐渐脱离、背离乃至最终背叛马克思主义、社会主义和最广大人民群众根本利益"①。科学的思想是执政党治国理政的思想灵魂，科学执政必须坚持科学思想的指导。我们党要实现科学执政就必须始终坚持马克思主义这一科学思想，必须坚持马克思主义在意识形态领域的指导地位不动摇。同时，要把马克思主义与中国发展的实际相结合，不断推进马克思主义中国化，坚持用马克思主义中国化的思想指导社会主义建设。新时期新阶段建设全面小康社会，提高党科学执政的能力，就必须提高党用新思想指导执政实践的能力。改革开放以来，我们党形成了邓小平理论、"三个代表"重要思想、科学发展观等科学思想，这是我们党在全面建设小康社会不同时期的治国理政重要思想，对党提升科学执政能力有着重要的指导意义。如邓小平理论对党的领导和依靠力量的论述、"三个代表"重要思想对党的性质的论述、科学发展观以人为本的理念都对党的科学执政能力有重要的指导作用，因此，要用科学思想指导提升党的执政能力，为全面建设小康社会加强党的领导提供思想基础。

3. 提高运用科学制度执政的能力

治理国家，制度是起根本性、全局性、稳定性、长期性作用的。科学的制度能够有效地防止执政活动的随意性和盲目性，确保执政向制度化、规范化和程序化的方向发展。能否建立科学的制度体系，用科学的制度治理国家，是一个执政党是否成熟的重要标志之一。运用科学制度执政，要

---

① 李慎明：《全球化背景下的中国国际战略》，人民出版社2011年版，第554页。

求我们党必须加强制度创新，对变化了的实际、国家发展具体情况作出相应的制度改革，建立起适应国家建设和经济社会发展需要的制度。要敢于破除制度藩篱，摒弃传统的僵化的体制机制，激发制度活力。新时期以来我们建立了党的领导制度体系、人民当家作主制度体系、中国特色社会主义法治体系等方面的制度体系，坚持科学执政，就是要坚持和完善这些制度体系，提高运用科学制度体系执政的能力，充分发挥制度优势在国家治理中的作用。全面小康社会要求经济更加发达、民主更加健全、科教更加进步、文化更加繁荣、社会更加和谐、人民生活更加殷实，这需要在社会各个领域建立更加科学有效的制度，以制度的科学进步不断提升小康社会的高质量发展。

4. 提高运用科学方法执政的能力

执政方法是否科学、合理，直接影响到执政思想贯彻的程度和执政制度发挥的效力。黄仁宇在《万历十五年》中谈到一个观点，中国王朝治理在近代失败的根源在于不能实行数目字管理，说到底，近代王朝治理依然仰赖于道德礼仪，没有采用先进的技术方式，因而治理粗放低效，这与庞大的帝国事务管理存在矛盾。我们党作为现代政党，实现科学执政，就要运用科学的思维、方法和现代技术手段治理国家。"治大国如烹小鲜"，全面建设小康社会作为党执政的一个阶段性目标，需要运用科学的治理方法。要强化辩证思维，坚持"两点论"和"重点论"的统一，学会抓主要矛盾，善于运用调查研究的方法，注重解决全面小康社会建设过程存在的发展不平衡、不协调、不充分问题。在网络时代、信息化时代，要及时将先进技术转化为全面建设小康社会的重要生产力，使先进技术成为党科学执政、实现全面建设小康社会目标的重要手段和方法。近年来，我们党运用大数据、人工智能、云计算、"互联网＋"等新技术于扶贫工作，精准识别、精准解决"两不愁三保障"突出问题，带领贫困群众脱贫致富进入新阶段。

（二）提高民主执政能力与水平要求

民主执政是马克思主义政党执政的本质要求。所谓民主执政，"就是坚持为人民执政、靠人民执政，发展中国特色社会主义民主政治，推进社会主义民主政治的制度化、规范化、程序化。以民主的制度、民主的形式、民主的手段支持和保证人民当家作主"①。民主执政既是我们党的执政方式，也是党执政的价值追求。为谁执政、靠谁执政、怎样执政，始终是我们党执政后必须回答的根本性问题，也是全面建设小康社会路上必须努力做好的课题。世界社会主义运动和苏联东欧共产党兴衰存亡的历史经验告诉我们，我们党要执好政、长期执政，必须始终坚持为人民执政和依靠人民执政，始终要在治国理政的大业中不断提高民主执政的能力和水平，只有民主执政的能力和水平提高了，全面建设小康社会才能得到持续推进。

1. 把执政为民理念贯穿加强党的执政能力建设的始终

中国共产党夺取政权获得执政地位，不是为了一己之私，而是为了人民的利益，人民性是共产党执政的鲜明特点。毛泽东曾指出，"共产党是为民族、为人民谋利益的政党，它本身决无私利可图。它应该受人民的监督，而决不应该违背人民的意志。它的党员应该站在民众之中，而决不应该站在民众之上"②。立党为公、执政为民，既是我们党执政70年多来的经验总结，也是我们党长期执政必须遵循的行动指南。坚持执政为民理念，要始终把人民放在心中最高位置，把人民拥护不拥护、赞成不赞成、高兴不高兴、答应不答应作为衡量执政得失的根本标准；要紧紧依靠人民执政，以更加便捷的方式和更加健全的制度支持和保证人民当家作主。全面建设小康社会的过程，就是执政为民理念不断融入、不断践行的过程。执政为民，就是要在全面小康社会中，最广泛地动员和组织人民群众参与国家治理，尊重人民主体地位，满足人民美好生活需要，切实维护和实现人民群众的根本利益。

2. 提高进一步健全民主制度的能力

民主执政是我们党向人民作出的庄严承诺，早在新中国成立前夕毛泽东就谈到，"这些阶级在工人阶级和共产党的领导之下，团结起来，组成自己的国家，选举自己的政府，……对于人民内部，则实行民主制度，人民有言论集会结社等项的自由权"③。建立民主制度，让人民以民主的方式参与政权、管理国家，这就是共产党的民主执政。相反，国民党在有着巨

---

① 《胡锦涛文选》第 2 卷，人民出版社 2016 年版，第 462 页。
② 《毛泽东选集》第 3 卷，人民出版社 1991 年版，第 809 页。
③ 《毛泽东选集》第 4 卷，人民出版社 1991 年版，第 1475 页。

大军事优势的情况下却丧失政权败退台湾，一个重要原因就在于国民党执政的专制独裁。近代以来正反两方面的历史经验告诉我们，共产党要坚持民主执政，必须不断提高健全民主制度的能力。全面贯彻民主集中制，保证党内政治生活民主化，坚决摒弃个人专断行为、杜绝一言堂。完善党的集体领导制度，推进党内决策民主化，破除个人崇拜现象。建立党内民主带动人民民主制度，创新方式方法，探索更加丰富多样的人民民主制度。协商民主是我国独有、独特、独到的民主形式，民主执政就是要在中国共产党领导下推动协商民主广泛、多层、制度化发展。协商民主有政党协商、政府协商、政协协商、人大协商、人民团体协商、基层协商、社会组织协商等七种协商渠道①，每一种协商渠道都是我国民主制度的重要载体，我们党提高进一步健全民主制度的能力，就要把独有的协商民主发展好、建设好、使用好，激发协商民主的活力和效能。全面建设小康社会是全体人民共同的事业，国家发展过程也是全体人民共享成果的过程。提高健全民主制度的能力，就是要让人民享有更多的民主权利，共享民主制度发展的成果。要更加发展社会主义协商民主，用政党协商、政协协商的丰富成果展现社会主义民主的独特魅力和深厚民主价值。要在全面小康社会中提高创新基层民主的能力。近年来，我国出现了新的基层民主实践形式——民主恳谈机制，被称为基层民主的"温岭模式"。提高党民主执政的能力，就是要在全面建设小康社会中创新民主制度、民主实践，创造更多"看得见的民主"，让人民群众感受到民主带来的真实利益。

　　3. 增强权力制约和监督的能力

　　权力过分集中导致专断，绝对的权力导致绝对腐败。民主执政不仅意味着得民心、顺民意，更意味着执政要接受人民监督。我们党深知民主执政的极端重要性，早在延安时期，毛泽东与民主人士黄炎培有过著名的"窑洞对"。黄炎培提出如何跳出"其兴也勃焉、其亡也忽焉"的历史周期率问题，毛泽东回答："我们已经找到新路，我们能跳出这周期率。这条新路，就是民主。只有让人民来监督政府，政府才不敢松懈。只有人人起来负责，才不会人亡政息。"② 毛泽东提出的让人民来监督政府，就是要在民主执政中强化

---

　　①　《关于加强社会主义协商民主建设的意见》，人民出版社 2015 年版，第 1 页。

　　②　中共中央文献研究室编：《毛泽东年谱（一八九三——一九四九）》（修订本）（中卷），中央文献出版社 2013 年版，第 611 页。

对权力的制约和监督。只有加强对公权力的监督，做到权为民所用，才能避免人亡政息、保持政权生机活力。在中国特色社会主义事业和全面建设小康社会的实践中，我们党民主执政，就要提高监督权力的能力，始终警醒对权力的监督，让权力在阳光下运行，保持反腐败的高压态势。加强纪委执纪监督力度，深化国家监察体制机制改革，加大对行使公权力人员的监察监督力度，真正为人民掌好权、用好权，当好人民的"勤务员"。

（三）提高依法执政能力与水平要求

依法治国，是党领导人民治理国家的基本方略，是发展社会主义市场经济的现实需要，也是全面建设小康社会的必要保障。没有良好的法治秩序，全面建设小康社会就无从谈起。依法治国首先体现为执政党的依法执政，所谓依法执政，"就是坚持依法治国、建设社会主义法治国家，领导立法，带头守法，保证执法，不断推进国家经济、政治、文化、社会生活的法制化、规范化，以法治的理念、法治的体制、法治的程序保证党领导人民有效治理国家"①。自党的十五大提出依法治国基本方略以来，我们党坚定不移地推进法治建设，对社会主义法治建设的认识达到了新的高度，开启了国家治理的一场深刻革命。2006 年，党中央在下发关于进一步加强人民法院、人民检察院工作的文件中进一步指出："全面建设小康社会的进程中，充分发挥司法机关的职能作用，通过司法手段处理经济、社会、文化等事务，是提高我们党依法执政能力的客观要求。"② 这标志着我们党将进一步增强运用法律手段领导和治理国家的能力，不断推进党的执政方式、国家治理方式新的变革。

1. 牢固树立法治思维

法治思维是人们对法治认同的根深蒂固的思想认识反映，是依法治国和依法执政得以展开的前提，也是法治深入人心的表现。我们党执政以来，一段时期由于受到传统"人治"观念的影响和对社会主义法治认识不够，法治建设在"文革"中遭到严重破坏，依法执政停滞不前。历史的惨痛教训极为深刻，我们党提高依法执政的能力和水平，必须牢固树立法治

---

① 《胡锦涛文选》第 2 卷，人民出版社 2016 年版，第 463 页。
② 《十六大以来重要文献选编》（下），中央文献出版社 2008 年版，第 436 页。

思维。"奉法者强则国强，奉法者弱则国弱"①，要始终站在现代政党推进现代国家治理的角度思考党的执政行为和方式，克服"人治"观念和计划经济时代传统治理思维，由"从主要靠政策手段、行政手段、领导人意志治国理政的观念，转变为主要靠法律和制度治党治国治军的观念"②。全面建设小康社会是党依法执政充分彰显、法治思维不断增强的过程，树立法治思维要求各级领导干部要自觉学法提高法律素养，奉行"法无授权不可为"的理念，树立法治信仰，自觉地在法治的范围内行使权力，带头维护宪法和法律的权威。党要教育引导人们克服权力思维、"人情关系"思维，做到知法守法依法办事。

2. 坚持依宪执政

依法执政首要的是坚持依宪执政。所谓依宪执政，是指"中国共产党依照宪法治国理政，并在宪法范围内活动"③。依宪执政，既要求党领导和带领人民实施和执行宪法，也要求党自身必须在宪法和法律的范围内活动，依照宪法的精神和要求来执政。依宪执政是推进中国特色社会主义法治建设，落实依法执政的重要举措，是依法治国在执政党执政层面的现实要求。"党领导人民制定宪法，也领导人民遵守和执行宪法，党自身也要在宪法范围内活动"④，表明我们党对作为国家根本法的宪法的尊严和权威的充分尊重，对实施全面依法治国、建设社会主义现代法治国家的坚定决心。依宪执政不等于宪政，与"西方宪政"有着本质区别。依宪执政包括坚持宪法确定的中国共产党领导地位不动摇，坚持宪法确定的人民民主专政的国体和人民代表大会制度的政体不动摇，而"西方宪政"的本质意图是要否定中国共产党的领导，颠覆社会主义根本制度。我们必须警惕"西方宪政的陷阱"，坚定走中国特色社会主义法治道路的自信。依宪执政有三个方面的理论要义和实践要求，即党如何推进宪法实施、如何加强宪法实施的监督和保障、如何依据宪法法律治国理政。新时期以来我们党确定国家宪法日、在全社会普遍开展宪法教育、建立宪法宣誓制度等都是推进宪法实施的重要体现；建立全国人大及其常委会宪法监督制度、健全宪法

① 见《韩非子·有度》。

② 李林：《当代中国的依法治国与依法执政》，《学术探索》2011年第2期。

③ 莫纪宏：《"依宪执政"为何不能简称"宪政"》，《人民日报》2014年12月3日。

④ 《十五大以来重要文献选编》（下），人民出版社2003年版，第2100页。

解释程序机制等就是加强宪法实施的监督和保障；我们党提出的"四个善于"要求，即善于使党的主张通过法定程序成为国家意志、善于使党组织推荐的人选通过法定程序成为国家政权机关的领导人员、善于通过国家政权机关实施党对国家和社会的领导、善于运用民主集中制原则维护中央权威、维护全党全国团结统一，就是党依据宪法法律治国理政。

3. 加强依法依规治党

依法执政，既要求党依据宪法法律治国理政，也要求党依据党内法规管党治党。依法依规治党是全面从严治党的具体落实和实践展开，也是加强党的建设铸就坚强的领导力量推动全面建设小康社会的根本保证。党章是最根本的党内法规，是管党治党的总规矩，依规治党，必须要求所有的党组织和党员以党章为根本遵循，以遵守党章为底线要求。依规治党深入党心，依法治国才能深入民心。我们党只有加强自身建设，划定红线和规矩，管理好党的各级组织和党员干部，才能在依法执政、依法治国中发挥引领示范作用。邓小平说："我们党是执政的党，威信很高。我们大量的干部居于领导地位。在中国来说，谁有资格犯大错误？就是中国共产党。犯了错误影响也最大。"① 因此，我们必须坚持党要管党，从严治党，加强党内法规建设，以党内法规制度规范党员行为。党中央高度重视党内法规建设，制定了《中国共产党纪律处分条例》《中国共产党廉洁自律准则》《中国共产党问责条例》《关于新形势下党内政治生活的若干准则》《中国共产党党内监督条例》等90余部党内法规，将党内法规建设推进到新的高度，法规建设更加制度化、规范化、科学化。加强依法依规治党，重在抓落实加大党内法规执行力，要探索推进党内法规执行督查和评估制度，解决好"权大还是法大"这个真命题，把权力关进制度的笼子里，让党内违法违规行为无处遁形。

三　落实加强党对全面建设小康社会的领导

党的领导力、组织力、凝聚力、号召力如何，对全面建设小康社会至

---

① 《邓小平文选》第1卷，人民出版社1994年版，第270页。

关重要。党对全面建设小康社会的领导，在于党的建设坚强有力。这需要在着力坚定理想信念、造就专业化干部队伍、健全民主集中制、密切党同人民群众血肉联系、完善惩治和预防腐败体系上下功夫。

（一）着力坚定理想信念

理想信念是中国共产党人的精神支柱和政治灵魂，是保持党的团结统一的思想基础，是党在革命性锻造中更加坚强有力的精神密码。落实加强党对全面建设小康社会的领导，首要的是要始终坚守对马克思主义的坚定信念、对共产主义的坚定信念，以坚定的理想信念铸就党的力量之源，使党始终勇立时代潮头、战胜各种风险挑战、创造新的历史伟业，凝聚更为主动的精神力量扎实推进全面建设小康社会。

1. 坚守马克思主义信仰

中国共产党从诞生之日起就把马克思主义郑重地写在自己的旗帜上，对马克思主义的信仰，对社会主义和共产主义的信念，是中国共产党人的精神支柱和政治灵魂。历史反复证明，马克思主义是我们认识世界、把握规律、追求真理、改造世界的强大思想武器，马克思主义信仰、共产主义远大理想、中国特色社会主义共同理想，是我们党保持团结统一的坚强思想基础。心有所信、方能行远。正是因为有了马克思主义的信仰，才有了对社会主义、共产主义的执着追求，有了对无产阶级革命的必胜信念，正是因为坚守着这样的理想信念，一代又一代的中国共产党人不畏艰难困苦、不怕流血牺牲，以"敢教日月换新天"的豪迈气魄，使古老的中国"换了人间"，迎来了从站起来、富起来到强起来的历史性飞跃。全面建设小康社会是一项前无古人的伟大事业，是造福亿万人民的幸福工程，在这样一项没有前人经验可以借鉴、没有外来方案可以参考的伟大实践中，必然会经历这样或那样的曲折坎坷，小康社会建设之路也不会一帆风顺，这就需要强大的信念作支撑，需要我们始终坚守马克思主义信仰，以坚如磐石的信念和开拓创新精神创出一条新路来，不断朝着全面建设小康社会的正确道路前行。

2. 强化思想理论武装

理想信念的坚定，来源于理论的清醒。坚定马克思主义信仰、共产主义远大理想、中国特色社会主义共同理想，必须建立在对马克思主义的深刻理解上，建立在对历史规律的正确认识上，建立在对基本国情的准确把握上。没有科学的理论武装，思想就容易陷入迷惘，理想信念也就容易动摇。只有掌握好马克思主义的看家本领，我们才能在思想迷雾中拨云见日守得云开，也才能牢固树立理想信念。我们党要以坚定的理想信念推进全面建设小康社会的各项事业，一步一步朝着中国特色社会主义共同理想、共产主义远大理想迈进，就必须深入学习党的思想理论，掌握和运用辩证唯物主义和历史唯物主义，掌握贯穿其中的马克思主义立场、观点、方法，深入认识共产党执政规律、社会主义建设规律、人类社会发展规律；特别是要深入系统学习中国特色社会主义理论体系，不断提高马克思主义思想觉悟和理论水平，把学习成果转化为提升思想境界、推进小康社会建设的实际行动。

3. 坚定政治立场

坚定理想信念有赖于站稳政治立场。为什么人的问题，是检验一个政党、一个政权性质的试金石。中国共产党自成立以来始终坚持为中国人民谋幸福、为中华民族谋复兴，坚持人民群众是历史的创造者这一唯物史观的根本观点。全面建设小康社会，要牢记中国共产党是什么、要干什么这个根本问题，站稳政治立场。对马克思主义的信仰，对社会主义和共产主义的信念，对党和人民的忠诚，对全面建设小康社会的执着，是我们共产党人的根本，党员干部必须坚定这份信仰、这份信念、忠诚、执着，只有在立根固本上下足了功夫，才会有强大的免疫力和抵抗力。只有站稳政治立场，才能对理想信念执着坚定不动摇，我们党领导全面建设小康社会才会更加坚强有力。相反，在政治立场、政治方向、政治道路、政治原则上没有定力，人云亦云，就会在理想信念上滑坡，政党就没有灵魂，个人也会失去正确方向。个别党员干部对共产主义心存怀疑、盲目崇拜西方制度、质疑党的执政和改革开放政策，出现这样或那样的问题，走向贪污犯罪、腐化堕落的道路，归根到底是政治立场不坚定、理想信念不坚定。只有不断增强政治敏锐性、政治鉴别力，在大是大非问题上保持头脑特别清醒、眼睛特别明亮、立场特别坚定，敢于同各种错误思想坚决斗争，才能真正树立起实现共产主义远大理想、中国特色社会主义共同理想的坚定理想信念。

(二) 着力造就专业化干部队伍

毛泽东早就说过："政治路线确定之后，干部就是决定的因素。"① 全面建设小康社会，必须有一支政治过硬、适应时代要求、具备领导全面建设小康社会能力的干部队伍。这要求从长远着眼、从当下着手，在培养高素质专业化干部队伍上下功夫，为全面建设小康社会，持续推进中国特色社会主义事业提供人才支撑。

1. 提高干部队伍政治素质

建设高素质专业化的干部队伍，首先要求的是政治素质要高。政治素质，"是非临时性组织要求其成员在处理个人与组织之间关系时所持有的特定的基本立场、观点、态度和行为倾向的总和，它是成员个人从政履职中实现组织政治路线所需要的核心素质与关键素质"②。政治素质主要体现在政治方向、政治立场、政治观念、政治态度、政治信仰、政治能力等方面。提高干部队伍政治素质，要求党员干部要有较强的政治理论水平，在政治方向、政治立场上始终坚持党的领导，坚持走中国特色社会主义道路不动摇，在政治观念、政治信仰上，坚定马克思主义信仰，以中国化马克思主义和党的最新理论成果为基本政治思想要求。在政治态度上，做到个人服从组织，坚持党的组织利益高于一切的政治原则。在政治能力上，要有较强的政治觉悟和政治敏锐性，善于从政治上观察与处理问题，具有政治领导力。

2. 加强干部队伍专业能力和专业精神培养

建设专业化的干部队伍，既是推进党的建设伟大工程的必然要求，也是推进中国国家治理体系和治理能力现代化的现实要求。随着现代社会分工的精细化，工作岗位职责要求也越来越专业化，这就需要在确保政治素质的前提下，不断加强干部队伍的专业能力和专业精神培养。我们党治理国家，涵盖改革发展稳定、内政外交国防、治党治国治军等各个方面，要实现全面建设小康社会目标，建设社会主义现代化国家，需要一大批在各方面有专业能力的干部，尤其是在应对危机、防范化解风险等领域具有专

---

① 《毛泽东选集》第2卷，人民出版社1991年版，第526页。
② 萧鸣政：《新时代领导干部政治素质及其考评初探》，《北京大学学报》（哲学社会科学版）2018年第3期。

业能力的干部。目前，干部队伍中专业化人才还不够多，意味着需要培养一大批有专业思维、专业素养、专业方法的人才，要坚持"干什么学什么、缺什么补什么"，以增强八种执政本领为重点，引导和帮助干部丰富专业知识、提升专业能力、锤炼专业作风，在实践一线和担当作为中提高适应时代发展要求的专业化能力，使党员干部成为经济社会管理的行家里手、内行领导。

3. 加强优秀年轻干部培养

建设强有力的领导全面建设小康社会的干部队伍，要注重加强优秀年轻干部培养。年轻干部是党的干部的新鲜血液，是全面建设小康社会的生力军和党的事业永续发展后继有人的重要保证。抓好后继有人这个根本大计，健全培养选拔优秀年轻干部常态化工作机制。对有潜力的优秀年轻干部敢于压"担子"，让他们在吃劲岗位、重要岗位经受磨炼，在大事要事难事急事中经受摔打；要摒弃"论资排辈"的传统思维，破除山头主义、团团伙伙的不良风气，大胆培养选拔那些想干事、能干事、会干事、干成事的年轻干部，把他们选拔到真正能发挥其聪明才智的岗位上；把到基层和艰苦地区锻炼成长作为年轻干部培养的重要途径，让他们到基层一线见世面，在艰苦地区壮筋骨，去任务艰巨领域长才干，使他们不断成长为能堪领导全面建设小康社会重任的高素质人才。

（三）着力健全民主集中制

民主集中制，是党的根本组织原则和领导制度，其基本含义是民主基础上的集中和集中指导下的民主相结合。民主集中制是实现党的正确领导的制度保证，是党执政的最大制度优势。实行民主集中制是坚持党的领导的要求，是党为人民掌好权、执好政的制度要求。提高党的执政能力和领导水平，必须把坚持和完善民主集中制作为一项主要任务，在贯彻落实民主集中制中助推党的执政能力和领导水平的提高。

1. 正确处理好民主与集中的关系

民主集中制的民主，指的是党员和党组织生活意愿的充分表达和积极性主动性创造性的有效发挥；集中，指的是全党思想、意志的凝聚和行动的一致。民主和集中，相辅相成，辩证统一，不能只有民主，而没有集中，没有集中的民主将导致散漫、低效、无序，最终滑向个人主义，造成社会的混乱；只有集中，没有民主，或是没有民主的集中，将导致权力的过分集中，形成个人专断，最终导致专制的产生。因此，处理好民主和集中的关系，一方面，要尊重党员主体地位，保障党员权利，发扬党内民主；另一方面，要善于实行正确集中，规范决策程序，严明党的纪律和要求，维护党的团结统一和集中统一领导。

2. 健全和落实民主集中制的各项具体制度

在我国，民主集中制不是口号，更不是虚无缥缈的制度幻想，而是一系列具体制度的客观存在。只有把民主集中制的各项具体制度落到实处，才能真正坚持和完善民主集中制。只有把民主集中制的各项具体制度融入党的各项工作中，体现在为人民服务的行动中，坚持和完善民主集中制才具有活力和生命力。"民主集中制的各项具体制度主要包括：党的代表大会制度、党的委员会制度、党内选举制度、党的集体领导制度、党内监督制度、党的组织生活制度、党员权利保障制度、党的协商制度。"①坚持和完善民主集中制，就是要把这些制度坚持好、发展好、完善好。要根据实践的不断发展，优化民主集中制的各项具体制度，对好的、管用的方面继续坚持和贯彻好；对不适合现实需要的，要主动地进行改革、改进、完善。同时，要创新发展新的民主集中制的具体制度，丰富和发展民主集中制。

3. 加强对贯彻民主集中制的监督

强化上级党组织对下级党组织和党员、领导干部的监督，把党内监督同舆论监督、群众监督、法律监督、国家监察结合起来，形成监督合力。发挥党内巡视巡察作用，对各级党组织全面从严治党中的民主集中制具体制度的执行情况开展监督检查，尤其要对议事规则和决策程序是否严格执行、民主生活会是否正常召开等问题深查细照，及时纠正偏离民主集中制原则和制度的倾向和行为，督促指导民主集中制的常态化运行。

（四）着力保持党同人民群众血肉联系

保持同人民群众的血肉联系是党的优良传统和政治优势，是党战胜前进道路上各种艰难险阻、取得最终胜利的法宝。历史证明，人民群众是党

---

① 黄蓉生：《全面从严治党与完善和落实民主集中制》，《红旗文稿》2018 年第 13 期。

的力量源泉和胜利之本，不论是革命、建设还是改革的各个历史时期，党的发展壮大、各项事业的发展成功，无一不是依靠人民群众的拥护和支持取得的。全面建设小康社会是惠及十几亿人口的重大战略部署，是建设中国特色社会主义的重大举措，更需要保持党同人民群众的血肉联系，不断增强党的群众组织力、社会号召力，汇聚起党同全国人民共同奋斗迈上小康的强大力量。

1. 不断强化全党宗旨意识教育

密切党同人民群众的血肉联系，是党的性质和宗旨的要求。中国共产党作为无产阶级政党，是中国工人阶级的先锋队，同时是中国人民和中华民族的先锋队。党要永葆先进性，必须始终坚持无产阶级政党的政治本色，全心全意为人民服务，密切同人民群众的联系。毛泽东指出："我们共产党人区别于其他任何政党的又一个显著标志，就是和最广大的人民群众取得最密切的联系。全心全意为人民服务，一刻也不脱离群众。"① 依靠群众、密切同人民群众的血肉联系，是党的先进性的体现，也是党领导人民全面建设小康社会的政治优势和力量保证。这就要求在全面建设小康社会中，全党必须不断强化宗旨意识教育，站稳人民立场，始终坚持全心全意为人民服务。党密切联系群众的优良作风是建立在马克思主义世界观的基础之上的，强化全党宗旨意识教育，要用唯物史观教育党员干部，使广大党员干部懂得，人民群众是历史的创造者，在社会历史发展过程中，人民群众起着决定性的作用，人民群众是社会变革的决定力量。要牢固树立马克思主义群众观，认识到党的根基在人民、血脉在人民、力量在人民，任何时候任何情况下，与人民群众同呼吸共命运的立场不能变，全心全意为人民服务的宗旨不能忘，全面建设小康社会成果由全体人民共享的价值取向不能变。

2. 积极创新群众工作方式方法

密切党同人民群众的血肉联系，要在全面建设小康社会中为群众服好务，既要站稳立场、端正态度，又要提升工作能力、改进工作方法。要掌握群众工作的方法论，尊重人民群众的主体地位，尊重人民群众的创造性，把尊重群众的主体地位与发挥党和政府工作的主导作用结合起来，调

---

① 《毛泽东选集》第 3 卷，人民出版社 1991 年版，第 1094 页。

动 "两个积极性"。要增强群众工作的辩证思维，把解决思想问题与解决
实际问题、解决眼前问题与解决长远问题结合起来。探索现代创新技术做
好群众工作，优化政务服务平台，推行一站式服务理念，如在日常事务办
理中，通过集成性办公、一网通办等形式让群众办事 "少跑路"。随着全
面建设小康社会的推进，人民物质生活水平的改善，群众工作的对象、环
境、内容都在发生深刻变化，这就需要及时把握新形势下群众工作的特点
和规律，把群众工作做细做深做实，运用精准服务手段，打通基层群众工
作的 "最后一公里"。在网络日渐普及的情况下，群众工作也要适应网络
时代的特点，走好网上群众路线，要熟练使用 "网言网语"，利用互联网
了解群众诉求，健全网络公共服务平台，在服务群众的同时做好教育引导
工作，要充分把网络这一最大变量变为做好群众工作的最大增量。

3. 切实解决群众急难愁盼问题

密切党同人民群众的血肉联系，就是要想群众之所想，急群众之所
急，解群众之所困，在实际工作中解决人民群众关心的实际问题。全面建
设小康社会过程中诸多千头万绪的事，说到底是千家万户的事，最关键的
是解决人民群众的急难愁盼问题。正如胡锦涛所指出的："实现全面建设
小康社会奋斗目标的新要求，一个突出的特点，就是要贯彻以人为本的理
念，顺应各族人民过上更好生活的新期待，注重解决人民最关心、最直
接、最现实的利益问题。"① 党高度重视解决人民群众急难愁盼问题，党的
十六大以来，党中央连续发布 "三农" 为主题的中央一号文件，2003 年试
点新型农村合作医疗制度，2006 年全面取消农业税，2010 年实施新型农村
社会养老保险，2011 年实施城镇居民社会养老保险，这些举措极大地解决
了人民群众急难愁盼的问题，加快了全面建设小康社会进程。随着我国经
济社会发展变化，广大群众对幸福美好生活的向往更加强烈，在急难愁盼
问题上也有新的表现。如全面建设小康社会中农村贫困问题、教育问题、
医疗卫生问题、住房问题、养老问题、食品安全问题、生态环境问题等，
还有拖欠农民工工资、拆迁补偿问题等，这些都制约了更高水平的小康社
会建设，需要认真研究，切实拿出既符合政策规定又让群众满意的解决

---

① 《胡锦涛在中共中央政治局第三次集体学习时强调　精心谋划　周密组织　突出重点　狠
抓落实　切实贯彻全面建设小康社会奋斗目标新要求》，《人民日报》2008 年 1 月 31 日第 1 版。

办法。

4. 建立密切联系群众长效机制

加强和改进党的作风建设，一靠教育，二靠制度。保持党同人民群众的血肉联系，在加强全党宗旨意识教育之外，还要加强制度建设。要建立"纠四风"制度和监督机制，坚决反对和遏制形式主义、官僚主义、享乐主义、奢靡之风。因地制宜、因时制宜建立密切联系群众制度，如建立党员领导干部联系党外人士制度、联谊交友制度、联系基层群众制度、接待群众来信来访制度。要加强对全面建设小康社会中群众工作的经常性分析研判，注重用改革的思路和办法破解党群关系存在的主要问题及作风顽疾，从体制机制上堵塞漏洞，为保持党同人民群众的血肉联系提供制度保障。

（五）着力完善惩治和预防腐败体系

胡锦涛曾指出，我们党面临着精神懈怠危险、能力不足危险、脱离群众危险、消极腐败危险"四大危险"，任何一个危险的存在都将侵蚀党的肌体、威胁党的执政地位，特别是消极腐败的危险，将带来亡党亡国的隐患。加强党对全面建设小康社会的领导，尤其要特别重视反腐败斗争，完善惩治和预防腐败体系，提高拒腐防变和抵御风险能力，使党始终成为全面建设小康社会的坚强领导核心。党的十六届三中全会提出，要建立健全与社会主义市场经济体制相适应的教育、制度、监督并重的惩治和预防腐败体系，这为全面建设小康社会背景下着力完善惩治和预防腐败体系提供了指导。

1. 坚持不懈开展反腐倡廉教育

腐败的产生，首先是思想作风上出了问题，精神上有了懈怠，纪律上放松了要求。因此，预防腐败，放在第一位的是开展反腐倡廉教育，让广大党员干部在思想上、精神上、纪律上严格要求自己，带上"紧箍咒"。各级党组织要切实抓好党风党纪教育，自觉把反腐倡廉教育纳入党的宣传教育的总体部署，纳入党建工作年度工作计划，纳入党员干部工作考评，延伸到支部组织生活，让每位党员干部在党内政治生活中接受反腐倡廉教育，真正从思想上、从意识上重视自我修养，做到廉洁自律。探索建立党风廉政教育目标管理责任制，按照党风廉政教育责任制的规定，以签订责任书的形式把反腐倡廉建设从"软任务"变为"硬指标"。把反腐倡廉教育纳入社会教育和国民教育体系，通过公益宣传、廉洁文化进校园、反腐败案例警示、微视频征集等形式广泛开展反腐倡廉教育，培养廉洁可敬、腐败可耻的社会意识，在全社会营造反腐倡廉的良好氛围。

2. 抓好重点领域和关键环节的权力监督

腐败的根源在于权力没有监督。如果权力失去监督和制约，就可能产生权力寻租或滥权越权的现象。因此，完善惩治和预防腐败体系，就必须加强对权力运行的监督和制约，坚持权力行使到哪里，监督就跟进到哪里，尤其要抓好对重点领域和关键环节的权力监督。全面建设小康社会，是经济建设、政治建设、文化建设、社会建设等社会各个领域各个环节多方面的建设，必然涉及多个领域的职责职权的行使，在其中，要加大对涉及"人、财、物"管理的机构部门和关键岗位的监督力度，形成保证权力正确行使的有效机制。"诸如公共工程建设领域，政府采购领域，海关、税务、财政、计划、组织人事、金融、内外贸等管钱、管人、管物的部门，是易于发生腐败活动的敏感领域和部门。"① 这些领域和部门特别要注意加强监督工作，坚持关口前移，着力预防腐败问题滋生。要准确把握腐败阶段性特征和变化趋势，聚焦腐败多发易发高发的领域和环节，坚定不移"打虎""拍蝇""猎狐"，坚决清理风险隐患大的行业性、系统性腐败，有效防范化解腐败风险及关联性经济社会风险。

3. 加强惩治和预防腐败制度体系建设

惩治和预防腐败，最根本的还是在于制度的保障。邓小平指出："制度好可以使坏人无法任意横行，制度不好可以使好人无法充分做好事，甚至会走向反面。"② 全面建设小康社会，是物质文明、精神文明建设不断提高的过程，也是政治文明不断进步的过程，在惩治和预防腐败方面也应有所进步和提升，因此，需要不断健全惩治和预防腐败制度，以管用有效的法规制度体系确保权力的正确行使，营造党内风清气正的良好政治生态。针对全面建设小康社会过程中重点领域和关键环节易发、频发的腐败问题和特点，要扎紧防治腐败的制度笼子，形成一整套比较完善的党内法规体

① 赵彦飞、杨慧琼：《惩治和预防腐败体系建设》，《学术探索》2013 年第 6 期。
② 《邓小平文选》第 2 卷，人民出版社 1994 年版，第 333 页。

系和反腐败法律体系，增强制度刚性，防止"破窗效应"，贯通执纪执法，强化综合效能。党风廉政建设是预防腐败的重要一环，要及时总结党的建设实践工作经验，创新党风廉政法规制度建设，不断推进党风廉政建设工作制度化、规范化、科学化，从制度上筑起不敢腐、不能腐、不想腐的防火墙。推进党的纪律检查体制改革，实现党内监督全覆盖、对公职人员监察全覆盖，把党的自我监督和群众监督结合起来，教育引导党员干部秉公用权、依法用权、廉洁用权，真正构筑强有力的惩治和预防腐败制度体系。

第十二章

全面建设小康社会的国际影响

全面建设小康社会是中华儿女孜孜以求的美好愿景，是中国特色社会主义事业建设过程中的历史任务，是中国共产党人的庄严承诺。全球化背景下，各民族、国家间的联系日益紧密，利益愈发相关，中国的繁荣发展离不开世界的和平稳定，世界的文明进步离不开中国的实践成就。全面建设小康社会立足国际视野，为维护世界和平与发展贡献中国智慧，为全球减贫事业提供中国方案，为构建人类文明新形态探索中国道路，具有"兼济天下"的人类情怀，产生了"美美与共"的国际影响。

一　贡献维护世界和平发展的中国智慧

全面建设小康社会，是中国共产党立足于社会主义现代化建设新时期的现实要求，是奠基于"和平与发展仍是当今时代主题"的世情判断，亦是向世界人民作出的庄严承诺。新时期全面建设小康社会颇具世界意义，有利于推动促成多极化世界格局、助力构建国际经济新秩序、贡献维护世界和平发展的中国智慧。

（一）始终不渝走和平与发展道路

进入 21 世纪，国际局势发生深刻变化，如何正确看待世情、国情、党情的变化是中国共产党在新世纪进行战略部署的重要着眼点。党的十六大作出"和平与发展仍是当今时代的主题"的科学判断。基于这一判断，党中央提出在 21 世纪头二十年实现全面建设小康社会的宏伟目标。

1. 全面建设小康社会是对和平发展时代主题的正确把握

正确判断时代的阶段性特征是马克思主义政党制定国家战略、方针的基本前提。列宁称，"只有在这个基础上，即首先考虑到各个'时代'的不同的基本特征（而不是个别国家的个别历史事件），我们才能够正确地制定自己的策略"①。正是根据对 20 世纪初俄国国内外形势的正确判断，列宁制定了暴力革命的策略，带领俄国工人阶级取得了十月革命的胜利，建立了世界上第一个社会主义国家。在列宁的时代理论影响下，毛泽东透过革命战争表象，敏锐地指出"战争与革命"的时代主题，带领中国人民夺取了新民主主义革命的胜利，建立了无产阶级专政的新中国。邓小平根据 20 世纪 70 年代国际形势的深刻变化，提炼出"和平与发展是当代世界的两大问题"新论断，带领全国人民走上和平发展的道路，作出改革开放的历史性决策，在国际形势风云变幻的现实境遇中，探索中国特色社会主义道路。实践证明，正确的世情判断是一个国家制定正确路线、方针与政策的前提，只有准确洞察国际形势，正确判定时代主题，牢牢抓住时代机遇，才能顺势而为，乘势而上，取得持续的发展。

坚持"和平与发展"的时代主题，厘清社会的主次矛盾，审时度势提出全面建设小康社会的目标。矛盾分析方法是马克思主义唯物辩证法的基本方法之一，中国共产党始终坚持以马克思主义的世界观和方法论为引领，在廓清国内外主次矛盾的基础上，坚持运用具体问题具体分析的方法解决各方矛盾。20 世纪 90 年代，国际社会风云变幻，东欧剧变、苏联解体，社会主义在世界范围内陷入低潮。面对错综复杂的国际局势，邓小平洞悉："现在世界上真正大的问题，带全球性的战略问题，一个是和平问题，一个是经济问题或者说发展问题。"② "和平问题"就是东西问题，"经济问题"就是南北问题，概言之为"东西南北"矛盾。其中南北问题为核心问题。步入 21 世纪，"9·11"恐怖袭击、非典疫情等突发事件，加剧了国内外环境的不稳定性，以江泽民为核心的党中央理性分析国际形势与国内大局，明确指出"和平与发展仍是当今时代的主题"。世界

① 《列宁全集》第 26 卷，人民出版社 2017 年版，第 143 页。
② 《邓小平文选》第 3 卷，人民出版社 1993 年版，第 105 页。

虽地区冲突不断，恐怖主义、霸权主义一直存在，但总体而言，全球局势趋于和平稳定，各国主要任务仍是夯实经济基础。2002 年 11 月 8 日，党中央召开了中国共产党第十六次全国代表大会，大会提出在 21 世纪头 20 年全面建设小康社会的奋斗目标，为新世纪新时期中国之"去路"拨雾明灯。

坚持"和平与发展"的时代主题，抓住战略机遇期，集中精力全面建设小康社会。历史充分证明，"闭门造车"或误判世情皆会阻碍民族进步、影响国家发展。第二次世界大战结束之后，许多国家都处于经济低迷、百废待兴的状态，面临战后国力衰弱，发展动力不足等问题。苏联未能对时代主题进行正确的判断，错将"苏美之争"置于国家战略首位，陷入与美国开展军备竞赛的泥淖，最终在冷战中丧失发展的机遇期，酿成国家分崩离析的重大灾难。苏联解体给世界社会主义事业造成了沉重的打击，使得全球社会主义发展陷入低谷，但也从反面给中国等社会主义国家提供了前车之鉴。因此，在变幻莫测的国际局势中，中国应厘清国际局势，坚持和平与发展的时代主题，调动一切积极因素为巩固经济基础服务。党的十六大以"全面建设小康社会，开创中国特色社会主义事业新局面"① 为主题，系统提出全面建设小康社会的战略部署，为新时期发展壮大中国力量提供方向指引。

2. 全面建设小康社会助力世界的和平与发展

全面建设小康社会是一项系统工程，其实现离不开和平的国际环境和良好的周边环境，其过程亦将为世界各国的发展带来广阔的市场与全新的机遇，最终助力世界的繁荣发展，并有利于进一步稳固世界和平与发展大局。

"构建社会主义和谐社会"是全面建设小康社会的题中之义，其实现有助力于维护和平的国际环境与良好的周边环境。党的十六大强调："建设社会主义和谐社会，必须调动一切积极因素，维护和实现社会公平，营造良好的社会氛围，形成和谐相处的人际环境，切实维护社会稳定。"② 党的十六大确定的"和谐社会"的目标与部署对维护世界和平稳定具有不可

① 《江泽民文选》第 3 卷，人民出版社 2006 年版，第 528 页。
② 《十六大以来重要文献选编》（中），中央文献出版社 2006 年版，第 341 页。

忽视的作用。

　　第一，构建和谐社会、维护世界和平是全体中华儿女的美好向往，亦是世界人民的共同祈盼。"以和为贵""与人为善""协和万邦"的思想已然植根于每一位中华儿女的内心深处，成为他们一以贯之的处世原则与人文情怀。世界人民对和平的追逐源远流长，可见于早期空想社会主义者傅立叶的《全世界和谐》、马克思关于无产阶级解放全人类的学说、联合国宪章宗旨和原则……中国全面建设小康社会，既是为13亿人民创设美好的和谐社会，亦是为维护世界和平贡献中国力量。

　　第二，中国和谐社会与国际和谐世界的构建并行不悖。国内和谐社会的建设离不开世界和平的外部条件，世界的和平亦离不开中国和谐社会建设的支持。党的十六大把"社会更加和谐"作为全面建设小康社会的重要要求，在开展构建和谐社会的过程中，形成了系列理论、方针与政策，为全面建设小康社会提供了方向引领。新时期，中国在构建国内和谐社会的同时，积极推动世界和平发展。2005年4月，胡锦涛在雅加达召开的亚非峰会上提出"共同构建一个和谐世界"[1]的主张；同年9月，在联合国成立60周年庆典上，胡锦涛发表题为《努力建立持久和平、共同繁荣的和谐世界》的讲话，指出"和谐世界"是在安全上坚持多边主义、经济上坚持互利合作、文化上坚持包容精神；[2]在纪念党的十一届三中全会召开30周年大会上，胡锦涛进一步强调构建"和谐世界"需要遵守联合国宪章的宗旨与原则，坚守国际法和国际准则，公平公正处理国际事务，协商应对全球问题。[3]这一系列主张的提出展现了中国积极参与国际事务、发出"中国建设强音"的责任担当。在全面建设小康社会过程中，中国始终致力于建设社会主义和谐社会，营造公平正义的国内环境，打造友好互动的人际环境。通过内建和谐社会，积极参与世界维和行动并团结世界人民，共同追求世界大同的美好愿景，实现构建社会主义和谐社会与维护世界和平发展相得益彰。

---

　　① 《十六大以来重要文献选编》（中），中央文献出版社2006年版，第851页。

　　② 胡锦涛：《努力建立持久和平、共同繁荣的和谐世界——在联合国成立60周年首脑会议上的讲话》，《人民日报》2005年9月16日第1版。

　　③ 本书编写组：《深入学习胡锦涛同志纪念党的十一届三中全会召开30周年大会上的重要讲话精神》，人民出版社2008年版，第146页。

第三，中国始终奉行独立自主的和平外交政策，为维护世界和平与发展提供实践支持。自20世纪50年代以来，我国开始实施独立自主的和平外交政策，以"维护世界和平，促进共同发展"为宗旨；以"维护我国独立和主权，促进世界的和平发展"为基本目标；以"独立自主"为外交政策的基本立场，以"和平共处五项原则"为对外关系的基本准则。党的十七大强调"始终不渝走和平发展道路，坚定奉行独立自主的和平外交政策"①，始终不渝奉行互利共赢的开放战略，坚持在和平共处五项原则的基础上同所有国家发展友好合作、共同分享发展机遇、共同应对风险挑战。这既展现了中国独特的外交智慧、维护了各国人民的共同利益，也有助于促进世界各国的交流合作，加快和谐世界的建设。

3. "以经济建设为中心，大力发展生产力"是助推世界经济增长的强大引擎

"生产力是社会发展的最终决定力量"②，这是马克思主义基本原理的基本观点，也是党和人民经过历史和实践验证得出的真理。中国共产党立足新时期社会的主要矛盾，坚持社会主义初级阶段基本路线，坚持四项基本原则，在全面建设小康社会的过程中，推动国内经济取得新进展的同时促进世界经济繁荣。

第一，经济建设是全面建设小康社会必有之义，是实现世界经济增长的重要动力。党的十一届三中全会重新确立"解放思想、实事求是"的思想路线，实现全党工作重心向经济建设转移。新时期我国仍处于并将长期处于社会主义初级阶段，必须坚持社会主义初级阶段基本路线不动摇。党的十六大在进行全面建设小康社会部署时，明确指出全面建设小康社会"前十年要完成'十五'计划和2010年的奋斗目标，使经济总量、综合国力和人民生活再上一个大台阶，为后十年的更大发展打好基础"③，强调要从提高科学技术、统筹城乡发展、增强区域协调、坚持基本经济制度、完善宏观调控、深化分配制度改革、提高对外开放水平、不断改善人民生活八个方面部署经济建设，推动解放和发展生产力。"2003年到2006年，中国的国内生产总值年均增长都达到了10.4%，比同期世界年均增长4.9%

---

① 《胡锦涛文选》第3卷，人民出版社2016年版，第651页。
② 《改革开放三十年重要文献选编》（下），中央文献出版社2008年版，第1003页。
③ 《江泽民文选》第3卷，人民出版社2006年版，第544—545页。

高出 5.5 个百分点，国内生产总值平均每年增加 22635 亿元。"① 国内生产总值于 2005 年超过英法两国，跃居世界第四位，与名列前三的美、日、德的差距也在逐年缩小，到 2010 年经济总量超过日本，成为世界上第二大经济体。"根据世界银行公布的数据，仅 2003 年至 2005 年，我国经济增长对世界 GDP 增长的平均贡献率高达 13.8％，仅次于美国的 29.8％，排名世界第二"②。由此可见，在全面建设小康社会的过程中不仅实现了国内经济的迅速发展，也为世界经济发展作出了巨大贡献。

第二，全面建设小康社会是经济又快又好发展的应有之义。2008 年，国内罕见的汶川 8.0 级大地震与国际金融危机的蔓延，导致全面建设小康社会这一事业面临国内国外、天灾人祸的双重考验。对此，中国在全力救灾重建，实现灾区经济较快复苏与全国经济持续向好的同时，在国际金融危机中积极应对金融难潮，率先求稳，运用刺激经济、激发需求、保持出口与稳定规模等一系列措施稳定经济发展态势。"从 2008 年世界金融危机爆发后到 2012 年，全球经济增量接近 40％ 来自中国，成为拉动全球经济增长的主要动力。"③ 面临世界性经济危机，没有一个国家可以独善其身，中国积极推动各国经济交流，主动以自身经济发展带动世界经济的复苏，即以其广阔且活跃的市场、强大而健全的实业、远见兼务实的政策为世界经济"稳心定气"，在助力世界经济恢复与稳定方面发挥了中流砥柱的作用。

第三，经济又好又快发展与全面建设小康社会互促共进，助推中国经济增速跃居世界第一，成为世界经济增长的重要推动力量。新时期，中国紧紧围绕改革开放的基本国策不动摇，以经济建设为中心，完善社会主义市场经济体制，推动小康社会建设。"1989 年到 2001 年，国内生产总值从 16909.2 亿元增长到 95933.3 亿元，年均增长 9.3％。"④ 党的十六大以来，我国不断深化改革，经济总量从世界第六位跃居第二位，经济实力迈向更

---

① 仲计水：《从三位一体到四位一体——社会主义经济政治文化社会建设的总体布局》，人民出版社 2008 年版，第 28 页。

② 仲计水：《从三位一体到四位一体——社会主义经济政治文化社会建设的总体布局》，人民出版社 2008 年版，第 29 页。

③ 何建武：《中国成为全球经济增量最大贡献者》，《中国经济时报》2014 年 12 月 2 日。

④ 新华月报社：《中华人民共和国大事记（1949—2004）》（下），人民出版社 2004 年版，第 1361 页。

高阶段。根据世界银行的数据，"2010 年中国国内生产总值比 2001 年增长 4.6 万亿美元，占世界经济总值的比重增至 9.3%，占同期世界经济总值增量的 14.7%"①。世界贸易组织的数据也显示，"2000 年至 2009 年，中国出口量和进口量年均增长速度分别为 17% 和 15%，远远高于同期世界贸易总量 3% 的年均增长速度。"② 可见，随着全面建设小康社会的日渐推进，改革开放的不断深入，我国经济的发展已成为世界经济发展的强大引擎。

（二）推动形成多极化世界格局

1970 年以来，第三世界国家陆续崛起，世界呈现多极化趋势。1990 年以来，东欧剧变、苏联解体、雅尔塔体系瓦解，两极格局被打破，多极化的世界格局加速形成。面对日新月异的世界格局，中国审时度势，顺应世界多极化趋势，推进新时期全面建设小康社会，助推世界多极化格局的形成。

1. 全面建设小康社会顺应世界格局多极化趋势

科学把握人类社会的发展规律，准确研判时代发展变化的趋势，是正确制定发展战略的基本前提。辩证唯物主义和历史唯物主义强调要尊重客观规律，充分发挥人的主观能动性。充分发挥中国人民建设祖国的主观能动性，深化对社会发展规律的认识，在世界各国力量对比中认识和把握世界多极化趋势，是新时期全面建设小康社会的前提。

多极化格局势不可挡，是时代之潮浩浩汤汤、历史车轮滚滚向前的必然趋势。这种多极化格局是在一定时期内对国际局势持续产生巨大影响的国家以及国家集团等基本政治力量之间相互作用的一种趋势，是对世界主要政治力量在全球实力分布状态的集中反映和鲜明表征。世界格局朝向多极化发展并非偶然，其孕育于美苏两极格局的演化之中，顺应时代进步的历史要求，符合各国人民的共同利益，是当今国际形势的突出特点，是一种必然趋势和一个动态发展过程。世界多极化格局在新时期呈现出漫长曲折、充满复杂斗争的特点，是顺应时代发展需求，不以人的意志为转移的

---

①　中华人民共和国国务院新闻办公室：《中国的对外贸易》，人民出版社 2011 年版，第 14 页。

②　中华人民共和国国务院新闻办公室：《中国的对外贸易》，人民出版社 2011 年版，第 14 页。

必然趋势。

新时期全面建设小康社会，是在对世界多极化趋势的把握中提出的伟大战略。早在 1996 年，江泽民在访问巴基斯坦时便谈道："以广大发展中国家崛起为重要特征的多极化趋势，犹如滚滚洪流，势不可挡。"① 基于对世界多极化趋势的形势研判，党的十六大提出全面建设小康社会的伟大目标，带领全国人民抓住机遇，踏上全面建设小康社会之旅。党的十七大报告明确指出："当今世界正处在大变革大调整之中。世界多极化不可逆转。"② 全面建设小康社会正是顺应世界多极化的历史潮流，在历史车轮滚滚向前的趋势中乘势而上，成为推动世界多极化格局形成的重要力量。

2. 全面建设小康社会助力世界多极化格局形成

全面建设小康社会，使中国更添民族自信与自立底气，位列世界多极格局之"重要一极"。正如邓小平所说："世界格局将来是三极也好，四极也好，五极也好，苏联总还是多极中的一个，不管它怎么削弱，甚至有几个加盟共和国退出去。所谓多极，中国算一极。中国不要贬低自己，怎么样也算一极。"③ 做到稳居世界多极中的一"极"，需要强大的综合国力支撑，尤其是经济、科技、文化实力能够对世界产生影响力，在处理全球事务中发挥相应作用。新时期，党带领全国人民谋篇布局，开展经济、政治、文化各方面建设，在综合国力，特别是经济、科技实力方面取得了重大进展。党的十六大提出走新型工业化道路，倡导充分发挥科学技术的作用，以信息化带动工业化，提高经济发展的科技含量，提升劳动者的科学素质，降低能源消耗，减轻环境污染程度。党的十六大召开后的 10 年间，中国企业创新能力和产业竞争力明显提升，成长起一批创新型企业，领跑"中国制造"向"中国智造"转变。全面建设小康社会实践充分证明了这一目标与规划的科学性，它还将持续推进社会主义现代化建设迈上新台阶，为其他国家提供经验借鉴，助力提升中国的国际地位，当仁不让地成为多极格局之"一极"。

全面建设小康社会的实现，内蕴世界人民的共同利益与美好期许，将不断壮大"多极"之队伍。国际社会不稳定因素频频出现，多极化格局尚

---

① 　江泽民：《世代睦邻友好，共创美好未来》，《人民日报》1996 年 12 月 3 日。
② 　《十七大以来重要文献选编》（上），中央文献出版社 2009 年版，第 406 页。
③ 　《邓小平文选》第 3 卷，人民出版社 1993 年版，第 353 页。

未形成，霸权主义和强权政治仍是阻碍世界多极化格局形成的重要因素。多极化格局以经济全球化和区域经济集团化为基础，是当前世界力量对比的客观反映，亦是大势所趋不可逆转。然而多极化格局的形成过程是各方力量重新组合、利益再次分配的过程，各国均以本国利益为外交政策的出发点，由此必然引起矛盾与冲突。因此，多极化世界格局不可能一蹴而就，其形成必将是一个长期的、充满曲折的发展过程，其间必然萦绕着"单极"与"多极"的冲突，伴随着"霸权主义"和"反霸权主义"的斗争。江泽民认为上述矛盾和斗争"将成为21世纪相当长一个时期内国际斗争的焦点"①。苏联解体后，以美国为首的西方发达资本主义国家凭借资金、技术等优势在经济全球化中占据主导地位，国际贸易中利益分配的天平严重倾斜，极大损害大多数欠发达国家的利益。他们所宣扬的"美国单极论"和推行的"霸权主义"使世界多极化发展进程充满曲折。中国作为负责任的大国，应顺应历史潮流，坚持与国际社会共同努力，推动多种力量和谐并存，保持国际社会稳定，促成世界多极化格局形成。历史证明，"多极世界"总是比"单极世界"更有益于世界和平。在"多极世界"的构建中，以中国为代表的第三世界国家始终秉持着维护世界和平与发展的理念，在经济全球化的浪潮中，将维护本国利益与维护世界人民的共同利益相统一，坚持相互尊重，互利共赢基本原则。在全面建设小康社会的过程中，中国不仅致力于国内经济、政治、文化、科技诸方面的建设，也积极融入经济全球化的浪潮，坚持"引进来"与"走出去"相结合，充分利用好国内、国外两个市场、两种资源，积极拓展与发展中国家的友好关系，主动将资金、技术、管理经验带向其他发展中国家，为欠发达地区和国家的发展规划和经济建设提供有力援助，为推动世界多极化格局增彩，为维护世界和平与发展添力。

中国在世界多极化格局中全面建设小康社会，肩负着"一极"、壮大"多极"的伟大时代使命与重大国际责任。党的十五大指出："世界格局正在走向多极化"②。新时期，中国在坚持独立自主的和平外交政策基础上，坚持走和平发展道路，顺应多极化趋势，为支撑第三世界国家发展，为促

---

① 《江泽民论有中国特色社会主义（专题摘编）》，中央文献出版社2002年版，第519页。

② 《中国共产党第十五次全国代表大会文件汇编》，人民出版社1997年版，第4页。

成世界形成多极化格局助力。2004 年 8 月胡锦涛首次提出"坚持走和平发展道路"，随后《中国的和平发展道路》白皮书正式发表，"坚持和平发展道路"成为新时期中国制定外交政策的重要指导原则。其一，中国积极参与国际事务，维护和平与发展的外部环境、重视发展中国家的根本利益并支援欠发达国家和地区发展。新时期，中国在对外援助上，2001 年至 2011 年"累计对外提供各类援款达到 1700 多亿元人民币，免除 50 个重债穷国和最不发达国家近 300 亿元人民币到期债务，承诺对中国建交的最不发达国家 97% 税目的产品给予零关税待遇，为 173 个发展中国家和 13 个地区性国际组织培训各类人员 6 万多名，增强了受援国自主发展能力"。① 其二，中国积极开展多边外交，主动参加多边外交活动，在联合国和其他国际及区域性组织中发挥重要作用，支持发展中国家维护本国的正当利益。其三，中国主张反对一切形式的恐怖主义，主张加强国际合作、标本兼治，防范和打击恐怖活动，致力于消灭产生恐怖主义的源头。

（三）助力构建国际经济新秩序

步入 21 世纪，经济全球化和世界多极化趋势深入发展，霸权主义和强权政治尚未偃旗息鼓，致使欠发达国家和地区在全球经济贸易中处于劣势地位。打破以霸权主义为特征的国际经济旧秩序，维护世界各国的共同利益，加快建立国际经济新秩序成为当今世界发展亟待解决的问题。新时期全面建设小康社会，有助于构建国际经济新秩序。

1. 国际经济新秩序需求急迫

霸权主义与强权政治主导国际经济旧秩序。以 1944 年布雷顿森林会议签订的《国际货币基金协定》《国际复兴开发银行协定》及随后产生的《关税与贸易总协定》为基本法律框架，形成了旧的国际经济秩序。国际经济旧秩序主要反映以美英为首的发达国家的利益，是西方国家的经济诉求在国际贸易与国际金融制度安排的呈现。就本质而言，是建立在旧的国际分工、不等价交换、国际金融垄断资本基础上不公平、不合理的国际经济关系体系，是维护资本主义国家经济发展利益的工具。国际经济旧秩序

---

① 胡锦涛：《在中国加入世界贸易组织 10 周年高层论坛上的讲话》，人民出版社 2011 年版，第 3—4 页。

是在广大发展中国家处于无权地位的情况下，按照发达资本主义国家的意志和需要建立起来的，由少数发达国家控制，并推行强权政治、支配国际事务、干涉别国内政、插手地区冲突，体现其奉行的"强权即公理"，无不反映其生而带有、不可抹去的霸权主义色彩与强权政治烙印。

国际经济旧秩序下，经济全球化的"双刃剑"特征越发显著。冷战结束后，全球化浪潮不断推进，各个国家、地区之间的合作日益加深，碰撞出巨大的发展势能，但各国实力悬殊，发达国家与发展中国家把握机会的能力呈现明显差距，全球化进程为世界发展注入强大动力的同时，也进一步加深了发达国家与发展中国家之间的鸿沟，产生"双刃剑"效果。一方面，经济全球化给各国发展提供了有利的条件，促进生产资料在世界范围内流动，加强各国经济交流与合作；另一方面，经济全球化由发达国家主导并制定"游戏规则"，导致"南北差距"越来越大，"东西问题"愈演愈烈。经济全球化在深入发展的同时，以霸权主义为特征的旧国际经济秩序的恶劣影响加重，部分国家出现逆全球化的行为，违背了历史潮流，阻碍了世界经济发展。

2. 全面建设小康社会助推国际经济新秩序形成

推动建立国际经济新秩序是党在全面建设小康社会部署中的一贯主张。1974 年，邓小平提出，反对"建立在殖民主义、帝国主义、霸权主义基础上的旧秩序"[①]。1988 年，邓小平在提倡建立国际经济新秩序要遵循和平共处五项原则的基础上，指出"应该建立国际经济新秩序，解决南北问题"[②]。在全面建设小康社会过程中，中国共产党坚决贯彻并不断发展这一主张。党的十五大指出："要致力于推动建立公正合理的国际政治经济新秩序。这种国际新秩序是以和平共处五项原则为基础的，符合联合国宪章的宗旨和原则，反映了和平与发展的时代潮流。"[③] 党的十六大在建立国际经济新秩序的基础上指出："各国政治上应相互尊重，共同协商，而不应把自己的意志强加于人；经济上应相互促进，共同发展，而不应排斥其他民族的文化；安全上应相互信任，共同维护，树立互信、互利、平等和协作的新安全

---

① 《邓小平文集（一九四九——一九七四年）》（下），人民出版社 2014 年版，第 345 页。
② 《邓小平文选》第 3 卷，人民出版社 1993 年版，第 328 页。
③ 《十五大以来重要文献选编》（上），人民出版社 2000 年版，第 43 页。

观"①，从而厘清各国在政治、文化、安全三方面的交往原则，具体阐明全面建设小康社会时期国际经济新秩序的内涵，体现了中国共产党在带领全国人民全面建设小康社会过程中肩负的国际责任与时代担当。

全面建设小康社会是国际经济新秩序建成的重要实力保障。一方面，全面建设小康社会，将壮大发展中国家的整体力量，是促成国际经济秩序更迭的物质基础。新时期，中国共产党带领全国人民全面建设小康社会，将实现十多亿人民步入小康生活，为全球五分之一人口的物质生活带来改变。中国在经济全球化的浪潮中，牢牢掌握发展的主动权，2010 年经济总量超日本，成为全球第二大经济体。2001 年 12 月，中国加入世界贸易组织，积极参与世界贸易事务，自觉携手广大发展中国家，主动参与国际经济新秩序的制定，维护世界各国的共同利益。以中国为代表的发展中国家崛起后，积极参与世界事务，自觉担当国际责任，为建立更加公正合理的国际经济新秩序作出努力。另一方面，全面建设小康社会将持续增强中国国际影响力，提升以中国为代表的发展中国家话语权。话语权和国际影响力的基础是综合国力，全面建设小康社会以来，我国综合国力显著提升，坚持从维护全人类的共同利益出发，在和平共处五项原则的基础上，改善同美国为代表的西方资本主义国家的外交关系，扩大同各国利益的汇合点，妥善解决矛盾分歧，用对话和谈判的方式解决争议，避免冲突，积极营造和平的外部环境。党的十六大以来，中国与周边国家加强协商合作，基本消除因边界问题引发的冲突，并在此基础上，进一步加强与邻国的交流合作，共谋亚太地区长远发展。2008 年，全球金融危机爆发且持续蔓延，中国作为世界上唯一保持经济增长的国家，积极参与同年 11 月中旬在美国华盛顿召开的 G20 峰会，与全球主要的发达国家和发展中国家共同总结危机的经验教训，力主公平、公正、包容、有序的国际金融体系改革新方向，为建立国际经济新秩序吹响新号角。

二　提供全球减贫事业的中国方案

中国在全面建设小康社会的实践中不仅积极探索符合国情的发展方

---

① 《中国共产党第十六次全国代表大会文件汇编》，人民出版社 2002 年版，第 46 页。

式，同时勇担国际责任，为世界贫困治理提供中国方案，以中国经验、中国智慧助推全球减贫实践，提振全球减贫信心。中国方案折射中国智慧，是中国共产党在"中国道路"的实践中针对全球治理"四大赤字"——治理赤字、信任赤字、和平赤字以及发展赤字，所提出的一整套理论体系、治理方案和内外战略政策的总和。

（一）担当全球减贫事业责任

进入 21 世纪，要和平、促发展、谋合作仍是时代主旋律。在全球化进程中，全球经济总体得到快速发展，但发展局部失衡所导致的贫困问题、两极分化问题日趋严重，消除贫困成为世界各国的共同责任。面对这一国际形势，中国勇担国际责任，始终坚持马克思主义理论的指导，不断推进全面建设小康社会的宏伟事业，以切实行动积极倡导世界各国共担世界减贫的责任，为构建一个和平、繁荣的和谐世界，深化国际减贫交流合作贡献中国力量。

1. 中国在当今世界减贫事业中扮演着重要角色

贫困问题是制约全球可持续发展的顽疾。可持续发展的世界不可能建立在贫困、饥饿和生产停滞的基础上，消除贫困是实现世界可持续发展，促进人自由而全面发展的重要前提。马克思曾指出："人们奋斗所争取的一切都与他们的利益有关。"[①] 生存与发展是人切身利益之核心内容，生存权作为首要权利，也是实现人的自由而全面发展的必要条件，若人的基本生活需要无法得到满足，人格尊严将无从谈起，更遑论自由而全面发展。因此，把消除贫困作为可持续发展进程中的优先问题来考虑理所当然。一方面，可持续发展强调发展，消除贫困是实现可持续发展的首要条件。"贫困本身就是一种最大的污染"[②]。贫困是实现世界可持续发展的主要障碍。从 1992 年邓小平提出"发展才是硬道理"到党的十六大提出"发展是党执政兴国的第一要务"，再到党的十七大提出"贯彻落实科学发展观"，"发展"始终作为主线一以贯之，发展理念的每一次升华，都显著地彰显出中国共产党人"全心全意为人民服务"的根本宗旨。另一方面，可

---

① 《马克思恩格斯全集》第 1 卷，人民出版社 1956 年版，第 82 页。
② 曹明德：《论消费方式的变革》，《哲学研究》2002 年第 5 期。

持续发展强调协调，只有消除贫困才能真正实现人口、经济、环境三者间的协调发展。21 世纪初期，胡锦涛提出全面协调可持续发展的科学发展观，主张统筹城乡发展、区域发展、经济社会发展、人与自然和谐发展、国内发展和对外开放，全面推进经济建设、政治建设、文化建设和社会建设"四位一体"宏观布局，更加注重整体性内在协调发展。全面协调可持续发展成为全面建设小康社会时期的重要国家战略，为推动世界减贫事业发展、缩小南北发展差距提供了重要的参考借鉴。

中国在当今世界减贫事业中扮演着重要角色。中国推进全面建设小康社会，坚持可持续发展战略，在全球减贫事业中发挥着中流砥柱的作用。一方面，国内全面建设小康社会渐获成就，夯实了我国经济实力、激活了对外贸易需求。中国对货物与服务贸易，特别是大宗商品的进口需求，改善了许多发展中国家的贸易条件、扩大了贫困国家及地区的销售市场，促进了其经济增长。另一方面，中国的对外投资从 2003 年的 29 亿美元迅速增长到 2012 年的 878 亿美元，占全球当年流量、存量的 6.3% 和 2.3%，流量名列全球国家（地区）排名第 3 位[①]，直接支援第三世界国家的经济进步，助力其脱贫发展。中国作为不发达国家的第一大出口市场，对近5000 个相关税目的产品实行零关税，并多次免除部分欠发达国家、重债穷国的债务，有力、切实地支持了欠发达国家的发展，对全球社会可持续发展作出巨大贡献。中国是第一个实现联合国"千年发展目标"、使贫困人口比例减半的国家，不但成功大幅削减了本国贫困人口数量，而且为其他国家改善民生、促进社会发展提供大量援助资金，帮助其他发展中国家实现减贫目标，为全球减贫事业作出了巨大贡献，在当今世界减贫事业中扮演着重要角色。

"减贫解困"需要国际社会的共同努力。中国勇担国际责任与时代使命，部署全面建设小康社会的伟大战略目标，协助众多第三世界国家攻克贫困问题；西方发达国家作为经济全球化的最大受益者，更应自觉承担起消除贫困和维护世界和平与发展的重任。正如江泽民指出的那样："如果发达国家能够本着平等、公平和互利互惠的原则，切实支持和帮助广大发

---

① 王文、杨凡欣：《"一带一路"与中国对外投资的绿色化进程》，中国一带一路网（yidaiyilu. gov. cn）。

展中国家发展经济文化，使之尽快摆脱贫困落后状态，世界的和平与发展问题就有了解决的重要基础。"① 进入新世纪新阶段，党的十六大将"社会更加和谐"作为全面建设小康社会的一个重要任务。2006 年 4 月，胡锦涛在沙特阿拉伯王国协商会议上发表演讲，对"和谐世界"的内涵作出了界定，即"各国和谐共处，全球经济和谐发展，不同文明和谐进步"②。概言之，和谐世界是一个持久和平、共同繁荣的世界，需要世界各国人民携手消除贫困，共同营造和平与发展的国际环境。对内积极推进全面建设小康社会，对外加强国际交流合作，积极构建和谐世界，内外合力共促减贫大业。

2. 全面建设小康社会担当全球减贫事业责任

减贫脱贫是世界各国不可回避的责任和正求破解的难题。一方面，世界各国正因地制宜，积极开展减贫实践，协力推进全球减贫事业的进程。南亚、非洲及拉美等地区，针对当地城市贫困以及社会不稳定等情况，设立特殊就业项目，建立诸多减贫制度，包括建立自营职业制度、实施公共工程项目等，试图在推进城市化发展进程中解决贫困问题。日本美国等发达国家，则主要是采取社会福利等社会保障制度，暂时缓解贫困问题。从党的十六大到十七大，中国共产党领导人民探索中国特色社会主义事业，持续推进全面建设小康社会事业，统筹协调社会政治、经济、文化等各方面发展，着力解决人民日益增长的物质文化需要同落后的社会生产之间的矛盾，拓展经济社会发展空间，人民物质文化生活水平均取得重大提升，全面建设小康社会亦取得历史性成就，为推进全球减贫事业的进程作出突出贡献。另一方面，部分国家正加强交流合作，借助国际组织平台，合力解决国内贫困问题。国际合作是推进全球减贫的重要机制。联合国是推动全球贫困治理的重要组织平台，自 1961 年设置联合国"发展十年战略"以来，一直致力于加强国际协作、减贫合作以力争解决发展中国家的贫困问题。中国作为联合国安理会常任理事国之一，积极参与全球贫困治理，不断深化减贫交流合作，大力支持发展中国家的减贫脱贫事业。党的十六大以来，党中央坚持从基本国情出发，

---

① 《十五大以来重要文献选编》（下），人民出版社 2003 年版，第 1928 页。

② 《中国特色社会主义理论体系形成与发展大事记（一九七八——二〇〇八年）》，中央文献出版社 2008 年版，第 429 页。

统筹国内国际两个大局，对援外工作未来的发展方向和战略性任务作出重要部署，推动中国对外援助工作迈开新的一步，进入一个全新境界。党的十七大指出："我们将继续以自己的发展促进地区和世界共同发展，扩大同各方利益的汇合点，在实现本国发展的同时兼顾对方特别是发展中国家的正当关切"。① 我国依托国内稳步推进全面建设小康社会的部分已有成果，同时借助国际组织与全球平台，助力世界反贫困问题的解决。

中国结合本国国情、加强国际交流，以全面建设小康社会事业为全球减贫事业探索新路径。正所谓"众力并则万钧举，人心齐则泰山移"，推进全球减贫事业发展是一项艰巨的系统工程，不仅需要广大发展中国家以自身发展实现减贫，同时更需要国际社会的通力合作。中国始终坚定践行联合国维护国际和平与安全，促进国际合作与发展的宗旨，秉持共同发展理念，以交流弥合国际减贫治理分歧，凝聚减贫共识，以全面建设小康社会事业为全球减贫事业探索新路径。在全面建设小康社会的实践中，不断推动中国同有关国家建立友好关系，进一步促进全世界人民共同消减贫困。以开放促发展、促减贫，在改革开放中加强中国与世界各国的合作，不断拓宽合作领域，创新合作方式，为减贫治理共同体的构建奠定物质基础。正如 2005 年胡锦涛在第七届 20 国集团财长和央行行长会议开幕式上发表题为《加强全球合作，促进共同发展》的讲话时强调，加强国际合作是"世界各国人民的共同意愿，也是时代的必然要求"。提出中国"将在关税、减税债务、优惠贷款、公共卫生、人力资源开发等五个方面采取新的援助举措，为发展中国家加快发展提供支持"②。"治国之道，富民为始"，中国全面建设小康社会是为"减贫富民"之道的切实践行，亦是"治国强国"的扎实探索，更是对世界进步的伟大贡献。中国朝着全面建设小康社会的目标扎实迈进，将继续为维护世界和平、促进共同发展作出新贡献，为全球减贫事业书写新篇章、探索新路径。

（二）助推全球减贫事业实践

进入新时期，中国始终紧跟和平与发展的主旋律，紧抓战略机遇期，

---

① 《十七大以来重要文献选编》（上），中央文献出版社 2009 年版，第 37 页。

② 胡锦涛：《加强全球合作　促进共同发展——在 20 国集团财长和央行行长会议开幕式上的讲话》，《人民日报》2005 年 10 月 16 日第 1 版。

对内集中精力全面建设小康社会，完善社会主义市场经济体制，对外奉行独立自主的和平外交政策，逐步扩大开放，坚定不移地走中国特色社会主义道路，减贫事业取得优异成绩，成为世界上减贫人数最多的国家。与此同时，中国秉承"兼济天下"的人类情怀，积极为国际贫困问题的解决分享中国减贫经验与中国脱贫智慧，助力全球减贫治理成效提升，推动世界减贫事业向前发展。

1. 全面建设小康社会打造全球减贫治理样板

在全面建设小康社会的实践中，我国各地区积累了大量生动的减贫经验，形成了极具中国特色的减贫方法，不仅为我国其他地区的减贫工作提供了科学指引，也为世界其他国家减贫提供了有益借鉴。

全面建设小康社会为世界减贫事业树立思路"样板"。在全面建设小康社会的实践中，首先，以脱贫促小康要有"全心全意为人民服务"的人民政府，能激发脱贫主体的内生发展能力，要坚持全方位扶贫开发的理念，践行"理论—实践—理论"的有效脱贫建设道路。其次，以脱贫促小康要积极变换引擎"样板"、提质增效、抢占先机。扶贫关键在产业，产业核心在科技，坚持科技先行，各地区因地制宜地开展重点项目合作，依靠科技创新实现高质量发展。譬如，2002 年以来，都昌县不断加大科技扶贫投入，先后通过举办电脑培训班、送科技下乡等方式，帮助农民实现科技脱贫。再次，以脱贫促小康要走生态扶贫新路。扶贫开发要坚持全面发展与科学发展相结合，着力改善人民基本生产生活条件，重视科教文卫体各项事业的发展，提高人民生活质量与全国人口素质。最后，以脱贫促小康要注重资源合理开发、控制人口增长，实现资源、人口和环境良性循环。党的十六大之后，提出"两个趋向"的发展论断，制定"以工促农、以城带乡"方针，强农惠农政策力度不断加大，路水电气等农村基础设施和教育、医疗、低保等公共事业投入有较大增加。中国在以脱贫促小康的实践中所开创的工作理念和方法，为世界各国，尤其是广大发展中国家的反贫困事业提供了具体而微、切实有效的脱贫策略样板。

全面建设小康社会为世界减贫道路探索提供有效方案。中国改革友谊奖章获得者、美国库恩基金会主席罗伯特·劳伦斯·库恩表示，中国的扶贫行动使数以亿计的人口摆脱了贫困，这值得永远铭记。虽然不同国家的贫困问题有个性差异，不能把一个国家的减贫做法生搬硬套地嫁接到其他国家的扶贫工作中，但中国扶贫的部分经验，对于解决世界贫困的共性问题仍然颇具借鉴意义。中国减贫经验包含普遍性真理的内容，向世界各国演示出"另一种方式是可能的"，其无疑有利于解答普遍性发展困境与世界性发展难题。首先，在全面建设小康社会进程、脱贫攻坚实践中，要坚持以加强党的领导为根本、坚持发挥基层党组织的战斗堡垒作用，把基层党建同全面小康社会建设、脱贫工作相结合，精准选派驻村工作队伍，为整合扶贫资源提供有力的组织保证。其次，要以精准把握为要义。扶贫脱贫首先要找到贫困根源，对症下药、靶向治疗，确保各项政策好处落到扶贫对象身上。再次，要坚持以增加投入为保障，推动脱贫攻坚与乡村振兴有机结合，把扶贫经验应用到乡村振兴战略的实施当中，推动乡村走可持续发展道路。最后，确保各方参与是合力，广泛动员全社会力量，支持和鼓励全社会采取灵活多样的形式参与扶贫事业，助力全面建设小康社会。群众参与是基础，要调动农民参与乡村振兴的积极性、主动性，激发农民脱贫致富的内生动力。坚持人民主体地位，是在马克思主义理论指导下，凝聚着东方哲学智慧的中国方案，是助力世界摆脱贫困苦难，走向共同富裕的东方密匙。

全面建设小康社会为世界减贫实践开创新的机遇。党的十七大指出："当代中国同世界的关系发生了历史性变化，中国的前途命运日益紧密地同世界的前途命运联系在一起。"[1] 2011 年 11 月，胡锦涛在中国加入世界贸易组织十周年高层论坛上的讲话中指出："中国发展离不开世界，世界繁荣稳定也离不开中国"[2]。这些论述、论断清晰地阐明了当今中国发展同世界繁荣的密切联系。可以预见：全面建设小康社会的伟大实践将为世界减贫、全球发展、人类进步开辟新境界。党的十六大以来，面对复杂多变的国内外形势，中国始终坚持在改革开放中推进人类减贫大业，紧紧抓住加入世界贸易组织的重要机遇，加快中国经济走向世界的步伐，充分利用两个市场、两种资源，深化与世界各国的交流合作。截至 2011 年，我国对外投资已覆盖 129 个国家和地区的 3000 多家企业，主要集中在亚洲和拉丁美洲地区。[3] 按照 2011 年购买力平价 1 天 1.9 美元的贫困标准，1981 年至

---

① 《十七大以来重要文献选编》（上），中央文献出版社 2009 年版，第 90 页。

② 《十七大以来重要文献选编》（下），中央文献出版社 2013 年版，第 652 页。

③ 《从十六大到十八大经济社会发展成就系列报告之四》，共产党员网（www.12371.cn）。

2012 年全球贫困人口减少了 11 亿，同期中国贫困人口减少了 7.9 亿，占全球减贫人口的 71.82%。① 依托国内全面建设小康社会渐次取得的阶段成就，为其他国家与地区提供了投资机遇、市场机遇和增长机遇，助力其脱贫解困，为世界减贫实践提供新资源与新机遇。

2. 全面建设小康社会加速推进世界减贫事业进程

全面建设小康社会下的"中国身影"活跃在国际减贫交流与合作的舞台。多年来，中国依托全面建设小康社会的伟大战略，以自身脱贫成就直接贡献于世界减贫事业的同时，也真诚地支援其他国家的扶贫减贫工作。一方面，中国注重减贫交流与合作、乐于且善于分享减贫经验。在 2004 年 5 月上海全球减贫大会上，中国政府承诺将持之以恒地为全球减贫与发展作出贡献，持续向其他发展中国家分享减贫工作与经济发展的知识和经验，提供资金和技术援助。根据有关数据显示，2003 至 2012 年间，中国对外援助年均支出规模达到 110.2 亿元人民币②，且涨势愈发明显。近年来，为加速发展中国家减贫进程，中国因地制宜转化扶贫经验，从提供人才、技术、资金与知识到支持教育、健康发展，从推动建立扶贫示范项目到积极参与基础设施建设，勇担国际重任，为世界减贫工作作出不可磨灭的贡献。另一方面，中国作为多边贸易体制的积极参与者、坚定维护者和重要贡献者，自 2001 年加入世贸组织以来，认真履行货物贸易市场准入承诺，在大幅降低进口关税的同时，削减非关税壁垒。在部分新兴市场国家如印度、南非等尚未实现关税约束全覆盖的前提下，关税总水平由 2001 年的 15.3% 降至 2010 年的 9.8%③，入世降税承诺全部履行完毕。依托国内全面建设小康社会的良好态势，中国积极参与国际减贫交流、切实展开世界减贫合作，为发展中国家减贫发展营造良好外部环境，助力世界减贫事业向前推进。

全面建设小康社会下的"中国机制"构建国际减贫合作新形式。国内有序开展的全面建设小康社会积累了丰富的减贫实践经验与深厚的经济发

---

① 《〈中国扶贫开发报告 2016〉发布》，《光明日报》2016 年 12 月 28 日第 9 版。

② 刘方平、曹亚雄：《改革开放 40 年来中国对外援助历程与展望》，《改革》2018 年第 10 期。

③ 《积极履行降税承诺　促进经济高质量发展——我国履行入世关税减让义务发挥关税调控作用综述》，《中国财经报》2021 年 12 月 9 日第 1 版。

展基础，使得中国有能力致力于国际减贫合作新机制的建设，诸多"中国机制"渐显于世，如"中国扶贫基金会""促进 21 世纪南南合作"等项目，与众多西方国家设立的所谓"援助机制"相反：不附加任何政治条件、不强迫签订任何不平等协定、自觉尊重并充分考虑受援助国家人民和政府的切实需求与真实意愿，为满足广大发展中国家提供制定和实施减贫支持策略，推动全球减贫事业的发展。2005 年 5 月，中国政府与联合国开发计划署、世界银行等国际组织共同发起并组建了"中国国际扶贫中心"。作为中国政府开展减贫领域国际交流与南南合作的窗口，成功举办了"10·17 减贫与发展论坛""中国—东盟减贫与社会发展论坛""中非减贫与发展会议"等 30 多次国际研讨会，近 5000 人次（一半来自国外）参加研讨，促成了稳定的南南合作与减贫知识经验分享机制，为打造国际减贫与发展高端权威交流平台奠定了坚实的基础。在"十二五"期间，中国国际扶贫中心继续充分发挥国际减贫与发展交流合作平台的作用，努力拓展国际国内协作网络，深化国际减贫合作，与国际社会一道推进全球减贫事业的持续发展，为发展中国家减贫事业提供全方位的支持与服务。与此同时，在国家有关部委的管理和指导下，全面系统地总结中国减贫与发展的成效、模式和经验，积极打造中国扶贫经验的分享窗口、完善"走出去战略"的服务载体建设，为全球减贫与发展领域政策制定者、理论研究者和发展实践者提供各类支持。全面建设小康社会立足中国、兼济世界，在促进中国减贫事业持续发展的同时，也为世界消除贫困事业作出重大贡献。

（三）提振全球减贫事业信心

步入新世纪，经济全球化和世界多极化趋势深入发展，金融危机席卷全球，引发世界性经济衰退，世界政治经济局势动荡，使得全面建设小康社会战略推进面临诸多挑战。在此大背景下，党的十六大明确作出"重要战略机遇期"的重要判断，领导中国人民乘势而上，在全面建设小康社会实践中迎难而上、奋勇向前，取得显著成效，为世界贫困事业提供崭新路径、贡献中国智慧、注入中国力量，提振全球减贫事业信心。

1. 全面建设小康社会贡献脱贫密码

实践是检验真理的唯一标准，中国的脱贫成效归功于中国共产党和人民群众不懈的减贫努力。全面建设小康社会下的中国脱贫实践成效极大增强了全球减贫事业的信心，向世界有力地证明了发展中国家可以依靠自己的艰苦奋斗摆脱贫困，实现国家的长足发展。

党和国家高度重视减贫工作，全面建设小康社会取得"中国成效"。邓小平多次强调指出："搞社会主义，一定要使生产力发达，贫穷不是社会主义。我们坚持社会主义，要建设对资本主义具有优越性的社会主义，首先必须摆脱贫穷。"① "社会主义的本质，是解放生产力，发展生产力，消灭剥削，消除两极分化，最终达到共同富裕。"② 改革开放以来，中国人民在中国共产党的坚强领导下，充分发挥"集中力量办大事"的社会主义制度优势与中华文化历久弥坚的强大向心力，不断向贫困宣战，形成了脱贫攻坚的强大合力，成功走出了一条颇具中国特色的扶贫开发道路。特别是推进全面建设小康社会以来，实现了经济的高速增长，最大限度地改善了人民生活水平，取得了历史性的扶贫成绩。相较于改革开放前，按照国际贫困线标准 1.90 国际元/日，中国贫困人口从 1990 年的 75263 万人减少到 2010 年 14982 万人，贫困发生率由 2002 年的 31.7% 降低到 2010 年的 11.2%、2013 年的 1.9%。③ 成为世界上减贫人口最多的国家，取得不可忽视的阶段性成绩，在世界减贫历史上画下浓墨重彩的一笔。

全面建设小康社会的"中国成效"为世界减贫事业贡献中国密码。据统计，2010 年至 2012 年间，中国为其他国家改善民生和社会发展提供援助资金达 893.4 亿元，在全球扶贫方面担当了"火车头"的重要角色。中国不但成功大幅减少了本国贫困人口数量，还有能力和经验提供"减贫密码"，以帮助其他发展中国家实现减贫目标，在当今世界减贫事业中扮演着重要角色。依托国内全面建设小康社会阶段成就所提供的经济实力与减贫经验，中国同许多发展中国家签署减贫合作谅解备忘录、建立合作减贫中心；为其他发展中国家援建医院、医疗服务中心、派遣医疗队、提供紧急人道援助；支持其他发展中国家提高教育水平，培养各类专业人才，共同推动世界减贫工作、实现世界各国家共同进步。国在取得全面建设小康社会中经济发展的重大成就后，在"2009 年减贫与发展高层论坛"上，主

---

① 《邓小平文选》第 3 卷，人民出版社 1993 年版，第 225 页。
② 《邓小平文选》第 3 卷，人民出版社 1993 年版，第 373 页。
③ 胡鞍钢：《中国如何全面建成小康社会：系统评估与重要启示》，《新疆师范大学学报》（哲学社会科学版）2021 年第 6 期。

动与世界分享发展理念、实现大国承诺。"中国成效"的世界意义绝不只在于让世界享用价廉物美的制造业产品，更在于共享中国减贫密码、发展经验，从而帮助更多发展中国家摆脱贫困，实现发展。从全球发展的观点来看，中国走出了一条和平、和谐、包容、繁荣和共享的道路，全面建设小康社会的巨大成效不仅意味着本国经济社会的发展，而且包含中国在力所能及的范围内带动其他发展中国家共同发展的庄严承诺，这是作为负责任大国的国际担当。

2. 全面建设小康社会贡献减贫智慧

全面建设小康社会进程中，中国成功的脱贫实践印证了"中国方案"的正确性，以无可辩驳的事实进一步表明了中国特色社会主义扶贫道路的科学性和有效性，给世界上那些既希望加快发展又希望保持自身独立性的国家和民族提供了一种崭新选择，为消除普遍贫困、实现共同富裕，贡献了中国经验和中国智慧。

全面建设小康社会中扶贫理念根植于中国传统"民本"思想之壤。"民本"育于"民生"。"民生"一词最早见于《左传》，"民生在勤，勤而不匮"，"水能载舟，亦能覆舟"，"民为贵、社稷次之、君为轻"，这些蕴藏在传统文化中的民本思想是培育中国共产党人树立"为人民谋幸福，为世界谋大同"的使命感的深厚土壤。国以民为本，党以民为基，扶贫问题是关涉最广大人民的根本利益和党的执政基础的重大问题。党的十六大以来，中国共产党进一步深刻认识到："最大多数人的利益和全社会全民族的积极性创造性，对党和国家事业的发展始终是最具有决定性的因素。"①强调始终坚持"民为邦本，本固邦宁"的以人为本的理念，在全面建设小康社会中，在扶贫实践中始终将人民利益置于首位，把扶贫开发作为国民经济和社会发展的重要任务，动员和组织各方面社会力量参与贫困地区的开发建设；鼓励和支持贫困人口依靠自身的努力，改变落后面貌，包括转变贫困农户的思想观念、通过扶贫开发项目建设促进村民自治等；同时积极主动向世界分享独具中国文化特色的"民本"理念，为世界反贫困事业贡献中国智慧。

贫困问题是阻碍构建和谐世界的"拦路虎"，也是妨碍世界人民实现

---

① 《改革开放三十年重要文献选编》（下），中央文献出版社 2008 年版，第 1247 页。

自由而全面发展目标的"绊脚石",面对世界性贫困问题没有一个国家能够置身事外。2003 年 5 月 28 日,胡锦涛访问俄罗斯期间,在莫斯科国际关系学院发表演讲时指出,为"实现持久和平和共同繁荣"①,国际社会要通力合作,坚持不懈,建设和谐世界。胡锦涛第一次提出建设和谐世界的战略主张。中国全面建设小康社会的实践是推动全球减贫发展、增进世界人民福祉的伟大事业。从党的十六大至十八大十年期间,以胡锦涛为主要代表的中国共产党人,始终坚持科学理论,在艰苦奋斗中取得全面建设小康社会的重大成就,形成"中国方案"。新时期,这一方案不断走向完善,在各种有关贫困治理和改善民生等高端论坛和外交场合,中国都主动将"中国方案"分享给世界,明确呼吁解决世界贫困问题是世界各国的共同责任和平等义务,只有齐心协力、加强合作,才能最终攻克"贫困"这一世界难题。当前世界各国的联系空前加强,贫困治理不应囿于某一个国家或某些发展中国家,只有世界各国共同发力,才能提升贫困治理的有效性,实现世界范围内的全面脱贫。

3. 全面建设小康社会注入脱贫动力

中国持续推进改革开放,助力人类减贫大业。全面建设小康社会下的中国脱贫进程随着改革开放和经济社会不断发展持续推进。改革开放以来,中国吸引大量外资在国内投资建厂,进出口贸易额连年攀升;外商投资和贸易发展创造大量的就业机会,超 2 亿中国农民工外出务工,极大地提高了农村的人均收入水平。2001 年中国加入世界贸易组织后,对外开放进入新阶段,在国际价值链、产业链中占据越发重要的位置,国际贸易量显著提升,随着民营经济的快速发展,人均国民收入大幅提升。2010 年中国超过日本成为世界第二大经济体,20 年来中国 GDP 更是扩大了 10 倍。中国贫困发生率也随着经济快速发展而逐年降低,按照国际贫困线标准1.90 国际元/日,2002 年中国贫困发生率为 31.7%,世界贫困发生率为25.7%,中国贫困人口占世界比重 25.2%。2010 年中国贫困发生率降至11.2%,2013 年降至 1.9%,世界贫困发生率分别为 16%、11.3%,而中国贫困人口占世界比率分别为 13.5%、3.2%。② 中国成功以"中国担当"

① 《改革开放三十年重要文献选编》(下),中央文献出版社 2008 年版,第 1324 页。
② 胡鞍钢:《中国如何全面建成小康社会:系统评估与重要启示》,《新疆师范大学学报》(哲学社会科学版)2021 年第 6 期。

在全球减贫事业方面起树立了旗帜和标杆。中国减贫事业发展具有重要的世界意义，中国也将为全球减贫事业发挥不可替代的作用。以"南南合作"等国际机制为基础，中国积极推动发展中国家城乡基础设施项目建设，释放各国潜在生产能力，有效提升其国民收入水平，促进当地贫困人口减少。中国在力所能及的范围内带动其他发展中国家共同发展，这是作为负责任大国的国际担当。未来，为实现全面建设小康社会的战略部署与助力全球减贫事业的伟大目标，面对可能产生的中国的减贫道路新情况、新问题，减贫工作注定任务艰巨，不容丝毫懈怠。因此，既要坚持"中国担当"，坚持正确的政策和战略，实现踏实发展包容性增长，也要为世界减贫注入中国动力，让全世界共享改革开放和社会发展的成果，壮大减贫事业的推动力量。

中国始终坚持加强国家合作，助推人类减贫事业。贫困是世界各国共同面临的时代性课题，脱贫对于极度落后的国家而言更是发展的首要目标。新时期，人类社会步入经济全球化、政治多极化、社会信息化格局，加强国际合作已然成为不可阻挡的历史潮流。第二次世界大战以来的全球减贫战略是基于西方的传统经济学理论和个人主义价值观，忽略贫困是历史与现实累积而成的结果，因而受制于社会政治、经济、文化等多重因素的合力效应，难以抵抗时代与社会的宏观影响。中国秉持减贫是全人类的共同挑战，因由全世界人民携手合作，共同面对。虽然各国在意识形态、社会制度、发展道路上有所不同，贫困的根源与类型亦相异，但是，世界脱贫道路上不应让任何一个地区、任何一个民族掉队，各国应求同存异、守望相助，共同奔赴美好新世界。首先，应该从大国对小国的"单向输血"转变为各国间的"共向造血"，提升各国自身的治理能力和发展潜力；其次，中国诚挚欢迎世界各国搭乘"中国发展快车"，升华经济、政治、文化等各领域合作水平，为共同发展增添机遇；最后，发挥联合国等国际组织的作用，为各国间合作保驾护航。进入21世纪，中国紧跟和平与发展的时代潮流，在全面建设小康社会的康庄大道上阔步前行，勇担国际责任，展现大国担当，助推全球减贫事业实践，提振全球减贫事业信心。

三 探索构建人类社会新形态的中国道路

党的十六大以来，以胡锦涛为代表的中国共产党人确立了全面建设小康社会的伟大战略，在实践中不断推进中国从"站起来"到"富起来"的深刻历史转变，致力于打造中国发展的崭新阶段，为世界文明形态的图景描摹中国面貌。

（一）解决人类发展问题的必然选择

进入新时期，和平与发展仍是时代主题，但世界范围内不安定因素依然存在，世界发展仍然面临诸多问题。正如胡锦涛所言"人类社会发展依然面临着严峻挑战"[①]。在此国际背景下，中国准确把握历史方位，判断国际形势，沉着应对风险挑战。对内在总体小康的基础上稳步推进全面小康社会建设，逐步实现社会发展全面协调，经济实力和综合国力显著增强，跃升成为世界第二大经济体；对外奉行独立自主的和平外交政策，逐步扩大开放，为解决世界性发展问题积极贡献中国力量，展现出"兼济天下"的大国担当。

1. 人类发展面临重大挑战

21世纪以来，地区冲突、国家争端日渐趋缓，南北问题逐渐成为国际关系的核心问题，其意指南北国家间在经济、政治、文化等领域的矛盾冲突，实质是发达国家的强势与发展中国家的弱势的发展问题，是经济全球化发展的负面影响的显露，更是西方对外殖民统治恶果的延续。

发达国家的科学技术具有先发优势，在经济上与发展中国家有着显著差距。发达国家的商品生产一般集中于技术密集型产业，生产竞争力强；而发展中国家由于自身的人才教育、科技开发、生产水平等方面的欠缺，多数从事初级产品生产，以劳动密集型产业为主，在国际分工中处于劣势地位。一方面，在贸易领域，西方国家肆意利用技术、营销优势抢占市场、垄断市场价格，恶意设置贸易关卡，动用禁运、制裁等手段转移自身

---

① 《改革开放三十年重要文献选编》（下），中央文献出版社2008年版，第1520页。

危机，主宰世界贸易游戏规则，攫取大量利益。另一方面，在金融领域，诸如国际货币基金组织、世界银行等国际组织均由发达国家主导，国际金融的实权被西方牢牢掌控。总之，全球化进程中博弈的各方看似机会均等，实则非公正合理的因子已然在其间暗中操纵。西方发达国家在生产、贸易、金融等领域全方位处于领先地位，第三世界国家则受控于国际经济旧秩序，世界财富越来越集中于少数发达国家，相反发展中国家存在边缘化的危险，甚至一部分国家沦为西方经济体的附庸。世界贫富的两极分化加剧了国际发展的不均衡性，经济发展的巨大鸿沟必然裹挟政治上的压迫与威胁，制约着全球公平正义。

发达国家以其惯用的"人权"为武器、"援助"为诱饵、"拯救"为旗帜，在政治上冠冕堂皇地干涉发展中国家的政治主权。一方面，在人权问题上，西方国家体现出逻辑推论的荒谬性与目的的非正当性。人权起源于启蒙运动，洛克、卢梭等启蒙思想家面对封建特权、腐朽神权提出了"天赋人权"，认为权利出于自然赋予，社会由契约构成，人人均享有平等权利，此时"人权"仅限于国内事务。二战结束后，为防止类似法西斯极权政治的再度出现，危及人类生存，1948年发表的《世界人权宣言》标志着"人权"突破一国范围而扩泛为国际社会的普遍议题。"人权"提出的原初目的是捍卫世界和平与正义事业，然而发达国家时常以此为借口抨击发展中国家缺乏民主、自由，鼓吹"普遍人权""人权无国界"，用自身标准强行量化他国，自诩自身政治制度先天优越，任意破坏发展中国家的主权，阿富汗战争就是以"维护人权"为名，行"侵犯他国"之实的典型例证。发展中国家为反击西方的话语霸权、政治霸凌而提出"生存权与发展权"是最基本的人权理念，没有国家安全和独立主权作为保障，发达国家所推行的"人权"与"民主"只能沦为"伪人权"与"假民主"。西方国家试图借口"人权"突破主权防线、干涉别国内政、破坏他国政体独立，以巩固自身国际地位与既得利益。另一方面，发达国家对发展中国家开展的"援助"附加大量的额外条件，对受援国家来说无异于"拆西墙，补东墙"。不仅夺走发展中国家的丰富资源，而且一味推行西式民主，扰乱别国政治秩序。总之，霸权主义与强权政治为世界政治的发展带来极大阻力。

发达国家依托经济优势、科技领先等硬实力，在文化上向全世界输出电影、电视、新闻、广播等"价值附着品"，发展中国家面临着保卫自身传统文化价值的艰巨任务。美国的好莱坞、可口可乐、麦当劳的影响力遍及全球，世界四大媒体巨头：美联社（美）、合众国际社（美）、路透社（英）、法新社（法）均在发达国家，世界舆论导向、流行风尚较大程度受控于西方发达资本主义国家；反观发展中国家，大众传媒、科技水平、文化创新等仍不及西方发达国家，在全球化背景下面临被潜移默化地侵蚀而丧失民族文化阵地的挑战。世界文明具有多样性，理应相互尊重、平等交流，但西方部分国家在错误的文化观基础上炮制"西方文化中心论"，对外推行"和平演变"的超越遏制，凭借自身各方优势进行文化入侵，将西方的价值观念、思想体系等意识形态内容渗入他国文化环境，用隐秘的方式达成霸权文化控制与心理意识认同。

2. 全面建设小康社会是解决发展问题的必然选择

针对来自经济、政治和文化各方面的挑战，中国积极应对、主动担当，始终坚持不畏艰险、迎难而上的态度，科学分析世界局势，紧密结合中国国情，在促成国内发展延续的基础上，积极助力国际问题的顺利解决。

中国在经济方面，坚持稳中求进，同时带动世界经济繁荣发展。新中国的成立，中华民族历史性地实现了"站起来"的百年梦想，但彼时的中国穷困交加，国内人民的温饱还是巨大难题。改革开放以来，"以经济建设为中心"成为全党和全国人民的最大共识，中国终于按下了经济腾飞的"快进键"。21世纪初期，中国刚刚摆脱亚洲金融危机的冲击，初步建立起独具中国特色的社会主义市场经济体系，同时开始收获加入世贸组织带来的"红利"。从党的十六大到十八大的十年间，虽经历了2008年的国际金融危机，但基于党和政府正确的宏观调控和科学的微观指导，中国经济总体保持向好发展态势，并开始更多关注经济发展方式的转变。在2010年，国内生产总值超过日本，成为世界第二大经济体。同时，出口总量反超德国，成为世界第一大出口国，中国成为社会主义阵营中的首个"世界工厂"。

中国在政治方面，坚持反对霸权主义与强权政治，着力维护世界和平。新世纪，部分发达资本主义国家罔顾世界多极化趋势，单边主义横行无忌，恐怖主义阴云犹在。中国积极参与国际反恐活动，以对话协商解决矛盾冲突，不断改善与世界大国的外交关系，为维护世界和平贡献中国力量。同时，面对总想对中国内政问题"插一手"的霸权主义行为，中国政府态度强硬，向世界宣告中国"既不惹事，也不怕事"，国家主权和安全不容任何其他国家侵犯与干涉。

中国在文化方面，秉承守正创新与博采众长原则，致力"美美与共"的文化图景。新时期，中国在国际文化舞台上大放异彩。2008 年全国人民以顽强的意志迅速走出汶川大地震的举国悲痛情绪，怀揣灾难后的强韧与面向未来的乐观，于同年 8 月 8 日如期点燃北京奥运会主火炬，为世界人民献上了一场别开生面的奥运开幕式，使全球人民领略到中国悠久历史中内蕴的文化魅力。2010 年以"和谐城市"为主题的上海世博会，既加强了各国先进文化、高端技术的交流，更彰显了中华文化靓丽的底色与深厚的底蕴。19 世纪末，近代启蒙家郑观应在《盛世危言》中作出"故欲富华民，必兴商务，欲兴商务，必开会场。欲筹赛会之区，必自上海始"的美好构想。同年广州亚运会新增设的围棋、武术、龙舟等中国传统项目再次将中华文化结晶展现给世界，尽显文明古国之文化自信。

（二）擘画人类社会文明发展的宏伟蓝图

文明是指"人类社会的进步和开化状态。它既是人类历史发展的产物，又是衡量和表现社会进步程度的标志"①。人类社会的发展进程彰显文明演进与嬗变的历史。社会文明存在狭义和广义两种理解方式，狭义的社会文明包含社会治理、社会服务等内容，与物质文明、精神文明、政治文明等同属并列关系；广义的社会文明表征人类社会的进化状态和进步程度，是人类改造世界所获成果的总和，包含物质文明、精神文明、政治文明和狭义的社会文明等。在全面建设小康社会持续推进的过程中不断完善的中国特色社会主义文明指广义的社会文明，其繁荣发展，不断丰富拓展人类社会文明，擘画人类社会文明发展的璀璨蓝图。

1. 全面建设小康社会丰富人类社会文明内涵

"一切划时代的体系的真正内容都是由于产生这些体系的那个时期的

---

① 黄楠森等主编：《新编哲学大辞典》，山西教育出版社 1993 年版，第 210 页。

需要而形成起来的。"① 因此，为保障全面建设小康社会目标的如期实现，中国共产党结合新时期国内外形势，丰富创新全面小康社会建设的理论，以日臻完善的中国道路、中国方案、中国智慧拓展人类文明形态。

政治文明化，是新时期中国在全面小康社会建设进程中涌现出的新历史潮流，也是人类社会文明体系中具有重大影响的创新领域。"发展社会主义民主政治，建设社会主义政治文明，是全面建设小康社会的重要目标。"② 社会主义政治文明筑基于马克思主义人民观的价值立场，赓续于中国共产党人"全心全意为人民服务"的根本宗旨。新时期，社会主义政治文明的建设坚持中国共产党的领导核心地位不动摇，以依法治国为制度保障，将中国共产党执政为民理念与全面建成小康社会的宏伟目标相衔接，全面推进中国政治民主化、科学化、公开化与法治化。中国特色社会主义政治文明作为人类社会文明长卷中的崭新篇章，为人类社会文明体系增添了新的生机与活力。

生态文明化，是新时期中国在探寻可持续发展道路中开辟出的全新领域，更是对人类社会文明体系版图的最新且颇具深意的拓展。"人本身是自然界的产物，是在他们的环境中并且和这个环境一起发展起来的"。③ 进入新时期，随着科技现代化的迅猛发展，人类改造自然的能力愈加强大，人类与自然之间的矛盾也愈发尖锐，日益成为影响人类社会持续发展的制约性因素。伴随着经济社会的发展，自然环境恶化造成的反噬性结果，使越来越多的国家和人民开始形成保护生态的共识。胡锦涛指出："建设生态文明，实质上就是要建设以资源环境承载力为基础、以自然规律为准则、以可持续发展为目标的资源节约型、环境友好型社会。"④ 在借鉴马克思主义生态观理论，立足中国基本国情基础上，胡锦涛创造性地提出全面协调可持续的科学发展观，为中国人民乃至全世界人民作出了"久久为功"的长远考虑和突出贡献。

概言之，新时期中国特色社会主义文明体系围绕中国特色社会主义的建设主题，坚持科学社会主义原则同中国的具体实践相结合，系统地回答

① 《马克思恩格斯全集》第 3 卷，人民出版社 1960 年版，第 544 页。
② 《江泽民文选》第 3 卷，人民出版社 2006 年版，第 553 页。
③ 《列宁选集》第 2 卷，人民出版社 1995 年版，第 419 页。
④ 《胡锦涛文选》第 3 卷，人民出版社 2016 年版，第 6 页。

了全面建设小康社会时期中国社会发展提出的现实问题，积极探索并系统总结社会主义文明建设的实践经验，凝练人类文明的瑰宝，动态丰富人类社会文明体系。

2. 全面建设小康社会实践拓展人类社会文明道路

物质、政治、精神、社会和生态文明构成相互联系、唇齿相依的整体。在理论上表征为中国特色社会主义文明体系的基本内容，在实践中呈现为经济、政治、文化、社会和生态文明建设的现实目标。"五个文明"相互渗透、相辅相成，"五种建设"全面落实、协调推进，形成中国特色社会主义事业发展的共生合力，创新了以西方文明为主导的文明发展道路。

新时期全面建设小康社会，继续坚持以经济建设为中心促进发展，着力以创新型和开放型经济模式助推经济发展稳中求进。2011 年中国国内生产总值达到 47.3 万亿元，① 进出口总额跃居世界第二位。财政收入连年显著爬升，物价水平基本稳定，社会主义新农村建设蒸蒸日上，城镇化水平明显提高，区域发展协调性大大增强。文化建设开创新局面，社会主义核心价值观培育和思想道德建设取得新进展，社会文明程度进一步提高。文化产业和文化事业飞速发展，文艺创作生产尽显繁荣态势，人民的精神文化生活更加丰富多彩。社会建设取得新进步，基本公共服务水平与均等化程度显著提高，教育事业发展态势喜人。就业制度保障更加健全，就业规模日益扩大，社会保障体系建设成效显著。社会治理创新逐步加强，人民安居乐业，社会和谐稳定。生态文明建设围绕资源节约和环境保护全面推进并取得重大进展，促进人与自然和谐共生局面的形成。

新时期全面建设小康社会，以经济发展成果供给保障其他各项事业顺利开展。首先，在政治建设方面，政治体制改革继续稳步推进，人民代表大会制度、中国共产党领导的多党合作和政治协商制度、民族区域自治制度发展完善。人权事业健康发展，爱国统一战线持续壮大。中国特色社会主义法律体系日渐完善，依法治国基本方略切实贯彻，社会主义法治国家建设成绩显著。行政管理体制、司法体制和工作机制改革不断深化。其次，在文化建设方面，尊重文明多样性，中华民族坚持兼收并蓄的文化传

---

① 参见《中国统计年鉴（2012）》，中国统计出版社 2012 年版。

统渊源已久，中国古代不乏齐国"稷下学宫"促成的百家争鸣，葆有孟子"夫物之不齐，物之情也"般对天下万物差异性、独特性的理性认知，亦传有"若琴瑟之专一，谁能听之？"的先贤哲思。具有浓重宿命论色彩的"文明冲突论"在中国从来就没有立锥之地，在全球化进程日益深化的新时期，中国始终秉持"没有一个民族应被落下，没有一种文明应被漠视"的理念，与世界各国和平共处，合作共赢。再次，在社会建设方面，基本公共服务水平和均等化程度明显提高，教育事业迅速发展，城乡免费义务教育全面实现。就业规模日益扩大，社会保障体系建设成效显著，城乡基本养老保险制度全面建立，新型社会救助体系基本形成。社会管理逐步趋向成熟。最后，在生态文明建设方面，能源资源节约和生态环境保护全面推进，取得新进展。在坚持科学发展观的指导下，全党全国人民对经济社会可持续发展观念、自然资源持续利用规律和生态环保意识进入了新境界。生态文明制度加快建立，国土空间开发、资源节约、生态环境保护的体制机制不断完善，人与自然和谐发展成为全社会的共识。

实践是检验真理的唯一标准，亦是科学认识的来源与归宿。新时期，在全面建设小康社会的进程中，党中央紧紧抓住重要战略机遇期，以马克思主义世界观和方法论为理论指南，团结带领全国各族人民在各个领域探索创新、艰苦奋斗，向世界展示了中国特色社会主义实践的丰硕成果，同时促进人类社会文明的前进发展，极大拓展人类社会文明的发展道路。

（三）拓展人类社会新形态的构建路径

马克思、恩格斯在研究人类社会发展进程的基础上，提出"三大形态"与"五大形态"的社会形态划分理论。其以人的依赖性、物的依赖性以及个人自由全面发展的社会为主要内容的"三大形态"理论与原始社会、奴隶社会、封建社会、资本主义社会以及共产主义社会为基本内容的"五大形态"理论内蕴相互呼应；人的依赖性社会存在于原始社会、奴隶社会和封建社会；物的依赖性社会存在于资本主义社会；人的自由而全面发展社会与共产主义社会相对应。新时期，中国仍处于社会主义的初级阶段，全面建设小康社会是社会主义初级阶段的关键目标和重大实践。党的十六大以来，中国共产党准确把握这一基本国情，立足时代、紧抓机遇，在中国特色社会主义道路上砥砺前行，力争夺取全面建设小康社会的胜利，为世界各国探索构建人类文明新形态提供崭新思路。

1. 全面建设小康社会开辟世界社会主义运动新境界

"社会主义社会作为人类历史上崭新的社会形态，是全面发展、全面进步的社会。"[1] 但对于经济文化落后的国家如何实现社会主义及社会主义的建设与发展的问题，马克思、恩格斯并未给出具体的答案，而是留给马克思主义后继者在其理论基础上去探索，在时代现实中去破解。新中国成立初期的中国共产党人"以苏为鉴"，主动学习他国经验，将科学社会主义原则与中国社会主义建设的实际情况相结合，创造性地开辟了中国特色社会主义道路，形成了中国特色社会主义理论体系。进入 21 世纪，资本主义经济危机再次爆发，给世界社会主义运动创造重要机遇的同时带来了巨大挑战，中国共产党及时抓住机遇、应对挑战、顺应时势，加快全面小康社会建设，为中国特色社会主义事业的发展带来蓬勃生机，为世界社会主义运动提振信心和勇气。同时，中国共产党结合新时期中国的实际问题不断进行理论创新，不断丰富和发展马克思主义，世界社会主义运动客观上夯实了理论基础，为其他社会主义国家的改革发展提供参考路径。

新时期世界社会主义运动面临的挑战与机遇并存。20 世纪 90 年代初，东欧剧变和苏联的瓦解导致世界社会主义的发展暂时跌入低谷，国际共产主义和工人运动陷入危机，这给世界上包括中国在内的社会主义国家带来严峻挑战。帝国主义和敌对势力的和平演变、干涉、破坏、捣乱等阴谋活动不断干扰社会主义国家的发展。对内，苏联解体给中国的社会主义发展事业蒙上一层阴霾，甚至使国内一些意志不坚定的人萌生"对社会主义丧失信心"的悲观情绪。与此同时，资本主义危机在新世纪首次爆发，威力强劲，波及范围广。美国等发达资本主义国家的整体实力有所下滑，对世界的主导能力显得"心有余而力不足"，资本主义在全球扩张的脚步有所放缓。虽然马克思恩格斯曾认为资本主义严重经济危机的到来会带来社会主义运动的高潮，但幻想"乘人之危"进行一次"毕其功于一役"的"华丽反转"，实现世界社会主义的狂飙突进，也是脱离实际的。世界社会主义运动处在多种危机并存的大环境中，中国作为 21 世纪世界社会主义运动的"参照系"，何去何从、如何作为都将成为世界社会主义阵营的焦点，

---

① 《胡锦涛文选》第 1 卷，人民出版社 2016 年版，第 429 页。

对世界社会主义运动产生不可估量的影响。

中国积极应对各方挑战，以实践彰显社会主义的强劲生命力、以成就创造世界社会主义运动的新境界。新世纪以来，全面小康社会建设取得举世瞩目的成就，极大地鼓舞着其他社会主义国家，为其提振信心，加快本国社会主义建设提供坚实依据。进入新时期，中国共产党坚持马克思主义理论指导，贯彻"一个中心，两个基本点"基本路线，结合社会主义初级阶段基本国情，不断探索并回答建设什么样的党、怎样建设党，实现什么样的发展、怎样实现发展等重大理论与实践问题，切实推进全面建设小康社会进程。党的十六大到十八大期间，中国经济总量从世界第六位跃升至第二位，经济实力与科技实力迈上新台阶，人民生活水平得到质性飞跃，综合国力与国际影响力显著增强，国家总体面貌发生斗转星移的巨大变化。全面建设小康社会事业取得的伟大成就为世界社会主义运动注入强大活力，显现出国际社会主义运动的中国力量。

2. 全面建设小康社会开创人类社会现代化新路径

中国特色社会主义现代化道路要求全面建设小康社会。"中国特色社会主义现代化"是中国在追求现代化的道路上将马克思主义社会形态理论的一般规定性与自身国情相结合而产生的阶段性目标。"社会主义"规定着"中国特色"的根本性质，"现代化"是"中国特色"的发展目标。中国共产党准确把握理论与现实、普遍与特殊的辩证关系，扎实推进中国社会的现代化与社会主义的建设，开辟社会主义国家实现现代化的新路径。"中国特色社会主义道路，就是在中国共产党领导下，立足基本国情，以经济建设为中心……促进人的全面发展，逐步实现全体人民共同富裕，建设富强民主文明和谐的社会主义现代化国家。"① 中国特色社会主义道路是中国走向现代化的必由之路。新时期为保证中国特色社会主义道路行稳致远，必须以全面建设小康社会为目标指引，坚持贯彻落实科学发展观，逐步推进社会主义和谐社会建设。

中国特色社会主义事业发展的阶段性特征要求加快全面建设小康社会。进入新世纪，随着工业化、信息化、城镇化、市场化、国际化的迅速发展，中国的发展迎来新机遇。党的十六大以来，以胡锦涛为总书记的党

---

① 《胡锦涛文选》第 3 卷，人民出版社 2016 年版，第 621 页。

中央立足基本国情，审慎分析中国发展态势，为适应全面建设小康社会、加快推进社会主义现代化建设，创新性地凝练出科学发展观的重大战略思想。科学发展观坚持以人为本，力图实现全面、协调、可持续的发展景观。"科学发展观"五字虽未见"人"，却无时无处不为"人"。人民是全面建设小康社会的主力军与受益者，全面、协调、可持续发展最终指向人的全面自由发展。科学发展观对新形势下实现什么样的发展、怎样实现发展等重大现实问题作出了直接回答，是马克思主义理论与当代中国实践相结合的产物，开辟出当代中国马克思主义理论发展新境界。

全面建设小康社会，创新人类社会现代化新路径。中国的社会主义现代化道路给世界上那些既希望加快发展又希望保持自身独立性的国家和民族提供了科学借鉴。新中国成立以来，中国用自身实践向世界证明，在一定条件下，经济文化比较落后的国家完全能够成功跨越资本主义"卡夫丁峡谷"，走上社会主义现代化道路，进而实现社会形态的根本转变。进入新时期，以毛泽东思想和中国特色社会主义理论体系为指导，以全面小康社会建设成绩，再次向世界证明了走向现代化的道路并非只有一条，实现现代化并非只能走资本主义老路。与导致"拉美陷阱"的"华盛顿共识"的社会发展模式不同，中国特色社会主义道路不是现成模板，更不是固定模式，它鼓励其他国家紧密结合自身国情，科学系统分析世情、国情，以"突出重围"的坚定信念与脚踏实地的务实态度突破重重发展困境，探索兼具民族特色与时代特征的现代化发展道路，以"殊途同归"的多样化选择丰富人类社会现代化建设路径。

主要参考文献

一 经典文献

《马克思恩格斯全集》第3、9、10、20卷，人民出版社1971年版。

《列宁全集》第40、42卷，人民出版社2017年版。

《列宁文稿》第3卷，人民出版社1978年版。

《毛泽东选集》第1—4卷，人民出版社1991年版。

《毛泽东文集》第1、2卷，人民出版社1993年版。

《毛泽东文集》第6、7、8卷，人民出版社1999年版。

《邓小平文选》第1—2卷，人民出版社1994年版。

《邓小平文选》第3卷，人民出版社1993年版。

《江泽民文选》第2、3卷，人民出版社2006年版。

江泽民：《全面建设小康社会　开创中国特色社会主义事业新局面——在中国共产党第十六次全国代表大会上的报告》，人民出版社2002年版。

《胡锦涛文选》第2、3卷，人民出版社2016年版。

胡锦涛：《论构建社会主义和谐社会》，中央文献出版社2013年版。

《周恩来选集》（下），人民出版社1984年版。

《建党以来重要文献选编（1921—1949）》第1册，中央文献出版社2011年版。

《十一届三中全会以来重要文献选读》（上册），人民出版社1987年版。

《十二大以来重要文献选编》（上），人民出版社1986年版。

《十三大以来重要文献选编》（上），人民出版社1991年版。

《十三大以来重要文献选编》（下），人民出版社1993年版。

《十四大以来重要文献选编》（中），人民出版社 1997 年版。

《十五大以来重要文献选编》（上），人民出版社 2000 年版。

《十五大以来重要文献选编》（下），人民出版社 2003 年版。

《十五大以来重要文献选编》（中），人民出版社 2001 年版。

《十六大以来重要文献选编》（上），中央文献出版社 2005 年版。

《十六大以来重要文献选编》（下），中央文献出版社 2008 年版。

《十六大以来重要文献选编》（中），中央文献出版社 2006 年版。

《十七大以来重要文献选编》（上），中央文献出版社 2009 年版。

《十七大以来重要文献选编》（下），中央文献出版社 2013 年版。

《十七大以来重要文献选编》（中），中央文献出版社 2011 年版。

《十八大以来重要文献选编》（上），中央文献出版社 2014 年版。

中共中央党史和文献研究院编：《刘少奇年谱》（增订本）第 2 卷，中央文献出版社 2018 年版。

中共中央党史研究室：《中国共产党的九十年（改革开放和社会主义现代化建设新时期)》，中共党史出版社、党建读物出版社 2016 年版。

中共中央党史研究室：《中国共产党历史》第 1 卷（上、下册），中共党史出版社 2010 年版。

中共中央文献研究室编：《邓小平年谱（1975—1997)》（下卷），中央文献出版社 2004 年版。

中共中央文献研究室编：《改革开放三十年重要文献选编》（上、下），中央文献出版社 2008 年版。

中共中央文献研究室编：《建国以来重要文献选编》第 9 册，中央文献出版社 1994 年版。

中共中央文献研究室编：《毛泽东年谱（1893—1949）（修订版)》（中册），中央文献出版社 2013 年版。

中共中央文献研究室编：《周恩来年谱（1949—1976)》（中、下卷），中央文献出版社 1997 年版。

二　理论著作类

北京大学哲学系外国哲学史教研室编译：《古希腊罗马哲学》，商务印书馆

2021 年版。

《傅立叶选集》第 3 卷，汪耀三、庞龙、冀甫译，商务印书馆 1982 年版。

康有为：《春秋董氏学》，中华书局 1990 年版。

李忠杰：《中国扶贫脱贫史》，东方出版社 2022 年版。

《孙中山全集》第 2 卷，人民出版社 2015 年版。

童星：《社会保障理论与制度》，江苏教育出版社 2008 年版。

卫生部统计信息中心编：《2008 中国卫生服务调查研究——第四次家庭健康询问调查分析报告》，中国协和医科大学出版社 2009 年版。

奚洁人主编：《科学发展观百科辞典》，上海辞书出版社 2007 年版。

张强：《小康之路·社会篇》，北京时代华文书局 2013 年版。

张占斌、陈翔云：《党心与民心：十六大以来具有历史意义的民生工程》，国家行政学院出版社 2012 年版。

中国发展研究基金会：《中国医药卫生体制改革研究》，中国发展出版社 2016 年版。

中华人民共和国国家统计局：《中国统计年鉴（2013）》，中国统计出版社 2013 年版。

［古希腊］柏拉图：《理想国》，郭斌和、张竹明译，商务印书馆 2018 年版。

［古希腊］色诺芬：《回忆苏格拉底》，吴永泉译，商务印书馆 2011 年版。

［古希腊］亚里士多德：《政治学》，颜一、秦典华译，中国人民大学出版社 2003 年版。

［苏］涅尔谢相茨：《古希腊政治学说》，蔡拓译，商务印书馆 1991 年版。

三　论文

毕天云：《我国社会保障体系普遍整合的制约因素》，《学术探索》2015 年第 9 期。

何文炯：《我国现行社会保障收入再分配的机理分析及效应提升》，《社会科学辑刊》2018 年第 5 期。

刘慧侠：《国民健康与经济增长》，《光明日报》2013 年 11 月 3 日第 7 版。

马建堂：《科学发展　铸就辉煌》，《求是》2012 年第 12 期。

人力资源和社会保障部：《2012 年全国社会保险情况》，《中国劳动保障
　报》2013 年 6 月 19 日第 2 版。

孙铁翔、吕诺：《三年医改交出惠及全民的中国答卷》，《新华每日电讯》
　2012 年 6 月 26 日第 1 版。

王前海：《收入分配改革：破竹冲关会有时》，《中国信息报》2006 年 8 月
　10 日第 1 版。

王彦峰：《健康也是生产力》，《红旗文稿》2009 年第 11 期。

温家宝：《促进就业是保障和改善民生的头等大事》，《人民日报》2012 年
　7 月 23 日第 2 版。

温家宝：《关于发展社会事业和改善民生的几个问题》，《求是》2010 年第
　7 期。

岳宗福：《新中国 60 年社会保障行政管理体制的变迁》，《安徽史学》2009
　年第 5 期。

张轶妹、周明：《中国共产党百年社会保障管理体制探索、演进与创新》，
　《西北大学学报》（哲学社会科学版）2021 年第 4 期。

中共人力资源和社会保障部党组：《覆盖城乡居民的社会保障体系基本建
　成》，《求是》2012 年第 18 期。

中华人民共和国国务院新闻办公室：《中国的医疗卫生事业》，《人民日报》
　2012 年 12 月 27 日第 10 版。

四　电子资料

《2011 年我国卫生事业发展统计公报》，https：//www. chinacdc. cn/tjsj/
　gjwstjsj/201205/t20120517_ 60848. htm，2012 年 5 月 17 日。

《"十一五"期间养老保障体系逐步完善　社会福利和救助制度逐步建立》，
　http：//www. shtong. gov. cn/node2/node70344/userobject1ai117211. html，
　2011 年 10 月 5 日。

《国务院关于深化医药卫生体制改革工作进展情况的报告——2015 年 12 月
　22 日第十二届全国人民代表大会常务委员会第十八次会议》，http：//

www. npc. gov. cn，2015 年 12 月 22 日。

《十六大以来我国卫生事业全面发展　人民健康水平提高》，http：//
politics. people. com. cn/n/2012/0917/c1027 - 19027179. html，2012 年 9
月 17 日。

《提高人民生活水平有哪些新成绩?》，http：//www. gov. cn/2013zfbgjjd/
content_ 2365487. htm，2013 年 3 月 29 日。

《为什么要统一内外资企业所得税》，http：//www. gov. cn/ztzl/
2007zfgzbgjd/content_ 555804. htm，2007 年 3 月 20 日。

《卫生部公布第四次国家卫生服务调查主要结果》，https：//www. chi-
nanews. com. cn/，2009 年 2 月 27 日。

后　　记

　　《新时期全面建设小康社会研究》为研究阐释党的十九届五中全会精神、国家社科基金重大项目"决胜全面建成小康社会的思想构筑、实践创新、辉煌成就与宝贵经验研究"（批准号：21ZDA003，2021 年 4 月 15 日获准立项）的阶段成果。

　　习近平总书记在庆祝中国共产党成立 100 周年大会上代表党和人民庄严宣告："经过全党全国各族人民持续奋斗，我们实现了第一个百年奋斗目标，在中华大地上全面建成了小康社会，历史性地解决了绝对贫困问题，正在意气风发向着全面建成社会主义现代化强国的第二个百年奋斗目标迈进。"开展本重大项目研究，当以习近平总书记"七一"重要讲话精神为指导，一是深刻阐释决胜全面建成小康社会之于实现中华民族伟大复兴、实现人民对美好生活向往的重大意义，中国共产党矢志践行初心使命、团结带领全国各族人民持续奋斗全面建成小康社会的光辉历程和生动实践；二是深化认识全面建成小康社会的伟大成就和历史价值，全面建成小康社会是中国共产党历史、中华人民共和国发展史、中华民族复兴史上的一个重要里程碑，是中华民族的伟大光荣、中国人民的伟大光荣、中国共产党的伟大光荣；三是深入理解中华民族迎来了从站起来、富起来到强起来的伟大飞跃，实现中华民族伟大复兴进入了不可逆转的历史进程，继续弘扬光荣传统、赓续红色血脉，把伟大建党精神继承下去发扬光大。

　　本重大项目研究聚焦四大内容，即研究决胜全面建成小康社会的思想构筑、实践创新、辉煌成就、宝贵经验。

　　第一，关于"思想构筑"的研究。

　　坚持以马克思主义唯物辩证法为指导，具体运用历史分析法、比较分析法和文献分析法等研究方法，从思想发展史的角度，梳理与总结西方思想史中的小康社会思想、中国思想史中的小康社会思想、新中国成立以来中国共产党历代领导的小康社会思想、习近平总书记关于全面建成小康社会的重要论述，构建决胜全面建成小康社会的思想体系，以期为决胜全面建成小康社会伟大实践提供思想与理论支撑。

第二，关于"实践创新"的研究。

以中国共产党领导全国各族人民决胜全面建成小康社会的丰富实践为研究对象，着力分析决胜全面建成小康社会在"五位一体"总体布局、"四个全面"战略布局等层面的实践创新，在"三大战略"举措以及针对短板弱项的主要矛盾化解方面的实践探索，全面展现决胜全面建成小康社会的恢宏实践，追寻决胜全面建成小康社会之所以取得历史性成就的实践根源。

第三，关于"辉煌成就"的研究。

坚持问题导向，立足决胜全面建成小康社会历史进程，重点探究决胜全面建成小康社会在经济、政治、社会、生态、文化、科技等领域取得的辉煌成就，揭示其内生逻辑、实践形态和发展趋势，阐明决胜全面建成小康社会辉煌成就的时代价值。

第四，关于"宝贵经验"的研究。

坚持以习近平总书记关于全面建成小康社会的重要论述为理论指导，以决胜全面建成小康社会取得的实践创新和辉煌成就为现实根基，以中华民族伟大复兴和社会主义现代化建设事业为目标导向，系统概括我们党对决胜全面建成小康社会的规律性认识，深入提炼我国决胜全面建成小康社会的宝贵经验，为实现第二个百年目标提供思想基础和经验借鉴。

基于以上思考，本重大项目的研究通过深入实际调查、走访重点对象、举办研讨（论坛）会等，形成理论文章、学术著作和资政报告等主要成果。《新时期全面建设小康社会研究》便是其中的成果之一，后续将有《新时代全面建成小康社会研究》。如此一来，希冀这两部著作立体化全景式反映自改革开放以来至党的十八大、从中国特色社会主义进入新时代到党的二十大这两个重大历史时间段里，我们党带领人民在新时期全面建设小康社会、在新时代全面建成小康社会的壮阔实践中，攻克了许多长期没有解决的难题，办成了许多事关长远的大事要事，取得的举世瞩目的重大成就。事实证明，全面建成小康社会对于坚持和发展中国特色社会主义，实现社会主义现代化和中华民族伟大复兴意义重大影响深远，若缺少全面建成小康社会这一坚实基础，就难以分两步走在 21 世纪中叶建成富强民主文明和谐美丽的社会主义现代化强国，以中国式现代化推进中华民族伟大复兴。显见，研究全面建设小康社会这一实现中华民族伟大复兴中国梦的"关键一步"尤为紧迫至关重要。

首席专家黄蓉生教授依据《新时期全面建设小康社会研究》的基本定位和重要内容，拟出写作提纲，并多次组织项目团队深入研讨，最终确定框架结构及表述风格。具体撰写分工如下：导论、后记　黄蓉生；第一章　陈跃、吴润丰；第二章　方建；第三章　唐斌；第四章　张帆；第五章　靳玉军；第六章　白显良、章瀚丹；第七章　陈涛；第八章　何玲玲、车放；第九章　石雪、胡中英；第十章　石海君；第十一章　邹绍清；第十二章　崔健。初稿出来后，黄蓉生教授、陈跃教授等作了审读，提出修改意见；之后召开了编写人员研讨会，交流看法达成共识，各撰写者对所承担的章目作了深度修改；陈跃、崔健参与初步统稿，黄蓉生教授最后统稿并定稿。

《新时期全面建设小康社会研究》的编写和出版，得到西南大学马克思主义学院、党委宣传部、社会科学研究处的热心帮助和大力支持，得到中国社会科学出版社的精心指导和周到帮助，得益于项目团队组全体人员的团结奋斗和辛勤劳动，在此一并表示衷心感谢。

由于时间和水平有限，书中难免存有不当不足之处，真诚欢迎各位专家、同行和广大读者批评指正。

黄蓉生

2022 年 12 月 20 日